Kohlhammer

## Die Autoren

**Dr. Armin Born** ist Diplom-Psychologe, Diplom-Pädagoge und Psychologischer Psychotherapeut. Nach dem Studium des Lehramts an Grund- und Hauptschulen, der Pädagogik und der Psychologie bildete er zunächst als Wissenschaftlicher Mitarbeiter an der Universität Würzburg zehn Jahre lang vor allem angehende Lehrer und Lehrerinnen aus. Seit Anfang der 90er Jahre arbeitete er dann als Psychologischer Psychotherapeut in kinder- und jugendpsychiatrischen Praxen und 20 Jahre lang zusätzlich parallel als Ehe-, Familien- und Lebensberater an einer Beratungsstelle in Würzburg. Seit 2006 besteht daneben auch eine Therapietätigkeit in freier Praxis. Sein therapeutischer Hauptschwerpunkt ist die Arbeit mit Kindern mit Lernproblemen und zusätzlichen psychischen Problemen und die Arbeit mit ADHS-Kindern und deren Familien.

Seit 2000 erweiterte sich sein Arbeitsfeld um Vorträge und Fortbildungen im deutschsprachigen Raum zu den Themengebieten »Lern- und Verhaltensprobleme bei ADHS«, »Neuropsychologie des Lernens«, »Frühförderung«, »Effektiver Umgang mit Rechenschwäche und -störung« und »Lerntherapie«.

**Claudia Oehler** ist Diplom-Psychologin, Psychologische Psychotherapeutin und Supervisorin. Nach dem Studium der Psychologie war sie zunächst fünf Jahre als wissenschaftliche Mitarbeiterin an der Universitätsklinik für Psychiatrie und Psychotherapie des Kindes- und Jugendalters an der Philipps-Universität Marburg unter Leitung von Prof. Dr. Dr. H. Remschmidt tätig. Von 1991 bis 2003 arbeitete sie dann als Verhaltenstherapeutin für Kinder, Jugendliche und Erwachsene in einer großen Kinder- und jugendpsychiatrischen Praxis mit dem Schwerpunkt der Betreuung von ADHS-Kindern und deren Familien. Seit 2003 ist sie als Verhaltenstherapeutin für Kinder, Jugendliche und Erwachsene in freier Praxis tätig. Seit 2000 zahlreiche Fachvorträge, Veröffentlichungen und Fortbildungsveranstaltungen insbesondere zum Thema Lernen und ADHS.

**Weitere Publikationen des Autorenteams:**

Born A., Oehler C. (2025): Lernen mit Grundschulkindern. Praktische Hilfen und erfolgreiche Fördermethoden für Eltern und Lehrer (3., erweiterte und überarbeitete Auflage) Stuttgart: Kohlhammer.

Born A., Oehler C. (2023): Lernen mit ADHS-Kindern. Ein Praxishandbuch für Eltern, Lehrer und Therapeuten. (12., erweiterte und überarbeitete Auflage) Stuttgart: Kohlhammer.

Born A., Oehler C. (2021): Gemeinsam wachsen – der Elternratgeber ADHS. Verhaltensprobleme in Familie und Schule erfolgreich meistern (2., erweiterte und überarbeitete Auflage). Stuttgart: Kohlhammer.

Armin Born
Claudia Oehler

# Kinder mit Rechenschwäche erfolgreich fördern

Ein Praxishandbuch für
Eltern, Lehrer und Therapeuten

7., überarbeitete Auflage

Verlag W. Kohlhammer

Dieses Werk einschließlich aller seiner Teile ist urheberrechtlich geschützt. Jede Verwendung außerhalb der engen Grenzen des Urheberrechts ist ohne Zustimmung des Verlags unzulässig und strafbar. Das gilt insbesondere für Vervielfältigungen, Übersetzungen, Mikroverfilmungen und für die Einspeicherung und Verarbeitung in elektronischen Systemen.
Pharmakologische Daten, d.h. u.a. Angaben von Medikamenten, ihren Dosierungen und Applikationen, verändern sich fortlaufend durch klinische Erfahrung, pharmakologische Forschung und Änderung von Produktionsverfahren. Verlag und Autoren haben große Sorgfalt darauf gelegt, dass alle in diesem Buch gemachten Angaben dem derzeitigen Wissensstand entsprechen. Da jedoch die Medizin als Wissenschaft ständig im Fluss ist, da menschliche Irrtümer und Druckfehler nie völlig auszuschließen sind, können Verlag und Autoren hierfür jedoch keine Gewähr und Haftung übernehmen. Jeder Benutzer ist daher dringend angehalten, die gemachten Angaben, insbesondere in Hinsicht auf Arzneimittelnamen, enthaltene Wirkstoffe, spezifische Anwendungsbereiche und Dosierungen anhand des Medikamentenbeipackzettels und der entsprechenden Fachinformationen zu überprüfen und in eigener Verantwortung im Bereich der Patientenversorgung zu handeln. Aufgrund der Auswahl häufig angewendeter Arzneimittel besteht kein Anspruch auf Vollständigkeit.
Die Wiedergabe von Warenbezeichnungen, Handelsnamen und sonstigen Kennzeichen in diesem Buch berechtigt nicht zu der Annahme, dass diese von jedermann frei benutzt werden dürfen. Vielmehr kann es sich auch dann um eingetragene Warenzeichen oder sonstige geschützte Kennzeichen handeln, wenn sie nicht eigens als solche gekennzeichnet sind.
Es konnten nicht alle Rechtsinhaber von Abbildungen ermittelt werden. Sollte dem Verlag gegenüber der Nachweis der Rechtsinhaberschaft geführt werden, wird das branchenübliche Honorar nachträglich gezahlt.
Dieses Werk enthält Hinweise/Links zu externen Websites Dritter, auf deren Inhalt der Verlag keinen Einfluss hat und die der Haftung der jeweiligen Seitenanbieter oder -betreiber unterliegen. Zum Zeitpunkt der Verlinkung wurden die externen Websites auf mögliche Rechtsverstöße überprüft und dabei keine Rechtsverletzung festgestellt. Ohne konkrete Hinweise auf eine solche Rechtsverletzung ist eine permanente inhaltliche Kontrolle der verlinkten Seiten nicht zumutbar. Sollten jedoch Rechtsverletzungen bekannt werden, werden die betroffenen externen Links soweit möglich unverzüglich entfernt.

Die Abbildungen beruhen (zum großen Teil) auf Vorlagen der Grafiker Anita Krämer-Gerhard und Bernhard Ziegler.

Umschlagabbildung: Daniel Jedzura kontakt@mdfotografia.pl / stock.adobe.com

7., überarbeitete Auflage 2026

Alle Rechte vorbehalten
© W. Kohlhammer GmbH, Stuttgart
Gesamtherstellung: W. Kohlhammer GmbH, Heßbrühlstr. 69, 70565 Stuttgart
produktsicherheit@kohlhammer.de

Print:
ISBN 978-3-17-046081-2

E-Book-Formate:
pdf:    ISBN 978-3-17-046082-9
epub:   ISBN 978-3-17-046083-6

# Vorwort zur siebten Auflage

Wir freuen uns, Ihnen hiermit die 7. Auflage des Buches »Kinder mit Rechenschwäche erfolgreich fördern« vorlegen zu können. Neuauflagen bieten die Chance, aktuelle Weiterentwicklungen mit einzubeziehen, die stringente Gedankenführung noch deutlicher umzusetzen und die Vorgaben noch praxisorientierter zu gestalten. Das Ergebnis ist eine grundlegende Überarbeitung und viele weitere Ergänzungen durch aktuelle Forschungsergebnisse und Vertiefungen im methodischen Bereich. Durch noch ausführlichere Handreichungen wird die Vorgehensweise beim Fördern für Eltern, Lehrer und Therapeuten noch leichter umsetzbar

Da wir unsere Bücher als ständigen Weiterentwicklungsprozess verstehen, finden Sie in dieser Auflage folgende Neuerungen:

Neu aufgenommen wurden die Ergebnisse der letzten PISA- und IQB-Studien bis zum Jahre 2022 und die Analyse des Entwicklungstrends im Bereich der mathematischen Leistungen in Deutschland in den letzten 15 Jahren.

Aktuelle Forschungsergebnisse aus dem Bereich der Gehirnforschung erhellen die Verarbeitungswege im Gehirn bei einfachen Additions- bzw. Subtraktions- und bei Multiplikationsaufgaben. Gehirnscans liefern weitere Belege für die Bedeutung der Automatisierung im menschlichen Gehirn.

Angesichts des negativen Trends des Leistungsstandes deutscher Schüler in Mathematik wird eine intensive Auseinandersetzung und kritische Analyse der Konzepte, Setzungen und Postulate der Mathematikdidaktik neu aufgenommen.

Erweitert wird auch das Kapitel zu den Lernstrategien und -methoden zu komplexeren Rechenprozeduren in höheren Klassenstufen.

In unserem Buch beschreiben wir Wege, wie man zum Wohle des Kindes mit der (von schulischen Konzepten teilweise mitverursachten) Entstehung einer Rechenschwäche bzw. -störung und der negativen Auswirkungen von ungeeigneten Fördermaßnahmen auf hilfreiche Art und Weise umgehen kann. Grundsätzlich ist aus unserer Sicht immer zu bedenken, welche erheblichen Beeinträchtigungen jeder Einzelne mit einer Rechenschwäche oder gar Rechenstörung (Dyskalkulie) in der persönlichen, emotionalen und sozialen Entwicklung bis hin ins Erwachsenenalter erfährt. Zu berücksichtigen sind auch die sozialen Folgekosten unzureichender Förderung, die sich auf das gesamte berufliche Leben genauso gravierend auswirken dürften, wie dies für die Legasthenie bereits gut belegt ist.

Eigentlich sollte sich die Schule dieses Problems angesichts des in empirischen Studien festgestellten negativen Leistungstrends seit 2011 annehmen. Vorrangig für die Schule scheint im Augenblick dagegen zu sein, didaktische Zielvorstellungen zu entwickeln und ihre Methoden ohne empirische Absicherung diesen anzupassen. Durch die geänderten Anforderungen in der Grundschule im Rahmen des neuen Leitbegriffs »Kompetenzorientierung« dürften durch die geforderten »anspruchsvolleren« Denkleistungen die Schüler bevorteilt werden, die sowieso schon gut waren. Schwächere und langsamere Schüler werden dagegen benachteiligt, da es kaum mehr auf das Automatisieren, d. h. das Auswendiglernen z. B. der Grundrechenfertigkeiten ankommt. Damit fehlt diesen Kindern ein gesichertes Fundament für die Lösung komplexerer Rechenprobleme. So verwundert es uns nicht, dass viele Lehrer und Schulpsychologen in Gesprächen weiterhin immer wieder unserer Einschätzung zustimmen, dass die Grundschullehrpläne eigentlich nur für die guten Schüler konzipiert sind.

Eine engagierte Lehrkraft mit 25-jähriger Berufspraxis setzte sich sehr intensiv mit unserem Buch auseinander und schrieb uns unter anderem Folgendes: »Ich habe mich gefreut über Kritik an folgenden Lehrmeinungen, weil es meiner Erfahrung nach nie (richtig) funktioniert hat ... Ich konnte noch nie feststellen, dass bei rechenschwachen Kindern nach einer gewissen Zeit des Einführens, Erklärens, Ausprobierens usw. weitere Veranschaulichungen geholfen hätten. [...] Bei der Einführung des neuen (bayerischen) Lehrplans habe ich auf mehreren Fortbildungen die Referenten gefragt, wie denn nun der Übergang sein soll vom Ausrechnen der Kernaufgaben zum Beherrschen der 1 × 1-Reihen und ich habe von keinem eine sinnvolle Antwort bekommen. [...] Zum selbst entdeckenden Lernen stimme ich Ihnen ganz energisch zu!!! Für rechenschwache Kinder ist es Unfug. [...] Das Buch ist sehr wichtig für mich. Was ich sehr gut finde: Ich habe einige Erklärungen für bisher rätselhafte Beobachtungen gefunden (z. B. Mythen), viele Dinge, die ich mir selbst ausgedacht und erarbeitet habe, wo ich von den Büchern und Lehrmeinungen abweiche, finde ich bestätigt, z. B. der große Stellenwert des Übens, des systematischen Übens, weniger verschiedene Aufgabenformen und Veranschaulichungsmittel usw.«

Viele Lehrer sehen sich oft eingebunden in Lehrmeinungen, Lehrpläne und Beurteilungsverfahren. So äußerte beispielsweise eine Lehrkraft vor dem bevorstehenden Besuch des Schulrates: »Darf ich denn eine solche Stunde halten, so einfach?« Lehrer haben Angst, die Vielfalt an Darstellungsformen und Methoden aufzugeben, obwohl dadurch häufig nur Chaos im Gehirn des rechenschwachen Kindes entsteht bzw. verstärkt wird.

Lehrkräfte sind in keinster Weise verantwortlich für die Entwicklungen im Schulsystem, sondern sind auch Vorgaben ausgesetzt, denen sie nachkommen müssen. Sie erleben häufig den Gegensatz zwischen der ihnen vermittelten Unterrichtsdidaktik und ihrem persönlichen Erfahrungswissen. Wir möchten also weder Lehrerschelte betreiben noch das Verhältnis zwischen Eltern und Lehrern mit unserer kritischen Einschätzung bestimmter didaktischer und lernmethodischer Vorgaben belasten. Vielmehr möchten wir beginnen, auf der Basis sicherer Erkenntnisse über die Art und Weise, wie wir lernen und wie wir speziell auch Mathematik lernen, ideologiefrei den effektivsten Weg für die rechenschwachen Kinder zu suchen. Mathematik sollte einfach und nicht angstbelastet sein, Rechenfertigkeiten sollten primär als »Handwerkszeug« verstanden werden, welches dann später für »kreativere Lösungsprozesse« z. B. bei den neuen, »anspruchsvolleren« Sachaufgaben im Rahmen der Kompetenzorientierung eingesetzt werden kann. Auf dieser Grundlage halten wir die enge Kooperation zwischen Lehrern und Eltern als notwendige Voraussetzung für eine Erfolg versprechende Förderung.

Um die Situation, in der sich rechenschwache Kinder befinden, besser verstehen zu können, haben wir Rückmeldungen zu den bisherigen Auflagen unseres Buches »Kinder mit Rechenschwäche erfolgreich fördern« auf diesen Aspekt hin analysiert und fanden folgende Aussagen von Lesern:

Beispielhaft berichtet Patrick Möhler[1], dass die Hausaufgaben ewig dauerten, oft mit Tränen verbunden und jedes Mal von den Worten begleitet waren: »Das kann ich ja doch nicht«. Seine Tochter (dritte Klasse) sei nach Ansicht der Lehrerin »einfach nur viel zu langsam«.

Manuela Herold[2] schreibt, dass es auch bei ihrer Tochter »viele Tränen« gab. Sie »klagte sogar schon über Bauchschmerzen in der Schule«. Die Probleme mit ihrer Tochter fingen in der ersten Klasse an, als es nicht mehr darum ging, »einfach nur an den Fingern abzuzählen, sondern den Zahlenraum zu verstehen. Wir haben alles Mögliche ausprobiert, verschiedene Materialien zur Veranschaulichung, Perlen, Steine, Abakus, etc.«

Mit ihren Problemen wurden viele Kinder (und Eltern) von schulischer Seite alleingelassen. Mit den von uns vorgeschlagenen Lernmethoden machten diese Eltern folgende Erfahrungen:

Patrick Möhler berichtet, dass der Erfolg sich schon nach nur zehn Tagen zeigte und beim zusätzlichen Üben kein Stress mehr entstand. Nach zwei Monaten Training sei seine Tochter nun viel schneller im Rechnen und finge sogar an, Spaß zu haben.

Manuela Herold schreibt, dass viele Argumente unseres Buches sie vollkommen überzeugt hätten, z. B. dass in aller Regel weniger mehr sei – dass es also darauf ankomme zu verhindern, die Kinder durch zu viele verschiedene Methoden und Rechenwege zu überfordern – und vor allem, dass es wichtig sei, dass kleine Einspluseins auswendig zu lernen. Sie habe es erst nicht glauben wollen, denn »Mathe ist für mich Verständnis« (die Mutter ist Ingenieurin), »aber wahr ist, dass man schwierigere Dinge einfach besser versteht, wenn man über Basisoperationen nicht mehr nachdenken muss.« Weiter berichtet sie, dass es ihrer Tochter Spaß mache, da sie Erfolgserlebnisse sehe und »*ach übrigens, Bauchschmerzen hat sie keine mehr*«.

Wir müssen uns verstärkt und in erster Linie Rechenschaft darüber ablegen, wie Lernprozesse zu strukturieren sind, damit sie erfolgreich sein können. Bisher hat man sich zwar durchaus damit auseinandergesetzt, welche Faktoren beim Kind eine Rechenschwäche mit auslösen können. Jedoch hat man sich noch nicht damit beschäftigt, wie auch Lernmethoden Rechenschwächen verstärken oder sogar verursachen können. Passende, auf die jeweils besonderen Voraussetzungen des einzelnen Kindes abgestimmte Fördermethoden wurden in der Vergangenheit aufgrund der einseitigen »ideologischen Brille« nur unzureichend entwickelt.

Ausgangspunkt, um wirksame Methoden der Lernförderung zu entwickeln, dürften nicht didaktische Überlegungen, sondern die wissenschaftlichen Erkenntnisse der Lernpsychologie und der Gehirnforschung sein. Besonders die Bedeutung des

---

1 Name von den Autoren geändert.
2 Name von den Autoren geändert.

Arbeitsgedächtnisses hat in den letzten Jahren in der Forschung einen zentralen Stellenwert bekommen. Das Arbeitsgedächtnis stellt das »Nadelöhr« im Lernprozess dar. Wir bemühen uns nun in diesem Buch, diese Tatsache ernst zu nehmen. Deswegen versuchen wir, Lernprozesse unter Einbezug dieses Nadelöhrs zu erläutern, um dann zu überlegen, welche Lernwege aufgrund dieser Engstelle überhaupt erfolgreich sein können.

Auf einem umfassenden lernpsychologischen und neurowissenschaftlichen Grundlagenwissen aufbauend haben wir Lernwege entwickelt, um Kindern auf möglichst einfache Weise die notwendigen Automatisierungen zu vermitteln. Bei diesen Lernwegen wird dabei nie die begrenzte Kapazität des Arbeitsgedächtnisses überlastet. Darüber hinaus versuchen wir das systematische Üben so zu gestalten, dass es erfolgreich sein kann und durch die erlebten Fortschritte bei den Kindern mit einer Rechenschwäche eine neue, positive emotionale Bewertung des Lernbereiches Mathematik entsteht. Immer wieder hören wir so von rechenschwachen Kindern, die wir über eine längere Zeit begleitet haben, sogar: »Mathe ist jetzt mein Lieblingsfach«.

*Claudia Oehler und Armin Born*     April 2025

# Inhalt

**Vorwort zur siebten Auflage** ............................................. V

**Einleitung** ................................................................ 1
1. Einführung in unser Grundkonzept ............................... 1
2. Für wen haben wir dieses Buch geschrieben? ..................... 6
3. Ihr Wegweiser für dieses Buch ................................... 7

**Kapitel 1  Die Entwicklung des Leistungsstandes deutscher Schüler in Mathematik in diesem Jahrhundert. – Eine Analyse der gegenwärtigen Ausgangslage**............................. 11
1. Die PISA-Studien .................................................... 11
2. Die IQB- Studie zum Lernentwicklungstrend in Deutschland ........ 15
3. Auswirkungen der negativen Entwicklung im Leistungsbereich im Fach Mathematik ....................................................... 18
4. Fazit. ................................................................ 20

**Kapitel 2  Auf der Suche nach den Hauptmerkmalen einer Rechenschwäche und Rechenstörung**............................. 22
1. Einführung. ......................................................... 22
2. Eine erste Annäherung an die Bestimmungsmerkmale: Analyse der Definitionskriterien einer Rechenstörung .......................... 25
3. Eine zweite Zugangsweise: Rechenstörung als Abweichung von der »Normalentwicklung« beim Erwerb der mathematischen Basisfertigkeiten.................................................... 29
4. Gruppenvergleiche von Menschen mit Rechenstörung und ohne Rechenstörung ............................................................ 32
5. Exemplarische Beispiele für typische Fehlerstrukturen bei Rechenschwäche ...................................................... 34
6. Eine Rechenschwäche kommt selten allein 1: Negative Gefühle und Gedanken............................................................ 35
7. Mathematik und Angst ............................................. 37
8. Modell der emotionalen Bewertung............................... 38
9. Eine Rechenschwäche kommt selten allein 2: Komorbiditäten ........ 40
10. Woran kann ich als Eltern, Lehrer oder Therapeut eine Rechenschwäche oder -störung erkennen? .......................................... 42
11. Passende Rechentestverfahren in der Diagnostik bei Rechenschwäche bzw. Rechenstörung...................................................... 45

12. Übersicht über die maßgeblichen Faktoren bei der Entwicklung der mathematischen Kompetenzen. . . . . . . . . . . . . . . . . . . . . . . . . . . . . . . . . . 49

**Kapitel 3 Grundlagenwissen Lernen 1 – Erkenntnisse der Lernpsychologie** . . . . . . . . . . . . . . . . . . . . . . . . . . . . . . . . . . . . . . . **51**
1. Die Informationsaufnahme. . . . . . . . . . . . . . . . . . . . . . . . . . . . . . . . . . . . . 51
2. Die Rolle der »selektiven Aufmerksamkeit«. . . . . . . . . . . . . . . . . . . . . . . 52
3. Der Grundprozess beim Lernen . . . . . . . . . . . . . . . . . . . . . . . . . . . . . . . . 54
4. Der Abspeicherprozess . . . . . . . . . . . . . . . . . . . . . . . . . . . . . . . . . . . . . . . 55
5. Das Arbeitsgedächtnis . . . . . . . . . . . . . . . . . . . . . . . . . . . . . . . . . . . . . . . . 58
6. Das Langzeitgedächtnis – Vergessen ist leicht, Behalten ist schwer . . . . . 65

**Kapitel 4 Grundlagenwissen 2 – Lernen aus Sicht der aktuellen Gehirnforschung** . . . . . . . . . . . . . . . . . . . . . . . . . . . . . . . . . . . . . **68**
1. Was wissen wir heute über die Funktionsweisen des Gehirns? . . . . . . . . 68
2. Wie haben wir uns die so genannte neuronale Ebene in unserem Gehirn vorzustellen?. . . . . . . . . . . . . . . . . . . . . . . . . . . . . . . . . . . . . . . . . . . . . . . 69
3. Wie sieht der Grundvorgang im Gehirn aus, der langfristig zum dauerhaften Behalten von Wissen führt? . . . . . . . . . . . . . . . . . . . . . . . . . 70
4. Wie funktioniert die Informationsweiterleitung auf neuronaler Ebene?. 71
5. Wie wird aus der flüchtigen Signalweitergabe ein dauerhaftes Erinnern? – Die Langzeitpotenzierung . . . . . . . . . . . . . . . . . . . . . . . . . . . . . . . . . . . 71
6. Welche Bedeutung kommt den Emotionen im Lernprozess zu? . . . . . . . 76
7. Was geschieht, wenn wir bestimmte Fertigkeiten »automatisieren«?. . . . 77
8. Gedächtniskonsolidierung im Schlaf . . . . . . . . . . . . . . . . . . . . . . . . . . . . 79
9. Wie sind die Ergebnisse der modernen Gehirnforschung zu bewerten, was bedeuten sie für unseren Lernprozess? . . . . . . . . . . . . . . . . . . . . . . . 79
10. Exkurs und Nachtrag: Zur aktuellen Entwicklung der Erforschung von Rechenprozessen im Gehirn . . . . . . . . . . . . . . . . . . . . . . . . . . . . . . . . 83

**Kapitel 5 Kritische Auseinandersetzung mit praktizierten Förderansätzen** . . . . . . . . . . . . . . . . . . . . . . . . . . . . . . . . . . . . . . . **87**
1. Förderung in basalen Bereichen . . . . . . . . . . . . . . . . . . . . . . . . . . . . . . . . 87
2. Förderung durch den vermehrten Einsatz von Veranschaulichungsmittel. . . . . . . . . . . . . . . . . . . . . . . . . . . . . . . . . . . . . . 89
3. Förderung durch zusätzliches schriftliches Üben . . . . . . . . . . . . . . . . . . 93

**Kapitel 6 Unsere Schulwirklichkeit und die Zunahme der Rechenstörung und -schwäche – Der Versuch einer Analyse**. . . . . . . . . . . . . . . . . . . . . . . . . . . . . . . . . . . . . . . . . **96**
1. Vorstellungen im schulischen Bereich zum Erwerb des arithmetischen Faktenwissens. . . . . . . . . . . . . . . . . . . . . . . . . . . . . . . . . . . . . . . . . . . . . . 97
2. Vorgaben von schulischer Seite zum Erwerb einer klaren Vorstellung vom Aufbau des Zahlenraums . . . . . . . . . . . . . . . . . . . . . . . . . . . . . . . . . 100
3. Leitvorstellung der Mathematikdidaktik für den Erwerb von mathematischen Kompetenzen und ihre Auswirkungen auf die Lernwege . . . 104

| | |
|---|---:|
| 4. Leitprinzipien der Didaktik | 112 |
| 5. Analyse der Schulbücher in Mathematik | 119 |

## Kapitel 7  Praktische Anleitung zur Vermittlung des arithmetischen Faktenwissens beim Einmaleins in der Förderarbeit .... 123
1. Vorgehen in der Therapiesituation ............................. 123
2. Vertiefende Ergänzungen und Erläuterungen zum Lernexperiment.... 132

## Kapitel 8  Einige grundsätzliche Überlegungen zur Vorgehensweise bei der Förderarbeit im Bereich der Rechenschwäche.... 140
1. Unser Hauptziel bei der Förderung: Die Erfolgstreppe – Die emotionale Bewertung und ihre Bedeutung für den Lernweg und die Lernanforderungen ............................................. 141
2. Die Bedeutung der Kapazität des Arbeitsgedächtnisses .............. 144
   Exkurs: Sprache und die Kapazität des Arbeitsgedächtnisses – für das Gehirn ist es nicht egal, in welcher Sprache gerechnet bzw. gelernt wird   145
3. Lernen von den Tricks der Rechenkünstler: Die Bedeutung der Wiederholung und die Entlastung des Arbeitsspeichers durch automatisiertes Faktenwissen und kürzeste Verarbeitungswege ....... 147
4. Überdurchschnittliche Rechenleistung aufgrund angeborener Begabung oder intensiven Übens? .......................................... 148
5. Die Bedeutung der erworbenen Automatisierungen besonders auch im Hinblick auf das Verstehen ....................................... 149
6. Ergebnis einer Fortbildung mit Lehrern ......................... 151

## Kapitel 9  Konkrete Tipps, um den Lernprozess zu verbessern ..... 153
1. Die gezielte Ausrichtung der Aufmerksamkeit gewährleisten ......... 153
2. Zur Bedeutung des »Schriftlichen« im Einprägeprozess.............. 153
3. Die Kärtchenmethode........................................ 154
4. Weniger ist mehr .......................................... 155
5. Kleine Portionen – regelmäßig ................................. 155
6. Dauer des Lernens .......................................... 156
7. Kurze Wiederholungssequenzen – über den Tag verteilt ............. 156
8. Können heißt nicht dauerhaftes Beherrschen ..................... 157
9. Den Sinn der Hausaufgaben wiederentdecken ..................... 158
10. Grundprinzipien der äußeren Strukturierung.................... 158
11. Indirekte Maßnahmen zur Verbesserung des Lernertrags ........... 161
12. Anforderungen an Eltern sowie Lehrerinnen und Lehrer .......... 163

## Kapitel 10  Lernmethoden – eine Einführung..................... 169
1. Gibt es Lernrezepte?......................................... 169
2. Welche Ziele haben wir? ..................................... 170
3. Grundprinzipien für die Automatisierung ....................... 172
4. Auf welcher Ebene beginnen wir mit dem Üben?.................. 173

## Inhalt

**Kapitel 11  Förderung im Vorschulbereich** .......................... **174**
1. Wir Menschen sind von Geburt an »zum Zählen geboren« (Beck, Clarke 2023) – Zur Entwicklung der frühen Zahlverarbeitung. .................................................. 174
2. Fördermaßnahmen im Vorschulalter ............................. 176

**Kapitel 12  Der Weg zum Grundverständnis des Zahlenraumes und von einfachen Rechenoperationen.** ..................... **179**
1. Das Zehnersteckbrett. ........................................... 179
2. Der Zahlenstrahl ................................................ 182

**Kapitel 13  Die Grundrechenfertigkeiten im Bereich Addition und Subtraktion automatisieren** ........................... **185**
1. Additions- und Subtraktionsaufgaben im »Neunerraum« ............ 187
2. Zum Erlernen der Aufgaben mit 10 – das Pärchenspiel ............. 191
3. Rechnen im 20er- bzw. im 100er-Raum ohne Zehnerübergang ....... 193
4. Erste Sachaufgaben ............................................. 196
5. Rechnen im 20er- bzw. 100er-Raum mit Zehnerübergang. .......... 199
6. »>« und »<« .................................................... 205
7. Das Doppelte – die Hälfte ....................................... 205
8. Zahlenstrahl und die Darstellung von Additions- und Subtraktionsaufgaben ........................................... 206
9. Beachtenswertes im Grundschulunterricht ....................... 208

**Kapitel 14  Sachaufgaben** ............................................ **210**
1. Hilfreiche Strategien zum Lösen von Sachaufgaben ................ 210
2. Die besondere Bedeutung des Erfindens von Sachaufgaben. ........ 215
3. Abschließende Zusammenfassung ............................... 216

**Kapitel 15  Spiele und Tricks für Kinder mit Rechenschwäche im Grundschulbereich** ........................................ **217**
1. Das Pyramidenspiel ............................................. 217
2. Hilfreiche Verfahren zum Umrechnen von Maßeinheiten ........... 220
3. »Tricks« für Platzhalteraufgaben ................................. 224

**Kapitel 16  Komplexere arithmetische Prozeduren automatisieren** .. **226**
1. Das Beispiel Bruchrechnen ...................................... 226
2. Einfache Grundmuster für bestimmte Stoffgebiete in der Algebra .... 232
3. Einfache Lern- und Lösungswege in der Geometrie ................ 235

**Kapitel 17  Mathematikangst und Prüfungsängstlichkeit: Ursachen und Hilfen** ................................... **239**
1. Wie kommt es zu Prüfungsängstlichkeit? ......................... 241
2. Hilfen zur Bewältigung der Prüfungsangst ........................ 245

**Kapitel 18  Abschließende Gedanken**............................  **251**

**Kapitel 19  Literatur**.........................................  **255**

# Einleitung

Zum Einstieg möchten wir Ihnen zum besseren Verständnis zunächst unsere Grundüberlegungen darlegen sowie die Grundzüge unseres Konzeptes und unsere Herangehensweise vorstellen.

## 1. Einführung in unser Grundkonzept

Wie unser erstes Buch »Lernen mit ADHS-Kindern«[1], so ist auch das nun in der 7. Auflage vorliegende Buch »Kinder mit Rechenschwäche erfolgreich fördern« aus unserer täglichen therapeutischen Arbeit mit Kindern, Jugendlichen und deren Eltern entstanden. Ausgangspunkt war zum einen das therapeutische Bemühen um Kinder, die gleichzeitig an einer Rechenschwäche und an einer Aktivitäts- und Aufmerksamkeitsstörung (ADHS) leiden, denn neueste Zahlen weisen darauf hin, dass ca. ein Drittel der mit einer Rechenstörung belasteten Kinder auch von einem ADHS betroffen sind (AWMF 2018). Zum anderen waren es Kinder, die uns aufgrund von Emotionalstörungen vorgestellt wurden. Aus Leistungsproblemen entstehen nämlich bei mehr als einem Drittel der Kinder oft emotionale Probleme in Form von Ängsten und depressivem Erleben.

Für Kinder mit Rechenschwäche entwickelten wir in den vergangenen drei Jahrzehnten »passende« Vorgehensweisen und Lernmethoden, um ihnen zu helfen, auch in ihrem Problembereich Mathematik besser zu werden. Wir versuchten dabei, die Forschungserkenntnisse zum Lernen in der Pädagogischen Psychologie und in der Gehirnforschung in unsere therapeutische Arbeit einzubeziehen und darauf aufbauend konkrete Lernmethoden zu entwickeln.

Welche Schüler sind gemeint, wenn wir von Rechenschwäche sprechen, was fällt bei ihnen auf? Woran sind die »rechenschwachen« Kinder zu erkennen, die wir hier ansprechen und mit unseren Methoden unterstützen wollen?

Alle Kinder, die in der Schule Schwierigkeiten im Fach Mathematik haben, sind mit diesem Buch angesprochen. Ihnen fehlt meistens eine angemessene Automatisierung der Grundrechenfertigkeiten, *d. h. des numerischen Faktenwissens und* der grundlegenden *arithmetischen Prozeduren.* Auch das Zahlen- und Mengenverständnis kann teilweise beeinträchtigt sein. In höheren Klassen verfügen sie nicht über

---

1 Dieses Buch liegt seit 2023 in der 12., erweiterten und überarbeiteten Auflage vor.

eine ausreichende Automatisierung von Rechenprozeduren und Grundschemata bei der Lösung komplizierterer Aufgabenstellungen.

Beim *numerischen Faktenwissen*, d. h. beim Einspluseins und beim Einmaleins, fällt diesen Kindern das Ergebnis nicht sofort ein. Sie müssen zeitintensive Fehlstrategien einsetzen, um zum Ergebnis zu gelangen, und bei den einfachen Grundrechenarten benötigen sie Hilfsmittel, wie ihre Finger oder Strategien des inneren Vor- und Zurückzählens.

In der Folge kommt es bei *arithmetischen Prozeduren*, d. h. bei den Rechenfertigkeiten, die eine bestimmte Abfolge von Rechenschritten beinhalten, wie z. B. beim schriftlichen Malnehmen, Teilen, Bruch- und Prozentrechnen oder dem Berechnen von Flächen und Volumen, zu häufigen Fehlern. Die richtige Abfolge der Rechenschritte ist hier nicht dauerhaft abgespeichert. An das Sachrechnen trauen sich die Schüler oft nicht heran, und sie vermeiden lange Textaufgaben, weil sie Angst haben, diese nicht bewältigen zu können. Grundsätzlich besteht eine große Grundunsicherheit bei mathematischen Aufgabenstellungen. Schnell stellen sich zusätzlich emotionale Probleme mit Vermeidungsverhalten und Versagensängsten ein, wenn zuvor mehrfach Misserfolge erlebt wurden.

In erster Linie sind wir Psychologen und stellen nicht mathematikdidaktische Vorstellungen in den Mittelpunkt unserer Arbeit, sondern haben vor allem eine therapeutische Zugangsweise zu den Kindern. Wir erleben täglich entmutigte Kinder, die in ihrer Schulkarriere schon sehr viele Misserfolge und Versagenserlebnisse hinnehmen mussten. Die Folgen sind die klassischen: Schnell stellt sich eine geringe Lernmotivation mit entsprechendem Vermeidungsverhalten ein, und aufgrund der sich im Lernbereich entwickelnden Teufelskreise mehren sich die Misserfolge. Dies hat natürlich entsprechende Auswirkungen auf das ohnehin beeinträchtigte Selbstwertgefühl und Selbstbild dieser Kinder. Dabei erleben wir es ständig: Kinder wünschen sich nichts sehnlicher, als Erfolgserlebnisse zu haben, ein wenig besser in der Schule zu werden. Sie können sich so sehr über kleine Erfolgserlebnisse freuen und stolz auf ihre Fortschritte sein.

> Vorrangiges Ziel unserer Arbeit ist es, grundlegende Einstellungsveränderungen zu bewirken im Sinne von: »Mathe ist einfach!« und »Ich kann das schaffen!«

Wir sehen uns in unserer therapeutischen Arbeit in Übereinstimmung mit den Erkenntnissen und Aussagen des Zentrums für Forschung und Innovation im Bildungswesen (CERI) der Organisation für wirtschaftliche Zusammenarbeit und Entwicklung (OECD). Im CERI-Projekt »Lernwissenschaften und Gehirnforschung« wurden auch die Prioritäten in Bezug auf die wesentlichen Kernkomponenten des traditionellen Lehrplans kritisch hinterfragt. Traditionellerweise, so die OECD (2005), würden Lehrpläne Kenntnisse höher als Fähigkeiten bewerten und Fähigkeiten wiederum höher als Einstellungen. Das Wissenschaftsgremium schlägt jedoch eine andere Prioritätenordnung vor: Demnach sind positive Einstellungen, wie etwa Selbstbewusstsein und -vertrauen, Motivation, Verantwortungsgefühl und Optimismus, der Schlüssel zu einem erfolgreichen Lernen und damit letztlich auch zu einem erfüllten Leben oder einer befriedigenden Arbeit (vgl. OECD 2005, S. 33 ff.).

# 1. Einführung in unser Grundkonzept

> Die Ermutigung der Kinder sehen wir daher als eine wesentliche Voraussetzung für ihren Lernfortschritt an.

Ermutigung verstehen wir dabei nicht im Sinne von »gut zureden«. Hilfreich erscheint uns auch nicht, bei den betroffenen Kindern auf andere Kompetenzbereiche, wie z. B. im Sport oder beim Musizieren hinzuweisen, wenn sie doch in Wirklichkeit im Rechnen schlecht sind. Ermutigung verstehen wir vielmehr in dem Sinne, dass Kinder in den Bereichen, in denen sie Probleme haben, erleben, dass sie genau dort besser werden können. So können sie wieder Hoffnung und damit auch Lernbereitschaft entwickeln. Ermutigung bedeutet in diesem Sinne, Kinder an zu bewältigende Lernschritte heranführen, bei denen die Wahrscheinlichkeit eines Erfolgserlebnisses groß ist. Kinder, Eltern und Lehrer bekommen damit die Möglichkeit, sich gemeinsam über Fortschritte freuen zu können.

> Wir haben versucht, möglichst effektive Wege für den Erwerb der Grundfertigkeiten des Rechnens zu entwickeln. Die einfachen Methoden stehen zunächst immer im Dienste der Ermutigung. Ziel ist es, das Selbstvertrauen der Kinder und ihre Hoffnung auf einen Fortschritt zu stärken.

Um die Ausgangssituation im Bildungsbereich zu veranschaulichen, sei noch einmal auf ein Zitat aus dem OECD-Bericht verwiesen, das *immer noch* in treffender Weise die deutsche Schulwirklichkeit beschreibt: »Die Lehrer hören viel über ihre Fächer, über Mathematik oder Biologie […], aber sie haben wirklich große Defizite in neurowissenschaftlicher und psychologischer Lerntheorie« (OECD 2005, S. 96). Dies ist sicher eine recht pointierte Aussage, möglicherweise steckt jedoch mehr als nur ein Körnchen Wahrheit darin. Wenn wir uns die Ergebnisse der ersten PISA-Studie von 2000 im Hinblick auf die Mathematik anschauen, lesen wir folgendes Fazit: »Das deutsche Bildungssystem ist besonders wenig erfolgreich bei der Förderung schwächerer Schüler, bei der Sicherung von Mindeststandards.« (Deutsches PISA-Konsortium 2001, S. 172). Nach anfänglichen Verbesserungen in den folgenden zehn Jahren zeigten die Ergebnisse der PISA-Studien ab dem Jahr 2012 wieder eine kontinuierliche Verschlechterung der Durchschnittsleistungen deutscher Schüler in Mathematik. In der letzte PISA-Studie 2022 war der Durchschnittswert sogar deutlich schlechter als der Wert, der in der ersten PISA-Studie 2000 erzielt wurde und der damals den »PISA-Schock« auslöste. Die nationalen IQB-Studien bestätigen diesen negativen Trend für die letzten zehn Jahre. Auffällig ist weiterhin auch, dass noch immer Defizite bei der Förderung von Mädchen bestehen. Angesichts dieser Ergebnisse müsste sich unser Bildungssystem eigentlich unbequeme Fragen gefallen lassen, die zu einem grundlegenden Umdenken führen müssten. Ein solches ist aber bisher (noch) nicht erkennbar.

Bei der Aus- und Fortbildung von Lehrern kommt unseres Erachtens der Bereich des Grundlagenwissens zum Lern- und Behaltensprozess aus lernpsychologischer und besonders auch aus neurowissenschaftlicher Sicht immer noch zu kurz. Unberücksichtigt bleibt überwiegend, dass beim Lernen auf möglichst effektive Weise spezifische, neue neuronale Netzwerke im Gehirn des Schülers aufgebaut werden müssen.

> So äußerte eine Schulrätin nach einer von uns durchgeführten Fortbildungsveranstaltung Folgendes: »Mir ist nach dieser Fortbildung sehr bewusst geworden, und dies nehme ich mit nach Hause: Methoden sind kein Selbstzweck, sondern stehen immer im Dienste des Behaltens und sind deswegen zu hinterfragen, wie sie dauerhaftes Behalten bewirken können.« Eine junge, engagierte Lehrkraft sagte nach dem Besuch eines Wochenend-Fortbildungskurses zum Thema »Lernen mit ADHS-Kindern«: »Aus lernpsychologischer Sicht und unter dem Aspekt des dauerhaften Behaltens habe ich meinen Wochenarbeitsplan plötzlich ganz neu gesehen und erkannt, ich kann das nicht so machen, wenn ich wirklich will, dass meine Kinder etwas behalten sollen.«

Bewusst haben wir in unserer therapeutischen Arbeit keine enge fachdidaktische Zugangsweise zur Mathematik und zu den Grundlagenfertigkeiten des Rechnens gewählt. Viel bedeutsamer erscheinen uns die aktuellen Erkenntnisse in der Lernpsychologie und der Gehirnforschung.

Besonders den Neurowissenschaften gilt es, heute zunehmende Aufmerksamkeit zu schenken, da in den letzten 25 Jahren das Wissen in diesem Bereich, auch durch die Möglichkeiten der modernen bildgebenden Verfahren, regelrecht explodiert ist. Obwohl die Gehirnforschung erhebliche Erfolge in der Grundlagenforschung aufweisen konnte, fand bislang kaum ein Brückenschlag zwischen diesen Entdeckungen und den Lernwissenschaften bzw. dem konkreten Bildungsbereich statt. Die Relevanz der neuen Erkenntnisse ist gleichzeitig aber auch kritisch zu betrachten. Hier können wir Anregungen und Hilfen bekommen, müssen uns aber auch stets deren Grenzen bewusst sein. Neue Erkenntnisse können nicht im Sinne einer Eins-zu-Eins-Zuordnung als Allheilmittel umgesetzt werden. Dies wird auch selbstkritisch in den Reihen der Gehirnforscher so gesehen. Forschungsarbeiten, die sich bemühen, den Lernprozess im Lichte der Hirnforschung zu verstehen, können aber interessierten Entscheidungsträgern im Bildungswesen und Lehrkräften wichtige Anhaltspunkte in diesem Bereich liefern. Die Ergebnisse der Gehirnforschung können zunächst einfache Fragen über elementare Prozesse beantworten. Neurowissenschaftliche Studien stellen damit Anhaltspunkte und Anregungen für komplexes Lernen zur Verfügung, können aber letztendlich kein umfassendes Lernkonzept vorgeben.

In diesem durchaus kritischen Verständnis stellen Gehirnforschung und Lernpsychologie einen ersten wichtigen Pfeiler und eine bedeutsame zentrale Komponente dieses Buches dar, da sowohl Lehrende als auch Lernende und besonders auch wir als Therapeuten von dem Wissenszuwachs in diesem Bereich profitieren sollten.

Die Forschungsergebnisse der Lernpsychologie und der Neurowissenschaften sowie unsere therapeutischen Erfahrungen helfen uns, weit verbreitete Förderansätze bei rechenschwachen Kindern kritisch zu reflektieren. Unter anderem setzen wir uns hier mit der bis heute postulierten Notwendigkeit des Trainings sogenannter

# 1. Einführung in unser Grundkonzept

Basisfunktionen oder auch der Bedeutung von Veranschaulichungsmitteln in der Mathematik kritisch auseinander. In diesem Zusammenhang werden Sie im vorliegenden Buch häufiger über den Begriff »Mythos« stolpern, den wir bewusst provokativ einsetzen. Mit dieser Begrifflichkeit und der damit verbundenen kritischen Argumentation möchten wir eine Diskussion und auch einen Klärungsprozess anstoßen – zum Wohle unserer Lernenden, d. h. unserer Kinder. Ziel ist es, Denkanstöße, Anregungen und auch Zweifel bezüglich bestimmter Vorgehensweisen zu vermitteln. Möglicherweise sind die Effektivität und die Bedeutung der vorgestellten und immer noch von Pädagogen propagierten Förderansätze wesentlich geringer als traditionell vermittelt. Hier könnten sich neue Denkperspektiven eröffnen.

In der Praxis erleben wir täglich, dass Kinder und auch Eltern häufig durch den Mathematikunterricht verwirrt werden und mit ungesichertem Wissen und Fertigkeiten zurückbleiben. Besonders die Vielfalt an Lernmethoden und Darstellungsformen führt bei Kindern mit Rechenschwäche zu Verwirrung und Chaos im Kopf. In der Folge entstehen Selbstzweifel, Unsicherheiten und Ängste, Vermeidungsverhalten und Blockaden.

> Die Mathematik ist keine Geheimwissenschaft. Lassen Sie sich in diesem Buch mit auf den Weg nehmen, die Mathematik in ihren Anfängen und Grundzügen wieder durchschaubar zu erleben.

Vereinfacht ausgedrückt setzt sich die Mathematik aus verschiedenen basalen Rechenfertigkeiten zusammen. Diese müssen angemessen erlernt, d. h. automatisiert werden, damit auch komplexere Rechenformen erlernbar sind. Ist zum Beispiel das Einmaleins automatisiert, gelingt das Erlernen der arithmetischen Prozeduren beim schriftlichen Malnehmen von mehrstelligen Zahlen oder beim Bruchrechnen deutlich leichter. Diese Grundrechenfertigkeiten bilden das Handwerkszeug und sind somit unabdingbare Voraussetzungen für den Lernenden, den Mut aufzubringen, sich an Sachaufgaben zu wagen und diese letztendlich zu lösen. Die Lösung aller weiteren mathematischen Probleme nimmt hier ihren Ausgangspunkt.

> Bei rechenschwachen Schülern, die vielleicht auch noch mit einer ADHS-Problematik und Ängsten belastet sind, ist besonders beim Erwerb der Grundrechenfertigkeiten zu fragen, ob das Einfache nicht das eigentlich Pädagogische ist. Sollte es nicht unser aller Ziel sein, auf einfachen Wegen Erfolge erlebbar zu machen, damit bei unseren Kindern und Schülern der Weg der Hoffnung beschritten und Selbstvertrauen wieder aufgebaut werden kann?

## 2. Für wen haben wir dieses Buch geschrieben?

- Für Eltern, damit sie die schulischen Lernstrategien besser einschätzen können und gegebenenfalls unpassende Lernmethoden durch *passendere ersetzen können*.

Ihnen, *den Eltern*, werden auf lernpsychologischer und neurowissenschaftlicher Grundlage aufbauende und durch empirische Forschungsergebnisse und Gehirnscans gestützte Lernmethoden vorgestellt, wie Sie Ihren Kindern helfen können, sich auf einfache und effektive Art und Weise die mathematischen Fertigkeiten besonders im Basisbereich anzueignen. Wenn Ihr Kind sich dabei schwertut, wird zusätzlich aufgezeigt, wie Sie Ihrem Kind mit meist recht geringem zeitlichem Aufwand in (für Ihr Kind nicht) anstrengender Weise helfen können.

- Für Lehrer, um ihnen Hilfe und Orientierung anzubieten, damit sie ihren Unterricht »gehirngerechter« und ihn so erfolgreicher in Bezug auf den angestrebten Lernerfolg *gestalten können*.

Gleichzeitig sollen sie Anregungen bekommen, wie sie Schülern, die Schwierigkeiten haben, sich die Basisfertigkeiten im Rechnen anzueignen, auf eine gute Art und Weise unterstützen zu können. In diesem Fall möchte das Buch auch eine Grundlage für eine gute und abgestimmte Kooperation zwischen Lehrern und Eltern schaffen.

- Für (Lern-)Therapeuten, Heilpädagogen und Ergotherapeuten, um ihnen auf neurowissenschaftlicher und lernpsychologischer Basis Orientierung und Hilfe zu geben, um zwischen effektiven und weniger effektiven Fördermethoden unterscheiden zu können. Gleichzeitig möchten wir ihnen ein Angebot unterbreiten, wie sie ihren »Handwerkskoffer« im Förderbereich weiter auffüllen können.
- Für Lehramtsstudierende, um ihnen eine neue Sichtweise jenseits mancher didaktischer Vorstellung zu eröffnen.
- Für die Kinder, um ihnen das dauerhafte Aneignen der Basisfertigkeiten leichter zu machen und besonders für diejenigen Kinder, die schon am Anfang ihrer schulischen »Laufbahn« zu viele Misserfolge erleben.

Die allermeisten Kinder möchten nach der Einschulung lernen und auch gut dabei sein. Wenn sie dann aber durch unpassende Lernwege und -strategien auf diesem Weg enttäuscht werden, hat dies weitreichende und tiefergehende Konsequenzen. In jahrzehntelanger psychotherapeutischer Arbeit mussten wir erleben, dass diese Misserfolge nicht selten zu ausgeprägtem Leid bei den Kindern, zu psychischen Problemen wie z. B. Ängsten und depressiven Tendenzen, zu starker Verweigerungshaltung, zu massiven Selbstwertproblemen und einer grundlegenden Beeinträchtigung in der gesamten Persönlichkeitsentwicklung führen können. Die Langzeitfolgen eines solchen schlechten »Schulstarts« sind meist die Anbahnung eines ungünstigeren schulischen Werdegangs, schlechtere Voraussetzungen für das spätere Berufsleben und immer wieder auch eine Zunahme der psychischen Probleme. Uns ist es wichtig, aufzuzeigen, wie man einer solchen negativen Entwicklung rechtzeitig und effektiv gegensteuern kann.

# 3. Ihr Wegweiser für dieses Buch

Möglicherweise haben Sie als Eltern, Lehrer, Psychologen und Pädagogen unterschiedliche Interessen, wenn Sie dieses Buch lesen. Insbesondere für die Eltern rechenschwacher Kinder, denen die praxisorientierten Teile wichtig sind, haben wir die konkreten Lernhilfen und -methoden am Seitenrand blau unterlegt – und somit leicht auffindbar gemacht.

Die weiß belassenen Teile sind eher theoretischer Natur und geben einen Überblick über den aktuellen Wissensstand zur Thematik. Diese Seiten dürften neben den Eltern insbesondere Lehrer, Psychologen, Pädagogen und Lerntherapeuten sowie Heilpädagogen ansprechen.

Wir beginnen in **Kapitel 1** mit einer ausführlichen Bestandsaufnahme über die Entwicklung des Leistungsstandes deutscher Schüler in Mathematik in den letzten 15 Jahren.

In den nächsten 3 Kapiteln geht es um Basiswissen. Wir gehen zunächst im **Kapitel 2** auf die Suche nach den Hauptfaktoren, die mit einer Rechenstörung bzw. -schwäche verbunden sind und die bei einer Förderung unbedingt berücksichtigt werden müssen.

Da die Rechenfertigkeiten auf effektive Weise erlernt werden müssen, folgt in **Kapitel 3 und 4** Grundlagenwissen zum Thema Lernen. Um Lernwege und -methoden einschätzen und bewerten zu können, ist es wichtig zu wissen, was beim Lernen im Gehirn überhaupt passiert. Deswegen sollen Sie in diesen beiden Kapiteln an aktuellen Ergebnissen der Lernpsychologie und Gehirnforschung teilhaben können. Dieser Teil dürfte besonders Lehrer und Therapeuten interessieren, aber natürlich auch Eltern, da hier die Grundlagen und Grundvoraussetzungen für die Lernarbeit – ob zu Hause oder in der Schule – reflektiert werden.

In **Kapitel 5** werden zentrale Ansätze der Förderpraxis dargestellt und kritisch beleuchtet. Wir hinterfragen immer wieder, ob es sich bei diesen herkömmlichen Vorgehensweisen um Mythen oder gesicherte Erkenntnisse handelt. Eltern kann dieser Teil dabei helfen, die Förderpraxis, die ihr Kind in der Schule, beim Lerntherapeuten oder in der Ergotherapie erfährt, in ihren Wirkmöglichkeiten einzuschätzen.

Die Hauptfaktoren bedenkend, die mit einer Rechenstörung bzw. -schwäche verbunden sind, analysieren wir in **Kapitel 6** in kritischer Weise, ob didaktische Vorstellungen helfen können, hier Verbesserungen zu erreichen. Wir untersuchen zudem ausführlich die Frage, ob nicht bestimmte Vorstellungen, Postulate und Vorgaben der Mathematikdidaktik, deren Notwendigkeit bisher nicht empirisch nachgewiesen worden sind, bei einem Teil der Schüler sogar die Schwäche bewirken.

## Einleitung

Engagierte Lehrer und Lerntherapeuten, die in ihrer Lehr- und Förderpraxis immer wieder feststellen, dass ihr Bemühen nicht bei allen Kindern zum angestrebten Ziel führt, finden hier vielleicht Antworten. Viele Anregungen für Diskussionen und Denkanstöße zur Reflexion des täglichen Praxishandwerks, die Sie hier vorfinden, mögen zum Teil provozierend klingen, da sie tradierte und gewohnte Vorgehensweisen in Frage stellen. Aber vielleicht kann etwas Fruchtbares entstehen, wenn Sie sich auf die Inhalte und Argumentationsstränge einlassen.

In **Kapitel 7** stellen wir *exemplarisch* am Beispiel des Erlernens des arithmetischen Faktenwissens beim Einmaleins ein Gegenmodell dar, wie unseren rechenschwachen Kindern auf einfache, wenig anstrengende und effektive Art und Weise dieses vermittelt werden kann. An diesem Beispiel zeigen wir die wichtigsten Aspekte in unserer Förderarbeit auf.

Bevor wir konkrete Lern- und Fördermethoden erläutern, stellen wir ausführlich Hilfreiches zur Vorgehensweise bei der Förderarbeit im Bereich der Rechenschwäche dar. In **Kapitel 8** folgen grundsätzliche Überlegungen zur Vorgehensweise bei der Förderarbeit im Bereich der Rechenschwäche und in **Kapitel 9** geben wir konkrete Tipps, wie der Lernprozess grundsätzlich verbessert werden kann.

In den **Kapiteln 10 bis 14** werden konkrete Lern- und Fördermethoden im Grundlagenbereich der rechnerischen Fertigkeiten und Fähigkeiten dargestellt. Sie sind gedacht für Eltern, aber auch für Lehrer und Therapeuten, die auf der Suche nach ganz konkreten und effektiven Hilfestellungen für das rechenschwache Kind sind. In diesem Teil finden Sie die exemplarische Umsetzung der Erkenntnisse der Lernpsychologie und aktuellen Gehirnforschung. Wir haben diese Erkenntnisse in leicht handhabbare Lernmethoden umgesetzt und vor allem Fördermöglichkeiten für den Grundschulbereich aufgenommen. Mit einfachen Methoden, die von den Eltern, aber auch in der Schule leicht durchzuführen sind, haben wir versucht, Denkvorgänge im rechnerischen Bereich nachzukonstruieren, damit sie dann im Gehirn eingeschliffen werden können.

Mit einer grundsätzlichen Einführung zu den Lern- und Fördermethoden im **Kapitel 10** beginnt der systematisch aufgebaute und konkrete, praxisorientierte Teil zur Förderung von Kindern mit Rechenschwäche. In **Kapitel 11** werden Möglichkeiten zur Förderung im Vorschulalter gezeigt und in **Kapitel 12**, wie auf einfache Art der Erwerb eines Grundverständnisses des Zahlenraumes und von Rechenoperationen vermittelt werden kann. Im ausführlichen **Kapitel 13** wird demonstriert, wie die Grundrechenfertigkeiten im Bereich Addition und Subtraktion schrittweise und auf wenig anstrengende Weise erlernt und automatisiert werden können. Da rechenschwache Kinder sich nur zögernd und ungern an Sachaufgaben heranwagen, bietet das **Kapitel 14** Hilfestellungen bei der Lösung dieser Aufgaben.

Um Kinder beim Erwerb der mathematischen Grundfertigkeiten zu unterstützen und sie auch dabei zu motivieren, wird in **Kapitel 15** exemplarisch gezeigt, wie das arithmetische Faktenwissen spielerisch eingeübt und wie Tricks für Problem- und Aufgabenstellungen, die für rechenschwache Kinder schwer zu lösen sind, entwickelt werden können.

Nach den Fördermöglichkeiten im Grundschulbereich folgt in **Kapitel 16** *beispielhaft*, wie auch komplexere arithmetische Prozeduren in höheren Klassen erlernt, eingeübt und letztlich automatisiert werden können.

Bei Rechenschwäche leiden betroffene Kinder sehr häufig noch zusätzlich an Mathematikangst oder Prüfungsängstlichkeit. Deswegen werden im **Kapitel 17** abschließend Vorgehensweisen erläutert, wie auch diese Ängste bewältigt werden können.

> An dieser Stelle möchten wir den Kindern mit Rechenschwäche und ihren Eltern danken, die wir nun seit über 30 Jahren in unserer Therapie betreuen durften. Von »unseren« rechenschwachen Kindern durften wir viel lernen. Aufgrund der Möglichkeit, sie intensiv begleiten, beobachten, mit ihnen Neues ausprobieren zu können und sich über Erfolge und kleine Fortschritte freuen zu dürfen, ist ein fruchtbarer und hoffnungsvoller Weg entstanden. Auf diesem gemeinsamen Weg werden die Chancen erhöht, die schulischen Anforderungen in Mathematik und damit letztlich auch das Leben besser meistern zu können. Unser Dank gilt ebenso den Lehrerinnen und Lehrern, mit denen während der Therapie eine erfolgreiche Zusammenarbeit gelang.
>
> Auch den Teilnehmern an unseren Fortbildungen sind wir für die vielen Informationen aus ihrer Praxis und die anregenden Diskussionen dankbar. Gemeinsam konnten Projekte entwickelt werden, die in der jeweiligen Praxis im therapeutischen Bereich und besonders auch im Schulalltag eingesetzt werden konnten.
>
> Bedanken möchten wir uns auch bei unseren Lektorinnen Frau Kathrin Kastl und Manuela Pervanidis, die unsere Bücher von der sehr gründlichen Durchsicht unserer Texte bis hin zu der endgültigen Gestaltung in so hervorragender Weise betreut haben.
>
> Besonderer Dank gilt auch Sabina für ihre vielen Korrekturen und kritischen Fragen, die mitgeholfen haben, die Verstehbarkeit des Textes deutlich zu verbessern.

# Kapitel 1  Die Entwicklung des Leistungsstandes deutscher Schüler in Mathematik in diesem Jahrhundert. – Eine Analyse der gegenwärtigen Ausgangslage

Wenn wir uns die Entwicklung des Leistungsstandes deutscher Schüler in Mathematik vergegenwärtigen wollen, bieten sich vor allem die Ergebnisse der größten internationalen und der größten nationalen Studien zu diesem Bereich an: die seit 2000 durchgeführten PISA-Studien und die seit 2011 in Deutschland erhobenen Daten der IQB-Studie.

## 1. Die PISA-Studien

Die PISA-Studie (Programme for International Student Assessment), die im Auftrag der OECD seit 2000 im dreijährigen Turnus durchgeführt wird, überprüft neben den Kompetenzen im Bereich des Lesens und der Naturwissenschaften vor allem auch den Leistungsstand der Schüler in Mathematik. Hierzu wurden erstmals im Jahre 2000 in den 28 OECD-Mitgliedsstaaten und vier OECD-Partnerstaaten 15-Jährige über alle Schulformen hinweg in repräsentativer Weise untersucht. In den Folgejahren erhöhte sich die Anzahl der teilnehmenden Länder (Teilnehmer) auf 37 OECD-Mitgliedsstaaten und 49 OECD-Partnerstaaten. Der dreijährige Turnus wurde nur für die 2021 geplante Studie verändert: Wegen der Coronapandemie wurde sie um ein Jahr auf 2022 verschoben.

Die Veröffentlichung der Ergebnisse, insbesondere der ersten PISA-Studie im Jahr 2000 und der Nachfolgestudie im Jahr 2003, hat Deutschland regelrecht erschüttert. So erzielten im Jahr 2000 die deutschen Schüler in Mathematik 490 Punkte. Damit lagen sie deutlich unter dem OECD-Durchschnitt von 500 Punkten. Der Begriff »PISA« ist seitdem fast zu einem Synonym für alle Schwierigkeiten unseres Bildungswesens geworden.

Im Dezember 2001 versuchte die Kultusministerkonferenz durch die Benennung sog. »Handlungsfelder« auf das deprimierende PISA-Ergebnis zu reagieren. Verbesserungen sollten von der Vorschule bis zur Lehrerausbildung eingeführt werden. So sollten u. a. die Grundschulbildung verbessert, verbindliche Standards für Schulabschlüsse für alle Bundesländern definiert und die Lehrerausbildung reformiert werden. Auch sollten bildungsbenachteiligte Kinder in Zukunft wirksamer gefördert werden.

PISA löste erneut eine heftige innerdeutsche Strukturdebatte über die Auswirkung von zwei-, drei- oder viergliedrigen Schulsystemen aus. Als Reaktion auf die »schlechten« Ergebnisse der PISA-Studie wurde vor allem die Forderung nach Ganztagsschulen erhoben. Befürworter der Gesamtschule verwiesen dabei auf das hervorragende Abschneiden Finnlands, das sie auf sein System der Gesamtschulen zurückführten. Sie verbanden damit die Hoffnung, das Konzept der Ganztagsschule werde Deutschland aus der Bildungsmisere führen. Gegner jedoch verwiesen darauf, dass auch Länder, die zu den Testverlierern zählen, Gesamtschulsysteme hätten. Bayern, das konsequent an einem gegliederten Schulsystem mit harten Aufnahmekriterien für den Besuch weiterführender Schulen festhielt, schnitt schließlich 2000 im nationalen Vergleich am besten ab.

## a) Die Entwicklung der erzielten Durchschnittswerte im Bereich Mathematik

Nach den schlechten Ergebnissen im Jahr 2000 konnte in den folgenden Jahren bis 2009 für die durchschnittliche mathematische Kompetenz 15-Jähriger in Deutschland eine deutliche Verbesserung festgestellt werden. Die Ergebnisse von 2012 zeigten ein Stagnieren des positiven Trends und kündigten letztlich eine Wende an. Nach 2012, also schon bevor sich die Flüchtlingszahlen erhöhten sowie auch lange vor der Coronazeit, verschlechterten sich die Ergebnisse jedoch wieder. Das Ergebnis 2022 lag mit 475 Punkten deutlich unter dem Ausgangswert von 2000 mit 490 Punkten (vgl. Lewalter u. a. 2023, S. 9).

Die deutschen Schüler erzielten 2022 »in allen drei Kompetenzbereichen die niedrigsten Werte, ... die jemals im Rahmen von PISA gemessen wurden« (OECD 2023, S. 1). Ein Grund für die schlechteren Leistungen dürften auch, aber nicht nur die Schulschließungen in der Coronazeit gewesen sein. »Dies spielt sicherlich eine Rolle für die Abnahme der grundlegenden Kompetenzen der Jugendlichen in Deutschland. Allerdings setzt sich mit PISA 2022 auch ein Abwärtstrend fort, der sich schon in den letzten PISA-Runden, vor allem für Mathematik und die naturwissenschaftliche Kompetenz andeutete. Demnach hat die Pandemie eher als Verstärker bereits bestehender Probleme gewirkt.« (Lewalter u. a. 2023, S. 8)

In der folgenden Tabelle lässt sich die bisherige Entwicklung der erzielten Durchschnittswerte im Bereich Mathematik in Deutschland genauer und detaillierter betrachten:

| Jahr | 2000 | 2003 | 2006 | 2009 | 2012 | 2015 | 2018 | 2022 |
|---|---|---|---|---|---|---|---|---|
| Punkte | 490 | 503 | 504 | 513 | 514 | 506 | 500 | 475 |

OECD 2013a, S. 330; Reiss u. a. 2019, S. 195 und S. 204 f.; Lewalter u. a. 2023, S. 9

# 1. Die PISA-Studien

Werden diese Werte in eine Grafik umgesetzt, ergibt sich folgendes Bild:

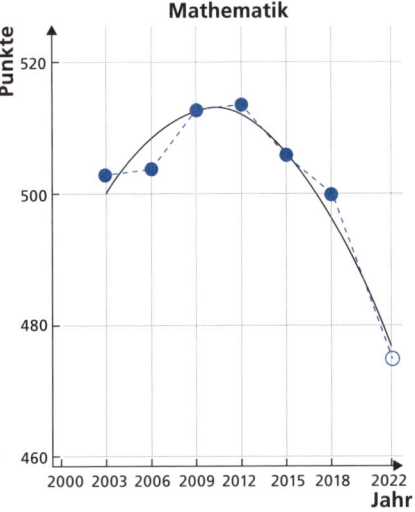

**Abb. 1.1:** Entwicklung der erzielten Durchschnittswerte in den Bereichen Mathematik auf Basis der PISA-Studien 2000, 2003, 2006, 2009, 2012, 2015, 2018 und 2022 (OECD 2023, S. 1)

## b) Entwicklung des Anteils der Risikogruppe

Hier ist der Anteil von Jugendlichen zu betrachten, deren Leistungen nur auf der untersten Kompetenzstufe liegen und sie damit nicht hinreichend für weitere berufliche Qualifikation und gesellschaftliche Integration ausgebildet sind.

Die folgende Tabelle zeigt den Anteil der über alle Schulformen hinweg repräsentativ untersuchten 15-jährigen Jugendlichen, die nur über Leistungen unter oder auf der niedrigsten Kompetenzstufe 1 verfügen.

| Jahr | 2000 | 2003 | 2006 | 2009 | 2012 | 2015 | 2018 | 2022 |
|---|---|---|---|---|---|---|---|---|
| Punkte | 24 % | 21,6 % | 19,9 % | 18,6 % | 17,7 % | 17,2 % | 21,1 % | 30 % |

OECD 2013a, S. 323; Reiss u. a. 2019, S. 198; Lewalter u. a. 2023, S. 9

Gegenüber 2000 verringerte sich bis 2015 der Anteil der Schüler, deren Leistungen unter dem Grundkompetenzniveau (Stufe 2) um ein Drittel, um sich dann in den letzten sieben Jahren gegenüber dem Stand von 2015 fast zu verdoppeln.

Folgende Bewertung zu den Ergebnissen der PISA-Studie 2012 müsste heute in noch verschärfterer Form getroffen werden, da die Risikogruppe heute nicht mehr jeden sechsten, sondern sogar jeden dritten 15-jährigen Jugendlichen in Deutschland umfasst: »Allerdings bedeutet dieser Wert auch, dass jeder sechste Jugendliche in Deutschland

13

die Mindestanforderungen für ein anschlussfähiges mathematisches Verständnis nicht erreicht und erhebliche Probleme haben dürfte, einen Ausbildungsplatz zu finden beziehungsweise eine Ausbildung erfolgreich abzuschließen sowie anspruchsvollere mathematische Anforderungen im Alltag zu bewältigen.« (Prenzel 2013, S. 75)

> Im Hinblick auf Mathematik aber auch auf die Lesefertigkeiten, musste das PISA-Konsortium (2001, S. 172) nach Abschluss der Studie folgende sehr ernüchternde Bilanz ziehen: »Das deutsche Bildungssystem ist besonders wenig erfolgreich bei der Förderung schwächerer Schüler sowie bei der Sicherung von Mindeststandards.« Diese Bewertung gilt angesichts der oben aufgeführten Zahlen heute sogar noch in einem sehr viel stärkerem Maße.
>
> Deswegen gilt für Deutschland immer noch: »Insgesamt besteht weiterhin hoher Handlungsbedarf in der Bildungspolitik, damit auch leistungsschwache Schüler am Ende ihrer Schulzeit über diejenigen Kompetenzen verfügen, welche sie für einen gelungenen Übergang in das Berufsleben benötigen.« (Lewalter u. a. 2023, S. 16)

## c) Anteil der besonders leistungsstarken Schüler

Diese Schüler erreichten Stufe 5 oder 6 des PISA-Mathematiktests. Sie können komplexe Situationen mathematisch modellieren und sind in der Lage, geeignete Problemlösungsstrategien auszuwählen, zu vergleichen und zu evaluieren. Der Anteil dieser Schüler nahm bis 2009 leicht zu. Danach nahm er ab und halbierte er sich gegenüber dem Wert von 2009.

| Jahr | 2003 | 2006 | 2009 | 2012 | 2015 | 2018 | 2022 |
|---|---|---|---|---|---|---|---|
| Anteil | 16,2 % | 15,4 % | 17,8 % | 17,5 % | 12,9 % | 13,3 % | 9 % |

OECD 2013a, S. 422f.; Reiss u. a. 2019, S. 198; Lewalter u. a. 2023, S. 9; OECD 2023a, S. 3

Von Interesse ist auch, wo Deutschland in Bezug auf den Anteil der besonders leistungsstarke Schüler im internationalen Vergleich (PISA 2022) liegt.

| Land | Anteil der »Top Performer« |
|---|---|
| Singapur | 41 % |
| Taiwan | 32 % |
| Hong Kong (China) | 27 % |
| Japan | 23 % |
| Südkorea | 23 % |
| Schweiz | 16 % |
| Deutschland | 9 % |

OECD 2023a, S. 3

## d) Signifikante Geschlechterdifferenzen in Mathematik

Die Mädchen erzielten in Deutschland in den Mathematiktests durchgängig im Durchschnitt deutlich weniger Leistungspunkte als die Jungen. Solche Unterschiede treffen aber nicht für alle anderen Staaten zu. In 24 Ländern und Volkswirtschaften waren die Leistungen im Bereich Mathematik zwischen Jungen und Mädchen gleich, in 17 erzielten die Mädchen sogar bessere Leistungen (OECD 2023a, S. 5).

Signifikante Geschlechterdifferenzen (in Leistungspunkten) zu Ungunsten der Mädchen in Mathematik in Deutschland

| Jahr | 2000 | 2003 | 2006 | 2009 | 2012 | 2015 | 2018 | 2022 |
|---|---|---|---|---|---|---|---|---|
| Punkte | 15 | 9 | 20 | 12 | 14 | 17 | 7 | 11 |

OECD 2013a, S. 331; Reiss u. a. 2019, S. 200; Lewalter u. a. 2023, S. 9; OECD 2023a, S. 5

Interessant ist, dass die deutliche Abnahme der Differenz im Jahr 2018 nicht darauf zurückzuführen ist, dass die Mädchen aufgeholt haben und besser geworden sind, sondern in erster Linie darauf, dass die Jungen schlechter geworden sind.

## e) Chancengerechtigkeit und Schülerleistungen

Prenzel u. a. (2013) stellten zu den Ergebnissen der PISA-Studie 2012 fest: »In Deutschland … ist der prozentuale Anteil der Unterschiede in der Mathematikkompetenz, die sich durch den sozioökonomischen Status erklären lassen, überdurchschnittlich hoch.« (Prenzel u. a. 2013, S. 253)

Dies trifft immer noch zu, und zwar in noch stärkerem Maße als in der PISA-Studie 2012: »In Deutschland lagen die Mathematikleistungen der sozioökonomisch begünstigten Schüler (der obersten 25 % bezogen auf den sozioökonomischen Status) um 111 Punkte über denen der benachteiligten Schüler (der untersten 25 %). Damit war der Abstand zwischen diesen beiden Gruppen größer als im OECD-Durchschnitt (93 Punkte).« (OECD 2023a, S. 5)

# 2. Die IQB-Studie zum Lernentwicklungstrend in Deutschland

Um nicht mehr von negativen Ergebnissen von internationalen Schulleistungsvergleichsstudien überrascht zu werden und auch um die Qualität der schulischen Bildung besser überprüfen und absichern zu können, beschloss die Ständige Konferenz der Kultusminister der Länder in der Bundesrepublik Deutschland (KMK) verstärkt Forschungen zum Lernerfolg deutscher Schüler durchzuführen. Zum einen sollte sich Deutschland weiterhin an internationalen Studien wie PISA, IGLU oder TIMSS beteiligen. Zum anderen wurde von der KMK aber auch das Institut zur Qualitätsentwicklung im Bildungswesen (IQB) 2004 in Berlin gegründet, um auf nationaler Ebene bzw. auf Länderebene den an deutschen Schulen erreichten Lernerfolg zu erfassen.

Als Grundlage für diese Überprüfung wurden Bildungsstandards und Mindestanforderungen für die Primarstufe, die Sekundarstufe I und die Allgemeine Hochschulreife vom KMK festgelegt. Darauf aufbauend wurden für die einzelnen Bereiche Kompetenzstufenmodelle entwickelt. Für den Primarbereich wurden Bildungsstandards zum Schuljahresbeginn 2004/2005 vom KMK verbindlich eingeführt. Das IQB untersuchte dann ab 2009, inwieweit diese in den einzelnen deutschen Bundesländer im Bereich Deutsch, Englisch und Französisch in der Sekundarstufe I erreicht wurden, ab 2011 im Bereich Deutsch und Mathematik in der Primarstufe und ab 2012 im Bereich Mathematik und Naturwissenschaften in der Sekundarstufe I.

Für den Primarbereich wurden Bildungsstandards zum Schuljahresbeginn 2004/2005 von der KMK verbindlich eingeführt. Das IQB untersuchte dann 2011, 2016 und 2021, in welchem Umfang diese am Ende der 4. Jahrgangsstufe von den Schülern in den einzelnen Bundesländern in den Fächern Mathematik und Deutsch erreicht wurden. Damit ist es erstmalig möglich, das Ausmaß der Lernerträge von Viertklässlern und deren Veränderungen innerhalb eines Zeitraums von zehn Jahren zu verfolgen.

### a) Entwicklung der Durchschnittswerte im Bereich Mathematik

Im IQB-Bildungstrend 2021 ist folgender Überblick über die Entwicklung in den Jahren 2011 bis 2021 zu finden:

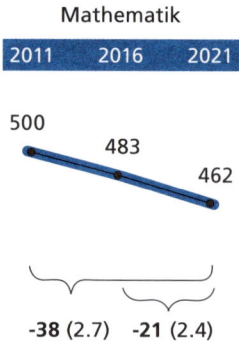

Abb. 1.2: Entwicklung der Durchschnittswerte in Mathematik (Quelle: Stanat u. a. 2022a, S. 98)

## 2. Die IQB- Studie zum Lernentwicklungstrend in Deutschland

In den PISA-Studien lässt sich ab 2012 eine kontinuierliche Verschlechterung der Durchschnittsleistungen deutscher Schüler in Mathematik erkennen. Diese ist auch in den IQB-Studien feststellbar.

Als eine Ursache könnte man die Flüchtlingskrise ab 2016 anführen. Dass diese Erklärung bei weitem nicht ausreicht, zeigt sich, wenn man sich die Entwicklung der Leistungen der Viertklässler mit und ohne Migrationshintergrund anschaut:

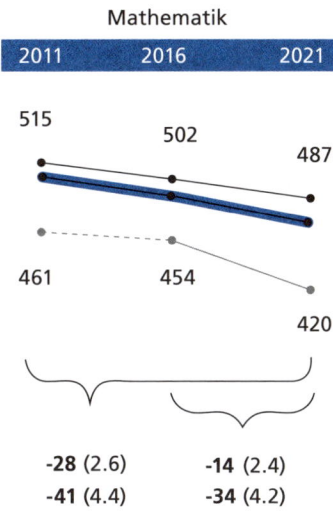

**Abb. 1.3:** Entwicklung der Durchschnittswerte (blaue Linie) der Mathematikleistungen der Viertklässler mit (graue Linie) und ohne Migrationshintergrund (schwarze Linie) (Stanat u. a. 2022a, S. 200)

Diese Grafik belegt sehr anschaulich, dass auch die Schüler ohne Migrationshintergrund in den 5-Jahres-Zeiträumen ab 2011 mit 13 bzw. 15 Punkten kontinuierlich und in signifikanter Weise immer schlechter wurden.

Hier dräng sich die Vermutung auf, dass die Veränderungen, die in diesem Zeitraum im didaktischen Bereich und damit verbunden im Bereich der Lehrpläne und der Schulbücher stattfanden, nicht dazu geführt haben, dass sich die Leistungen verbessert haben. Es trat genau das Gegenteil ein: Die Schüler am Ende der 4. Klasse bzw. die 15-Jährigen wurden immer schlechter.

### b) Entwicklung des Anteils der Risikogruppen

Besonders wichtig neben der Entwicklung des Durchschnittswertes ist es, sich genauer anzuschauen, wie hoch der Anteil der Risikogruppe ist, d. h. der Gruppe von Schülern, die im Fach Mathematik in den Jahren 2011, 2016 und 2021 den Mindeststandard nicht erreichten:

| Jahr | 2011 | 2016 | 2021 |
|---|---|---|---|
| Anteil der Viertklässler | 11,9 % | 15,4 % | 21,8 % |

Anteile der Schüler der 4. Jahrgangsstufe in Deutschland insgesamt, die im Fach Mathematik (Globalskala) in den Jahren 2011, 2016 und 2021 den Mindeststandard nicht erreichten (vgl. Stanat u. a. 2022a, S. 75)

### c) Kompetenzunterschiede 2021 (IQB) zwischen Mädchen und Jungen in Mathematik

In Deutschland waren 2021 in der 4. Klasse Jungen in Mathematik, ähnlich wie in der PISA-Studie, um 25 Punkte besser als Mädchen (vgl. Stanat u. a. 2022a, S. 161)

Auch der Anteil der Mädchen und der Jungen, die im untersuchten Kompetenzbereich den Mindeststandard nicht erreichten, unterscheiden sich deutlich:

| Kompetenzbereich | Mädchen | Jungen |
|---|---|---|
| Mathematik Globalskala | 25 % | 18 % |

(vgl. Stanat u. a. 2022a, S. 163)

> Seit 2011 ist eine negative Leistungsentwicklung in Mathematik zu verzeichnen. Diese Entwicklung begann schon vor der Flüchtlingskrise und der Coronapandemie und ist nicht allein darauf zurückzuführen. Sie führt zu weiteren negativen Entwicklungen sowohl im persönlichen als auch im gesellschaftlichen Bereich. Eine konstruktive und effektive Antwort auf diese Krise und passende Lösungsansätze sind in brennender Weise notwendig.

## 3. Auswirkungen der negativen Entwicklung im Leistungsbereich im Fach Mathematik

Die Ergebnisse der beiden Studien weisen auf eine deutliche Zunahme von Schülern mit einer Rechenschwäche oder gar Rechenstörung. Eine Rechenstörung bzw. eine Rechenschwäche hat weitere negative Auswirkungen in unterschiedlichen Bereichen zur Folge.

### a) Im persönlichen Bereich

Allein um den Alltag in unserer Gesellschaft erfolgreich bewältigen zu können, ist eine grundlegende mathematische Kompetenz unerlässlich. Denken Sie an einen Blick auf den Wecker am Morgen, an das Zählen des Wechselgelds oder das Be-

### 3. Auswirkungen der negativen Entwicklung im Leistungsbereich im Fach Mathematik

urteilen des Kontostandes, an das Lesen der Fahrpläne und an das Abschätzen der Fahrzeit, an das Rezept beim Backen eines Kuchens, an die Einnahme von Medikamenten (z.B. 3-mal täglich 5 Tropfen eines Medikamentes mit 200 ml Wasser gemischt trinken) oder das Lesen der neuesten Wahlumfragen – jede dieser alltäglichen Situationen stellt Anforderungen an die Fähigkeit, numerische Informationen zu verarbeiten.

Neben dem Verwenden in alltäglichen Situationen sind die Leistungen in Mathematik von entscheidender Bedeutung für unsere Schulabschlüsse.

Untersuchungen haben gezeigt, dass die Fähigkeit, Zahlen zu verarbeiten und sie in mathematischen Operationen (wie Berechnungen) zu verwenden, ein entscheidender Prädiktor für den wirtschaftlichen und sozialen Erfolg einer Person ist (vgl. z. B. Göbel u. a. 2014; Landerl u. a. 2022).

> »Langfristige negative Effekte von schwachen Rechenleistungen bestehen in erhöhter Arbeitslosigkeit und niedrigem sozioökonomischen Status …. Selbst das Gesundheitsverhalten kann beeinträchtigt sein, wenn Gesundheitsrisiken falsch eingeschätzt werden.« (Landerl u. a. 2022, S. 107)

Zusätzlich kann, wie wir unten sehen werden, eine Rechenstörung häufig mit psychischen Problemen einhergehen.

## b) Im Bereich Ausbildung

Stellvertretend seien hier Stellungnahmen des Präsidenten des Zentralverbands des Deutschen Handwerks, Jörg Dittrich angeführt: »Die nun vorgelegten PISA-Ergebnisse für das Jahr 2022 bestätigen die Erfahrungen der handwerklichen Ausbildungsbetriebe: Bei zu vielen Schülerinnen und Schülern fehlt es an den für eine Ausbildung erforderlichen Grundkompetenzen. Das ist besorgniserregend, weil es zunehmend den erfolgreichen Verlauf einer betrieblichen Ausbildung und somit den Start junger Menschen ins Berufsleben gefährdet. Ein flachendeckendes, bundesweites Programm für Berufsschulen sowie zusätzliche Unterstützungsangebote für Ausbildungsbetriebe sind notwendig, um bestehende Lernlücken zu schließen und versäumte Grundkompetenzen in Mathematik, Lesen und Schreiben nachträglich zu vermitteln. … Insbesondere Defizite in den mathematischen Kompetenzen stellen eine Herausforderung für eine Ausbildung im Handwerk dar … die massiven Lernlücken bei so vielen 15-Jährigen bereiten dem Handwerk große Sorgen …« (Dittrich 2023)

Die pädagogischen Psychologen Hasselhorn und Gold verweisen ebenfalls auf diese gravierende Problematik: »Mehr als jeder Fünfte der 15-jährigen in Deutschland ist nicht in der Lage, die einfachsten rechnerischen Anforderungen zu bewältigen, wie sie etwa im Rahmen der beruflichen Ausbildung in den meisten Lehrberufen gefordert werden.« Sie »scheitern … bereits bei solchen Anforderungen, die eine einfache Kombination der Grundrechenarten erfordern.« (Hasselhorn und Gold 2022, S. 132)

Bedenkt man die kritische wirtschaftliche Situation in Deutschland, erscheint es umso dringlicher, sich auch in Mathematik auf gut ausgebildete Schulabgänger stützen zu können.

## 4. Fazit

Die dargestellten empirischen Ergebnisse belegen übereinstimmend, dass man sich auf das Bildungssystem in Deutschland nicht verlassen kann. Die Vorgaben der Didaktik, der Lehrpläne und auch der Schulbücher sowie die Handreichungen für die Lehrer beinhalten anscheinend keine »guten« und effektiven Lernwege und haben nicht zu den erhofften Lernerfolgen geführt.

Unserer Auffassung nach gilt es deswegen, vor allem die Veränderung und Verbesserung der Lernwege und -strategien ins Auge zu fassen. Damit könnte vor allem der sehr hohe Anteil an schlechten Schülern in Mathematik verringert werden. Ebenso gilt es, die sehr auffälligen Unterschiede zwischen Mädchen und Jungen abzubauen. Mädchen müssen besonders in Mathematik in passender Weise gefördert werden.

Angesichts der negativen Entwicklung seit 2012 erscheint es äußerst dringlich, dass die Mathematikdidaktiker umgehend ihre theoretischen Ableitungen, Setzungen und Postulate an der Realität überprüfen. Dies wurde bisher nicht durchgeführt. Die Hauptfrage müsste dabei sein, welche Lernerfolge können auf diese Weise bei den Schülern erzielt werden. Didaktische Vorgaben sollten belegen können, dass sie »funktionieren«, d. h., dass sie die Schülerleistungen verbessern. Wenn sie aber, wie in den letzten zehn Jahren geschehen, das Gegenteil bewirken, müssen sie verändert bzw. angepasst werden. Doch bevor diese Änderungsideen im Schulsystem, z. B. in Lehrplänen und Schulbüchern, umgesetzt werden, ist es in einem ersten Schritt unerlässlich, dass sie in Feldstudien erprobt und überprüft werden. Vor einer allgemeinen Einführung bedarf es also einer umfassenden empirischen Kontrolle ihrer Effektivität und Tauglichkeit.

Das Bildungssystem wird immer wieder vor Herausforderungen gestellt werden:

- Verbesserung der Bildungschancen von sozial benachteiligten Kindern
- Integration von Flüchtlingskindern
- Umgang mit der Coronakrise
- sich abzeichnender zunehmender Lehrermangel

Die größte Herausforderung besteht aber in der notwendigen deutlichen Erhöhung des Lernertrags bei allen Schülern. Besonders dafür sind geeignete Antworten und Lösungen zu suchen.

## 4. Fazit

Die empirisch festgestellte negative Entwicklung im Bereich der Vermittlung der Basisfertigkeiten sollte besonders im Bereich der Didaktik zu einer kritischen Selbstreflexion und darauf aufbauend zu konstruktiven Veränderungen führen. Der Kern der Didaktik sollte sich mit der Frage beschäftigen, auf welchen Wegen die Schüler auf einfachste und effektivste Weise sich zumindest die Basiskompetenzen im Rechnen aneignen können. Didaktische Konzepte sind kein Selbstzweck. Deswegen müsste eigentlich immer überprüft werden, inwieweit sie bei der Umsetzung in der Realität beim Schüler zum Lernerfolg führen.

Solange dies nicht geschehen ist, gibt es nur die Möglichkeit, dass Eltern, Lehrer und (Lern-)Therapeuten durch persönliches Engagement gegensteuern. Dabei macht es angesichts der oben dargestellten Entwicklung wenig Sinn, auf herkömmliche, didaktisch dominierte Fördermethoden zu setzen. Es gilt stattdessen, neue, »gehirntechnisch« effektivere Wege zu benutzen. Auch dieses Buch versucht hierzu einen Beitrag zu leisten, indem es leichte, praktisch umsetzbare und erfolgreiche Lernwege und -strategien vorstellt. Ausführlich erläuterte neurowissenschaftliche und lernpsychologische Forschungsergebnisse waren bei deren Entwicklung eine wesentliche Grundlage.

# Kapitel 2  Auf der Suche nach den Hauptmerkmalen einer Rechenschwäche und Rechenstörung

## 1. Einführung

Überblickt man die Fachliteratur, ist bei einer Dyskalkulie nicht von einem einheitlichen Störungsbild auszugehen, sondern von einer »heterogenen Störung« mit »vielen unterschiedlichen Faktoren« (Landerl u. a. 2022, S. 150). Deshalb stellt sich zunächst vor allem die Frage, was den Kern einer Rechenstörung bzw. -schwäche ausmacht.

Woran kann ich eigentlich eine Rechenschwäche und Rechenstörung erkennen? Was sind deren Hauptmerkmale? Auf was muss ich als Eltern, Lehrer und Therapeut besonders achten? Diese Fragen sollen im Folgenden schrittweise beantwortet werden.

Zum Einstieg seien zunächst zwei Fallbeispiele angeführt, um die Problemkonstellationen zu veranschaulichen und zu verdeutlichen:

### Fallbeispiel: Tobias

Tobias geht in die zweite Klasse, er ist ein ausgesprochen aufgewecktes Kind. Seine Frustrationstoleranz bei nicht sofortigem Gelingen einer Anforderung ist hingegen gering. Aufgaben, die Tobias in Angriff nimmt, müssen sofort klappen. Auch in seiner Klasse möchte er der Erste sein, was im Heimat- und Sachkundeunterricht und zum Teil auch in Deutsch gelingt. Zu Beginn der zweiten Klasse fällt allerdings auf, dass Tobias die notwendigen Rechenoperationen nur unzureichend beherrscht und er noch seine Finger – zum Teil versteckt – benutzt. Im Zahlenraum bis zur 10 macht er Fehler und zeigt deutliche Unsicherheiten bei der Überschreitung des Zehners. Aufgaben, die sich im Zehnerraum bewegen, wie z. B. 11 + 6, rechnet er abzählend mit den Fingern, also 12, 13, 14, …. Im Verlauf der zweiten Klasse wird deutlich, dass Tobias immer mehr Zeit für die gleichen Rechenoperationen benötigt als seine Mitschüler. Er hat sein inneres Zählen kontinuierlich verfeinert, sodass es »äußerlich« kaum mehr wahrzunehmen ist. Deutlich erkennbar ist jedoch, dass sich Tobias im Kopfrechnen sehr schwertut, dass er viele Fehler in den Lernzielkontrollen macht und sehr lange braucht, um zu Lösungen zu kommen. Dies spiegelt sich dann auch im Wortgutachten des Jahreszeugnisses der zweiten Klasse wider, in dem auf die Notwendigkeit weiteren intensiven Übens hingewiesen wird.

Die Lehrerin hatte Tobias die unterschiedlichsten Veranschaulichungsmethoden angeboten, als sie beobachtete, dass er ohne konkretes Veranschaulichungsmaterial nur schwer Rechenoperationen durchführen kann. Seine Mutter berichtet, dass Tobias die verschiedenen Veranschaulichungsmöglichkeiten beim Erlernen durcheinanderbringt. Noch schwerer tut er sich mit den kopierten Übungsblättern der Lehrerin, auf denen die Aufgaben in den unterschiedlichsten Darstellungsformen wie z. B. Rechenrädern, Rechentabellen, Rechenmaschinen usw. angeboten werden. Mit Platzhalteraufgaben kommt er überhaupt nicht zurecht. In der ersten Klasse ließ Tobias sich noch darauf ein, mit seiner Mutter täglich zu rechnen. Da sich aber kein Erfolg einstellte, vermeidet er nun zunehmend das tägliche Üben. Immer mehr Kampf und Auseinandersetzungen gibt es zwischen Tobias und seiner Mutter. Am Ende der zweiten Klasse blockiert er vollständig. Die Mutter ist enttäuscht von seinem Verhalten.

Tobias vergleicht sich mit seinen Mitschülern und kann unschwer feststellen, dass die anderen schneller und besser sind als er. Da er seine Gefühle schlecht kontrollieren kann, kommt es zu immer mehr Kaspereien und auffälligem Verhalten im Unterricht. Seine Aggressivität gegenüber den Mitschülern nimmt zu.

Beobachtet man Tobias, so stellt man fest, dass er an seiner Fehlstrategie des »inneren Zählens« festhält. Er entwickelt zunehmend das Gefühl, dass er für Mathematik nicht begabt und darüber hinaus wahrscheinlich insgesamt recht dumm sei. Seine Motivation zum Üben nimmt immer mehr ab.

**Fallbeispiel: Lisa**

Lisa ist wie Tobias 8 Jahre alt und hat das zweite Grundschuljahr fast beendet. Im letzten Rechentest hatte sie 6 von 28 Punkten. Lisa ist nicht in der Lage, Plus- und Minusaufgaben im Hunderterraum richtig zu rechnen, ihr scheint das Verständnis für das, was sie da tun soll, zu fehlen. An kleine Textaufgaben traut sie sich gar nicht erst heran. Schon in der ersten Klasse zeigten sich Rechenschwierigkeiten. Als Lisa im Anfangsrechenunterricht noch zahlreiches Anschauungsmaterial, wie z. B. Perlen, angeboten wurde, hatte sie im Zahlenraum bis 10 keine Schwierigkeiten. Aber schon das Addieren und Subtrahieren ohne Anschauungsmaterial im Zahlenraum bis 10 ging nur langsam. Vom Zählen mit den Fingern löste sie sich nie ganz. Manchmal verzählte sich Lisa auch, z. B. bei Aufgaben wie 9 – 7. Den Zehnerübergang mit der Zerlegung der zu addierenden oder zu subtrahierenden Zahl hatte sie nie richtig verstanden und hielt an ihrer Fingerstrategie fest. Je größer die Zahlen wurden und je mehr sich der Zahlenraum erweiterte, desto langsamer wurde Lisa und desto fehlerhafter wurden ihre Aufgaben.

Wie wirkten sich diese Probleme in der zweiten Klasse nun auf Lisa Gefühls-/ Stimmungslage aus? Schon im Kindergarten war Lisa ein sehr liebes, ruhiges, eher ängstliches Mädchen. In der Schule schien sie immer ein wenig verträumt, meldete sich wenig und bekam gelegentlich nicht mit, was sie zu Hause erledigen sollte. Ihre Mutter musste Lisa bei den Hausaufgaben begleiten, damit etwas auf das Papier kam. Mit zunehmenden Misserfolgserlebnissen in den Lernzielkontrollen reagierte Lisa mit Angst und immer häufiger auch mit Bauchschmerzen. Lisas Vater äußerte: »Von mir hat sie das nicht, ich war immer gut im Rechnen.« Das Mädchen weint immer mehr bei den Hausaufgaben und dem nachfolgenden Üben. Ist eine Lernzielkontrolle für den nächsten Tag angekündigt, würde sie am liebsten zu Hause bleiben. Die Lehrerin bemüht sich, indem sie Lisas Mutter viele Kopiervorlagen mit unterschiedlichen Aufgabenarten mitgibt und ihr rät, erfinderisch mit dem Anschauungsmaterial zu sein. Lisa arbeitet tapfer weiter, ihre Leistungen werden jedoch nicht besser. Lisas Selbstwertgefühl nimmt immer mehr ab, die Gedanken, dass sie einfach nur dumm sei, verfestigen sich. Die Lehrerin zieht die Schulpsychologin zurate. Eine testpsychologische Untersuchung (K-ABC) erbringt durchschnittliche Leistungen, aber Schwierigkeiten im seriellen Denken. Lisa fiel es insbesondere im akustischen Kurzzeitgedächtnis schwer, sich längere Zahlenfolgen zu merken, auch zeigte sie leichtere Aufmerksamkeitsprobleme während der Testbearbeitung (Lückenmuster). In dem durchgeführten Schulleistungsdiagnostikum zeigte sich, dass Lisa bereits die Addition und Subtraktion im Zahlenraum bis 10 nur unzureichend und den Zehnerübergang keineswegs sicher beherrscht.

Die häusliche Situation eskalierte zunehmend. Hatte Lisa bisher noch recht bereitwillig mitgearbeitet, verweigert sie sich nun zunehmend. Sie weint immer häufiger, möchte nicht mehr üben und äußert manchmal sogar, dass sie nicht mehr leben möchte. Der konsultierte Schulpsychologe diagnostiziert bei Lisa im emotionalen Bereich ein depressives Erleben, gepaart mit Ängsten. Die Mutter kann das Leid ihrer Tochter kaum mehr mit ansehen und möchte Lisa über ein Dyskalkulie-Attest von der Mathematiknote befreien lassen.

Sowohl Tobias als auch Lisa zeigen deutliche Rechenschwierigkeiten. Bereits in der Mitte ihrer Grundschulzeit reagieren sie mit heftigen Verhaltensproblemen. Tobias wird zum Klassenkasper und zunehmend aggressiv (Teufelskreis Typ 1), während Lisa immer ängstlicher und depressiver wird (Teufelskreis Typ 2). Beide Kinder sind nicht mehr zum Üben zu bewegen und blockieren hier völlig. Ihr Selbstwertgefühl ist sehr instabil. Sie sind überzeugt, dumm zu sein.

Ausgehend von verschiedenen ursächlichen Faktoren, die bis heute nicht eindeutig zu identifizieren sind (genetische Veranlagung, Hirnreifestörung, neuropsychologische Störungen, aber auch psychosoziale und schuldidaktische Einflüsse), entwickelt sich das Störungsbild einer Rechenstörung. Wechselwirkungsprozesse mit ungünstigen äußeren Faktoren sowie mit negativen Rückmeldungen und Bewertungen verschärfen die Problematik. Wie in den Beispielen von Tobias und Lisa wird die wechselseitige Interaktion zwischen Kind, Lehrern, Eltern, Mitschülern und Geschwistern durch die Rechenschwäche negativ beeinflusst. In vielen Fällen, wie auch in den beschriebenen, strengen sich die Kinder vermehrt an, um ihre Aufgaben zu lösen, erfahren aber immer wieder, dass ihre Mitschüler schneller und besser rechnen können. Es entwickeln sich Frustrationserlebnisse und Versagensängste.

Lehrer und Eltern beobachten das fehlerhafte und langsame Rechnen und fordern die Kinder zu vermehrter Konzentration und Anstrengung sowie zu erhöhtem Übungsaufwand auf. Trotz des Übens wird die Leistung nicht besser. Immer mehr häufen sich Misserfolgserlebnisse, die zu Lernbarrieren führen. Die Kinder vermeiden zunehmend Rechenaufgaben und beteiligen sich immer weniger aktiv am Unterricht. Eltern und Lehrer reagieren dann oft mit Vorwürfen und Bestrafungen, wie etwa »Bei dir ist Hopfen und Malz verloren« oder »Du wirst es nie lernen«. Auch Mitschüler oder Geschwister hänseln die betroffenen Kinder. In jeder neuen Prüfungssituation erlebt das Kind eine Überforderung. Überzeugungen wie »Ich bin zu blöd, ich werde das nie schaffen« stabilisieren sich. Die Hausaufgaben werden zu einem kaum zu bewältigenden Berg und kosten unendlich viel Zeit und Energie. Recht schnell entwickeln sich dann Folgeprobleme, wie die beschriebene Verweigerungshaltung, Resignation, Versagens- und Schulängste oder aggressives Verhalten. Die Schullaufbahn der betroffenen Kinder ist dann meist ebenso deutlich beeinträchtigt wie die nachfolgende berufliche Integration.

Die entstehende Problematik ist in Abbildung 2.1 anschaulich dargestellt (▶ Abb. 2.1). Misserfolge führen auf der Entmutigungstreppe zu Niedergeschlagenheit und Traurigkeit, zu Lernabneigung, Selbstabwertungen, Misserfolgserwartungen und Ängsten und schließlich – allzu oft – zur völligen Entmutigung der betroffenen Kinder.

Abb. 2.1: Die Entmutigungstreppe

# 2. Eine erste Annäherung an die Bestimmungsmerkmale: Analyse der Definitionskriterien einer Rechenstörung

Um herauszufinden, was den Kern einer Rechenstörung/-schwäche ausmacht, sollen nun die Kriterien analysiert werden, die dies festlegen.

Die Weltgesundheitsorganisation (WHO) hat die Rechenstörung in ihr internationales Krankheitsklassifikationsschema der Krankheiten (ICD10/ICD11) aufgenommen.

Im alten Klassifikationssystem ICD-10 wird die Rechenstörung unter F 81.2 den sog. »Entwicklungsstörungen schulischer Fertigkeiten« zugeordnet. Der Kern der Beeinträchtigung von Rechenfertigkeiten wird im Erlernen der Basisfertigkeiten gesehen: »Das Defizit betrifft vor allem die Beherrschung grundlegender Rechenfertigkeiten, wie Addition, Subtraktion, Multiplikation und Division, weniger die höheren mathematischen Fertigkeiten, die für Algebra, Trigonometrie, Geometrie oder Differential- und Integralrechnung benötigt werden.« (WHO: F81.2 Rechenstörung)

Die so genannte Dyskalkulie (griechisch: dys = schlecht; lateinisch: calculus = Rechnung) wird dann diagnostiziert, wenn die Rechenleistung des Kindes eindeutig unterhalb des Niveaus liegt, welches aufgrund des Alters, der allgemeinen Intelligenz und der Schulklasse zu erwarten wäre. Diese Teilleistungsstörung lässt sich per Definition nicht diagnostizieren, wenn die grundlegende Beeinträchtigung der mathematischen Fertigkeiten auf eine unangemessene Beschulung, defizitäre Sinneswahrnehmungen oder eine neurologische oder psychiatrische Erkrankung zurückzuführen ist.

Im aktuellen Klassifikationssystem ICD-11 wird dies allgemeiner formuliert, betrifft aber weiterhin besonders den Bereich der Basisfertigkeiten:

»Entwicklungsbedingte Lernstörungen mit Beeinträchtigung in Mathematik sind gekennzeichnet durch erhebliche und anhaltende Schwierigkeiten beim Erlernen akademischer Fähigkeiten im Zusammenhang mit Mathematik oder Arithmetik, wie z. B. Zahlenverständnis, Auswendiglernen von Zahlenfakten, genaues Rechnen, flüssiges Rechnen und genaues mathematisches Denken. Die Leistung der Person in Mathematik oder Arithmetik liegt deutlich unter dem, was für das chronologische oder Entwicklungsalter und das Niveau der intellektuellen Leistungsfähigkeit zu erwarten wäre, und führt zu erheblichen Beeinträchtigungen der akademischen oder beruflichen Leistungsfähigkeit der Person.«[2]

Die Diagnose wird ausgeschlossen, wenn eine Störung der intellektuellen Entwicklung, Sinnesbeeinträchtigung (Seh- oder Hörbeeinträchtigung), neurologische Störung, mangelnde Verfügbarkeit von Bildungsmöglichkeiten, mangelnde Beherrschung der Unterrichtssprache oder psychosoziale Belastung vorliegt.

Kern der Rechenstörung sind also nach ICD-11 erhebliche Lernschwierigkeiten beim Zahlenverständnis, beim Auswendiglernen von Zahlenfakten, beim fehlerfreien Rechnen und flüssigen Rechnen und bei einem richtigen mathematischen Denken. (Auszug aus der ICD-11 (Weltgesundheitsorganisation (WHO): A03.2 Developmental learning disorder with impairment in mathematics)

---

2   Dieser Auszug aus der ICD-11 ist vom Autor ins Deutsche übersetzt aus der ICD-11: International Classification of Diseases, 11th Revision, 2022. Die WHO ist nicht verantwortlich für den Inhalt oder die Richtigkeit dieser Übersetzung. Im Falle von Unstimmigkeiten zwischen der englischen Fassung und der Übersetzung ist die englische Originalfassung die verbindliche und authentische Fassung.

## 2. Eine erste Annäherung an die Bestimmungsmerkmale

> Zusammenfassend kann festgestellt werden: Am Anfang des Lernprozesses in Mathematik entstehen beim Kind deutliche und überdauernde Defizite im Bereich der Basisfertigkeiten Addition, Subtraktion, Multiplikation und Division. Gleichzeitig bestehen Schwächen im Zahlenverständnis und beim Erinnern von numerischen Fakten, wobei letzteres in nachvollbeziehbarerweise dazu führt, dass das richtige (fehlerfreie) und flüssige (schnelle) Rechnen nicht gelingt. Damit fällt letztlich auch das richtige mathematische Verständnis und Begründen besonders im Anwendungsbereich bei Sachaufgaben schwer.

Im pädagogischen Bereich stand in den letzten beiden Jahrzehnten folgende Definition im Vordergrund, nach der folgende Kriterien erfüllt sein mussten, um eine Rechenstörung zu diagnostizieren (vgl. z. B. Jakobs und Petermann 2003):

- Die schulische Fertigkeit im Bereich Mathematik wird mit mangelhaft oder ungenügend bewertet.
- In einem standardisierten Rechentest wird ein Prozentrang kleiner/gleich 10 erreicht.
- Der Intelligenzquotient fällt nicht kleiner als 70 aus.
- Zwischen Rechentestergebnis und Intelligenzquotient besteht eine Diskrepanz von mindestens 1,5 Standardabweichungen oder 12 T-Wert-Punkten.
- Die schulische Leistungsstörung tritt vor dem Erreichen der 6. Klasse auf.

Diese Festlegung der Kriterien begann sich mit der Definition der Arbeitsgemeinschaft der Wissenschaftlichen Medizinischen Fachgesellschaften (AWMF 2018) zu verändern. In einer von ihr durchgeführten Metaanalyse konnten keine signifikanten und inhaltlich bedeutsamen Unterschiede zwischen der ausschließlichen Verwendung der Alters- bzw. Klassennorm und dem zusätzlichen Einbezug des Diskrepanzkriteriums hinsichtlich des IQ-Wertes gefunden werden. In der Definition der AWMF wird deswegen das Diskrepanzkriterium aufgegeben und sich bei der Rechenstörung dafür ausgesprochen, als Diagnosekriterium allein eine Alters- oder Klassennormdiskrepanz von mindestens 1,5 Standardabweichungen zu benutzen. »Das heißt, ein Prozentrang kleiner 7 bzw. ein T-Wert kleiner 35 bei einer Alters- oder Klassennorm weist auf das Vorliegen einer Rechenstörung hin.« (AWMF 2018, S. 21)

Diese Grenzziehung zwischen einer Rechenstörung und einer Rechenschwäche erfolgt hier in eher willkürlicher Form mit Hilfe einer statistischen Maßeinheit. Eigentlich müsste man von einem Kontinuum ausgehen, bei dem die Defizite in der Rechenkompetenz mehr oder weniger stark ausgeprägt sind.

> Zwar wird in der Fachliteratur häufig zwischen den Begriffen »Rechenstörung« und »Rechenschwäche« unterschieden, wobei jeweils unterschiedliche Diagnosekriterien zugrunde gelegt werden. Aufgrund der eher willkürlich anmutenden Grenzziehung zwischen beiden Begriffen und des tatsächlich zugrundeliegen-

den Kontinuums von stark oder weniger stark ausgeprägten Formen benutzen wir in diesem Buch die Begriffe «Rechenstörung» und »Rechenschwäche« immer wieder auch in synonymer Form.

**Mit der Aufgabe des Diskrepanzkriteriums ist gleichzeitig aber eine grundsätzliche Veränderung in der Sichtweise der Rechenstörung verbunden. Dies gilt es genauer zu betrachten:**

**Herkömmliche bzw. »alte« Diagnosekriterien:** Mit Hilfe eines standardisierten *Rechentests* und eines Intelligenztests wurde eine statistisch bedeutsame Diskrepanz (≥ 1,5 Standardabweichungen) zwischen der intellektuellen Begabung (die im Normbereich liegen sollte) sowie der *Rechenleistung* (die im Falle einer Rechenstörung dann unterdurchschnittlich d. h. schlechter als Prozentrang 15 sein muss) als Diagnosekriterium benutzt.

Mit diesem Ansatz war häufig von Seiten von Pädagogen die Vorstellung verbunden, dass die Rechenstörung auf Defizite im Gehirn des Kindes zurückzuführen, sie also quasi als **isolierte »krankhafte« Eigenschaft eines ansonsten intelligenten Kindes** zu sehen sei. Aufgrund dieser Defizite fällt es dem Kind dann schwerer, das Rechnen zu erlernen.

**Aktuell** zeichnet sich die Entwicklung ab, dass man von dem Diskrepanzkriterium absieht und eine Rechenstörung diagnostiziert, wenn allein im Rechentest eine Leistung, die schlechter als ein vorgegebener Normwert ist, gemessen wird. Meist wird ein Normwert angenommen, der 1,5 Standardabweichungen unter dem Durchschnitt (unter einem Prozentrang von 7) liegt.

Mit der Aufgabe des Diskrepanzkriteriums steht ausschließlich die im Vergleich zu anderen auffällig schlechte Rechenleistung im Fokus und damit verbunden bekommt allein der eigentliche Lernprozess die entscheidende Bedeutung. Rechenstörung kann nun in erster Linie vor allem als Ausdruck eines **Lernrückstands** im Vergleich zu Gleichaltrigen oder von **fehlgelaufenen Lernprozessen** angesehen werden.

Plakativ ausgedrückt, scheint sich der Fokus im Hinblick darauf zu verschieben, welche Faktoren für die Entwicklung einer Rechenstörung verantwortlich sind. Die Hauptverantwortung wird nicht mehr in den Defiziten im Gehirn des betroffenen Kindes gesehen, sondern im Lernprozess, dem das Kind ausgesetzt war.

> Zusammenfassen bleibt festzuhalten, dass sich eine Rechenstörung in den ersten Schuljahren zeigt und vor allem die Grundrechenarten betrifft. Ein sicheres Abspeichern des numerischen Faktenwissens scheint nicht zu gelingen, wodurch richtiges und flüssiges Rechnen erschwert wird. Die Vorstellung einer »Fehlfunktion« im Gehirn des betroffenen Kindes als Ursache einer Rechenstörung scheint zunehmend aufgegeben zu werden. Damit rückt die Art und Weise, wie Rechnen von Anfang an vermittelt wird, verstärkt in den Focus. Wir werden uns deswegen im **Kapitel 6** intensiver mit der Frage beschäftigen, welche Vorstellungen die Didaktik bei der Vermittlung der mathematischen Basisfertigkeiten vertritt.

## 3. Eine zweite Zugangsweise: Rechenstörung als Abweichung von der »Normalentwicklung« beim Erwerb der mathematischen Basisfertigkeiten

Ein zweiter Annäherungsversuch an die Hauptmerkmale einer Rechenstörung besteht darin, basierend auf der Normalentwicklung im Lernprozess der grundlegenden Rechenoperationen zu analysieren, an welchen Stellen für Kinder mit einer Rechenstörung Probleme entstehen.

### Vor der Einschulung

Neurowissenschaftliche Modelle verstehen die Entwicklung zahlenverarbeitender Hirnfunktionen als einen neuroplastischen Reifungs- und Lernprozess, der im Verlauf von Kindheit und Jugend zur Ausbildung komplexer spezialisierter neuronaler Netzwerke führt. Ausgangspunkt dieser Entwicklung sind wohl basisnumerische Fähigkeiten, die es schon dem ca. zehn Monate alten Säugling ermöglichen, kleine Mengen bzw. Anzahlen zu erfassen. Ab dem Ende des ersten Lebensjahres erwirbt das Kind also die Fähigkeit, zwischen Mengen zu unterscheiden. Mit der Sprachentwicklung entwickelt es schrittweise die Fertigkeit, Mengen durch **Zahlworte zu symbolisieren.**

In diesem frühen Lebensabschnitt nehmen vor allem Abzählfertigkeiten eine zentrale Rolle ein: So sind »für die Entwicklung des Zahlbegriffs offenbar Zählkompetenz und Mengenverständnis im Hinblick auf spätere schulische Leistungen von zentraler Bedeutung« (*Lorenz 2012, S. 10*). »Rechenschwache Kinder weisen zum Teil auch noch in den ersten Schuljahren noch Schwierigkeiten im Bereich der Zählfunktionen auf.« (Landerl u. a. 2021, S. 109)

Eine **zweite Form der Symbolisierung von Anzahlen** erfolgt schon im Vorschulalter mit der Kenntnis der **arabischen Zahlenschreibweise**, die eine eigene und von der deutschen Zahlensprechweise abweichende Grammatik hat. Diese ersten **Ziffernkenntnisse** beeinflussen, wie neuere Studien zeigen, das weitere schulische Lernen in positiver Weise (vgl. z. B. Göbel u. a. 2014, Landerl u. a. 2022, S. 109). Beide Komponenten, (Ab-)Zählfertigkeiten und Ziffernkenntnisse, bilden die wichtigsten Grundlagen vor der Einschulung und erleichtern den Kindern das folgende schulische Lernen.

> Bei Risikokindern ist oft schon die Entwicklung der spezifischen Vorläuferfertigkeiten im Kindergarten auffällig. Es bestehen häufig frühe Defizite in den Zählfunktionen, z. B. bezüglich der Sicherheit in der Zählsequenz oder in der Verknüpfung der Zählwörter mit Mengen beim Abzählen. Erschwert ist deswegen auch der Mengenvergleich (Größenvergleich zweier Punktmengen), der Zahlenvergleich (Größenvergleich zweier Zahlen) und der Zahlen-Mengen-Vergleich (Größenvergleich einer Zahl und einer Menge). Die Ziffernkenntnis ist, wenn überhaupt, nur bruchstückhaft vorhanden. Alle diese Defizite sind aber

> fast ausschließlich auf ungenügende oder versäumte Lernprozesse schon im Kindergartenalter zurückzuführen.

## Nach der Einschulung

Hasselhorn und Gold (2022) erläutern in ihrem Standardwerk »*Pädagogische Psychologie*«, wie die Entwicklung der Rechenfertigkeit im Normalfall nach dem Eintritt in die Schule abläuft. Die allgemeine Entwicklungssequenz basaler Strategien zur Lösung einfacher Additions- und Subtraktionsaufgaben beginne mit *Fingerzählen und verbalen Zählstrategien* und führe dann zu Strategien des Wissensabrufs und zu Zerlegungsstrategien: »Mit zunehmender Vertrautheit einfacher Additionsaufgaben kommt es zur strategischen Nutzung des *Wissensabrufs aus dem Langzeitgedächtnis*. Ist die Lösung einer Aufgabe bereits bekannt (d. h. in der Wissensbasis repräsentiert), so kann sie unmittelbar abgerufen werden und die Anwendung aufwendiger Lösungsprozesse erübrigt sich. [...] Zusätzlich und damit überlappend bilden sich *Zerlegungsstrategien* heraus, wenn die Lösung einer Aufgabe zwar nicht direkt aus der Wissensbasis extrahiert werden kann, wenn aber Wissen über verwandte oder ähnliche Aufgaben genutzt wird, um zur Lösung zu gelangen. [...] So kann – um ein einfaches Beispiel zu wählen – die Aufgabe 5 + 7 über das direkt abrufbare Wissen um die Gleichung 5 + 5 = 10 leichter gelöst werden: Durch Zerlegung der Aufgabe ergibt sich nämlich: 5 + 7= 5 + 5 + 2 = 10 + 2 = 12.« (2022, S. 194)

Weiterhin verweisen sie darauf, »dass Erstklässler mit einer Rechenstörung länger bei der Strategie des Fingerzählens verharren [...]. Selbst in der 3. Klassstufe nutzen sie weiterhin die sehr *rudimentäre Strategie des Fingerzählens* [...]. Auch die Fähigkeit, einfaches *arithmetisches Faktenwissen* (Basic Arithmetic Facts) abzurufen, verbessert sich bei rechengestörten Kindern im Verlauf der Primarschuljahre kaum [...]. Zudem ist bei Kindern mit Dyskalkulie eine *deutlich verzögerte Entwicklung der Strategienutzung* bei einfachen Arithmetikaufgaben festzustellen« (2022, S. 194).

Landerl, Vogel und Kaufmann (2022, S. 122f.) stellen in ähnlicher Weise in ihrem Standardwerk »Dyskalkulie« fest:

»Das am konsistentesten belegte Symptom bei Dyskalkulie besteht in einer deutlichen Beeinträchtigung von Aufbau und Abruf des arithmetischen Faktenwissens ... Der Übergang vom zählenden Rechnen zum direkten Abruf von arithmetischen Fakten aus dem Gedächtnis gelingt offenbar nicht. ... Darüber hinaus verwenden dyskalkulische Kinder im Vergleich zu Kindern mit unauffälliger Entwicklung häufig entwicklungspsychologisch **unreifere Strategien (insbesondere Fingerrechnen)**, machen beim zählenden Rechnen häufiger Zählfehler und verwenden unreifere Zählstrategien (z. B. ‚count all' statt ‚count min'). ... Offenkundig ist **zählendes Rechnen** die einzig verfügbare Strategie, solange kein ausreichendes Faktenwissen vorhanden ist.«

Beherrschen die Kinder das arithmetische Faktenwissen nicht, fällt es ihnen sehr schwer, darauf aufbauende arithmetische Prozeduren zu erlernen. Dies bedeutet in der Konsequenz, dass Kindern, die kein automatisiertes arithmetische Faktenwissen haben, keinen Vorteil aus der Nutzung von Rechenstrategien ziehen können, da sie auf Zähl- und umständliche Rechenprozesse angewiesen sind. Folglich ist das Arbeitsgedächtnis durch die Fehlstrategien ständig überlastet und letztlich können die neuen Strategien auch nicht abgespeichert werden.

- **Arithmetische Fakten** sind Rechnungen mit einstelligen Operanden, die bei geübten Rechnern direkt aus dem Langzeitgedächtnis abgerufen werden können und keine willentlichen Rechenprozesse mehr erfordern.
- **Prozedurales Wissen** ist das Wissen um die richtige sequenzielle Anordnung von Lösungsalgorithmen, d. h. um die richtige Abfolge von richtigen Lösungsschritten bei mehrstufigen und komplexen Rechenoperationen.
- Insgesamt sind beim Lösen komplexer (mehrstelliger) Rechnungen neben einem *intakten Faktenwissen und dem richtig automatisierten* prozeduralem *Wissen* auch gute **Arbeitsgedächtnisleistungen** relevant. Defizitäres Faktenwissen oder schlechte Arbeitsgedächtnisleistungen können die Leistung beim Lösen komplexer Rechnungen beeinträchtigen. (vgl. Landerl u. a. 2022, S. 35ff.)

Wellenreuther stellt beispielhaft fest: »So setzt das Lernen halbschriftlicher und schriftlicher Rechenverfahren ein sicheres und müheloses Abrufen von Eins-Plus-Eins-Fakten sowie von Einmaleinsfakten voraus. Wenn das Kind sich aber noch auf der Stufe des Abzählens mit Hilfe seiner Finger bewegt, kann es diese komplexeren Verfahren nicht erlernen.« (Wellenreuther 2010, S. 20)

Andererseits gelingt es Kindern mit einem gut automatisierten Faktenwissen deutlich leichter, sich darauf aufbauende Rechenprozeduren anzueignen: »Wer über ein vollständiges und hoch automatisiert nutzbares Wissen hinsichtlich der Ergebnisse der Addition, Subtraktion, Multiplikation und Division zweier Ziffern verfügt, besitzt einen enormen Vorteil beim Bewältigen komplexerer Rechenanforderungen.« (Hasselhorn und Gold 2022, S. 133)

**Auszüge aus Wortgutachten von Zeugnissen – Beispiele für Hinweise auf eine Rechenschwäche**

*Auszug aus dem Wortgutachten von Svens Halbjahreszeugnis der 2. Jahrgangsstufe:*
»Im erweiterten Zahlenraum bis 100 löst Sven einfache Plusaufgaben. Bei Minusaufgaben treten Unsicherheiten auf. Gerade beim Rechnen über die Zehner, beim Zerlegen und Ergänzen von Zahlen und beim Durchschauen von Rechengeschichten hat er große Schwierigkeiten.«

*Auszug aus dem Wortgutachten von Paulas Jahreszeugnis der 2. Jahrgangsstufe:*
»In Mathematik beherrscht Paula die Einmaleins-Reihen recht gut und kann sie in den verschiedenen Aufgabenstellungen anwenden. Anders ist es mit den Plus-/Minusaufgaben im Zahlenraum bis Hundert. Hier rechnet Paula bisweilen un-

> sicher, häufig auch recht langsam, besonders die Zehnerüberschreitung und die Platzhalteraufgaben muss sie weiter tüchtig üben.«

Die anfänglichen Automatisierungsprozesse des Faktenwissens und der Prozeduren bestimmen vorrangig die weiteren schulischen Leistungen in der Mathematik: »Gute Leistungen in Mathematik kommen demnach in höheren Klassenstufen immer weniger durch die Intelligenz und zunehmend mehr durch das in früheren Klassen aufgebaute Vorwissensfundament zustande. Demnach haben Schüler dann gute Voraussetzungen für gute Mathematikleistungen, wenn sie den Lehrplanstoff der vorangegangenen Schuljahre beherrschen und auf dieses Wissen aufbauen können. Wissenslücken aus früheren Schuljahren hingegen ziehen weitere Lücken nach sich, wenn für neues auf früheres Wissen zurückgegriffen werden muss.« (Krajewski und Schneider 2005, S. 242)

> Fazit: Kinder mit Rechenschwäche/-störung haben große Probleme, ein arithmetisches Faktenwissen aufzubauen. Sie bleiben in der Phase des zählenden Rechnens bzw. des Errechnens von einfachen Multiplikations- und Divisionsaufgaben hängen. Weil sie auf diese das Arbeitsgedächtnis sehr belastende Fehlstrategien angewiesen sind, gelingt es ihnen nur schwer, sich darauf aufbauende Rechenprozeduren anzueignen.

## 4. Gruppenvergleiche von Menschen mit Rechenstörung und ohne Rechenstörung

Die AWMF untersuchte die Forschungsergebnisse von Studien zu der Frage: »Hinsichtlich welcher Kompetenzen unterscheiden sich Menschen mit Rechenstörung von Menschen ohne Rechenstörung?" (AWMF 2018, S. 14) Bei der Analyse und Darstellung der Ergebnisse differenzierte sie zwischen Richtigkeit und Zeit. In Tabelle 2.1 wird der mittlere Unterschied (d. h. die Effektstärke) zwischen Menschen mit und ohne Rechenstörung aufgezeigt. So verweist ein Wert von 0,74 bzw. 0,84 Standardabweichung auf 7,4 bzw. 8,4 T-Wert-Punkte Unterschied. Insgesamt konnten signifikante mittlere bis hohe Effektstärken festgestellt werden.

**Hinsichtlich welcher Kompetenzen unterscheiden sich Menschen mit Rechenstörung von Menschen ohne Rechenstörung?**

## 4. Gruppenvergleiche von Menschen mit Rechenstörung und ohne Rechenstörung

|  | Richtigkeit | Zeit |
|---|---|---|
| Mathematik (insgesamt) | 0,66 | 0,84 |
| Basiskompetenzen | 0,45 | 0,64 |
| Grundrechenarten | 0,74 | 0,84 |
| Rechenstrategien | 0,25 | 0,55 |

(vgl. AWMF 2018 S. 17ff.)

**Was bedeuten diese Ergebnisse?**
Menschen mit Rechenstörung erhalten beim Ausrechnen von Aufgaben deutlich häufiger falsche Ergebnisse. Wie lange Menschen mit und ohne Rechenstörung für eine Rechnung benötigen, unterscheidet die beiden Gruppen sogar noch besser als die Fehlerhäufigkeit. Dies ist ein Hinweis, dass Menschen mit Rechenstörung umständliche Fehlstrategien benutzen bzw. über kein ausreichend automatisiertes Faktenwissen verfügen dürften. Der Bereich, der in Bezug auf den Unterschied am auffälligsten ist, ist der Bereich der Grundrechenarten.

> Beim Erlernen der Grundrechenarten treten die Hauptauffälligkeiten besonders in den Bereichen Faktenwissen und Nutzung von Rechenstrategien auf. Die betroffenen Kinder verbleiben ab der ersten Klasse bis in die dritte und vierte Klassenstufe bei der Strategie des Fingerzählens bzw. des inneren Zählens bei Additions- und Subtraktionsaufgaben (vgl. z. B. Hahnich, Jordan, Kaplan und Dick 2001).
>
> Häufig können sie bei diesen Zählprozeduren selbst die effizientere Strategie des Weiter- und Zurückzählens von der Ausgangszahl der Aufgabe nicht nutzen, sondern beginnen beim Zählen von vorne, also bei der Zahl 1.
>
> Geeary (2004) stellte weiterhin fest, dass Kinder mit einer Dyskalkulie kaum Fortschritte hinsichtlich ihres einfachen arithmetischen Faktenwissens machen. Dies bedeutet, dass die Kinder bei einfachen Additions- und Subtraktionsaufgaben im Zehnerraum und auch bei einfachen Multiplikationsaufgaben im Hunderterraum, also dem kleinen Einmaleins, kein Faktenwissen abrufen können.
>
> Die Strategienutzung ist bei Kindern mit einer Dyskalkulie in der dritten und vierten Klasse noch deutlich verzögert, so z. B. die Zerlegungsstrategie beim Zehnerübergang. Da sie nicht über das notwendige automatisierte arithmetische Faktenwissen verfügen, sind Rechenstrategien auch keine Erleichterung, sondern eine zusätzliche Belastung ihrer Denkleistung. Wenn zum Beispiel bei der einfachen Aufgabe 7 + 8 nicht automatisiert ist, wieviel von 7 auf 10 fehlt und wieviel 8 – 3 ergibt bzw. wie 8 in 3 und 5 zerlegbar ist, hilft dem rechenschwachen Kind die oben angeführte Rechenstrategie nicht. Es wird bis 10 zählen und dann gezwungen sein, weiterzuzählen, bis es bei »8 dazugezählt« angekommen ist.

## 5. Exemplarische Beispiele für typische Fehlerstrukturen bei Rechenschwäche

Für Kinder mit Rechenschwäche ist es typisch, dass sie nicht über ein gut automatisiertes Faktenwissen z. B. im Bereich der Addition und Subtraktion verfügen. Sie sind deswegen auf zählendes Rechnen angewiesen. Damit kommen sie recht gut zurecht, wenn die Zahlen klein bleiben, z. B. im einstelligen Bereich. Werden die Zahlen dagegen größer, bekommen die Kinder erhebliche Probleme. Sie kommen zu falschen Ergebnissen und vermischen aufgrund Überlastung der Kapazität des Arbeitsgedächtnisses (s. u.) häufig die einzelnen Schritte bei Rechenprozeduren (z. B. beim Zehnerübergang im Hunderterraum).

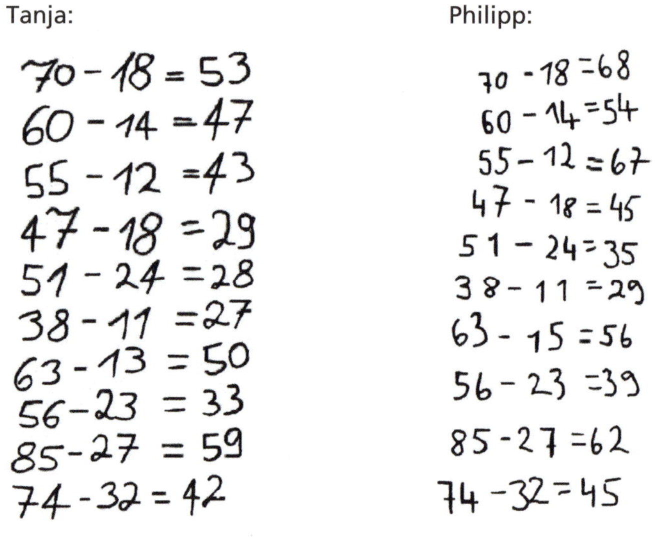

| Tanja: | Philipp: |
|---|---|
| 70 − 18 = 53 | 70 − 18 = 68 |
| 60 − 14 = 47 | 60 − 14 = 54 |
| 55 − 12 = 43 | 55 − 12 = 67 |
| 47 − 18 = 29 | 47 − 18 = 45 |
| 51 − 24 = 28 | 51 − 24 = 35 |
| 38 − 11 = 27 | 38 − 11 = 29 |
| 63 − 13 = 50 | 63 − 15 = 56 |
| 56 − 23 = 33 | 56 − 23 = 39 |
| 85 − 27 = 59 | 85 − 27 = 62 |
| 74 − 32 = 42 | 74 − 32 = 45 |

**Abb. 2.2:** Typische Fehlerstrukturen bei Rechenschwäche - Zählendes Rechnen und Vermischen der Schritte der Rechenprozeduren

**Zur Analyse der Rechenfehler:**

Tanja hat bei der Aufgabe 70 − 18 zunächst richtig gerechnet: 70 − 10 = 60. Aufgrund des fehlenden Faktenwissens musste sie dann 8 zurückzählen: 60 (ein Finger), 59 (zwei Finger), 58 (drei Finger), 57 (vier Finger), 56 (fünf Finger) 55 (sechs Finger) 54 (sieben Finger), 53 (acht Finger). Also 8 abgezogen zw. Zurückgezählt: Ergebnis ist 53

Philipp hat bei der Aufgabe 70 − 18 ebenfalls zunächst richtig gerechnet: 70 − 10 = 60. Dann vertauscht er aber den Rechenschritt bei der Subtraktion mit dem Rechenschritt bei der Addition: 60 und 8 dazu: Ergebnis ist 68.

# 6. Eine Rechenschwäche kommt selten allein 1: Negative Gefühle und Gedanken

Kinder mit einer Rechenstörung bzw. -schwäche weisen nicht nur Defizite im Bereich des arithmetischen Faktenwissens und der grundlegenden mathematischen Rechenprozeduren auf. Viele betroffene Kinder entwickeln gleichzeitig eine negative Einstellung zu Zahlen und zum Rechnen. Diese kann nicht selten in eine spezifische Rechenangst oder sogar in eine generalisierte Schulangst einmünden (vgl. Kaufmann und von Aster 2012, S. 767).

> **Fallbeispiel: Eva, vierte Klasse**
>
> In der Behandlungsstunde erzählt die Mutter dem Therapeuten in Anwesenheit ihrer Tochter von deren großen Problemen in Mathematik. Eva hört nur das Wort Mathematik, schon wendet sie sich ab. Tränen rollen ihr über das Gesicht. Sie möchte nicht über das Rechnen sprechen, geschweige denn sich mit zusätzlichem Üben auseinandersetzen.

Sind wie bei Eva starke negative Gefühle mit Mathematik verbunden, ist jeder weitere Lernprozess in diesem Bereich blockiert.

Bei einer Rechenschwäche bzw. -störung besteht bei den betroffenen Kindern sehr häufig eine individuelle Kombination von negativen Gedanken und Gefühle.

> **Fallbeispiel Lea: Auszug aus einer E-Mail:**
>
> »Unsere Tochter hat die 3. Klasse erfolgreich absolviert. Sie ist eine gute Schülerin (keine Konzentrationsschwäche; sie liest gut, gerne und viel). **Das Fach, das sie gar nicht mag, ist Mathe.** Ihre Lehrerinnen sagen: »Klar, dafür muss sie sich mehr anstrengen, deshalb mag sie's nicht. Sie muss lernen, dass einem nicht alles zufliegt.« Das klingt erstmal logisch für uns.
>
> Mein Mann (war immer gut in Mathematik) und ich (war immer mit Mathematik auf Kriegsfuß) waren bisher der Meinung, dass die eine Hälfte der Menschheit eben Mathe »einfach kann« und die andere Hälfte sich halt schwer tut. In Ihrem Buch relativieren Sie dies. Das freut mich sehr, denn ich kenne das Gefühl der Verwirrung mit all diesen Zahlen sehr gut. Einen Teil dieser **Verwirrung** glaube ich seit ca. 1,5 Jahren auch bei unserer Tochter wahrzunehmen. Sie hat immer wieder mal **Verzweiflungs-Anfälle mit Weinen** und »**Ich kann das einfach nicht!**«, »**Ich hasse Mathe!**« und ähnlichem. Den Großteil der Hausaufgaben erledigt sie im Hort, manchmal klappt in Mathe alles gut, manchmal müssen wir abends nochmal komplett nacharbeiten. An den durchradierten Seiten sehe ich dann, wie oft sie schon erfolglos war. **Die Ergebnisse stimmen häufig, allerdings klingen ihre Rechenwege manchmal recht verworren** (wenn ich sie danach frage, was ja nicht immer der Fall ist). Sachaufgaben sind eher schwierig für sie.«

# Auf der Suche nach den Hauptmerkmalen einer Rechenschwäche und Rechenstörung

Dieses Fallbeispiel bietet uns eine erste Erhellung der Gesamtsituation. In typischer Weise werden in obigem Fall von den Erwachsenen bestimmte Gedanken mit der Rechenschwäche gekoppelt verbunden. Es bestehen Vorstellungen über deren Entstehung und Ursachen. Die Lehrerinnen glauben, das Mädchen wäre in Mathematik nicht fleißig genug – die durchradierten Seiten belegen jedoch das Gegenteil. Die Mutter macht die Begabung dafür verantwortlich: Die Hälfte der Menschheit sei halt einfach nicht begabt für Mathematik.

Bei dem Mädchen werden ab der Mitte der 2. Klasse ihre Probleme offensichtlich. Die Zahlen werden größer und die bisher benutzten (Fehl-)Strategien reichen nicht mehr aus. Es zeigen sich »Verwirrung« und belastende negative Gefühle und Gedanken: **Verzweiflungs-Anfälle mit Weinen, »Ich kann das einfach nicht!« und »Ich hasse Mathe!«**

Eine zweite Erhellung liefert eine Abfrage in Elternseminaren. Die Eltern werden gefragt, ob ihr Kind folgendes in Bezug auf Mathematik zeigt:

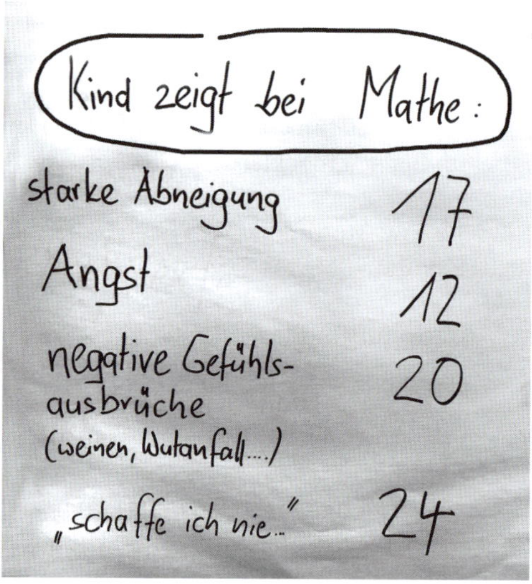

**Abb. 2.3:** Ergebnis einer Befragung von 28 Elternteilnehmern (26 Einzeleltern und ein Elternpaar)

Auch hier zeigt sich, dass Mathematik mit negativen Gedanken und Gefühlen verbunden wird. In Prozenten ausgedrückt:

| | |
|---|---|
| starke Abneigung | 63 % |
| Angst | 44 % |
| negative Gefühlsausbrüche | 74 % |
| "schaffe ich nie" | 88 % |

## 7. Mathematik und Angst

Nach diesen ersten Einblicken lassen Sie uns diese gravierende Problematik jetzt noch fundierter angehen. Landerl, Vogel und Kaufmann verweisen in ihrem Standardwerk »Dyskalkulie« (2022) auf folgenden Sachverhalt:

»Insgesamt scheint Mathematik stärker als andere Schulfächer negative emotionale Assoziationen, insbesondere Angst hervorzurufen. Angst vor Mathematik bzw. Rechenangst ist häufig mit Dyskalkulie assoziiert. Sie geht zumeist mit einer negativen Einstellung zu Mathematik einher. Rechenangst kann - wie jede andere Angststörung - neben physiologischen Reaktionen wie Herzrasen und Schweißausbrüchen auch kognitive Auswirkungen haben (angstbezogene Gedankeninhalte) und Vermeidungsverhalten auslösen … Länger andauernde Rechenangst kann dazu führen, dass Kinder die Auseinandersetzung mit Zahlen oder dem Rechnen zu vermeiden versuchen, was dazu führt, dass die Lernlücken immer größer werden und Misserfolgserlebnisse sich häufen. Im schlimmsten Fall entwickeln die betroffenen Kinder eine generelle Schulangst oder psychosomatische Beschwerden …

Rechenangst induziert nicht nur Vermeidungsverhalten, sondern kann auch die Ausführung von Rechenaufgaben behindern. Die Theorie des defizitären Inhibitionsmechanismus besagt hier, dass von Rechenangst ausgelöste angstbezogene Gedanken jene Arbeitsgedächtnis- und Aufmerksamkeitsleistungen beanspruchen, die für die Verarbeitung der Rechenaufgabe benötigt werden.« (Landerl u. a. 2022, S. 91)

> »Kinder mit Rechenstörung haben wegen der wiederholten schulischen Misserfolgserlebnisse häufig einen hohen Leidensdruck, der zu negativen Einstellungen zum Rechnen bis hin zu Rechen- und Schulangst führen kann. Rechenängste zeigen eine Tendenz zur Chronifizierung und behindern die Fertigkeitsentwicklung nachhaltig. Ihre Auswirkungen sind meist auf der physiologischen Ebene (Herzklopfen, Schweißausbrüche), kognitiven Ebene (Gedanken der Hilflosigkeit, reduziertes Arbeitsgedächtnis) und der Verhaltensebene (Vermeidung) beobachtbar«. (Kaufmann und von Aster 2012, S. 772)

Von großem Interesse in diesem Kontext ist, mit welcher Häufigkeit deutsche Grundschüler Angst mit dem Schulfach Mathematik verbinden. Die IQB-Studie (Stanat u. a. 2022a, S. 225) gibt Auskunft über die aktuell schwierige Ausgangslage für den Lernprozess im Fach Mathematik. Demnach erleben 60 % der Kinder in der vierten Klasse eine hohe bis mittlere Ängstlichkeit im Fach Mathematik. Der Anteil **hoher Ängstlichkeit** im Fach Mathematik liegt bei den Viertklässlern bei **23 %** (**20 % der Jungen** und **25 % der Mädchen**).

Abb. 2.4: Angst beim Schulfach Mathematik (Stanat u. a. 2022a, S. 225)

## 8. Modell der emotionalen Bewertung

Wie entwickelt sich bei einem rechenschwachen Kind die emotionale Bewertung und zu welchen Konsequenzen führt sie? So wie Eva und Lea (s. o.) geht es in Bezug auf Mathematik vielen Kindern, vor allem Mädchen.

Viele Kinder werden aufgrund ihrer individuellen Voraussetzungen besonders in den Grundschuljahren mit Misserfolg konfrontiert. Schlimm für das Kind wird es aber erst, wenn institutionalisierte Bewertungssysteme, z. B. über die Notengebung, hinzukommen. Die Konfrontation mit Misserfolgen und äußeren Bewertungen (z. B. durch Zensuren und den Vergleich mit Mitschülern) führt zu Stress und bei zunehmender Häufigkeit zu mehr oder weniger ausprägten Ängsten. Daneben führen Erfahrungen von Misserfolgen durch die mit ihnen verbundenen Frustrationserlebnisse insbesondere bei impulsiv veranlagten Kindern – wie beispielsweise ADHS-Kinder – zu überschießenden Gefühlsreaktionen wie z. B. Wutausbrüchen und Toben. Erneute Misserfolge steigern Angst und Wut und führen, gerade auch bei ADHS-Kindern, zu einer Verweigerung weiterer Anstrengungen.

Die Besetzung des Faches Mathematik mit negativen Gefühlen (besonders mit Angst) und negativen Gedanken führt zu einer zunehmenden Beeinträchtigung des mathematischen Lernprozesses. Zum Beispiel reduzieren Ängste oder eine starke Abneigung die Aufmerksamkeitsfähigkeit und die die ohnehin schon häufig geringere Kapazität des Arbeitsgedächtnisses und erschweren den Zugriff auf das Langzeitgedächtnis. Abgespeichertes Wissen oder Strategien aus dem Langzeitgedächtnis sind für die Kinder in solchen Fällen noch schwerer abrufbar.

# 8. Modell der emotionalen Bewertung

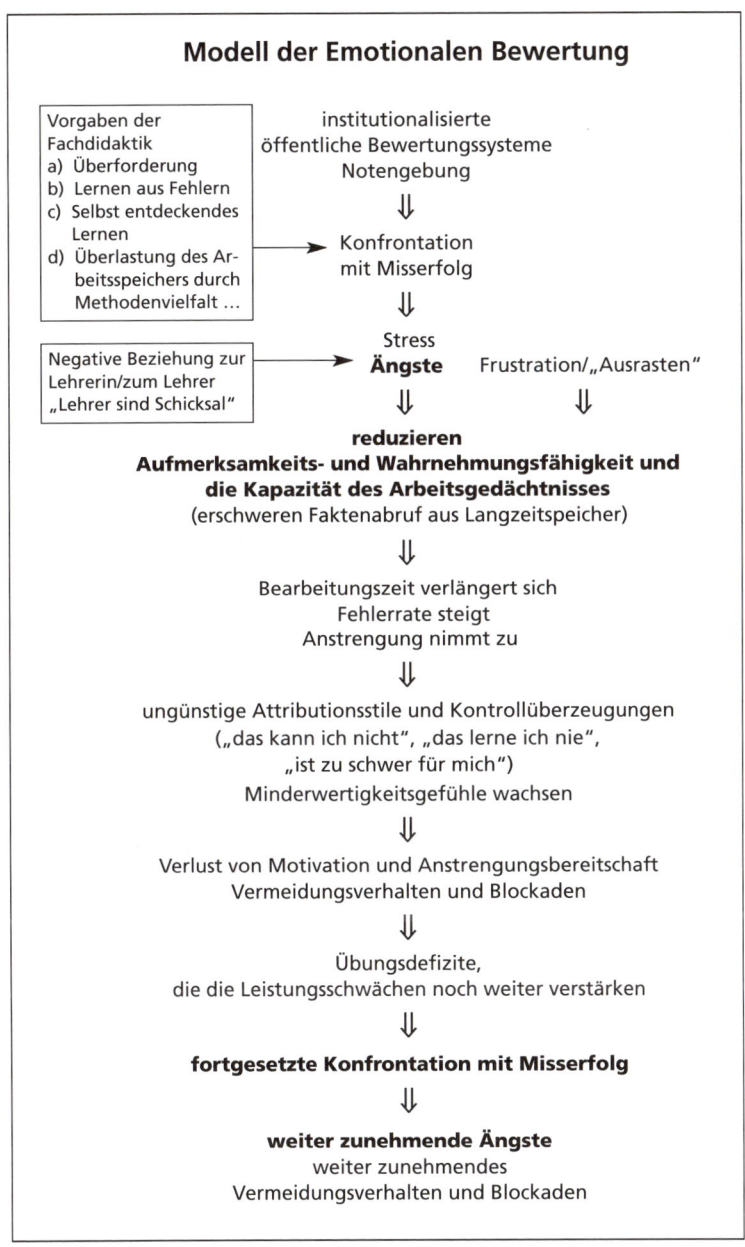

Abb. 2.5: Modell der Emotionalen Bewertung

Somit können komplexe Aufgaben in den verschiedenen Leistungsbereichen kaum noch gelöst werden. Mit zunehmender Angst verlängert sich die Bearbeitungszeit und die Fehlerrate beim Lösen von Aufgaben steigt. Misserfolgserlebnisse nehmen zu. Leicht nachzuvollziehen ist, dass das Kind Motivation und Anstrengungsbereitschaft verliert und es zunehmend Vermeidungsverhalten und Blockaden entwickelt. Diese führen zu Übungsdefiziten und weiteren Misserfolgen: Ein sich immer schneller drehender Teufelskreis.

Bei eher introvertierteren Kindern wie Eva und Lea bilden Misserfolge den Boden für selbstabwertende und depressive Gefühle. Gedanken wie »Ich bin schlecht«, »Ich kann das sowieso nicht«, »Rechnen ist zu schwer«, »Ich bin blöd« können die Folge sein. Extrovertierte, impulsive Kinder hingegen – häufig eher Jungen – zeigen in Konfrontation mit Misserfolgen »Ausraster«, die zu einem sofortigen Übungsabbruch führen.

## 9. Eine Rechenschwäche kommt selten allein 2: Komorbiditäten

Die AWMF untersuchte auch folgende Fragestellung: »Welche Störungen und Symptome treten bei Menschen mit Rechenstörung zusätzlich und wie häufig auf?« Sie stellte zusammenfassend fest: »Eine Rechenstörung tritt häufig nicht alleine auf. Komorbide Störungen und Symptome können zusätzlich vorhanden sein und in einem funktionalen Zusammenhang zur Rechenstörung stehen oder unabhängig davon existieren. Häufig sind insbesondere die Lese- und/oder Rechtschreibstörung, die Aufmerksamkeitsdefizit-/Hyperaktivitätsstörung sowie Symptome aus dem internalisierenden und externalisierendem Störungsspektrum.« (AWMF 2018, S. 39)

### a) Lese und/oder Rechtschreibstörung

Bei Vorliegen einer Rechenstörung ist häufig auch eine Lese- und/oder Rechtschreibstörung festzustellen. Die Wahrscheinlichkeit liegt bei ungefähr 33–40 %. »Das Risiko für eine Lese- und/oder Rechtschreibstörung bei vorliegender Rechenstörung ist um das 5-12fache erhöht.« (AWMF 2018, S. 39)

### b) ADHS

Bedeutsam als Risikofaktoren für das Entstehen einer Rechenstörung scheinen besonders Symptome aus dem ADHS-Spektrum zu sein (vgl. AWMF 2018, S. 38).

Bei einer Rechenstörung liegt überzufällig häufig gleichzeitig auch ein ADHS vor. Bei den Kindern mit Rechenstörung wurde in 41,75 % gleichzeitig auch ein ADHS diagnostiziert. Es werden entsprechend dem Klassifikationssystem DSM V, das bei ADHS drei Subformen (kombinierte Erscheinungsform, vorwiegend hyperaktiv-impulsive Erscheinungsform und vorwiegend unaufmerksame Erscheinungsform) in der Tabelle die »drei Störungskategorien: Aufmerksamkeitsstörung (ADS), Hyperaktivitätsstörung (HS) sowie Aufmerksamkeits- und Hyperaktivitätsstörung (ADHS)« aufgelistet (ebd., S. 39).

| ADHS gesamt | 41,75 % |
|---|---|
| a. Aufmerksamkeitsdefizit-/ Hyperaktivitätsstörung | 11,08 % |
| b. Aufmerksamkeitsstörung | 21,74 % |
| c. Hyperaktivitätsstörung | 8,93 % |

(Vgl. AWMF 2018, S. 41f.)

## c) Angststörungen und Depressionen

Bei den Kindern mit einer Rechenstörung treten gehäuft auch Ängste und depressive Tendenzen auf. Als Folge der schlechten Benotung und dauerhaften schulische Misserfolgserlebnisse aufgrund einer Rechenstörung und deren Verarbeitung dürften sozial-emotionalen Probleme und besonders Symptome aus dem internalisierenden Störungsspektrum (insbesondere Mathematik-, Prüfungs- bzw. Schulangst) anzusehen sein (ebd., S. 44).

| Ängste | |
|---|---|
| Generalisierte Angststörung | 15,09 % |
| Ängstlich-Depressive Symptome | 10,69 % |
| Internalisierende Symptome<br>gedrückte, depressive Stimmung; Interessenverlust und Freudlosigkeit; Antriebsmangel mit erhöhter Ermüdbarkeit, Ängste, Selbstzweifel, Somatisierungen, Schlafprobleme oder Erschöpfungszustände | 28,98 % |
| Depression | |
| Major Depression | 12,67 % |

(Vgl. AWMF 2018, S. 42)

## d) Probleme im Bereich des Sozialverhaltens

Eine Dyskalkulie kann auch bei einem Teil der Kinder mit auffälligem Sozialverhalten, vielleicht auch als Kompensationsversuch für die vielen erlebten Misserfolgserlebnisse, einhergehen. Das Verhalten kann dabei vom Klassenclownverhalten bis hin zu schwerwiegenderen Störungen im Sozialverhalten reichen.

| Störung des Sozialverhaltens | 6,50 % |
|---|---|
| Störung mit oppositionellem Trotzverhalten | 17,79 % |

(Vgl. AWMF 2018, S. 43: durchschnittliche Prozentangaben)

> Da eine Rechenstörung und -schwäche als ein Kontinuum von stärker oder weniger stark ausgeprägten Defiziten in den mathematischen Kompetenzen besonders im Bereich der Basiskompetenzen anzusehen ist, gilt es bei der Diagnostik, aber auch bei der Therapie einer Rechenstörung nicht nur die reinen Rechenleistungen, sondern auch alle oben aufgezeigten Faktoren im emotionalen und psychischen Bereich zu berücksichtigen und mit einzubeziehen (vgl. AWMF 2018, S. 38 bzw. S. 44).

## 10. Woran kann ich als Eltern, Lehrer oder Therapeut eine Rechenschwäche oder -störung erkennen?

Eine Rechenschwäche ist leicht erkennbar, wenn das Kind gehäuft und wiederholt Fehler bei mathematischen Aufgaben macht. Neben diesem sehr offensichtlichen Kriterium zeigen sich Hinweise auf eine Rechenschwäche auch dann, wenn das Kind Aufgaben zwar richtig ausrechnet, aber **sehr viel Zeit** dafür braucht. Ist Letzteres der Fall, deutet dies zumeist darauf hin, dass das Kind über kein automatisiertes Faktenwissen verfügt oder umständliche Fehlstrategien benutzt. Wenn das Kind beispielsweise im Zehnerraum bei der Aufgabe 9 – 7 für das Ergebnis 30 Sekunden benötigt, ist in aller Regel davon auszugehen, dass es innerlich zählt oder die Finger beim Zurückzählen benutzt.

Ähnliches gilt für die Multiplikation. Eine Fehlstrategie liegt vor, wenn Kinder z. B. am Ende der 3. Klasse bei der Aufgabenstellung 4 × 8 längere Zeit brauchen und ihre Mund-, Finger- oder auch Augenbewegungen darauf hinweisen, dass sie innerlich »rechnen«. Ein Kind zählt z. B. bei der Aufgabe 4 × 8 seriell hoch – »8, 16, 24 und 32« – und benutzt dabei die Finger. Ein anderes Kind setzt eine weitere Fehlstrategie ein, indem es zunächst 5 × 8 ausrechnet und sodann 1 × 8 abzieht. All diese Fehlstrategien im Bereich der Multiplikation führen auf der Ebene der arithmetischen Prozeduren zu massiven Problemen, so zum Beispiel, wenn Schüler zwei dreistellige Zahlen miteinander multiplizieren möchten. Im Rahmen solcher Aufgaben sind die Kinder darauf angewiesen, diese basalen Fehlstrategien anzuwenden, da sie ansonsten keine Möglichkeit haben, zum Ergebnis zu gelangen. Die Rechenoperation dauert auf diesem Weg sehr lange, überlastet das Arbeitsgedächtnis und ist somit sehr störanfällig.

Genauso wichtig wie der Rechenprozess an sich sind die Gedanken und Gefühle, die Ihr Kind mit dem Lernen in Mathematik verbindet. Nicht ausreichende Rechenfertigkeiten führen zu Misserfolgen. Wenn sich diese häufen, verbindet Ihr Kind mit Mathematik negative Gedanken und Gefühle. Schlechte Noten oder der Vergleich mit Mitschülern, die besser sind, können zu Gedanken wie »ich bin dumm« oder »das schaffe ich nie« führen. Selbstzweifel und Selbstwertprobleme können entstehen. Mit den negativen Gedanken verbinden sich gleichzeitig auch negative Gefühle mit Mathematik. Diese können von ausgeprägter Abneigung bis

## 10. Woran kann ich eine Rechenschwäche oder -störung erkennen?

hin zu Angst reichen. Diese Besetzung des Faches Mathematik mit negativen Gedanken und Gefühlen führt – wie bereits oben ausgeführt – zu einer zunehmenden Beeinträchtigung des mathematischen Lernprozesses.

Aus diesem Grund ist es besonders wichtig, dass Eltern und auch Lehrer achtsam beobachten, welche Gedanken und Gefühle Ihr Kind mit Mathematik verbindet. Sie sind, wenn sie im negativen Bereich liegen, das aussagekräftigste Warnzeichen und erfordern ein Gegensteuern.

> **Wichtige, hilfreiche Fragen zum Erkennen einer Rechenschwäche**
>
> 1. Hat mein Kind eine **starke Abneigung** gegen Mathematik oder hat es **Angst** vor Mathematik? Zeigt es ausgeprägte **negative Gefühlsausbrüche** und/oder verbindet es **negative Gedanken** mit Mathematik?
> 2. Braucht mein Kind in einem bestimmten Rechenbereich immer mehr **Zeit**, bis es zum (richtigen) Ergebnis kommt?
> 3. (Sehe ich z. B. Augen-, Mund- oder Fingerbewegungen als Hinweis auf fehlende Automatismen bzw. auf Fehlstrategien beim arithmetischen Faktenwissen?)
> 4. Macht mein Kind in einem bestimmten Rechenbereich bei bestimmten Rechenaufgaben immer wieder **Fehler**?
> 5. Hat mein Kind Schwierigkeiten beim Lösen von **Sachaufgaben**? Traut es sich nicht an Sachaufgaben heran bzw. meidet es diese?

Um Fehler bzw. die häufigsten Fehlstrategien im Bereich der Rechenfertigkeiten angemessen einschätzen zu können, und zwar abhängig vom Alter bzw. von der Klassenstufe des Kindes, sollten folgende Kriterien berücksichtigt werden:

> **Welche Rechenschwierigkeiten weisen auf eine mögliche Rechenschwäche hin?**
>
> *Hinweise auf Rechenschwäche in der 1. Klasse*
> Am Ende des ersten Grundschuljahres verlangen jene Schüler besonderes Augenmerk, die die Additions- und Subtraktionsaufgaben im Zahlenraum bis 10 noch nicht automatisiert haben. Besonders muss dabei auf diejenigen Kinder geachtet werden, die mit den Fingern (oder auch mit Anschauungsmaterialien) zählen oder innerlich hoch- bzw. zurückzählen und damit die häufigste Fehlstrategie (»zählendes Rechnen«) benutzen, die zu einer Rechenschwäche führt.
>
> *Hinweise auf Rechenschwäche in der 2. Klasse*
> Mitte der zweiten Klasse ist auf jene Kinder zu achten, die noch Schwierigkeiten mit dem Zehnerübergang haben und analoge Verallgemeinerungen (8 + 5, 18 + 5, 28 + 5 etc.) nicht nachvollziehen können.

> In Abhängigkeit vom Bundesland sollten die Kinder am Ende der 2. Klasse bzw. Anfang der 3. Klasse Additions- und Subtraktionsaufgaben im 100er-Raum mit zweistelligen Zahlen (43 + 38, 72 – 28) sicher und zügig lösen können.
>
> *Hinweise auf Rechenschwäche in der 3. Klasse*
> In der Mitte der 3. Klasse sollten jene Kinder Beachtung finden, die das Einmaleins »rechnen«, d. h. die bei Einmaleins-Reihen seriell hochrechnen oder »Ankeraufgaben« benutzen, auch wenn genau dieses Vorgehen in manchen Lehrplänen gefordert wird.
>   Das Einmaleins sollte am Ende der 3. Klasse vollständig, d. h. ohne das Zurückgreifen auf Fehlstrategien, automatisiert sein.
>
> *Hinweise auf Rechenschwäche in der 4. Klasse*
> Hier sollten vor allem am Ende der 4. Klasse die Kinder beachtet werden, die Schwierigkeiten beim schriftlichen Malnehmen und Teilen zeigen.
>
> In jeder Klassenstufe sollte das Kind bei ausreichend ausgebildeter Lesefähigkeit **Sachaufgaben** zu den jeweils schon gelernten Rechenoperationen lösen können.

Wenn ein Kind an manchen Tagen überwiegend richtige, an anderen Tagen häufiger falsche Ergebnisse »errechnet«, ist dies ein deutlicher Hinweis darauf, dass es die notwendigen Automatisierungen bzw. die richtige Abfolge der Rechenschritte noch nicht ausreichend gesichert hat.

Zwischen Können und Automatisierung besteht ein großer Unterschied. Es reicht nicht aus, wenn das Kind anfänglich z. B. 9 – 7 = 2 gelernt hat und ihm das Ergebnis sodann innerhalb von einer halben Sekunde einfällt. Ähnliches gilt z. B. für das Einmaleins oder für einfache Geteiltaufgaben, z. B. 6 × 7 = 42 oder 48 ÷ 6 = 8. Bis zu dem Zeitpunkt, an dem das Kind die Aufgaben noch nicht in ausreichender Weise wiederholt hat, wird es das entsprechende numerische Faktenwissen wieder vergessen. Wenn es sich jedoch nicht mehr an das Ergebnis erinnert, bleibt es darauf angewiesen, Fehlstrategien einzusetzen, d. h. das Ergebnis zu »errechnen«. Genauso schnell kann das Kind die korrekte Abfolge der Rechenschritte bei komplexeren arithmetischen Prozeduren vergessen. Typisch hierfür, z. B. nach den Sommerferien am Anfang der 5. Klasse, ist die Überlegung des Kindes: »Muss ich beim schriftlichen Malnehmen bei der ersten Zahl vorne oder hinten anfangen?«

## 11. Passende Rechentestverfahren in der Diagnostik bei Rechenschwäche bzw. Rechenstörung

Um Rechenschwächen genauer abzuklären, bieten sich standardisierte Rechentests an, deren Norm sich am Wissensstand der jeweiligen Klassenstufe bzw. am jeweiligen Alter der Schüler orientiert. Solche Testverfahren erlauben, insbesondere über die Auswertung einzelner Subtests, auch eine qualitative Erfassung der Rechenleistung.

Bei der Entwicklung der nachfolgend vorgestellten Testverfahren gab es zwei Hauptzugangsweisen. Zum einen bezog man sich auf die Lehrpläne, zum anderen auf in Mathematik bestehende grundlegende Basisfertigkeiten. Für den Grundschulbereich liegt beispielsweise die DEMAT-Reihe (Deutscher Mathematiktest) vor, die sich an der Analyse der Lehrpläne der 16 Bundesländer orientiert: DEMAT 1+ (Krajewski, Küspert und Schneider 2002), DEMAT 2+ (Krajewski, Liehm und Schneider 2004), DEMAT 3+ (Roick, Gölitz und Hasselhorn 2004) und DEMAT 4 (Gölitz, Roick und Hasselhorn 2006).

Der Heidelberger Rechentest (HRT 1–4) versucht, elementare Mengen- und Rechenoperationen zu erfassen, die kulturübergreifend für die Entwicklung komplexerer mathematischer Fertigkeiten von Bedeutung sind (Haffner u. a. 2005).

Weitere Rechentestverfahren, die als qualitativ gut eingeschätzt werden können, sind die Folgenden (vgl. AWMF 2018, S. 22f.):

- CODY-M 2-4 (Kuhn, Schwenk, Raddatz, Dobel und Holling 2017)
- MBK 1+ (Ennemoser, Krajewski und Sinner 2017)
- ERT 1+ (Schaupp, Holzer und Lenart 2003)
- ERT 2+ (Lenart, Holzer und Schaupp 2003)
- ERT 3+ (Holzer, Schaupp und Lenart 2010)
- ERT 4+ (Schaupp, Lenart und Holzer 2010)
- BADYS 1-4+ (R) (Merdian u. a. 2015)
- BADYS 5-8+ (Merdian u. a. 2012)
- DEMAT 5+ (Götz, Lingel und Schneider 2013a)
- DEMAT 6+ (Götz, Lingel und Schneider 2013b)
- TEDI-MATH (Kaufmann u. a. 2009)

Ein kurzer Überblick soll zeigen, welche Einzelkomponenten dabei jeweils gemessen werden:

Beim DEMAT 1+ (Krajewski u. a. 2002) liegen neun Inhaltsschwerpunkte in den Subtests: Mengenzahlen, Zahlenraum, Addition und Subtraktion, Zahlenzerlegung-Zahlenergänzung, Teil-Ganz-Schema, Kettenaufgaben, Ungleichaufgaben und Sachaufgaben.

Der DEMAT 2+ (Krajewski u. a. 2004) beinhaltet ebenfalls neun Inhaltsschwerpunkte in seinen Subtests: Zahleneigenschaften, Längen, Addition, Subtraktion, Multiplikation, Division, Geld, Geometrie und Sachaufgaben.

Beim DEMAT 3+ (Roick u. a. 2004) werden die lehrplanrelevanten Bereiche Arithmetik, Sachrechnen und Geometrie in neun Aufgabentypen mit insgesamt jeweils drei Items gegliedert.

Beim DEMAT 4 (Gölitz, Roick und Hasselhorn 2006) wird in den drei Bereichen Arithmetik, Sachrechnen und Geometrie die Fähigkeit zum Arbeiten mit dem Zahlenstrahl, Addition und Subtraktion größerer Zahlen, Multiplikation und Division, Größenvergleiche, Sachrechnen, Lagebeziehung und Spiegelzeichnungen überprüft.

Der DEMAT 5+ (Götz et al. 2013a) gliedert sich in drei Inhaltsbereiche, die überprüft werden: Arithmetik (natürliche Zahlen, Rechenroutinen im Bereich der Grundrechenarten, Umgang mit Maßeinheiten, Anwendung von Rechengesetzen, Thermenbildung und Transformationen), Geometrie (das Verständnis von Symmetrie sowie das Abmessen von Umfängen, geometrische Körper in der Ebene) und Sachrechnen (Entnehmen und Verknüpfen von Informationen aus Sachkontexten, Erarbeitung eines Lösungsweges, Bedeutung und Interpretation von Tabellen und Diagrammen).

Im DEMAT 6+ (Götz et al. 2013b) wird ergänzend in den Inhaltsbereichen Arithmetik, Geometrie und Sachrechnen die Grundvorstellung des Zahlensystems der gebrochenen Zahlen, die Transformation von Bruch und Dezimalzahlen und die Berechnung von Flächen und Volumina geometrischer Körper erfasst.

In DEMAT 9 (Schmidt et al. 2012) werden in neun Subtests folgende Bereiche überprüft: geometrische Flächen, geometrische Körper, Satz des Pythagoras, Prozent- und Zinsrechnen, lineare Gleichungen, Zahlenrätsel, Dreisatz sowie das Verstehen statistischer Zusammenhänge.

Beim HRT 1-4 wird zwischen den beiden Bereichen »Rechenoperationen« und »räumlich-visuelle Funktionen« unterschieden. In zwölf Subtests werden die Grundrechenarten Addition, Subtraktion, Multiplikation und Division, Ergänzungsaufgaben, Größer-Kleiner-Vergleiche, Zahlenfolgen, Längenschätzen, Würfelzählen, Mengenzählen und das Zahlenverbinden überprüft. Als Kontrolltest wird zusätzlich die Schreibgeschwindigkeit erfasst.

In acht Untertests überprüft BADYS 1-4+ (Schardt und Merdian 2006) die visuell-räumlichen Grundfertigkeiten, die Gedächtnisleistung, mathematische Begriffe, die Mengen- und Zahlenerfassung, Addition und Subtraktion, Multiplikation und Division sowie den Umgang mit Maßen. Ergänzend kann mit einer Aufgabe die Kontrollvariable »Bearbeitungsgeschwindigkeit« erfasst werden.

BADYS 5-8+ (Merdian u. a. 2012) ist nicht als Schulleistungstest konzipiert, sondern will Rechenprobleme und grundlegende Schwierigkeiten in der Sekundarstufe I in differenzierter Weise erfassen. Es wird der Leistungsstand in den Bereichen Zahlerfassung, Addition und Subtraktion, Geometrie, Multiplikation und Division und der Anwendung von Rechenregeln ermittelt. Zusätzlich können die Gedächtnisleistungen, der Umgang mit Maßen und mit Brüchen und Dezimalbrüchen erfasst werden.

Bei den Eggenberger Rechentests (ERT) 1+ (Schaupp u. a. 2007), 2+ (Lenart u. a. 2008), 3+ (Holzer u. a. 2010) und 4+ (Schaupp u. a. 2010) handelt es sich um Testinstrumente zur Diagnostik der Dyskalkulie von der ersten bis zur vierten Klasse. Diese Rechentests sind besonders gut geeignet zur Erfassung des unteren Leistungsbereiches, um eine differenziertere Einschätzung der Schwierigkeiten rechenschwacher Kinder zu ermöglichen.

Im CODY-M 2-4 (Kuhn u. a. 2017) wird für die Klassen 2 bis 4 die basale Zahlenverarbeitung (Abzählen, Mengenvergleich), die komplexe Zahlenverarbeitung (Zahlendiktat, Zahlensteine, Zahlenstrahl, fehlende Zahl), die Rechenfertigkeiten (Addition, Subtraktion, Multiplikation, Platzhalteraufgaben) und das visuell-räumliche Arbeitsgedächtnis überprüft. Um unspezifische Einflussfaktoren auszuschließen, kann auch die einfache Reaktionsgeschwindigkeit erfasst werden. Da mit weitgehend sprachfreiem Aufgabenmaterial gearbeitet wird und die Instruktionen in einfach formulierter, verbaler Form dargeboten werden, kann die Lesefähigkeit das Testergebnis nicht beeinflussen.

In den letzten Jahren wurden verstärkt Testverfahren entwickelt, die auch die mathematischen Vorläuferfertigkeiten im Kindergartenalter überprüfen. Die Intention dieser Diagnostik liegt darin, gezielt Defizite und Risikofaktoren schon im Vorschulalter bzw. im ersten Schuljahr zu erkennen und damit rechtzeitig die Grundlage für Fördermaßnahmen zu legen. Die Arbeitsgemeinschaft der Wissenschaftlichen Medizinischen Fachgesellschaften (AWMF) hat hierzu wiederum eine nach der »Qualität der Verfahren« geordnete Übersicht und Rangreihe bis einschließlich Ende der ersten Klasse erstellt.

Auf den ersten sechs Rangplätzen der Qualitätsskala finden sich folgende Verfahren:

Der MBK 0 (Krajewski 2018) versucht zu einem frühen Zeitpunkt, Kinder mit Defiziten in der numerischen Entwicklung zu identifizieren. In diesem Testverfahren wird die grundlegende Zahl-Größen-Verknüpfung, die sich üblicherweise im Kindergartenalter herausbildet, auf den drei Entwicklungsebenen Zahlwörter und Ziffern ohne Größenbezug, Zahl-Größen-Verknüpfung und Zahlrelationen erfasst.

Im MBK 1+ (Ennemoser u. a. 2017) können für das gesamte erste Schuljahr die mathematischen Basiskompetenzen, die als wichtige Voraussetzung für den späteren Schulerfolg in Mathematik gelten, erfasst werden. Abermals werden auf Entwicklungsebenen, die ein zunehmend tieferes Zahlverständnis widerspiegeln, folgende Bereiche überprüft:

a) Zahlendiktat und Zahlenlücken,
b) Zahlvergleich, Zahlenstrahlen, Anzahlkonzept und Anzahlseriation,
c) Eins weniger, Zahlzerlegung, Teil-Ganzes und Textaufgaben

Neben schriftsprachlicher und sprachlicher Kompetenz erfasst der WVT (Endlich u. a. 2017) auch mathematische (Vorläufer-)Fertigkeiten im letzten Kindergartenjahr. Im mathematischen Bereich werden in sieben Subtests Zählfertigkeiten, Mengenwissen, Seriation, Zahlenkenntnis, Benennen von Würfelbildern und Rechenoperationen überprüft.

Der ERT 0+ (Lenart u. a. 2014) erfasst relevante Vorläuferfertigkeiten für den Erwerb mathematischer Kompetenzen mit einer Feindifferenzierung im unteren

Leistungsbereich. Im Einzelnen werden die Bereiche kognitive Grundfähigkeiten, Mengenwissen und Zahlenwissen überprüft.

Der MARKO-D (Ricken u. a. 2013) erfasst im Vorschulalter (4 bis 6½ Jahre) die erworbenen arithmetischen Konzepte auf den Dimensionen Zählzahl, ordinaler Zahlenstrahl, Kardinalität und Zerlegbarkeit, Enthalten sein und Klasseninklusion sowie Relationalität von Zahlen.

Der TEDI-MATH (Kaufmann u. a. 2009) erfasst ab dem zweiten Halbjahr des vorletzten Kindergartenjahres in sehr differenzierter Weise einzelne Facetten der Rechenschwäche. Bei einigen Untertests ist auch eine qualitative Leistungsbeurteilung vorgesehen, die für die Förderplanung hilfreich sein kann.

Unseres Erachtens lässt bei allen Testverfahren die Geschwindigkeitskomponente auf den Grad der Automatisierung der Rechenfertigkeiten schließen. Verfälschungen könnten jedoch in niedrigeren Klassenstufen dadurch auftreten, dass manche Kinder besonders schnell in »Fehlstrategien« wie z. B. dem inneren Zählen sind. In der Diagnostik gilt es stets herauszufinden, wie das Kind zu dem Ergebnis kommt, und nicht nur, ob das Kind zum (richtigen) Ergebnis kommt. Der qualitative Zugang liefert zusätzliche Hinweise auf Fehlstrategien, die in höheren Klassenstufen mit komplizierteren Rechenprozessen zu Schwierigkeiten führen. Uns erscheint es deswegen sehr wichtig, stets den qualitativen Aspekt in der Diagnostik mit zu berücksichtigen, da nur durch dessen Einbezug angemessene Fördermöglichkeiten entwickelt werden können.

Zusätzlich ist es notwendig, einen differenzierten Intelligenztest durchzuführen, um die Rechenleistungen vor dem Hintergrund der Begabung des Kindes besser bewerten zu können. Gegebenenfalls ist auch eine mögliche Aufmerksamkeitsproblematik abzuklären sowie die Kapazität des Arbeitsgedächtnisses zu erfassen (vgl. AWMF 2018, S. 20).

> Grundsätzlich gilt es im Sinne der von der Arbeitsgemeinschaft der Wissenschaftlichen Medizinischen Fachgesellschaften herausgegebenen Leitlinie zur Diagnostik und Behandlung der Rechenstörung, möglichst frühzeitig Mathematikprobleme zu identifizieren und präventiv Fördermaßnahmen einzuleiten. Die Kriterien einer Rechenstörung müssen dabei noch nicht vollständig erfüllt sein. Eine frühzeitige Förderung bei Risikokindern wirkt sich positiv auf die Entwicklung der Mathematikkompetenz und die späteren schulischen Leistungen aus. Voraussetzung hierfür sind regelmäßige schulische Leistungserhebungen mit entsprechenden Verfahren, die die Hauptbereiche der Mathematik, insbesondere auch die Basiskompetenzen, erfassen (vgl. AWMF 2018, S. 44). Für Lehrer, Therapeuten und auch Eltern ist es gleichzeitig unerlässlich, über das notwendige Grundlagenwissen zu verfügen und den Blick für jedes einzelne Kind und seine »Besonderheiten« zu bewahren.
>
> Die Weichen für die Entwicklung der mathematischen Kompetenzen werden in den Grundschuljahren gestellt. Deswegen sollten auftretende Probleme frühzeitig erkannt und möglichst auch schon im Grundschulbereich behoben wer-

> den, damit dann im Sekundärschulbereich auf ein solides Fundament aufgebaut werden kann.
>
> Mit einem rechtzeitigen Gegensteuern kann den gravierenden Langzeiteffekten sowohl im persönlichen, aber auch im gesellschaftlichen Bereich vorgebeugt werden.

## 12. Übersicht über die maßgeblichen Faktoren bei der Entwicklung der mathematischen Kompetenzen

Lassen Sie uns zum Abschluss zusammenfassen, welche Hauptfaktoren sich auf die Entwicklung der mathematischen Kompetenzen auswirken. Am Anfang des Lernprozesses üben die Begabung bzw. die Intelligenz und in besonderer Weise die Gedächtnisleistung und die Konzentrationsfähigkeit des Kindes maßgeblichen Einfluss auf den Lernerfolg und damit auch auf die Rechenleistung bzw. den Leistungsstand in Mathematik aus. Mit dem Fortschreiten in höhere Klassen treten diese Faktoren zurück und das spezifische automatisierte Vorwissen bzw. die Vorfertigkeiten und vor allem auch die emotionale Bewertung, d. h. welche Gedanken und Gefühle das Kind mit Mathematik verbindet, werden immer wichtiger.

> »... Gute Leistungen in Mathematik kommen demnach in höheren Klassenstufen immer weniger durch die Intelligenz und zunehmend mehr durch das **in früheren Klassen aufgebaute Vorwissensfundament** zustande. Demnach haben Schüler dann gute Voraussetzungen für gute Mathematikleistungen, wenn sie den **Lehrplanstoff der vorangegangenen Schuljahre beherrschen** und auf dieses Wissen aufbauen können. Wissenslücken aus früheren Schuljahren hingegen ziehen weitere Lücken nach sich, wenn für neues auf früheres Wissen zurückgegriffen werden muss.«
>
> (Krajewski und Schneider 2005, S. 242)

Die Hauptwirkfaktoren, um gute mathematische Leistungen zu erreichen, sind ein umfassendes, automatisiertes Vorwissen und positive Gefühle und Gedanken, die mit dem Lernprozess in Mathematik verbunden werden. Gut automatisiertes Vorwissen kann sogar die Gedächtnisleistung verbessern, weil neue Lerninhalte durch die Verknüpfung mit Bekanntem und Gekonntem besser behalten werden können. Positive Gefühle und Gedanken im Hinblick auf Mathematik können sogar die Konzentrationsfähigkeit, d. h. die Fokussierung der Aufmerksamkeit auf mathematische Lerninhalte verbessern.

# Auf der Suche nach den Hauptmerkmalen einer Rechenschwäche und Rechenstörung

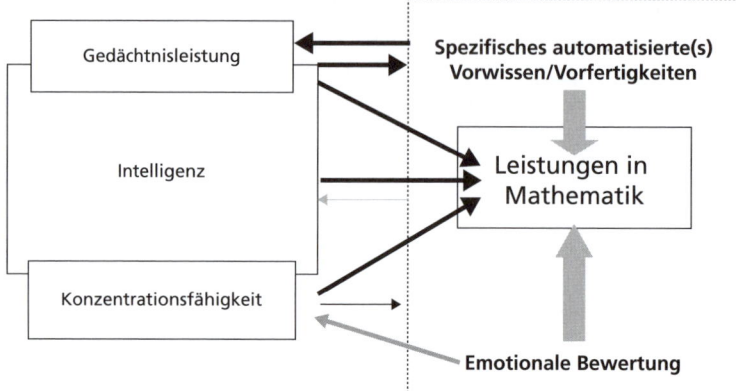

Abb. 2.6: Bestimmungsfaktoren für die Entwicklung der mathematischen Kompetenzen (in Anlehnung an Petermann 2003; Krajewski und Schneider 2005; Kaufmann und von Aster 2012)

Bestehen dagegen ein wenig automatisiertes Vorwissen und schon negative Gefühle und Gedanken aufgrund von Misserfolgserlebnissen tritt der gegenteilige Effekt auf: schlechte Leistungen in Mathematik. Es fällt dem Kind immer schwerer, neu zu Lernendes zu behalten, weil die notwendigen Grundlagen fehlen. Lernen wird so immer anstrengender, die emotionale Bewertung immer negativer und Vermeiden und Blockieren häufiger. Die Konsequenz ist ein sich immer schneller drehender Teufelskreis mit immer schlechteren Leistungen und negativen Gedanken und Gefühlen in Bezug auf Mathematik, aber auch in Bezug auf sich selbst.

# Kapitel 3   Grundlagenwissen Lernen 1 – Erkenntnisse der Lernpsychologie

Um zu verstehen, welche Lernstrategien im Allgemeinen und später auch im Bereich des rechnerischen Denkens erfolgreich oder weniger erfolgreich sind, müssen wir wissen, was beim Lernen im Einzelnen passiert. Im folgenden Kapitel werden wir Erklärungsmodelle für die Informationsaufnahme, die Abspeicherung und das Behalten darstellen. Wenngleich die Wirklichkeit wesentlich komplexer ist, möchten wir uns auf vereinfachte Modelle beschränken – diese vermitteln dennoch das notwendige Grundverständnis für die Lernprozesse.

## 1.   Die Informationsaufnahme

Unsere Sinnesorgane sind für die Informationsaufnahme zuständig. Wir haben unterschiedliche »Eingangskanäle«, welche die Informationen der einzelnen Sinnesorgane zum Gehirn transportieren. Unsere Sinnesorgane sind somit die Empfangsstationen der Außeninformationen. Betrachten Sie die abgebildete Graphik, werden Sie feststellen, dass die Sinnesorgane im Hinblick auf unsere Informationsaufnahme und damit auf unser Lernen über sehr unterschiedliche Kapazitäten verfügen und auch unterschiedliche Leistungen erbringen.

Der visuelle Kanal, der unsere Sehempfindungen bündelt, nimmt die meisten Informationseinheiten pro Sekunde auf. Der akustische Kanal, der unsere Hörempfindungen weiterleitet, ist der zweitgrößte, der taktile Kanal, der unsere Tastempfindungen repräsentiert, der drittgrößte Empfangskanal. Andere Kanäle – wie z. B. der olfaktorische Kanal, zuständig für Geruchsempfindungen – sind in ihrer Informationsaufnahmekapazität deutlich begrenzter.

In jeder Sekunde werden über 10 Millionen Informationseinheiten über unsere Sinnesorgane, d. h. Augen, Ohren, Hautnerven und andere Kanäle an den »Wahrnehmungsspeicher«, das Ultrakurzzeitgedächtnis weitergeleitet. Dies sind Eindrücke, die in Form von elektrischen Strömen, Impulsen und Schwingungen sehr kurz festgehalten werden. Der größte Teil dieser Eindrücke erlischt innerhalb von Millisekunden, ohne eine Gedächtnisspur zu hinterlassen. Nur besonders hervorgehobene Eindrücke, die im Arbeitsgedächtnis weiterverarbeitet werden, bewirken Veränderungen im Gehirn – weshalb wir sie uns merken können.

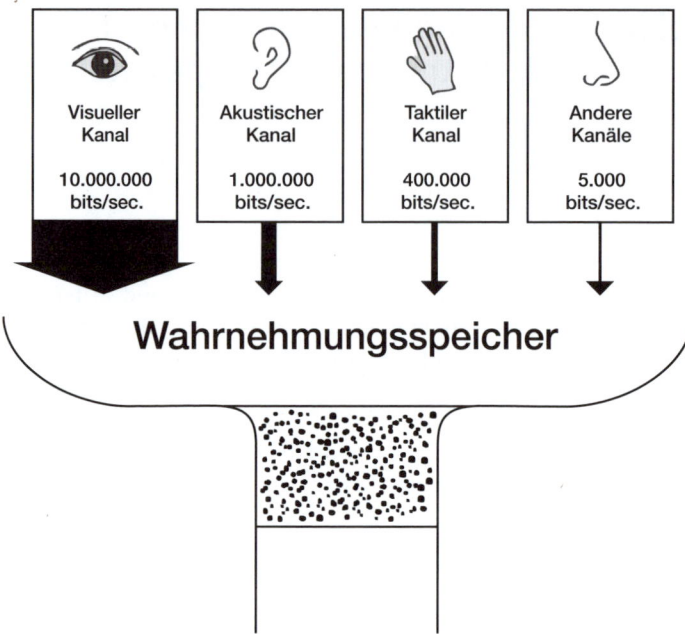

Abb. 3.1:   Unsere Sinneskanäle und was sie leisten

## 2. Die Rolle der »selektiven Aufmerksamkeit«

Aus der Vielzahl der auf uns einströmenden Umweltreize filtern wir aktiv diejenigen heraus, die für uns wesentlich sind, um diese dann in unserem Gehirn weiterzuverarbeiten. Die Lernpsychologie nennt die Fähigkeit des Menschen, bestimmte Stimuli (Umweltreize) bevorzugt zu behandeln und ihre bewusste Wahrnehmung überhaupt erst zu ermöglichen, »selektive Aufmerksamkeit«. Es handelt sich hierbei um eine aktive Ausrichtung der Aufmerksamkeit, die von unseren Zielen und unserem Vorwissen abhängig ist. Das Aufmerksamkeitsfenster kann mit einem Scheinwerfer verglichen werden, der gezielt auf bestimmte Informationen, die von den Sinnen geliefert werden, ausgerichtet wird. Nur was im Scheinwerferlicht ausgeleuchtet wird, kann in den Arbeitsgedächtnisspeicher gelangen und dort weiterverarbeitet werden. Die überwiegende Anzahl der eintreffenden Sinnesinformationen geht deswegen sofort wieder verloren, da sie den Filter der selektiven Aufmerksamkeit nicht überwinden kann.

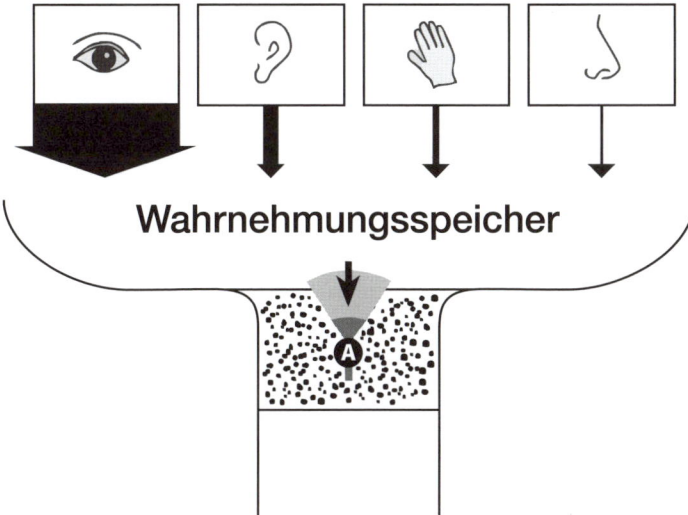

**Abb. 3.2:** Der „Scheinwerfer" der selektiven Aufmerksamkeit

Forschungsergebnisse weisen also darauf hin, dass unserer selektiven Aufmerksamkeit nur eine ganz bestimmte und begrenzte Menge an Informationsverarbeitungskapazität zur Verfügung steht. Je mehr wir einer bestimmten Aufgabe von dieser Kapazität zuweisen, desto mehr wird sie anderswo abgezogen. Unser Scheinwerfer, d. h. die Gesamtmenge der durch unsere selektive Aufmerksamkeit erfassbaren Informationseinheiten, scheint konstant zu sein bzw. sich innerhalb bestimmter Grenzen zu bewegen. Hinzu kommt, dass wir zu einem bestimmten Zeitpunkt nur jeweils einen Scheinwerfer einsetzen können.

Neben dieser grundsätzlichen, allen Menschen eigenen Begrenztheit kann noch die zusätzliche Problematik von Aufmerksamkeitsstörungen hinzukommen. Dies bedeutet – so wie im Falle der ADHS (d. h. der Aufmerksamkeitsdefizit-Hyperaktivitätsstörung) –, dass der Scheinwerfer der Aufmerksamkeit sich häufig auch irrelevanten, d. h. unbedeutenden Stimuli zuwendet und damit für wichtige Reize aus der Umgebung nicht mehr so viel Kapazität zur Verfügung steht.

> Prozesse der selektiven Aufmerksamkeit üben eine Vermittlungsfunktion zwischen dem Wahrnehmungsspeicher und dem Arbeitsgedächtnis aus. Sie sind neben der bewussten Ausrichtung der Aufmerksamkeit »gleichzeitig ein Ergebnis vorangegangener Lernerfolge«. So »ist die Effizienz, mit der relevante von irrelevanter Information unterschieden wird, in erheblicher Weise von den einschlägigen Vorkenntnissen des Lernenden abhängig. Wer sich in einem Lernbereich inhaltlich bereits sehr gut auskennt, ist im Vergleich zu Laien oder Nichtexperten nämlich sehr viel besser in der Lage, innerhalb von Sekundenbruchteilen zwischen relevanten und weniger relevanten Informationsmerkmalen zu unterscheiden« (Hasselhorn und Gold 2022, S. 71).

## 3. Der Grundprozess beim Lernen

**1) Lassen Sie uns den Weg bzw. die Stationen von der Informationsaufnahme bis zum Langzeitspeicher genauer anschauen:**

Über die verschiedenen Sinnesorgane werden die Informationen in den Wahrnehmungsspeicher geleitet. Dabei nehmen wir die meisten Informationen über das Auge auf. Die Informationen müssen nun einen ersten Filter passieren (selektive Aufmerksamkeit), bevor sie in das Arbeitsgedächtnis gelangen können.

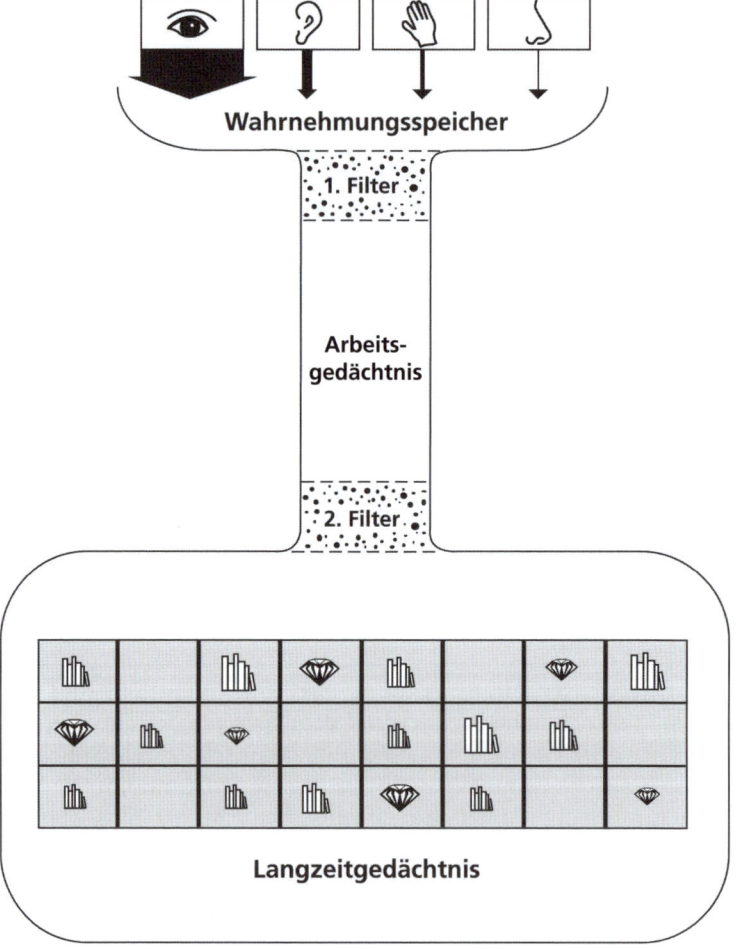

**Abb. 3.3:** Die Stationen im Abspeicherprozess

Diesem kommt, folgt man der Fachliteratur, eine zentrale Funktion bei den Lernprozessen zu (vgl. Hasselhorn und Gold 2022, S. 72 ff.). Das Arbeitsgedächtnis übernimmt die Aufgabe, aufgenommene Informationen vorübergehend zu speichern und sie gleichzeitig bereitzuhalten, um sie einerseits miteinander, andererseits mit bereits vorhandenem Wissen, welches dann aus dem Langzeitgedächtnis in diesen Kurzzeitspeicher gelangt, in Beziehung zu setzen. Das Arbeitsgedächtnis ist sozusagen unser »Hier- und Jetzt-Gedächtnis«. Es ist von zentraler Bedeutung, da es uns ermöglicht, mehrere Informationen vorübergehend im »Hier und Jetzt« bewusst festzuhalten, um mit ihnen zu arbeiten, sie miteinander in Beziehung zu setzen und vor allem auch *abzuspeichern*. Die Kapazität, d. h. das Fassungsvermögen des Arbeitsgedächtnisses, ist klein und stellt somit eine Engstelle dar. Wiederum nur ein sehr geringer Teil der Informationen gelangt dann nach dem Passieren eines zweiten Filters in das Langzeitgedächtnis. Das Überwinden des zweiten Filters ist davon abhängig, wie intensiv und lange die einzelnen Informationen zuvor im Arbeitsgedächtnis präsent gehalten wurden. Die Informationen, die im Langzeitspeicher ankommen, haben bei entsprechender Wiederholung die Chance, dass sie dauerhaft behalten werden können.

# 4. Der Abspeicherprozess

Vereinfacht dargestellt gibt es bei jedem Menschen **zwei Hauptmöglichkeiten** des Abspeicherns: einen leichten und einen beschwerlicheren Weg. Entscheidend dafür, ob dieser Abspeicherprozess für den Menschen leicht oder beschwerlich verläuft, ist, was man mit den abzuspeichernden Informationen und Eindrücken verbindet.

## 2) Abspeicherprozess Typ 1 – der »leichte Weg«

Welche Informationen sind es nun, die bei einer "leichten" Variante ohne größere (Lern-)Anstrengungen dauerhafte Veränderungen und Spuren im Gehirn hinterlassen?

1. Es sind Eindrücke und Informationen, an denen wir sehr stark interessiert sind, die eine große Bedeutung für uns haben, für die wir eine hohe Motivation entwickeln und auf die wir deswegen ganz automatisch unsere Aufmerksamkeit in intensiver Weise ausrichten.
2. Es sind Informationen, die mit starken (positiven) Gefühlen verbunden sind.

Diese Informationen werden wie von alleine besonders hervorgehoben, passieren ohne große Mühe den ersten und den zweiten Filter und gelangen schließlich ins Langzeitgedächtnis, wo sie aufgrund ihrer individuellen Bedeutsamkeit immer wieder erinnert, d. h. wiederholt und dadurch dauerhaft abgespeichert werden.

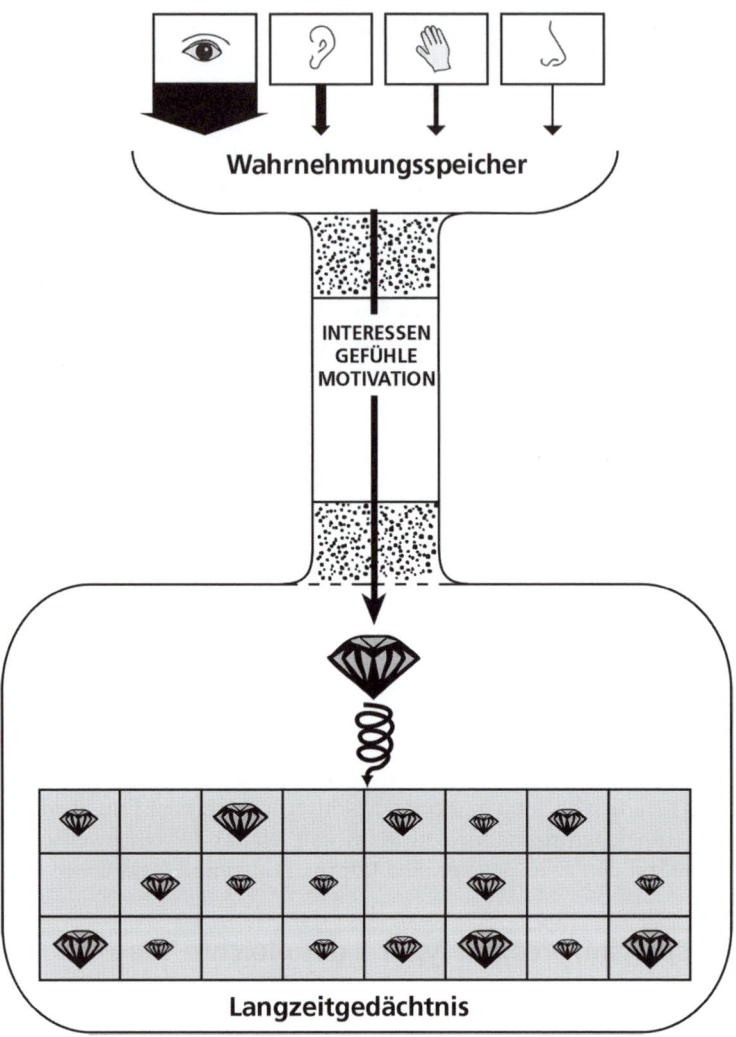

Abb. 3.4: Abspeichern Typ 1 – der leichte Weg

## 3) Abspeicherprozess Typ 2 – der beschwerlichere Weg

Leider ist jedoch die Anzahl der Informationen begrenzt, die bei uns Menschen mit starken positiven Gefühlen oder großem Interesse und damit mit einer hohen Motivation und einem daraus resultierenden leichten Abspeichern verbunden sind. Wie sieht es nun mit normalem Lernstoff, beispielsweise mit schulischen Lerninhalten aus? Im schulischen Alltag kommt auf unsere Kinder eine Flut von Informationen zu, die in der Regel nicht alle ein großes Interesse oder eine hohe Motivation wecken oder gar mit intensiven positiven Gefühlen verbunden sind. Bei diesen Lerninhalten verläuft das Einprägen und Behalten deutlich schwerer und erfordert bewusste Anstrengungen. Diese Informationen können wir nur speichern, wenn wir den Abspeicherprozess vom Wahrnehmungsspeicher bis zum Langzeitgedächtnis durch eine bestimmte **Lernaktivität** zusätzlich unterstützen. Diese beginnt schon bei der Überwindung des ersten Filters. Er kann nur überwunden werden, wenn einige wenige zu lernende Informationen ausgewählt werden und sich bewusst auf diese konzentriert wird (Ausrichtung der selektiven Aufmerksamkeit). Gelingt dies, gelangen die Informationen in das Arbeitsgedächtnis. Hier gibt es nun zwei Möglichkeiten: Behalten oder Vergessen. Nur die ausgewählten Informationseinheiten des Lernstoffes, die **aktiv wiederholt** werden, können in das Langzeitgedächtnis gelangen. Aktives Wiederholen bedeutet hier ein bewusstes »Wachhalten« der Informationen im Arbeitsgedächtnis über eine bestimmte Zeitspanne hinweg.

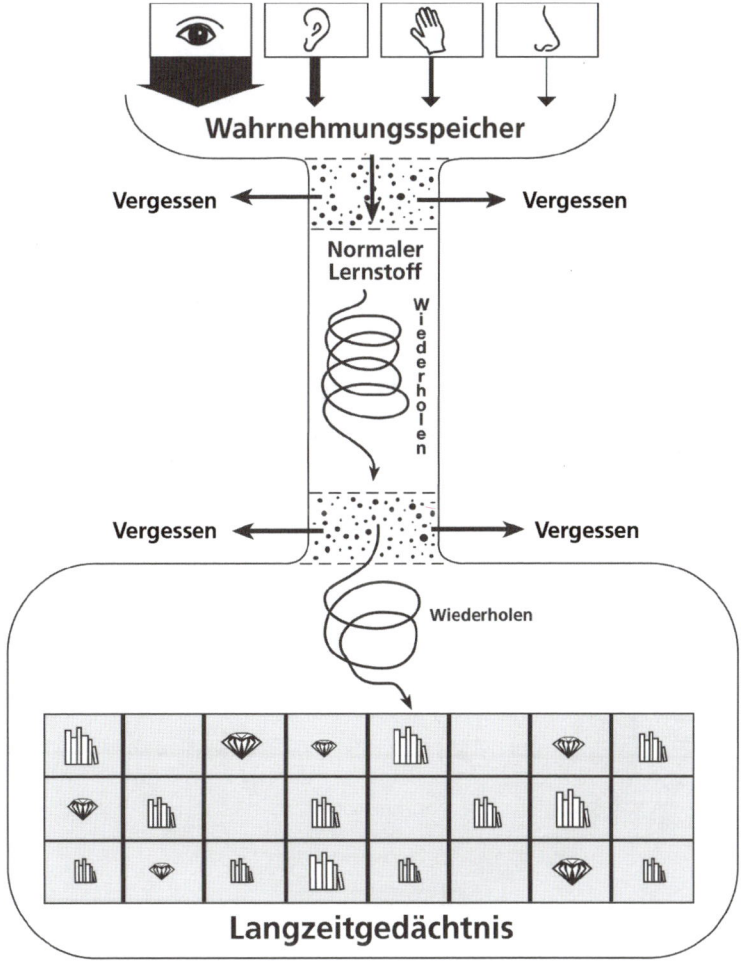

**Abb. 3.5:** Abspeichern Typ 2 – der beschwerlichere Weg

Was kann man sich unter dem genannten »Wachhalten« der Informationen vorstellen? Abhängig vom jeweiligen Lerntyp, d. h. abhängig davon, welchen Sinneskanal wir als Zugangsweg bevorzugen, stellen wir uns innerlich die abzuspeichernden Begriffe, Vokabeln oder Bilder vor, sagen sie uns innerlich vor oder sprechen sie vielleicht sogar laut aus. Dieser Prozess muss mehrfach wiederholt werden. Wird dieser aktive innere Wiederholungsvorgang nicht durchgeführt oder gestört, werden die Informationen wieder vergessen.

## 5. Das Arbeitsgedächtnis

Was genau passiert im Lernprozess in unserem Arbeitsgedächtnis? Mittels der selektiven Aufmerksamkeit werden die Informationen ausgewählt, die für uns wesentlich sind. Unser Vorwissen und unsere Vorerfahrungen entscheiden über den Auswahlprozess. Im Arbeitsgedächtnis findet sodann ein zuerst doppelter Vorgang statt: Verknüpfung mit Vorwissen und emotionale Bewertung.

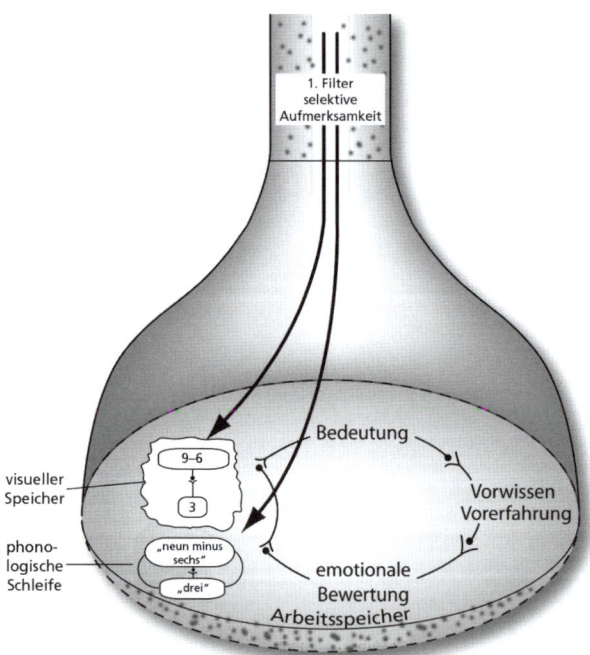

**Abb. 3.6:** Prozesse im Arbeitsgedächtnis

Am Beispiel der Aufgabe 9 − 6 = 3 wird deutlich, dass zum einen die reinen Informationen aufgrund unseres Vorwissens mit bestimmten Bedeutungen versehen werden. Was bedeutet für eine mathematische Rechnung zum Beispiel »−« (minus), was bedeuten die Ziffern 9, 6 oder 3? Zum anderen erfolgt gleichzeitig aufgrund individueller Vorerfahrungen, beispielsweise mit dem Mathematikunterricht im Allgemeinen oder mit einem bestimmten Lehrer im Besonderen, eine emotionale Bewertung dieser Informationen. Gedanken im Sinne eines zu erwartenden Erfolgs oder Misserfolgs wie »mag ich« bzw. »mag ich nicht« oder »kann ich« bzw. »kann ich nicht« verknüpfen die primäre Sachinformation mit bestimmten Affekten, wie freudigen oder angstvollen Gefühlen.

Informationen, die wir dauerhaft behalten möchten, müssen wir im Rahmen des Lernprozesses im Arbeitsgedächtnis regelmäßig wiederholen. Als Menschen verfügen wir dafür vor allem über zwei Grundmöglichkeiten: dem Wiederholen bzw. Präsenthalten im visuellen oder im phonologischen/phonetischen Speicher.

---

**Ein weiteres Beispiel für »Kodierung« und »Konsolidierung« von Wissensinhalten aus dem Bereich der Mathematik**

Die »*Kodierung*« ist der Gedächtnisprozess, der die wichtige Umweltinformation entsprechend aufbereitet. Er ist der Informationsspeicherung und später auch dem Abruf der Informationen vorgeschaltet. In diesem ersten Schritt erfolgen die Bedeutungsgebung und die emotionale Bewertung.

Bei der Bedeutungsgebung wird auf Vorwissen zurückgegriffen, um den Sinn der neu eingetroffenen Informationen zu erschließen. Aufgrund seines Vorwissens erkennt das Kind, dass »6 × 8« eine rechnerische Aufgabenstellung ist und es erinnert, was das »mal« bedeutet. Es kann vielleicht auch schon bestimmte Strategien mit der Aufgabenstellung verbinden, mit deren Hilfe es zum Ergebnis kommen kann.

Im Bereich des Vorwissens gibt es große Unterschiede. Das eine Kind kann zum Beispiel schon »6 × 8 = 48« automatisiert haben. Ein anderes Kind verbindet damit die Strategie für die Lösungssuche: »Ich zähle mithilfe der Finger 8, 16, 24, 32, 40, 48«. Ein weiteres Kind verbindet das automatisierte Vorwissen »5 × 8 = 40« mit der Lösungsstrategie: »5 × 8 weiß ich schon: 40. 40 + 8 = 48.« Und ein Kind kann sich aber auch nicht sicher darüber sein, was das »mal« bedeutet.

Gleichzeitig werden aufgrund von Vorerfahrungen gefühlsmäßige Komponenten mit diesen Informationen verknüpft. Hat ein Kind bislang im Rechnen Erfolge erlebt und kann auf ein gutes Vorwissen zurückgreifen, dann wird die emotionale Bewertung wahrscheinlich positiv ausfallen: »Toll, eine Malaufgabe, geht ganz leicht, mache ich gerne …«. Bei einem Kind, das überwiegend Misserfolge erlebt hat und dessen Vorwissen bruchstückhaft und voll von Lücken ist, wird eine ganz andere emotionale Bewertung stattfinden: »Was, schon wieder eine Rechenaufgabe? Ist ganz schwer, kann ich nicht, ich fühl' mich schlecht, wenn ich mich nur der Aufgabe zuwende.« Nach der Kodierung, d. h. der Verknüpfung von neuen Lerninhalten mit

Bedeutung und emotionaler Bewertung, beginnt der eigentliche Einprägeprozess.

Wenn die neuen Informationen kodiert sind, gilt es, diese möglichst dauerhaft zu speichern. Innerhalb des Speichervorgangs ist die Verfestigung (»Konsolidierung«) der wichtigste Prozess, denn bei ihm findet sozusagen eine Verstärkung der Gedächtnisspuren statt, die auf neuronaler Ebene gelegt worden sind. Findet keine Konsolidierung der Gedächtnisinhalte statt, werden diese zwangsläufig wieder vergessen.

Nur wenn die neuen Lerninhalte innerlich ständig wiederholt oder oft in vertiefter Form verarbeitet worden sind, werden sie dauerhaft im Langzeitgedächtnis abgespeichert. Erfolgt dieses Wiederholen zu kurz oder nicht häufig genug, wird der Lerninhalt wieder vergessen.

**Subsysteme des Arbeitsgedächtnisse**
In der neuropsychologischen Fachliteratur finden sich Belege für die Annahme, dass die Verarbeitung sprachlicher und visuell-räumlicher Informationen in vermutlich zumindest zum Teil voneinander unabhängigen Subsystemen des Arbeitsgedächtnisses stattfindet. So nimmt man einen visuellen und einen akustischen Speicher an. Im visuellen Speicher werden Bilder und visuelle Merkmale wie Form und Farbe festgehalten. Im akustischen (oder auch phonetischen) Speicher werden sprachliche und akustische Informationen – d. h. die Reize, die über unser Gehör aufgenommen werden – in der sog. »phonologischen Schleife« bearbeitet. Über dieses Subsystem des Arbeitsgedächtnisses liegen inzwischen weitreichende Erkenntnisse vor. So kann man sich diesen phonetischen Speicher als eine Tonbandendlosschleife vorstellen, deren Aufnahmekapazität allerdings äußerst kurz zu sein scheint. Diese »Schleife« ist, so lange man aufmerksam ist, dauerhaft »auf Empfang« gestellt. Aber schon nach etwa zwei Sekunden, so nimmt man an, werden die Informationen, die nicht weiterverarbeitet werden, »überschrieben« (Hasselhorn und Gold 2022, S. 76f.).

Will man sich etwas dauerhaft einprägen, muss das Wiederholen im Regelfall länger durchgeführt werden. Um Informationen so lange genug präsent halten zu können, findet eine Art inneren Sprechens statt. Dieses innere subvokale Sprechen beherrschen die Kinder schon im frühen Schulalter.

Neben dem Einprägen der länger benötigten Informationen im phonetischen Speicher dient das innere subvokale Sprechen noch einer anderen Aufgabe: Bildliche Informationen können in sprachliche Informationen durch phonetisches Umkodieren übersetzt werden. Dies geschieht nicht nur bei Bildern mit einem relevanten Bedeutungsinhalt, sondern dient auch dem Dekodieren von Graphemen beim leisen Lesen. Das phonologische Arbeitsgedächtnis bildet somit eine wichtige Basis für die Verarbeitung von sequentiellen Informationen, d. h. Informationen, die kurz hintereinander dargeboten werden (vgl. Hasselhorn und Gold 2022, S. 76f.).

**Die begrenzte Kapazität des Arbeitsgedächtnisses bei der Verarbeitung von Informationen**
Das Arbeitsgedächtnis ist ein Nadelöhr mit begrenzter Kapazität. Hasselhorn und Gold (2022) sprechen auch von einem »Flaschenhals« (S. 70). Das Arbeits-

gedächtnis hat eine deutliche Kapazitätsbegrenzung in Bezug auf die Informationsmenge, die abgespeichert werden kann. Als grobe Orientierung kann man davon ausgehen, dass ein Kind im Durchschnitt nur maximal fünf bis sechs Informationseinheiten auf einmal innerlich verarbeiten, wiederholen und damit abspeichern kann.

**Abb. 3.7:** Kapazität des Arbeitsgedächtnisses

Die Kapazität des Arbeitsgedächtnisses ist abhängig sowohl von den individuellen Voraussetzungen und der Speicherform (visuell, phonologisch), als auch vom Entwicklungsalter des jeweiligen Kindes bzw. Jugendlichen. So nimmt seine Kapazität mit dem Lebensalter in begrenztem Umfang zu. Leistungsverbesserungen zeigen sich zwischen dem 5. und dem 12. Lebensjahr im visuell-räumlichen Arbeitsgedächtnis. So können sich Kinder im Alter von fünf Jahren durchschnittlich nur vier visuelle Informationseinheiten, im Alter von 9 Jahren durchschnittlich fünf bis sechs und ab dem 12. Lebensjahr bis ins Erwachsenenalter ca. sechs bis sieben Informationseinheiten, z. B. Ziffern, merken.

Ob diese alterskorrelierten Verbesserungen tatsächlich Entwicklungsveränderungen der Leistungsfähigkeit des visuell-räumlichen Arbeitsgedächtnisses widerspiegeln, hat die Forschung noch nicht ganz klar beantworten können. Vermutlich werden die Leistungen bei Aufgaben mit visuell-räumlichen Anforderungen mit zunehmendem Alter auch durch andere Komponenten des Arbeitsgedächtnisses, wie die der beschriebenen phonologischen Schleife, mitbestimmt. So nimmt man an, dass Kinder erst ab dem Grundschulalter damit beginnen, visuelle Bildinformationen auch sprachlich zu rekodieren, um sie dann zusätzlich unter Zuhilfenahme der phonologischen Schleife weiterzuverarbeiten (vgl. Hasselhorn und Gold 2022, S. 161ff.).

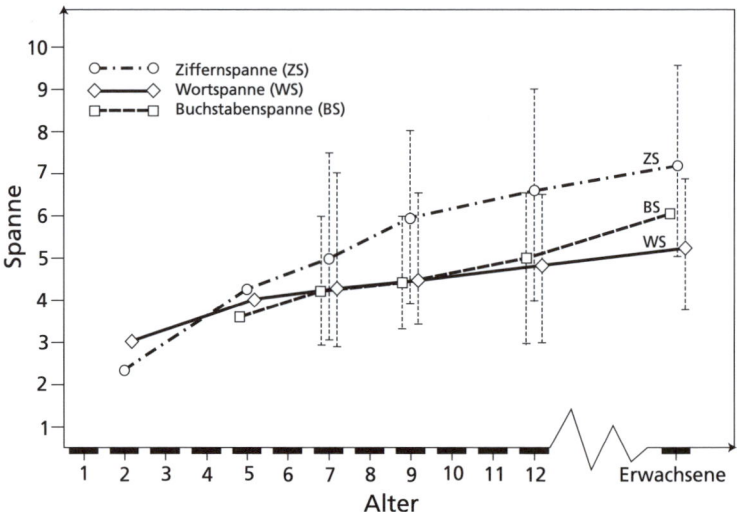

**Abb. 3.8:** Entwicklungsverlauf der Gedächtnisspanne (Mittelwerte und Streuungen) bis ins junge Erwachsenenalter in Abhängigkeit vom vorgelegten Material (Ziffern, Buchstaben oder Wörter) (aus Hasselhorn und Gold 2022, S. 160)

Die Begrenzung der Kapazität und deren leichte altersabhängige Erweiterung lassen sich auch beim phonologischen Arbeitsgedächtnis feststellen. In Experimenten fand man heraus, dass die Merkspanne, d. h. die Kapazität, ungefähr der Anzahl von Informationseinheiten entspricht, die ein Individuum in 1,87 Sekunden aussprechen kann (vgl. Hasselhorn und Gold 2022, S. 76f.). Dieser Befund bedeutet, dass die Gedächtnisspanne von der Zeit abhängig ist, die wir benötigen, um Begriffe auszusprechen. Selbst bei Wörtern mit konstant gehaltenen Silben oder Phonemzahlen konnten sich Versuchspersonen Wörter mit kürzerer Aussprechzeit besser merken als mit längerer.

Die altersabhängige Leistungszunahme unserer Gedächtnisspanne hängt vermutlich mit der Komponente des inneren Nachsprechens zusammen. Das automatische Nachsprechen findet man innerhalb des Systems der phonologischen Schleife ungefähr ab dem siebten Lebensjahr. Je älter wir werden, desto schneller werden wir in Bezug auf dieses subvokale innere Sprechen. Bis zum 16. Lebensjahr ändert sich nicht nur die Geschwindigkeit dieses automatisierten Prozesses, sondern auch die Leichtigkeit, mit der dieser Prozess in Gang kommt. Je automatisierter er abläuft, umso effizienter ist er. Dies ist der Grund, warum Erwachsene sich mehr Informationseinheiten auf einmal merken können als Kinder (vgl. Hasselhorn und Gold 2022, S. 76ff. und S. 161ff.). Wird dieses innere Nachsprechen jedoch nicht gut automatisiert, d. h. trainiert, wird es für den Lernenden schwierig, verbale Inhalte zu behalten.

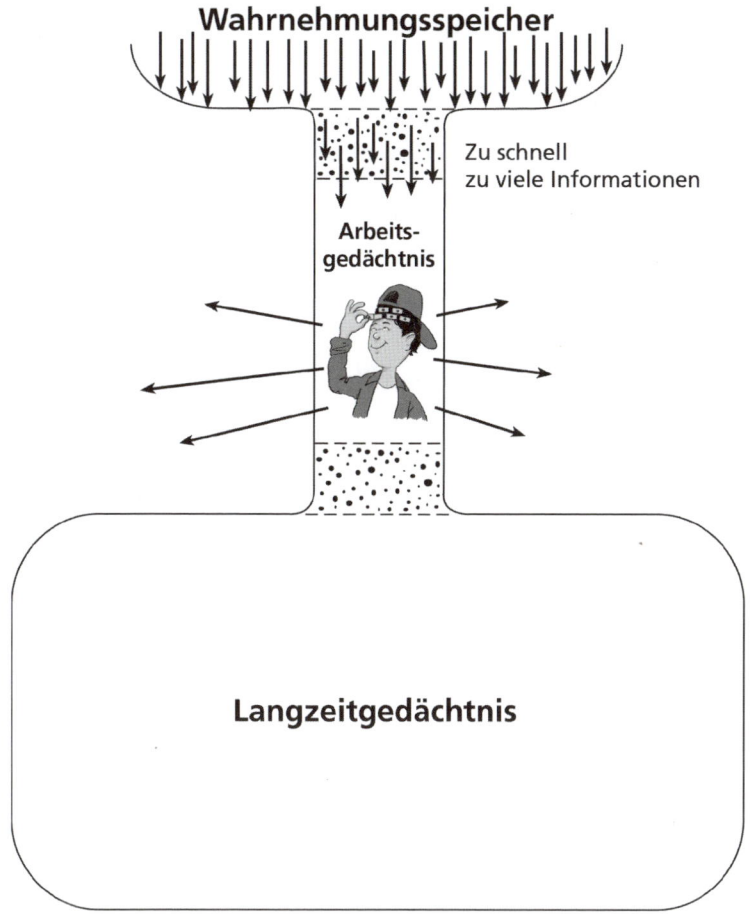

**Abb. 3.9:** Überlastung des Arbeitsgedächtnisses durch zu viele Informationen

## 4) Was passiert bei einer Überlastung des Arbeitsgedächtnisses, wenn neue Informationen nachdrängen?

Die Informationen, die sich zu einem bestimmten Zeitpunkt im Arbeitsgedächtnis befinden, unterliegen ständig der Gefahr, wieder verloren zu gehen. Versucht sich ein Kind mit einer Merkspanne von etwa fünf bis sechs Einheiten mehr Informationseinheiten »zuzuführen« bzw. zu merken, so führt die Begrenztheit seines Arbeitsgedächtnisses automatisch zu dessen Überlastung. Überfordern wir in dieser Weise unser Arbeitsgedächtnis, indem wir uns zu viele Informationen zu schnell auf einmal zuführen, werden die überzähligen Informationen einfach »hinausgeschmissen« (▶ Abb. 3.9). Diese Informationen gehen uns dann verloren und können nicht mehr dauerhaft im Langzeitgedächtnis abgelegt werden.

> Unser Schulsystem berücksichtigt die Bedeutung des Arbeitsgedächtnisses weder in Lehrplänen, didaktischen Vorgaben noch in den propagierten Lernmethoden in angemessener Weise:
> »Die schulische Praxis orientiert sich häufig an pädagogischen Leitbildern, die mit dem derzeitigen wissenschaftlichen Kenntnisstand über Lernprozesse nicht vereinbar sind. **Eine der grundlegenden Fragen, denen sich die Schulpädagogik stellen muss, ist die Frage, wie Wissen zu vermitteln und zu strukturieren ist, um das ‚Nadelöhr Arbeitsgedächtnis' passieren zu können.**« (Wellenreuther, 2009, S. 15)

## 5) Ist es möglich die Kapazität des Arbeitsgedächtnisses zu vergrößern?

Macht man sich bewusst, wie sehr doch die geringe Kapazität des Arbeitsgedächtnisses den Einprägeprozess beim Menschen und besonders bei Schulkindern erschwert, so kann man sich die Frage stellen, ob es möglich ist, dessen Kapazität zu vergrößern. Tatsächlich gibt es Studien zur möglichen Kapazitätserweiterung des Arbeitsgedächtnisses. Zu nennen ist hier beispielsweise Torkel Klingbergs Training des Arbeitsgedächtnisses mit einem Computertrainingsprogramm (Robomemo von cogmed).

Eine Metaanalyse (Melby-Lervag und Hulme 2013), basierend auf 23 Studien und 30 Gruppenvergleichen, kam zu folgenden Ergebnissen:

- Es fanden sich – bezogen auf die jeweiligen spezifischen Versuchsinhalte – kurzfristige Effekte auf das verbale und visuell-räumliche Arbeitsgedächtnis und in einem begrenzten Maße dauerhafte Effekte nur auf das visuell-räumliche Arbeitsgedächtnis.
- Die Frage ist jedoch, ob sich diese Effekte auf andere Aufgabenstellungen übertragen lassen. Allein für den langfristigen Transfer auf das visuell-räumliche Arbeitsgedächtnis konnte eine geringe Effektstärke festgestellt werden. Ansonsten fanden sich kleine, kurzfristige Transfereffekte auf die nonverbale Fähigkeit und Aufmerksamkeit, jedoch keine Transfereffekte auf die verbale Fähigkeit, auf arithmetische Fertigkeiten und die Fertigkeit zur Wortdekodierung.

Nach Sichtung der entsprechenden Studien kommen Gathercole und Alloway (2014) zu der Schlussfolgerung, dass »**bisher keine sichere Methode entwickelt worden ist, die das Arbeitsgedächtnis von Kindern direkt verbessert**« (S. 261). Jedoch könne der Lernprozess bei Kindern mit Arbeitsgedächtnisproblemen optimiert werden. Die Autoren empfehlen den Lehrkräften, die Anzahl der abzuspeichernden Informationen für die Kinder im Unterricht so zu »portionieren« und zu steuern, dass die schädlichen Auswirkungen einer zu großen Belastung des Arbeitsgedächtnisses verhindert werden. Ziel müsse es sein, dass Kinder aufgrund ihrer Arbeitsgedächtnisbeeinträchtigungen nicht an den geplanten Lernaktivitäten scheitern.

Dies bedeutet, dass der Lehrer die Lernaktivitäten im Unterricht diesbezüglich überprüfen, lenken und ggf. so modifizieren muss, dass das Kind im Rahmen seiner ihm möglichen Arbeitsgedächtniskapazitäten arbeiten kann und es zu keiner Überlastung kommt. Übergeordnetes Ziel muss dabei immer sein, dass den Kindern das Lernen leichter fällt und sie ihre Lernaktivitäten erfolgreich zu Ende bringen können (vgl. Gathercole und Alloway 2014, S. 261ff.).

# 6. Das Langzeitgedächtnis – Vergessen ist leicht, Behalten ist schwer

Das Langzeitgedächtnis kann grundsätzlich alle bearbeiteten Informationen zeitlebens bereithalten. Ob wir tatsächlich in der Lage sind, auf lange zurückliegende Lerninhalte zuverlässig zurückgreifen zu können, hängt jedoch davon ab, wie gut und in welcher Weise zuvor Informationen gespeichert wurden.

Das Langzeitgedächtnis wird der neueren Gehirnforschung zufolge in zwei verschiedene Gedächtnissysteme unterteilt: Es wird dabei zwischen dem sog. »expliziten« und dem »impliziten« Gedächtnis unterschieden. Das explizite Gedächtnis beinhaltet Erinnerungen an Ereignisse oder auch Faktenwissen (semantisches Gedächtnis), also Informationen, die unserem Bewusstsein zugänglich sind. Des Inhaltes des impliziten Gedächtnisses sind wir uns dagegen oft nicht bewusst, auch wenn wir dieses täglich nutzen, wie z. B. beim Schreiben oder beim Fahrradfahren (automatisierte Fertigkeiten) oder beim schnellen Wiedererkennen von vertrauten Gesichtern.

Die Abrufmöglichkeiten von Informationen aus dem Langzeitgedächtnis werden zum einen davon bestimmt, ob diese für uns **emotional bedeutsam** sind. Es besteht eine enge Verbindung zwischen Gefühlen und Gedächtnisleistungen. Emotional wichtige Informationen, wie etwa Erinnerungen an besonders schöne Erlebnisse, können wesentlich besser erinnert werden als Ereignisse, die unsere Gefühle weitgehend unberührt gelassen haben.

Zum anderen ist die dauerhafte Verankerung von Informationen »neutraler Art«, die in uns keine besonders starken Gefühle auslösen – wie dem Erlernen von »langweiligem« Schulstoff (beispielsweise des Einmaleines in der Grundschule) – unter anderem wesentlich von der **Anzahl der Wiederholungen** abhängig. Ein dauerhaftes Einprägen wird verhindert, wenn Lernstoff zu selten wiederholt wird. Die Vergessenskurve zeigt uns, dass wir besonders am Anfang, d. h. nach den ersten Einprägeprozessen, sehr schnell und sehr viel wieder vergessen. Wiederholungen in den ersten Tagen nach der Informationsabspeicherung sind erforderlich, um dem Vergessen entgegenzuwirken. Im Laufe der Zeit vergessen wir langsamer. Dennoch setzt sich der Vergessensprozess auch in der Folgezeit stetig fort, sofern wir nicht mehr weiterhin regelmäßig wiederholen.

Abbildung 3.10 veranschaulicht Folgendes: Wenn Lernstoff (z. B. zehn Vokabeln) heute nach einem ersten Einprägeprozess zu 100 % gekonnt und nicht mehr wiederholt wird, verfügen wir nach sieben Tagen im Durchschnitt über nur noch ca. 30 % des Wissens (also drei Vokabeln). Wiederholen wir jedoch am nächsten Tag diese zehn Vokabeln erneut, erinnern wir nach einer Woche immerhin dann noch 60 %, also sechs Vokabeln. Wiederholen wir noch einmal am darauffolgenden dritten Tag, beherrschen wir nach einer Woche noch sieben bis acht Vokabeln.

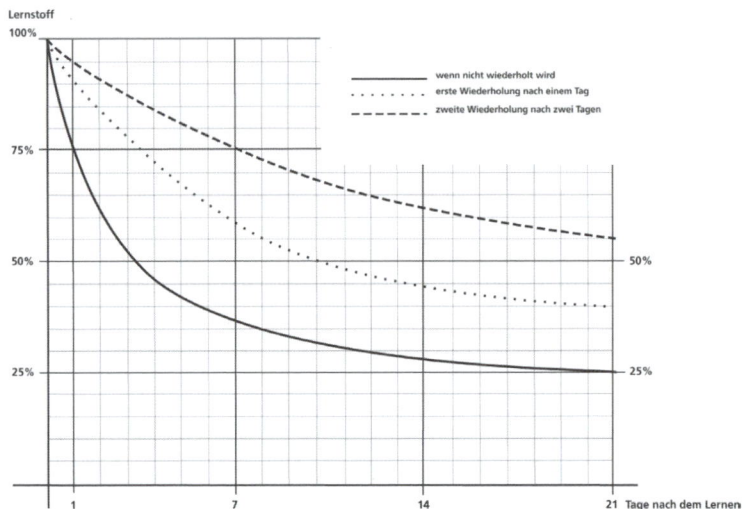

**Abb. 3.10:** Die Vergessenskurve – Vergessen ist leicht, Behalten schwer

> Das kontinuierliche Wiederholen neuen Lernstoffes, besonders in den ersten Tagen, lohnt sich also! Durch ein mehrfaches Wiederholen gelingt es erfolgreich, den naturgegebenen Vergessensprozess zunehmend abzuschwächen.

## 6) Massiertes versus verteiltes Lernen und der heimliche Lehrplan der Schule

Empirische Studien kommen immer wieder zu dem Ergebnis, dass verteiltes Lernen im Vergleich zu sogenanntem »massierten« Lernen erfolgreicher ist. Bei gleichem Lernerfolg muss weniger Übungszeit aufgewendet werden, wenn Übungen über einen längeren Zeitraum verteilt werden. (vgl. Wellenreuther 2009, S. 34)

Wellenreuther vergleicht weiterhin die beiden Lernweisen kritisch in Bezug auf die dauerhafte Behaltensleistung: »Wenn ein Schüler sich für eine Klassenarbeit durch sehr intensives ‚*massiertes*' Lernen kurz vor der Klassenarbeit fit gemacht hat, dann wird er vielleicht eine gute Klassenarbeit schreiben, das Gelernte aber sehr schnell wieder vergessen. Demgegenüber wird ein Schüler, der die *gleiche Lernzeit* über die gesamte Lektion gleichmäßig verteilt hat, das Gelernte zu einem weit größeren Anteil fest im Langzeitgedächtnis verankert haben. Vielleicht schreibt dieser

Schüler nur eine befriedigende Arbeit, er erbringt somit eine schlechtere Leistung als der Schüler, der massiert gelernt hatte. Vier Wochen nach der Klassenarbeit würden diese zwei Schüler, einer mit ‚verteilter' und einer mit ‚massierter' Klassenarbeitsvorbereitung, ganz unterschiedliche Leistungen erzielen (bei vorherigem verteilten Lernen z. B. wieder ein ‚befriedigend', bei massiertem Lernen statt einem ‚gut' ein ‚mangelhaft'« (Wellenreuther 2011, S. 41).

> **Der »heimliche Lehrplan« der Schule fördert das massierte Lernen bzw. als Folge das Vergessen**
>
> Unterricht ist sinnlos, wenn Schüler sich nur für die jeweils nächste Klassenarbeit vorbereiten, um danach das Gelernte schnell wieder zu vergessen. Genau dieses Vergessen, so Wellenreuther, werde durch den *heimlichen Lehrplan der Schule* unterstützt. Es werde jeweils eine Lektion durchgearbeitet, danach eine Klassenarbeit geschrieben, dann wiederum eine neue Lektion behandelt und dazu dann wieder ein Test geschrieben. Dieser Turnus wiederhole sich und in der Schule scheine man von der irrigen Grundannahme auszugehen, dass bei allen Schülern danach der für die jeweilige Probe in meist massierter Weise gelernte Stoff auch in Zukunft verfügbar bleibe (vgl. Wellenreuther 2009, S. 29).

> Aufgabe der Schule ist es also, den Unterricht und die Testungen so zu planen, dass durch passendes verteiltes Lernen mit einer ausreichenden Anzahl an Wiederholungen das zu Lernende dauerhaft im Langzeitgedächtnis verankert wird. Die Verpflichtung der Schule bzw. der Lehrer müsste also darin bestehen, von der bloßen Darbietung und der anschließenden Überprüfung weg zu kommen und durch lerntechnisch reflektierte Vorgehensweisen **Verantwortung** für ein nachhaltiges, effektives Lernen mit entsprechenden Erfolgserlebnissen zu übernehmen.

# Kapitel 4  Grundlagenwissen 2 – Lernen aus Sicht der aktuellen Gehirnforschung

Nachdem wir eingangs vereinfachte Erklärungsmodelle aus der Lernpsychologie für Abspeicherprozesse dargestellt haben, wollen wir diese nun aus der neurowissenschaftlichen Perspektive betrachten. Neuere Ergebnisse aus der Gehirnforschung erhellen den Abspeicherprozess erheblich. Das Wissen um die Vorgänge auf der neuronalen Ebene hat enorm zugenommen, seitdem es moderne bildgebende Verfahren in der Medizin gibt.

Besonders in den letzten 25 Jahren ist unser Kenntnisstand über die Funktionsweise des Gehirns immens gewachsen. Dennoch gibt es, trotz aller Fortschritte, noch immer große Erkenntnislücken über das Gehirn, und in seiner Komplexität wird es, realistisch betrachtet, möglicherweise wohl niemals vollständig erklärbar sein.

## 1. Was wissen wir heute über die Funktionsweisen des Gehirns?

Neurobiologische Untersuchungen des Gehirns haben in den letzten Jahrzehnten auf drei verschiedenen Ebenen angesetzt. Auf der oberen Ebene versuchte man, die Aufgaben und Funktionen größerer Hirnareale wie z. B. die der Großhirnrinde zu erklären (Funktionskomplexe). Auf der mittleren Ebene setzte man sich zum Ziel, das Wechselwirkungsgeschehen innerhalb von Zellverbänden zu beschreiben. Auf der unteren Ebene beschäftigte man sich mit den Vorgängen auf dem Niveau einzelner Zellen und Moleküle. Insbesondere auf der oberen und der unteren Ebene gelangte man dabei zu bedeutsamen Fortschritten. So wissen wir heute auf der unteren Ebene deutlich mehr über die Signalübertragung zwischen Nervenzellen. Botenstoffe wie Neurotransmitter, Neuropeptide und Neurohormone lösen bzw. modulieren dabei die Entstehung und Fortleitung der neuronalen Erregung zwischen den Nervenzellen und auch den Ablauf von Signalverarbeitungsprozessen innerhalb der Zelle.

Unser Gehirn ist ein hochkompliziertes und hochkomplexes Universum. Betrachtet man es in Zahlen, wird dies schnell deutlich. Allein unsere **Großhirnrinde** besitzt ca. 10-14 Milliarden Nervenzellen, wobei jedes einzelne Neuron wiederum über ca. 1.000 bis 10.000 synaptische Verbindungen zu anderen Neuronen verfügt (Lexikon der Neurowissenschaft). Die Gesamtzahl der Synapsen, den

Verbindungsstellen zwischen den Nervenzellen in unserem Gehirn, liegt letztlich bei mehreren 100 Billionen.

Die konkrete funktionale Struktur des menschlichen Gehirns unterscheidet sich individuell. Sie hängt sowohl von der genetischen Ausstattung des Einzelnen als auch von seiner persönlichen Lerngeschichte ab, und sie ist einer ständigen Veränderung unterworfen, da unser Gehirn permanent lernt. Dabei erzeugt es z. B. nach nur einer Minute ca. 600 Zustandsveränderungen und passt dabei ständig seine Mikrostruktur entsprechend an.

Die eingangs beschriebene mittlere Ebene, d. h. die Ebene der neuronalen Netzwerke und ihrer Funktionen und Kommunikationen, gibt bis heute noch viele Rätsel auf. Vermutlich sind Netzwerkstrukturen hochdynamische und nichtlineare Systeme. Die Abbildungen von Wahrnehmungen oder auch motorischen Programmen entsprechen hochkomplexen Aktivitätsmustern raum-zeitlicher Anordnung in diesen Netzwerken.

Im Gegensatz zu früheren Annahmen, dass die Hirnentwicklung und damit die Bildung neuer Nervenzellen mit dem Jugendlichenalter abgeschlossen seien, wissen wir heute, dass auch im Erwachsenengehirn noch neue Neuronen gebildet werden können. Neuronenneubildungen und Verschaltungsneuaufbau können bis ins hohe Alter stattfinden. Jeder Gedanke, den wir haben, jeder neue Sachverhalt, den wir lernen und jede körperliche Aktivität, die wir unternehmen, verändern die Verknüpfungsmuster. In diesem Sinne sind unsere Lernmöglichkeiten über Jahre betrachtet kein statischer Prozess, der in der Kindheit festgelegt und unveränderlich ist, sondern vielmehr ein kontinuierliches Geschehen, welches nie zum Stillstand kommt. Dies begründet die enorme Plastizität unseres Gehirns.

## 2. Wie haben wir uns die so genannte neuronale Ebene in unserem Gehirn vorzustellen?

Bei unserem Gehirn handelt es sich, wie oben schon dargelegt, um ein hochkomplexes Universum. Es gleicht, fasst man die Nervenzellen **aller Gehirnteile** zusammen, einem Dschungel aus ca. 86 Milliarden Nervenzellen, den sog. Neuronen (vgl. Peichl 2015). Diese sind rundliche Zellkörper, die Fortsätze ausbilden. Diese Fortsätze werden Axone und Dendriten genannt. Jede einzelne Nervenzelle hat ein Axon und üblicherweise ein bis zwölf Dendriten. Das Axon verästelt sich besonders in seinem Endbereich in Axonterminale. Axone übermitteln als wichtige Leitbahnen die Informationen, d. h. beispielsweise den Lernstoff von einem Neuron zum nächsten. Dendriten sind meist stark verästelt und bilden bis zu 10.000 Membranausstülpungen (»Dornen«) aus. An diesen Dornen befinden sich Synapsen, über die das Dentrid vom Axon Informationen aufnimmt und an die Neuronen weitergibt: Auf diese Weise werden letztlich Lernprozesse in Gang gesetzt.

Grundlagenwissen 2 – Lernen aus Sicht der aktuellen Gehirnforschung

Die Neuronen bilden so mit ihren Verbindungsstellen ein eng verknüpftes und vielfach verästeltes Netz mit 100 Billionen verschieden Kontaktstellen, die ständig der Veränderung unterliegen (vgl. Rösler 2004).

## 3. Wie sieht der Grundvorgang im Gehirn aus, der langfristig zum dauerhaften Behalten von Wissen führt?

Der entscheidende Ort der Veränderungen bei der Informationsweiterleitung und letztlich beim Einprägen ist sehr klein: Es handelt sich hierbei um die **Synapse**, die Kontaktstelle zwischen den einzelnen Neuronen.

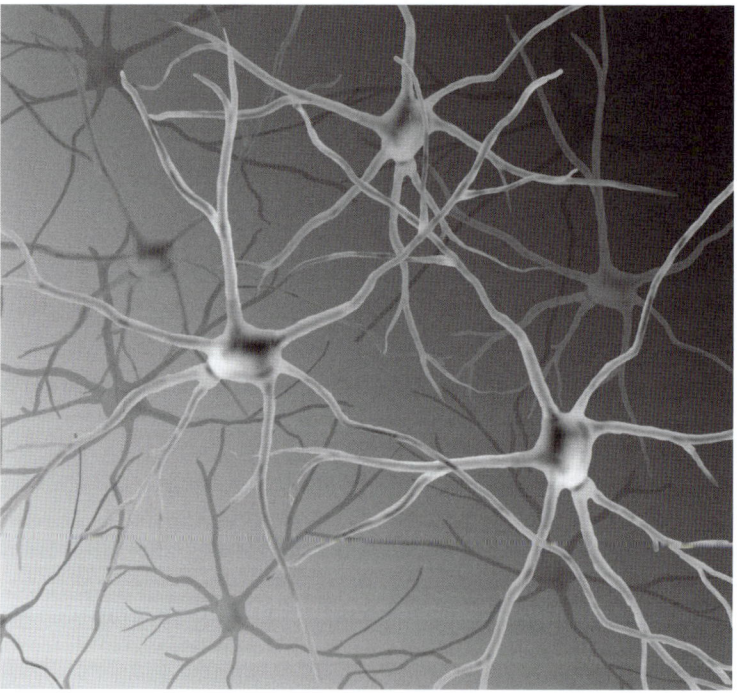

**Abb. 4.1:**  Neuronendschungel

Als Grundregel im Lernprozess gilt, dass eine Erinnerung umso intensiver und zugänglicher ist, je stärker die synaptische Modifikation ist, d. h. die Veränderung der Kontaktstellen zwischen den Neuronen, die durch den Lernprozess hergestellt wird. Beim Lernen verknüpfen und »verdrahten« sich gemeinsam ak-

> tive, d. h. feuernde Neuronen, die für eine bestimmte Aufgabe zuständig sind. Je intensiver unser Lernvorgang ist, desto stärker werden regelrecht Schaltkreise, d. h. neuronale Netzwerke im Gehirn aufgebaut.

Beim Einprägen bestimmter Informationen, z. B. beim Abspeichern von numerischem Faktenwissen (z. B. des kleinen Einspluseins oder des Einmaleins) oder des Wissens von arithmetischen Prozeduren (z. B. beim schriftlichen Multiplizieren zweier mehrstelliger Zahlen oder beim Bruchrechnen) arbeiten verschiedene Areale unseres Gehirns gleichzeitig und interaktiv miteinander. Auf diese Weise werden bei intensiver Beschäftigung mit neuen Inhalten regelrechte »Spuren« im Gedächtnis hinterlassen.

## 4. Wie funktioniert die Informationsweiterleitung auf neuronaler Ebene?

Der Grundvorgang ist hierbei immer der Gleiche. Eine »Information« wird als elektrischer Impuls (1) an die Verbindungsstelle zwischen zwei Nervenzellen (Neuronen) weitergeleitet. Diese Verbindungsstellen werden Synapsen genannt und stellen die Übertragungsorte der Information an den Endstellen der Neurone dar. Am Ende wird der elektrische Impuls in Neurotransmitter, d. h. in Botenstoffe (2) »umgewandelt«, die dann von der Senderzelle in den schmalen Spalt (synaptischer Spalt) zwischen den Neuronen ausgeschüttet werden.

Die Neurotransmitter wandern über den Spalt und werden von Empfängerstationen (Rezeptoren) der nächsten Neurone aufgenommen (3). Anschließend wird dieses chemische Signal in ein elektrisches Signal zurückverwandelt und weitergeleitet (4).

## 5. Wie wird aus der flüchtigen Signalweitergabe ein dauerhaftes Erinnern? – Die Langzeitpotenzierung

Jeder einzelne Gedanke, jede einzelne Information bewirkt, dass bei der neuronalen Entladung ganz bestimmte Synapsen verstärkt oder abgeschwächt werden. Dieses spezifische Muster repräsentiert den Gedanken oder die neue Information. Erst der Prozess der Langzeitpotenzierung bewirkt, dass diese Muster, d. h. ganz spezifische Erinnerungen, nicht vergessen werden.

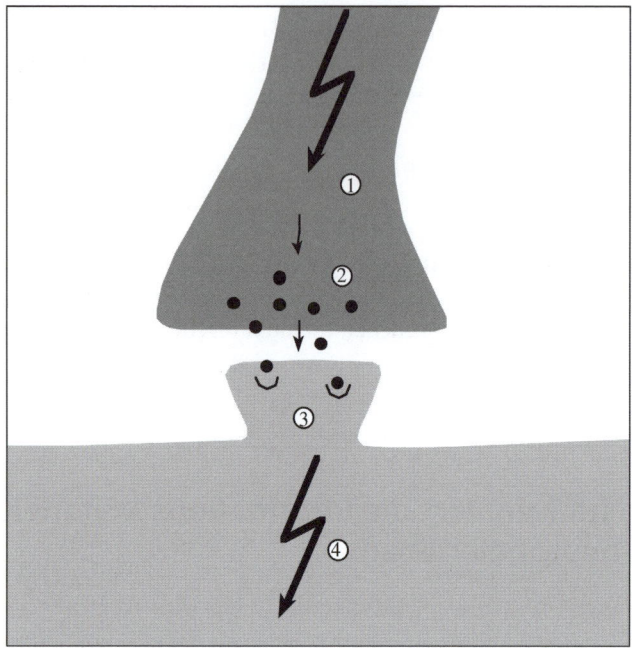

**Abb. 4.2:** Die Signalweiterleitung an der Synapse

## 1) Wie sieht der Prozess der Langzeitpotenzierung genau aus?

Die Langzeitpotenzierung, also der Prozess, der zu langfristigem Lernen führt, ist ein Zellmechanismus, der die Synapsen veranlasst, ihre Verbindungen zu verstärken, indem sie eine bestimmte Information bzw. Fertigkeit als eine Anzahl von spezifischen Verbindungen festigen. Je öfter dies geschieht, umso dauerhafter wird der Merkinhalt abgespeichert.

Weiter oben haben wir bereits dargelegt, dass die Informationsweiterleitung mittels elektrischer Impulse und Botenstoffe funktioniert. Dieser schnell ablaufende neuronale Prozess, z. B., wenn wir einen Satz formulieren möchten oder uns ein Gedanke durch den Kopf geht, verändert jedoch, solange er nur einmal erfolgt, nicht langfristig die Übertragungsbereitschaft der Synapsen.

Der Prozess der Langzeitpotenzierung wird dagegen viel langsamer ausgelöst (vgl. Grawe 2004, S. 50). So muss die Verarbeitungs- bzw. Aktivierungszeit bei Vierjährigen anscheinend mindestens 3 Sekunden, bei Zwölfjährigen nur noch 1 ½ Sekunden betragen (vgl. Lepach u. a. 2003, S. 22).

Ist die Synapse gerade zuvor über einen solchen »längeren« Zeitraum aktiviert worden, z. B. dadurch, dass eine Information »präsent« gehalten wurde, wird das Empfängerneuron in einem ersten Prozessschritt durch eine Abfolge chemischer Reaktionen noch leichter aktivierbar.

## 5. Wie wird aus der flüchtigen Signalweitergabe ein dauerhaftes Erinnern?

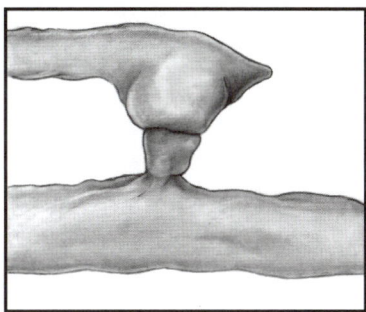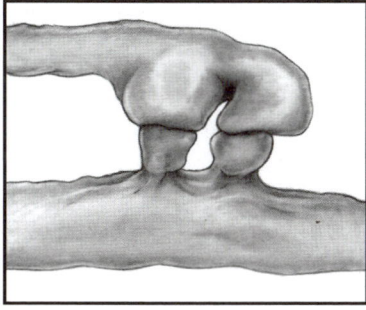

Abb. 4.3: Veränderung der Synapse im Lernprozess. Nach wiederholter Aktivierung der Synapse wächst ein weiterer Verbindungsdorn und verstärkt die Verbindung (vgl. Laroche 2002).

Dies bedeutet, dass die an der Informationsweiterleitung beteiligten Synapsen **selektiv in ihrer Übertragungsbereitschaft verstärkt** werden. Die leichtere Erregbarkeit des Neurons über Sekunden oder Minuten hat in einem zweiten Prozessschritt zur Folge, dass – sofern in diesem Zeitfenster die Synapsen weiterhin stimuliert werden – durch dadurch ausgelöste biochemische Prozesse **weitere synaptische Verbindungen wachsen** bzw. die Kontaktfläche an der Synapse vergrößert wird. Die Erregungsübertragung von dem sog. Präsynaptischen Neuron (d. h. der Senderzelle) auf das postsynaptische Neuron (d. h. der Empfängerzelle) wird durch die Vermehrung der Verbindungsstellen nachhaltig langfristig erleichtert (vgl. Grawe 2004, S. 50ff.).

In einem weiteren chemischen Prozess wird bewirkt, dass zukünftig von der präsynaptischen Zelle **mehr Neurotransmitter hergestellt** werden und damit nun mehr Botenstoffe von der postsynaptischen Zelle auf die präsynaptische Zelle übertragen werden können.

Wenn Informationen immer wieder genau diesen Pfad im Gehirn aktivieren, führt dies im Endergebnis dazu, dass unsere durch häufige Wiederholungsdurchgänge aktivierte Synapse dauerhaft eine leichtere Erregbarkeit des Neurons über genau diesen Kommunikationsweg bewirkt. Dieser Prozess führt zu dauerhafter und leichter Verfügbarkeit des Gelernten.

Wesentlich ist auch, dass aber nicht sofort die ganze Nervenzelle, also das ganze Neuron aktiviert wird, sondern nur die spezifischen Synapsen, die an der gerade stattgefunden Erregungsweiterleitung beteiligt sind. Es werden also selektiv die Verbindungen an ganz bestimmten Synapsen verstärkt, eine Bahnung findet statt (vgl. Grawe 2004, S. 51ff.).

## 2) Wie wird die Übertragungseffizienz der neuronalen Verbindung gesteigert?

Die Hauptkomponenten der Langzeitpotenzierung bilden:

a) Die postsynaptische Rezeptoroberfläche des Empfängerneurons reagiert sensibler und führt zu einer leichteren Aktivierbarkeit der gerade zuvor aktivierten Synapsen.
b) Es wachsen neue »Verdrahtungsstellen«. Um die zuvor erregte Synapse herum bilden sich weitere Synapsen.
c) Es kommt zu einer vermehrten Produktion und einer erhöhten Ausschüttung von Neurotransmittern. In der präsynaptischen Zelle werden also mehr Botenstoffe hergestellt, die für die zukünftige Signalübertragung zur Verfügung stehen und diese deutlich verbessern.

Für den Lernprozess ergibt sich aus der Langzeitpotenzierung folgende Essenz: Eine kurzfristige, einmalige Aktivierung von zwei Nervenzellen führt zu keiner dauerhaften Behaltensleistung. Dieses Muster, d. h. dieser flüchtige Gedanke wird einfach vergessen. Erst der Zellmechanismus der Langzeitpotenzierung sensibilisiert die beteiligten Synapsen entlang einer Reihe von Neuronen so, dass es nachfolgenden Informationen leichter fällt, auf derselben Bahn »zu feuern«. Je öfter dies geschieht, d. h. je häufiger ein und dieselbe Information auf diesem Pfad feuert, umso intensiver merken wir uns diese Information. Die Neuronenpfade mit ihren Synapsen sind dabei höchst spezifische Verbindungen. Das bedeutet, dass jede Erinnerung und jede Information in einem ganz speziellen eigenen neuronalen Netzwerk eingebaut und gespeichert ist.

Möchte ich mich nun an eine spezielle Information erinnern, z. B. an eine Einmaleins-Aufgabe, ein bestimmtes Wortbild oder einen besonderen Gedanken, so ist dieser in einem spezifischen neuronalen Netzwerk zu suchen, das zuvor bei der häufigen Wiederholung der gelernten Information aktiviert und sodann etabliert wurde.

Der Prozess der Langzeitpotenzierung wird nachfolgend noch einmal vereinfacht am Beispiel der Abspeicherung einer Rechenaufgabe dargestellt. Was passiert in unserem Gehirn genau, wenn ich mit dem numerischen Faktenwissen 7 × 8 = 56 konfrontiert werde. Die Aufgabenstellung 7 × 8 wird mittels elektrischer Impulse, in die sie zunächst »übersetzt« wird, im Axon bis zu der Verbindungsstelle eines »empfangenden« Dendriten bzw. einer anderen Nervenzelle weitergeleitet. (1) Vom Axon der Senderzelle werden nun Botenstoffe in den schmalen synaptischen Spalt zwischen den Neuronen ausgeschüttet. (2) Diese Neurotransmitter docken sodann an den »Empfängerstationen« des Empfängerneurons an. (3) Anschließend wird dieses chemische Signal in ein elektrisches Signal, in das Ergebnis 56, zurückverwandelt. (4) Am Anfang ist die Synapse, in der das numerische Faktenwissen

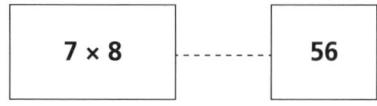

aktiviert wird, noch ungeübt: Ausschüttung weniger Botenstoffe, kleine Kontaktfläche, nicht so sensible Rezeptoren im Empfängerneuron.

## 5. Wie wird aus der flüchtigen Signalweitergabe ein dauerhaftes Erinnern?

Nur wenn eine Information wiederholt dargeboten wird, d. h. unsere Rechenaufgabe 7 × 8 = 56 wiederholt gelernt wird, nur dann wird die neu erlernte Information in unserem Gedächtnis verankert. Bei der Aufgabenstellung 7 × 8 ist dann ohne unnötige Zwischenschritte oder Umwege sofort das Ergebnis 56 abrufbar. Die Verbindungen zwischen den Neuronen werden durch jeden Wiederholungsvorgang immer ein wenig mehr gestärkt.

Die an diesem Vorgang beteiligten Synapsen werden dabei regelrecht strukturell verändert. Wird nämlich eine Synapse mehrfach hintereinander aktiviert, d. h. prägen wir uns das Wissen 7 × 8 = 56 mehrfach nacheinander ein, teilt sich die Synapse und bildet somit eine zweite Kontaktstelle zwischen den Nervenzellen aus (5). Durch die beiden Kontaktstellen besteht nun eine größere Kontaktfläche, so dass die Informationsübermittlung effizienter werden kann. Die Senderzelle verändert sich zusätzlich, indem sie dauerhaft eine größere Menge an Neurotransmittern ausschüttet (6). Die Empfängerzelle wird in ihrer Sensibilität, d. h. Empfangsbereitschaft verändert, indem sie mehr Rezeptortypen, d. h. Empfängerstationen ausbildet (7) (vgl. Laroche 2002). Wird dem Kind jetzt die Aufgabe 7 × 8 gestellt, kann es das Ergebnis unmittelbar – »klick« 56 – erinnern (8).

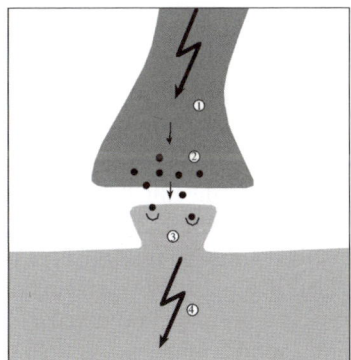 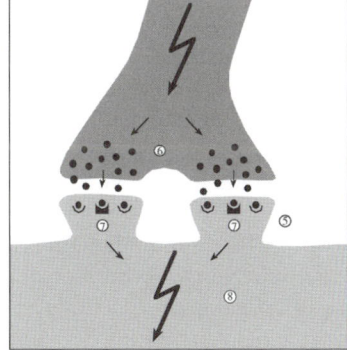

**Abb. 4.4:** Veränderung des Aufbaus und der Funktionsweise einer Synapse beim Lernprozess nach mehreren Wiederholungsdurchgängen

Nun haben wir den Lernvorgang sozusagen isoliert mit der Lupe an einer winzigen Stelle betrachtet. In Wirklichkeit sind beim Lernen jedoch nicht nur zwei Neurone beteiligt, sondern viele Nervenzellen gleichzeitig. Diese können über unterschiedliche Regionen des Gehirns verteilt sein, so dass unsere Information, d. h. unser »Faktenwissen« 7 × 8 = 56, letztlich in einem ganzen Neuronenverband abgespeichert wird.

> Durch Lernen finden also im Gehirn strukturelle Veränderungen in einem ganzen Netzwerk der beteiligten Neuronen statt. Dies sind die sog. Gedächtnisspuren. Beim Lernen werden somit manche Neuronenverbindungen gestärkt, nämlich die, die oft benutzt werden. Andere Verbindungen, die seltener benutzt werden, schwächen sich dagegen wieder ab. Eine gut gelernte Rechenaufgabe zeigt sich somit in einer starken synaptischen Verbindung in unserem Netzwerk. Erinnerung hat also eine physikalisch-chemische Entsprechung: sie wird repräsentiert durch das Muster der synaptischen Veränderungen.

Möchten wir uns etwas wirklich gut merken, müssen die neuronalen Entladungsmuster, die unser Netzwerk bilden, stets wiederholt werden, um im Langzeitgedächtnis fest verankert zu werden. Sie erinnern sich, dies ist die oft unangenehme, aber notwendige »Knochenarbeit« des steten Wiederholens.

## 6. Welche Bedeutung kommt den Emotionen im Lernprozess zu?

Große Neuronenverbände sind darauf spezialisiert, ankommende Informationen zu analysieren und dauerhaft zu speichern. Was und in welcher Tiefe wir jedoch abspeichern, ist individuell höchst unterschiedlich. Darauf hat unsere emotionale Bewertung der eingehenden Informationen einen maßgeblichen Einfluss.

**Welche Prozesse liegen der Einflussnahme durch die Emotionen zugrunde?**
Vermutlich handelt es sich um zwei unterschiedliche Wirkprinzipien. Einerseits sind es wohl vor allem Bereiche des limbischen Systems, die mit weiteren kortikalen Regionen der Gehirnrinde an der Zuordnung eines bestimmten emotionalen Erlebniswertes zu bestimmten Ereignissen und Objekten beteiligt sind. Eine positive emotionale Bewertung scheint hier zu einer deutlich besser funktionierenden Abspeicherung im Langzeitgedächtnis zu führen. Ein positiver emotionaler Kontext führt mit zu einer Aktivierung des Hippocampus und ermöglicht dadurch u. a. zusätzliche Wiederholungsaktivierungen während des Nachtschlafs. Die Abspeicherung unter positiven emotionalen Vorzeichen führt zu Abspeicherorten, die eine leichtere Abrufbarkeit der Lerninhalte ermöglichen (vgl. Spitzer 2005).

Das erfolgreiche Abspeichern von Lerninhalten im positiven emotionalen Kontext spiegelt sich in einer besonderen Aktivität im Bereich des Hippocampus und Parahippocampus wider. Lernen im negativen emotionalen Kontext zeigt sich dagegen im Gehirn in einer besonderen Aktivierung der Amygdala. Je nach emotionalem Kontext, d. h. positiver, negativer oder neutraler Emotion im Lernprozess, werden also unterschiedliche Netzwerke in unterschiedlichen Hirnregionen etabliert.

Andererseits scheinen wenige übergreifende Nervenzellenverbände die Vorderhirnstrukturen zu beeinflussen. Dies geschieht durch die Ausschüttung der Neurotransmitter Dopamin, Noradrenalin, Serotonin und Acetylcolin. Herausragend ist unser inneres »Belohnungssystem«, das über den Neurotransmitter Dopamin gesteuert wird. Sind wir mit unserem Verhalten erfolgreich, erlangen wir einen Vorteil oder haben wir ein Problem gelöst, wirken die positiven Erfahrungen über Dopaminausschüttungen in unser Gehirn zurück und werden in kortikalen Strukturen abgespeichert.

> In neueren wissenschaftlichen Untersuchungen hat man festgestellt, dass unser Gehirn über ein eigenes Belohnungssystem verfügt. Treten Ereignisse ein, die sich positiv von dem abheben, mit dem wir im Voraus gerechnet haben, also ein unerwarteter Erfolg, so wird im Frontalhirn Dopamin produziert. Die Dopaminfreisetzung stellt im Gehirn einen Belohnungseffekt dar, der dort im Hinblick auf die Informationsverarbeitung eine Türöffnerfunktion hat: Das Verhalten oder das Ergebnis, das besser als von uns erwartet ausgefallen ist, wird im Gehirn weiterverarbeitet und abgespeichert. Lernerfolge erleichtern und verstärken damit weiteres und effizientes Lernen. Besonders gut wird also gelernt, wenn dabei positive Erfahrungen gemacht werden. Der eigentliche Abspeicherprozess wird in diesem Fall deutlich begünstigt (vgl. Spitzer 2001, S. 71ff.).
>
> Der emotionale Kontext, in dem das Abspeichern der jeweiligen Lerninhalte im Gehirn geschieht, hat in doppelter Weise einen wichtigen Einfluss auf die spätere Erinnerungsleistung:
>
> a) Abhängig vom emotionalen Kontext werden nicht nur beim Abspeichern, sondern auch beim Erinnern unterschiedliche Hirnregionen aktiviert.
> b) Lerninhalte, die in einem positiven emotionalen Kontext abgespeichert werden, werden am besten und am dauerhaftesten erinnert.

## 7. Was geschieht, wenn wir bestimmte Fertigkeiten »automatisieren«?

Was geschieht, wenn uns bestimmte Fertigkeiten wie z. B. das Fahrradfahren immer schneller und besser gelingen oder uns bestimmte Aufgabenlösungen sofort einfallen? Den diesem Phänomen zugrunde liegenden Prozess im Gehirn nennen wir **Automatisierung**.

Der Automatisierungsprozess hat eine Entsprechung auf neuronaler Ebene. So müssen wir uns auf eine Aufgabe, sofern wir diese nur lange und intensiv genug trainieren, mit der Zeit immer weniger konzentrieren. Beim Erlernen von Fertigkeiten werden in der Hirnrinde sehr viele Neuronen für Abspeicherprozesse genutzt –

diese werden immer weniger beansprucht, je besser wir eine Fertigkeit beherrschen. Deren Bewältigung wird daraufhin in *tiefer* liegende Regionen unseres Gehirns verlagert, so dass die Hirnrinde wieder zum Erlernen neuer Aufgaben zur Verfügung steht. In tiefer liegenden Gedächtnisschichten werden die eingeübten, d. h. die automatisierten Fertigkeiten fest verdrahtet und zentriert. Würden diese Fertigkeiten stattdessen nur in den *höheren* Ebenen der Hirnrinde verankert bleiben und nicht mehr aktiv genutzt werden, würden die Verknüpfungen und Erinnerungen daran verloren gehen. Einmal in den *tiefer* liegenden Gedächtnisschichten eingeprägt, gelingt es Ihnen jedoch auch mit mehrjährigem Abstand noch ohne Schwierigkeit, eine Fertigkeit (wie beispielsweise das Losradeln auf dem Fahrrad) sozusagen »aus dem Stand« heraus zu aktivieren.

Mit der Automatisierung wird gleichzeitig das Ausmaß der jeweils notwendigen Gehirnaktivitäten in sehr deutlicher Weise reduziert, weil im Bereich der neuronalen Netzwerke eine Spezialisierung erfolgt. Gut erkennbar ist dieser Prozess am Beispiel der Automatisierung beim Einmaleins (»blaues Gehirn«). Sie finden den Gehirnscan in Abbildung 4.6 auf Seite 84. Automatisierte Fertigkeiten erfordern von uns damit keine große Aufmerksamkeit und Anstrengung mehr. Automatisierungsprozesse ermöglichen uns die Verarbeitung von Informationen, ohne dass das Arbeitsgedächtnis zusätzliche Kapazität verbraucht. Sie führen so zu einer »Kapazitätserweiterung« der Informationsverarbeitung im Arbeitsgedächtnisspeicher. Gleichzeitig werden wir durch Automatisierung in die Lage versetzt, Informationen sehr schnell verarbeiten zu können. Ohne diese Automatisierung könnten wir beispielsweise nicht dauerhaft und schnell rechnen, lesen oder schreiben. Erst die Automatisierung z. B. des Leseprozesses macht es möglich, mithilfe freier Kapazitäten im Arbeitsgedächtnis überhaupt den Sinn des Gelesenen erfassen zu können. Bei Kindern, die erst anfangen, das Lesen zu lernen, oder auch Menschen, die Schwierigkeiten im Lesen haben, ist dieser grundlegende Prozess noch nicht automatisiert. Sie sind nicht in der Lage, den eigentlichen Sinn der zu lesenden Sätze auf Anhieb zu erfassen, da sie zu viel Verarbeitungskapazität in ihrem Arbeitsgedächtnis allein für die Worterkennung benötigen. Beim Rechnen ermöglicht ein automatisiertes arithmetisches Faktenwissen deutlich leichter, darauf aufbauende arithmetische Prozeduren zu erlernen und dauerhaft zu beherrschen.

Auch die unterschiedlichen und dennoch zeitgleichen Abläufe, die mit dem Autofahren verbunden sind, um ein weiteres Beispiel zu geben, setzen sehr komplexe Anforderungen voraus. Erst durch das Einschleifen der entsprechenden Prozesse, d. h. die Automatisierung z. B. des Hoch- oder Runterschaltens von einem Gang in den anderen, haben wir als Fahrer den Kopf »frei« für andere wichtige Erfordernisse, wie z. B. uns auf den jeweils spezifischen Verkehr zu konzentrieren, oder auch für Gehirnaktivitäten, die wir parallel aber unabhängig zum eigentlichen Autofahren ausüben können (so z. B., wenn wir während des Fahrens mit unseren Gedanken zu unserer Familie oder Arbeit abschweifen).

Die Vorgänge der Automatisierung bedeuten also, dass neue Aufgaben anfangs geistige Anstrengung erfordern, bei häufigem und intensivem Einüben dann aber zur Routine werden können und uns letztendlich immer weniger Konzentration und auch ein erheblich geringeres Ausmaß an Gehirnaktivitäten abverlangen. Auf diese Weise können wir uns sodann wieder neuen Problemstellungen zuwenden.

Das reibungslose, schnelle Rechnen oder Lesen stellt – noch einmal übertragen auf den Lernprozess – damit eine Fertigkeit dar, die gute Rechner oder Leser automatisiert haben. Die Tatsache, dass sie über die dem Lesen bzw. Rechnen zugrunde liegenden Erfordernisse nicht mehr nachdenken müssen, ist das Ergebnis dieser Automatisierung. Das bedeutet, dass man für die vielen Wiederholungs- und Übungszeiten letztendlich dauerhaft belohnt wird.

## 8. Gedächtniskonsolidierung im Schlaf

Das Gehirn verarbeitet ununterbrochen Informationen. Selbst im Schlaf oder im ruhigen Wachzustand, wenn keine Interaktion mit der äußeren Welt stattfindet, wird die Abspeicherung des vorher Gelernten weiter durchgeführt. Der Stärkung des Gedächtnisses im Schlaf soll ein intern generierter Zustand des Gehirns, das »neuronale Replay« bzw. neuronale Reaktivierungen, zu Grunde liegen (Eschenko 2012). Im »Offline-Modus« des Gehirns werden die neuen, noch labilen Gedächtnisspuren gleichzeitig im Hippocampus und Kortex reaktiviert, um so die Nervenzellverbindungen innerhalb des Kortex zu verstärken, die der gespeicherten Repräsentation zu Grunde liegen. Viele Studien bestätigten die positive Wirkung des Schlafes auf die Abspeicherung im Langzeitgedächtnis (vgl. Rasch und Born 2013).

Weiterhin besteht eine zeitliche Abhängigkeit der Auswirkungen des Schlafes auf die Gedächtnisbildung. Studien zeigen eine stärkere Wirkung von Schlaf, der kurz nach dem Lernen erfolgt als für den Schlaf zu einem späteren Zeitpunkt. Die erste Schlafnacht scheint so für die Gedächtnisbildung eine besonders wichtige Rolle zu spielen. Auch die Dauer des Schlafes beeinflusst die Stärke der Abspeicherung. Ausreichender Schlaf, d. h. sieben bis acht Stunden pro Nacht, verbessern die Behaltensleistung, zu wenig Schlaf oder gar chronischer Schlafmangel verringern die Behaltensleistung.

## 9. Wie sind die Ergebnisse der modernen Gehirnforschung zu bewerten, was bedeuten sie für unseren Lernprozess?

Lernen bewirkt – vor dem Hintergrund der Erkenntnisse der modernen Gehirnforschung – den Aufbau von Neuronenverbindungen zu neuronalen Netzwerken. Wir müssen das Gelernte wiederholen, damit sich auf der neuronalen Ebene die Entladungsmuster wiederholen können, um sie im Langzeitgedächtnis zu verankern. Diese Verankerung ist mit der Bildung von spezifischen Eiweißstoffen verbunden, die die Überträgerstellen, d. h. die Synapsen strukturell verändern. Je besser eine Aufgabe trainiert, je häufiger ein Lerninhalt wiederholt wird, umso mehr wird er demnach automatisiert und benötigt deutlich weniger an Gehirnaktivität und deshalb auch nicht mehr so viel Aufmerksamkeit und geistige Anstrengung.

> Je intensiver und häufiger wir eine Aufgabe oder Fertigkeit lernen, je gründlicher und tiefer wir diese verarbeiten, umso besser können wir sie behalten. Routinen, d. h. automatisierte Gedächtnisinhalte, machen uns wieder frei für neuen Lernstoff.

Auf unser Gehirn bezogen besteht das Ziel des Lernprozesses also darin, neuronale Netzwerke aufzubauen. Hier gilt die Hebb'sche Regel: »Neurons that fire together wire together« (Neuronen, die miteinander feuern, verknüpfen sich). Nicht jedoch nur einzelne Neuronenverbindungen, sondern ganze Netzwerke werden bei der Aktivierung gleichzeitig »feuernder« Neuronen etabliert und über ihre häufige Befeuerung zukünftig immer leichter erregbar. Die Anzahl, die »Dicke« und die Funktionsfähigkeit der Synapsen zwischen den verschiedenen Neuronen erhöhen bzw. verbessern sich. »Aus einem schmalen Weg wird gewissermaßen eine immer breitere Autobahn« (Grawe 2004, S. 53). Gelerntes wird über diesen Neuronenweg immer besser abgesichert. Durch dieses Phänomen der Etablierung neuronaler Netzwerke wird die Erregungsübertragung immer nachhaltiger und langfristiger, was im Ergebnis zu dauerhaftem Lernen und Behalten führt.

Zerlegt man den Lernprozess in einzelne Lernschritte bzw. -tage, ist es sehr wichtig zu begreifen, dass zunächst ein erster schmaler Verbindungsweg »angebahnt« bzw. aufgebaut werden muss. Erst in weiteren Schritten gilt es danach, diesen zur »Autobahn« auszubauen. Dabei zeigt sich meist, dass es schwieriger ist, das entsprechende neuronale Muster erstmalig zu etablieren als später die bereits bestehenden Verbindungen zu verstärken.

Setzen wir dies in Bezug zu den zu erlernenden Grundfertigkeiten, so zeigt sich, dass dem **ersten Lerntag** eine besondere Bedeutung zukommt. Gilt es, Aufgaben wie 9 – 7 = 2 oder 7 × 8 = 56, das Wortbild eines Wortes in der Rechtschreibung oder eine englische Vokabel mit Aussprache und Schreibweise zu lernen, so muss der Lernstoff am ersten Lerntag häufig wiederholt werden, damit die entsprechende neuronale »Verdrahtung« aufgebaut werden kann. Richtschnur bei der Überprüfung des Wissens kann sein, ob das Kind am nächsten Tag das Gelernte noch beherrscht.

In den darauffolgenden Tagen geht es darum, diesen schmalen Pfad zur Autobahn auszubauen: Die beteiligten Synapsen müssen durch die wiederholte Aktivierung »dicker« gemacht und weitere Synapsen um die zuvor erregten Synapsen herausgebildet werden. Hier gilt: »Use it or loose it« (Benutze sie oder entkopple sie). Den bereits verinnerlichten Wissensstand zu wiederholen, fällt Kindern meist wesentlich leichter als etwas Neues zu erlernen. Die beteiligten Netzwerkstrukturen sind ja bereits vorhanden und müssen nur noch gestärkt werden. Dennoch wird in Schule und Elternhaus häufig der Fehler gemacht, dass der Lernstoff zu kurze Zeit oder überhaupt nicht wiederholt wird. Die Folge ist, Gekonntes wird wieder vergessen.

Bei jedem Kind bedarf es einer individuellen Feinabstimmung im jeweiligen Lerngebiet, um festzustellen, wie viele Aktivierungen, d. h. Wiederholungsdurchgänge am ersten Lerntag und wie viele Wiederholungstage insgesamt notwendig sind, damit dauerhaft »dicke« Synapsen entstehen zu lassen.

Das Endziel ist aber die Automatisierung, bei der über Spezialisierungsprozesse das Ausmaß der jeweils benötigten Gehirnaktivitäten in drastischer Weise reduziert werden kann und damit die gelernten Prozesse wie z. B. Rechnen sehr schnell und ohne größere Anstrengung ablaufen können.

## 3) Zusammenfassung: Wichtige Bestandteile eines »Neuropädagogischen Modells« des Lernens

In dem nachfolgenden Schaubild (▶ Abb. 4.5) sind noch einmal im Überblick die wesentlichen Stationen erfolgreichen Lernens und ihre Voraussetzungen dargestellt.

Zunächst einmal muss der Lerninhalt fokussiert, d. h. der Scheinwerfer der Aufmerksamkeit muss entsprechend ausgerichtet werden (1). Die Ausrichtung der Aufmerksamkeit kann erleichtert werden, wenn bereits Vorwissen von dem Lerngegenstand vorhanden oder dieser auch entsprechend vorstrukturiert ist. Zu berücksichtigen ist dabei die Kapazität unseres Arbeitsgedächtnisspeichers, der nicht überlastet werden darf, damit die Informationen nicht »hinausfliegen«.

»Lernportionen« sollten deswegen klein gehalten werden und nur maximal fünf Informationseinheiten, die auf einmal verarbeitet werden müssen, umfassen (3).

Nur mithilfe des Präsenthaltens und Wiederholens im Arbeitsgedächtnis über jeweils wenige Sekunden gelingt es, gleichzeitig feuernde Nervenzellen zu aktivieren und zu bahnen (2). Diese Wiederholung benötigt ausreichend Zeit, um eine entsprechende Langzeitpotenzierung, d. h. eine Abspeicherung im Langzeitgedächtnis, zu ermöglichen. Automatisierungen ermöglichen es, dass im Arbeitsgedächtnis Kapazitäten für Neues »frei« werden.

Je positiver ein Lerngegenstand für uns emotional besetzt ist, umso leichter können wir lernen (4). Erfolge erhöhen weiter die positive emotionale Besetzung des Lerngegenstandes und fördern somit die Lernbereitschaft. Durch häufiges Wiederholen mit wenigen Methoden können immer wieder die gleichen Neuronenpfade befeuert werden, so dass das Gelernte tatsächlich im Langzeitspeicher dauerhaft gefestigt wird. Auch der Lernstoff, der sich schon im Langzeitspeicher befindet, benötigt Wiederholungen, wenn auch nicht mehr so viele wie zu Beginn des Lernprozesses. Damit werden weiterhin die Synapsen durch den Prozess der Langzeitpotenzierung »verdickt« (5) mit dem Endziel der Automatisierung des Gelernten (6).

## Grundlagenwissen 2 – Lernen aus Sicht der aktuellen Gehirnforschung

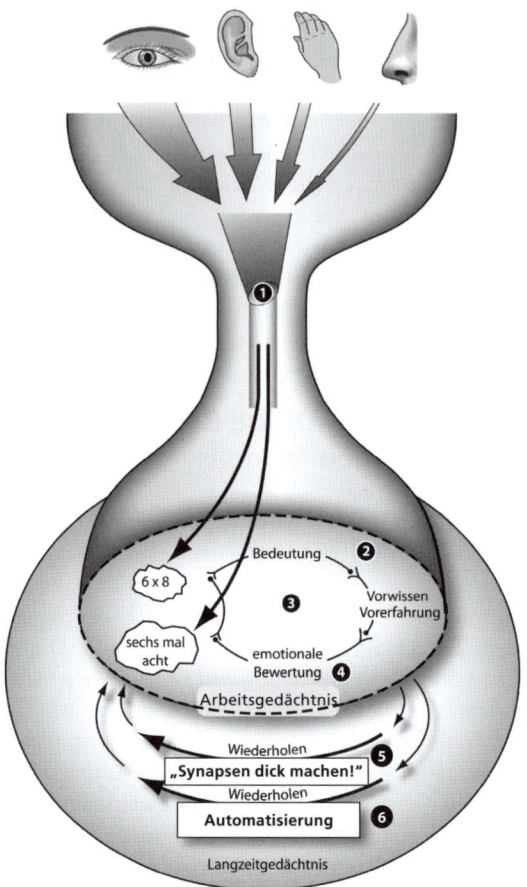

- ❶ **Fokussierung der Aufmerksamkeit**
  Erleichterung der Auswahl durch Vorwissen

- ❷ **Aktivierung gleichzeitig feuernder Nervenzellen**
  (ausreichende Zeitdauer!)

- ❸ **Kapazität des Arbeitsspeichers**
  begrenzt 5 Informationseinheiten
  Kapazitätserweiterung durch Automatisierung

- ❹ **emotionale Einbindung**
  Erfolge erhöhen die Lernbereitschaft

- ❺ **„Verdickung" der Synapsen**
  häufiges Wiederholen
  Methoden: weniger ist mehr

- ❻ **Endziel: Automatisierung**

**Abb. 4.5:** Neuropädagogisches Modell des Lernens

# 10. Exkurs und Nachtrag: Zur aktuellen Entwicklung der Erforschung von Rechenprozessen im Gehirn

In den letzten 15 Jahren wurden mit Hilfe von bildgebenden Verfahren im Bereich der Gehirnforschung verstärkt Erkenntnisse über die neuronalen Grundlagen für mathematische Prozesse im Gehirn gewonnen. Im Folgenden seien beispielhaft einige ausgewählte Studien und ihre für das Verständnis von mathematischen Prozessen bedeutsamen Forschungsergebnisse dargestellt.

## A. Wie verändern sich die Gehirnaktivitäten und Lernprozessen im Laufe der Entwicklung (im Vergleich von Kind und Erwachsenem)?

Welche Hirnbereiche bei Rechenprozessen sind bei Kindern, welche nach dem Durchlaufen der Schule bei Jugendlichen bzw. jungen Erwachsenen aktiv und welche Gemeinsamkeiten und Unterschiede gibt es?

Eine Metaanalyse von Kaufmann und Kollegen (2011) zeigt, dass zwar bei Kindern und Erwachsenen dieselben Hirnareale beteiligt sind, jedoch der Grad der Aktivierung unterschiedlich stark ist (siehe auch Houdé, Rossi, Lubin und Joliot 2010).

Bei Kindern sind frontale Areale, die mit domänenübergreifenden Prozessen assoziiert werden, noch deutlich stärker aktiviert, während die zahlspezifischen, mit der Größenverarbeitung assoziierten parietalen Areale noch eine vergleichsweise geringere Aktivierung zeigen. Diese Verschiebung erklären Kaufmann u. a. (2011) mit einer zunehmenden Automatisierung und Spezialisierung der Zahlverarbeitung im Laufe der Entwicklung. So sind Kinder im Umgang mit Zahlen und beim Rechnen zunächst noch ungeübt und demzufolge stärker auf unterstützende Prozesse angewiesen (z. B. Arbeitsgedächtnis oder exekutive Kontrolle). Bei kompetenten (erwachsenen) Rechnern sind die Zahlenverarbeitung bzw. das Rechnen hingegen bereits so weit automatisiert und mit Aktivität in parietalen Arealen assoziiert, dass frontale Areale bei Aufgaben mit vergleichbarer Schwierigkeit deutlich weniger stark als Unterstützung hinzugezogen werden müssen (vgl. Roesch u. a. 2016, S. 3).

Konkret für den Bereich der Multiplikation und Division konnte z. B. mit Hilfe von Gehirnscans die überragende Bedeutung der Automatisierung bei geübten Rechnern im Vergleich zu ungeübten Rechnern nachgewiesen werden: In der Studie von Ischebeck u. a. (2009) konnte anschaulich gezeigt werden, wie sich das Training bzw. die Wiederholung von Rechenaufgaben auf die Gehirnaktivitäten auswirkt. Mit Hilfe von bildgebenden Verfahren konnten die Unterschiede in den Gehirnaktivitäten zwischen »trainierten« und »untrainierten« Personen beim Lösen von einfachen Multiplikations- und Divisionsaufgaben aufgezeigt werden.

Die beiden farbigen Säulen in der Darstellung bilden diese Unterschiede ab: Säule 1 (rot bis weiß) spiegelt die zusätzlichen Gehirnaktivitäten bei untrainierten Personen wider, wobei die Farbe Weiß für ein sehr hohes Ausmaß an Aktivität steht. Säule 2 (blau bis hellgrün) steht für die zusätzlichen Gehirnaktivitäten bei trainierten Personen. Die untrainierten Probanden (Säule 1) weisen über beide Gehirnhälften deutlich mehr Hirnaktivität an unterschiedlichen Orten mit deutlich größerem Ausmaß auf (bis hin zu weiß) im Vergleich zu den trainierten Personen (blau). Bei letzteren zeigt sich die Hirnaktivität deutlich begrenzter in wesentlich weniger Gehirnorten und zusätzlich auch noch in geringerem Ausmaße.

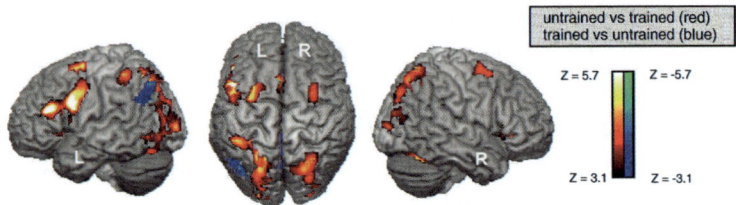

**Abb. 4.6:** Ischebeck A., Zamarian L., Schocke M., Delazer M.: Flexible transfer of knowledge in mental arithmetic – An fMRI study. NeuroImage 2009, S. 1103–1112

Die blaue Stelle in der linken hinteren Gehirnhälfte ist dem Gyrus angularis zuzurechnen. Dieser Bereich gehört zu den höheren Assoziationsarealen der Großhirnrinde und ist an Funktionen wie Schreiben, Lesen und Rechnen entscheidend beteiligt. Landerl u. a. weisen zusätzlich daraufhin und bestätigen damit die Forschungsergebnisse von Ischebeck u. a., dass die »Repräsentation von überlerntem und automatisiertem Faktenwissen … im linken Gyrus angularis anzusiedeln« ist. (Landerl u. a. 2022, S. 45)

Diese Ergebnisse verweisen somit darauf, dass bei »trainierten« Personen mit automatisiertem »arithmetischen Faktenwissen« erkennbar geringere Anforderungen an die Arbeitsgedächtnisleistungen gestellt werden (»blaues Gehirn«). Das »arithmetische Faktenwissen muss konsequent eingeübt werden, weil nur durch schnellen und automatisierten Abruf von Faktenwissen wertvolle Arbeitsgedächtnisressourcen frei werden, die für die Lösung komplexer arithmetischer Aufgaben dringend benötigt werden.« (Landerl u. a. 2022, S. 217f.).

»Untrainierte« weisen dagegen eine deutlich größere Auslastung ihrer Gehirnaktivitäten auf, so dass nur noch eine geringe Kapazität für das Erlernen weitergehender komplexer Rechenstrategien verfügbar ist, die zum Beispiel beim Lösen mehrstelliger schriftlicher Rechenaufgaben (z. B. schriftlichen Multiplikations- oder Divisionsaufgaben mit drei- oder mehrstelligen Zahlen) nötig sind.

## B. Ergebnisse zu mathematischen Prozessen auf neuronaler Ebene

Zusammenfassend kann man feststellen, dass besonders in den letzten Jahren neue Ergebnisse der Gehirnforschung auf neuronaler Ebene gewonnen wurden. So untersuchte z. B. 2018 eine Forschergruppe aus Bonn und Tübingen aus dem Bereich der Neurobiologie und der Medizin mit Hilfe bildgebender Verfahren die Aktivitäten und die Beteiligung von Neuronen auf neuronaler Ebene bei einfachen Additions- und Subtraktionsaufgaben im Zehnerraum. Dabei wurden diese einfachen Aufgaben entweder durch eine Anzahl von Punkten oder durch Ziffern vorgegeben. Sie kamen dabei zu folgenden Ergebnissen:

a) Wurden die Additions- und Subtraktionsaufgaben durch Punktanzahlen vorgegeben bzw. »veranschaulicht«, wurden deutlich mehr Neuronen aktiviert als beim Rechnen mit Ziffern.
b) Abhängig von der Darbietung der Aufgabenstellung symbolisch durch Ziffern oder »nonsymbolic« durch Punktmengen veranschaulicht, wurden im Gehirn unterschiedliche, voneinander getrennte Verarbeitungswege ausgelöst, die nie gleichzeitig auftraten:
»We found that distinct groups of neurons represented either nonsymbolic or symbolic number, but not both number formats simultaneously.« (Kutter u. a. 2018, S. 753). (»Wir stellten fest, dass unterschiedliche Neuronengruppen entweder nichtsymbolische oder symbolische Zahlen darstellten, jedoch nicht beide Zahlenformate gleichzeitig.«, Übersetzung A. B.)
Auf diesen Sachverhalt der Aktivierung zweier unterschiedlicher Netzwerke beim Rechnen mit Hilfe von Veranschaulichung und mit Ziffern wurde auch schon in einer Studie von Kaufmann u. a. (2011, S. 774) und in einer Metaanalyse von Lyons und Ansari (2015) zu relevanten Gehirnforschungsstudien hingewiesen.

Was bedeutet dies für den mathematischen Lernprozess? Vereinfacht ausgedrückt: Da beim Rechnen mit Veranschaulichungsmaterial und beim Rechnen mit Ziffern unterschiedliche neuronale Netzwerke aktiviert werden, baut die notwendige Automatisierung Aufgabe – Ergebnis auf Ziffernebene nicht auf vorausgegangene Formen der Veranschaulichung auf. Zudem deuten diese Forschungsergebnisse an, dass die angestrebte Automatisierung einer einfachsten und »kürzesten Verdrahtung« (vgl. S. 99 und 108) beim arithmetischen Faktenwissen mit Hilfe von Anschauungsmaterial nicht zu erreichen ist.
Ein gleichzeitiges Anbieten beider Rechenwege belastet und erschwert durch die Aktivierung zweier unterschiedlicher und vollkommen getrennter neuronaler Netzwerke zusätzlich den Lernprozess beim Abspeichern von arithmetischen Prozeduren bei komplexeren Rechenoperationen (z. B. Zehnerübergang im Hunderterraum).

## C. Wirkt sich eine Förderung von Kindern mit Rechenstörung auch auf neuronaler Ebene aus?

Hier sei ein ausgewähltes Beispiel angeführt, dass zeigt, dass zwischen Kindern mit und ohne Rechenstörung anfangs Unterschiede in den neurofunktionalen Aktivierungsmustern festgestellt werden konnten. Sind Förderprogramme effektiv, so zeigen Kinder mit einer Rechenstörung nicht nur Verbesserungen auf der Leistungsebene, sondern auch Veränderungen auf neuronaler Ebene.

Eine Forschergruppe um Karin Kucian und Michael von Aster (Kucian et al. 2011) entwickelte zu dem speziellen Gebiet der räumlichen Zahlvorstellung ein Trainingsprogramm für Kinder mit einer Rechenstörung.

Vor dem Training ließen sich für beide teilnehmenden Gruppen von Kindern (d. h. eine Gruppe mit Rechenstörung und eine Kontrollgruppe ohne Rechenstörung) auch auf neuronaler Ebene Unterschiede im Vergleich zu den Aktivierungsmustern feststellen. Nach einer Trainingsphase über fünf Wochen und täglichem 15-minütigem Üben zeigten beide Gruppen Verbesserungen.

In den Gehirnaktivitäten zeigte sich, dass die Unterschiede, die noch vor dem Training zwischen den beiden Gruppen bestanden hatten, nach dem Training zumindest teilweise reduziert waren. Die rechenschwachen Kinder, aber auch jene ohne Rechenstörung wiesen nach Trainingsende schwächere Aktivierungen in den frontalen und zahlspezifischen parietalen Hirnarealen auf. Dies spricht nach Ansicht der Autoren dafür, dass die zum Rechnen benötigten Prozesse durch das Training stärker automatisiert wurden und deswegen weniger kognitive Ressourcen z. B. in Bereichen des Arbeitsgedächtnisses benötigt wurden (vgl. Roesch u. a. 2016, S. 5f.).

# Kapitel 5  Kritische Auseinandersetzung mit praktizierten Förderansätzen

Da die Anzahl der Kinder, die Förderung in Mathematik benötigen, zugenommen hat, ist es wichtig, einige Hauptförderansätze beispielhaft zu analysieren und zu überprüfen, ob sie in effektiver Weise zu einer Verbesserung bei den Kindern beitragen bzw. dabei überhaupt helfen können.

## 1. Förderung in basalen Bereichen

Ein älterer Förderansatz, dessen Grundvorstellungen bei der Förderarbeit immer noch mitschwingt, ist: »Bei einer Rechenschwäche muss zuerst eine basale Förderung erfolgen, um zunächst einmal die Voraussetzung für den eigentlichen Lernprozess zu schaffen«

Dahinter steht die Idee, dass für das mathematische Denken bestimmte Basisfunktionen vorhanden sein müssen, deren Entwicklung sehr frühzeitig beginnt. Würden in einer bestimmten Lebensphase, so die Theorie, beginnend mit der sogenannten sensomotorischen Phase, nicht alle Entwicklungsschritte durchlaufen, könnten sich daraus später Lern- und Leistungsprobleme ableiten lassen. Höhere Leistungen, wie Lesen und Schreiben, aber auch mathematisches Denken, sind nach diesen Vorstellungen *erst möglich*, wenn »grundlegende« Funktionen ausgebildet sind, welche auf elementare Bausteine der kindlichen Entwicklung aufbauen.

Sehr großen Einfluss auf diesen Denkansatz übt das in den 1970er-Jahren entwickelte Konzept von Jean Ayres, welches das in diesem Bereich am weitesten verbreitete Förderkonzept ist bzw. war. Als Grundkonzept entwirft Jean Ayres ein Modell, bei dem grundlegende Funktionen, genauer gesagt deren Funktionsfähigkeit, wechselseitige Verknüpfung und Integration, die Voraussetzung für die Entwicklung der nachfolgenden »höheren« Funktionen sind. Hieraus wird dann ein Konzept zur Förderung entwickelt – das der »Sensorischen Integration«. Ihm zufolge gilt es, zunächst sukzessive jeweils Vorläuferfunktionen zu trainieren, um letztlich die Basis zum Erwerb der höheren Fertigkeiten zu legen, so auch der Rechenfertigkeit.

In Bayern stützten sich zum Beispiel in dem von der Akademie für Lehrerfortbildung und Personalführung herausgegebenen Buch »Rechenstörungen. Unterrichtspraktische Förderung« die Autoren in grundlegender Weise auf das Konzept der Sensorischen Integration von Jean Ayres (2006, S. 5). Es wird davon ausgegangen, dass bei rechenschwachen Kindern zu Beginn der Schulzeit häufig Defizite im

Bereich der Wahrnehmung, der Bewegung und der Sprache bestünden. Grunderfahrungen im Bereich der Bewegung und Wahrnehmung würden mathematisches Denken aufbauen (vgl. ebd., S. 8). Motorische Leistungen und Wahrnehmungsleistungen wie »taktile Körperwahrnehmung«, »Gleichgewichtswahrnehmungen«, »Körperbewusstsein« und »Körperschema«, »Lateralität« sowie »Orientierung des Körpers im Raum« werden somit als unabdingbare Grundvoraussetzungen für den Prozess des Rechnenlernens und somit auch als Ansatzpunkte für die Förderung im Sinne einer Ganzheitlichkeit angesehen (vgl. ebd., S. 8f.)

Auch in der Einzelbehandlung durch Ergotherapeuten und Heilpädagogen wird dieses Konzept teilweise noch benutzt.

Empirische Studien haben jedoch bis heute keinerlei Belege für die Effektivität der sensorischen Integrationstherapie bei Kindern mit Lernschwächen gefunden. Dies wird auch durch die Einschätzung amerikanischer Schulpsychologen bestätigt. Deren nationale Vereinigung (National Association of School Psychologists, NASP) kam bereits 2002 zu folgender Schlussfolgerung:

»There is one small problem. The problem is that it does not work. There is no evidence that SI-Therapy is or has ever been an effective treatment for children with learning disabilities, autism, or any other developmental disability.« (NASP Communiqué: »Sensory Integration Therapies: Promise, Possibility, and the Art of Placebo«, October 2002)

*(»Es gibt ein kleines Problem. Das Problem besteht darin, dass sie [die sensorische Integrationstherapie] nicht funktioniert. Es gibt keinen wissenschaftlichen Beleg, dass die sensorische Integrationstherapie eine effektive Behandlung für Kinder mit Lernschwierigkeiten, Autismus oder anderen Entwicklungsproblemen ist oder jemals war.« [Übersetzung A. B.])*

Diese kritische Einschätzung kann letztlich auf alle Fördermaßnahmen im sog. basalen Bereich wie z. B. Übungen zur taktil-kinästhetischen und visuellen Wahrnehmung, zur Koordination, zu Körperschema und Lateralität oder zur Fein- und Grobmotorik ausgeweitet werden. So wird in einer großen deutschen Metaanalyse zu Lernförderstudien festgestellt, dass »Konzepte der Motoriktherapie oder des Wahrnehmungstrainings (sensorische Integration) [zur] Förderung der Psychomotorik oder der Wahrnehmung […] im günstigsten Fall relativ geringe Verbesserungen bewirken, im ungünstigen [jedoch] schaden« (Grünke 2006, S. 251).

Aufgrund des empirischen Forschungsstandes setzt sich auch in der mathematikdidaktischen Literatur die Erkenntnis durch, dass **basale Trainings** im taktil-kinästhetischen Bereich, in der auditiven und visuellen Wahrnehmung und im Bereich der sog. »Intermodalität«, die die defizitären Fähigkeiten der Kinder und damit auch implizit ihre Schulleistungen im mathematischen Bereich optimieren sollen, keine Verbesserung erbringen und deswegen auch nicht zu empfehlen sind. Diese »allgemeinen Förderprogramme zur modalen, intermodalen und serialen Wahrnehmung«, so der Mathematikprofessor Jens Holger Lorenz, stellen sich als »**wenig effizient**« und somit als »**Irrtum**« (2005, S. 171) heraus. Auch die Pädagogischen Psychologen Krajewski und Schneider fordern den Verzicht auf Förderansätze, die unspezifische Fähigkeiten trainieren: »Wer mathematische Einsichten fördern will, wird dies kaum über Bewegungsübungen erreichen.« (Krajewski und Schneider 2007, S. 112; vgl. auch S. 103)

> Bei der Förderung rechenschwacher Kinder sollten sich Lehrer, Therapeuten und Eltern stattdessen an folgenden Grundsatz halten:
> **Man trainiert das, was man trainiert. Je direkter man das trainiert, was man verbessern möchte, umso effektiver ist der Übungsvorgang. Wenn ich das Rechnen verbessern will, muss ich ganz konkret die jeweiligen einzelnen Rechenprozesse trainieren.**

## 2. Förderung durch den vermehrten Einsatz von Veranschaulichungsmittel

Ein zweiter häufig praktizierter Förderansatz besteht darin, rechenschwache Schüler verstärkt auf Veranschaulichungen zu verweisen. Mit der Vorstellung, dass Kinder mit einer Rechenschwäche noch mehr Veranschaulichungen benötigten, wird die Vorstellung verknüpft, dass sie auf diese Weise grundlegende Rechenoperationen besser verstehen und gleichzeitig lernen würden.

Grundlage für die Empfehlung eines verstärkten Einsatzes von Anschauungsmaterial ist auch, dass in der vorherrschenden Mathematikdidaktik dem »Verstehen«, wie unten noch aufgezeigt wird, eine überragende Bedeutung zugemessen wird. Dabei wird das Verstehen in sehr spezieller und sehr einseitiger Weise mit flexiblen Operationsvorstellungen verknüpft. Letzteres bedingt, dass es für das Verstehen unerlässlich ist, dass das Kind auf der enaktiven und ikonischen Ebene, d.h. auf der Handlungsebene, mit Anschauungsmaterialien und auf der Ebene der grafischen Darstellung einen Rechenvorgang von einem Material in ein anderes, von einer grafischen Darstellungsform in eine andere und auch zwischen Material und grafischer Darstellungsform übersetzen kann.

> Empfehlung einer Grundschullehrerin, die beispielhaft zeigt, dass Lehrer bei Schwierigkeiten ihrer Schüler im Rechnen diesen in bester Absicht gerne (weitere) Veranschaulichungsmittel anbieten:
> »Da die Grundrechenarbeiten im 100er-Raum noch nicht ganz gesichert sind, hat Lea Schwierigkeiten – besonders in schriftlichen Phasen – mit größeren Zahlen zu rechnen. Sie sollte deshalb an der Hundertertafel rechnen und ganz konkret mit Plättchen und Streifen, damit sie einen besseren Überblick bekommt.«
> (Auszug aus dem Jahreszeugnis der zweiten Klasse)

Den rechenschwachen Kindern werden dann Rechenstäbe, Steckwürfel, Punktebilder, Steckbrettern, Würfelbilder, Punktefelder, Perlenkette, Wendeplättchen, Rechenschiffchen, Spectra-Stäbe, Cuisenaire-Stäbe, System-Blöcke, Zahlenbänder, Meterstäbe usw. angeboten (vgl. z. B. Ganser u. a. 2010, S. 17–54, Akademie für Lehrerfortbildung 2007, S. 191-272; Akademie für Lehrerfortbildung und Personalführung 2006, S. 215–309).

> **Exkurs**
>
> Im Hinterkopf von Pädagogen finden sich oft die »Montessori-Ideologie« oder andere reformpädagogische Ansätze, die aber möglicherweise in ihrer Einseitigkeit kritisch zu hinterfragen sind. So lautet das Grundmotto bei Maria Montessori: »Hilf mir, es selbst zu tun.« Das Kind soll sich in seiner »Weisheit« und aus »Eigenmotivation« das Arbeitsmaterial aussuchen, das es zu diesem Zeitpunkt benötigt, und übt dann von sich aus in vielen Wiederholungsdurchgängen, damit es die anstehenden Lernschritte in Mathematik bewältigen kann. Im Rahmen eines von Montessori beeinflussten Unterrichts werden hierzu ihre vielfältigen Materialien angeboten.
>
> *»Die vermeintlich kindgerechte Ausgestaltung des Klassenzimmers mit vielen Materialien lässt in einigen Fällen den Raum einer Ausstellungsetage eines Schulmittelverlages gleichen. Das Argument, den Kindern einer Klasse möglichst viele Veranschaulichungsmittel anzubieten, aus denen sie das für sie Entsprechende oder Ansprechendste auswählen könnten, übersieht aber ein wesentliches Moment.*
> *Zum einen stellt die eigenständige Auswahl eines Veranschaulichungsmittels eine kognitive Überforderung dar: Es wird das Ziel mit den Voraussetzungen verwechselt. Erst wenn das Kind viele Materialien in ihrer Handhabung kennen würde, wäre eine Entscheidung für oder gegen eines möglich. In Unkenntnis ihrer Vor- und Nachteile bleibt ihm lediglich die Sympathie für Farbe und Form als Entscheidungsinstanz.«* (Lorenz 2003a, S. 35)
>
> Der Professor für Mathematik und ihre Didaktik Jens Holger Lorenz, inzwischen emeritiert, sieht sowohl eine Vielfalt an Anschauungsmaterialien wie auch besonders die propagierte Auswahl derselben durch das Kind äußerst kritisch. Letztlich kann nur eine fundiert ausgebildete Lehrkraft entscheiden, zu welchem Zeitpunkt welches Anschauungsmaterial für das jeweilige Kind hilfreich sein könnte.
> Warum das vielfältige Material von Montessori bei vielen Erwachsenen immer noch attraktiv ist, obwohl deren Effektivität bei mathematischen Lernprozessen kritisch zu sehen ist, mag vielleicht folgende kleine Anekdote erhellen:
> Nach einer zweitägigen Fortbildung kommt ein alter Montessori-Lehrer auf uns zu und sagte: »Ich verstehe jetzt, warum am Tag der offenen Tür die Erwachsenen vom Montessori-Material begeistert sind. Der Grund liegt anscheinend darin, dass sie schon über die erlernten Automatismen verfügen und sie dann im Material wiedererkennen. Ich verstehe jetzt aber auch, warum ich über die vielfältigen Materialien die jeweiligen Automatismen bei vielen Schülern nicht oder nur in erschwerter Weise aufbauen kann.«

## 2. Förderung durch den vermehrten Einsatz von Veranschaulichungsmittel

Bereits vor Jahren wurden grundsätzlich Zweifel in Bezug auf die Vorstellung, bei rechenschwachen Kindern würden der verstärkte Einsatz von Anschauungsmaterial helfen, geäußert und hervorgehoben, dass vielgestaltige Veranschaulichungen nur einen langen und wenig erfolgreichen Umweg zur Rechenfertigkeit unserer Kinder darstellen. Lorenz setzte sich beispielsweise mit der Effektivität und der Vielgestaltigkeit von Anschauungsmaterialien sehr kritisch auseinander.

»In Untersuchungen zeigt sich immer wieder, dass die leistungsstarken Kinder die Veranschaulichungsmittel nicht mehr benötigen und die Übersetzung ihrer Lösungswege an diese Materialien eher als lästig und als zusätzliche Aufgabe ansehen, und dass leistungsschwache Schüler vom Umgang mit den Materialien auch nach häufigem Gebrauch nicht profitieren.« (Lorenz 2003a, S. 94)

»Zum anderen ist aber die gleichzeitige Verwendung mehrerer Materialien insbesondere bei leistungsschwächeren Schülern problematisch. Die Handlungen, die für eine Rechenoperation an einem Veranschaulichungsmittel durchgeführt werden, fallen bei dem nächsten anders aus. Man vergleiche die Handlung für 28 + 30 am Rechenrahmen, am Zahlenstrahl, an der Hundertertafel und den Mehr-System-Blöcken. Die Handlungen sind nicht übertragbar, sie sind grundverschieden. Überspitzt formuliert lässt sich sagen, dass ein Veranschaulichungsmittel eine Sprache darstellt ... In diesem Sinne muss jedes Veranschaulichungsmittel neu gelernt werden. Handlungen von einem auf andere Materialien zu übertragen, beinhaltet Übersetzungsprozesse, die bekanntlich äußerst schwierig sind. ... leistungsschwächere Schüler entwickeln Lernprobleme, wenn sie von einem auf ein anderes Veranschaulichungsmittel umlernen müssen.« (Lorenz 2003a, S. 35f.)

Lorenz verweist darauf, dass sich der verstärkte Einsatz von Anschauungsmaterial bei der Förderung von rechenschwachen Kindern nachweislich als wenig effektiv erwiesen hat. Er macht zudem deutlich, dass verschiedene Veranschaulichungsmittel für die betroffenen Kinder den Charakter unterschiedlicher »Sprachen« haben, die jeweils einzeln zu erlernen sind. Arbeiten Lehrer oder Eltern mit diesem methodischen Ansatz, muss das rechenschwache Kind entweder »äußerst schwierige Übersetzungsprozesse« durchführen oder aber es bleibt mit einem »Sprachenwirrwarr« verunsichert zurück.

Auch aus lernpsychologischer und neurowissenschaftlicher Sicht ist dieser Aspekt sehr kritisch zu sehen. Der Arbeitsspeicher der betroffenen Kinder wird durch ein solches methodisches Vorgehen überfrachtet und ein effektives Erlernen und Automatisieren von numerischem Faktenwissen und arithmetischen Prozeduren zumindest erschwert, häufig sogar verhindert.

Eine noch weitaus größere Gefahr bei den Veranschaulichungsmaterialien besteht jedoch darin, dass durch sie sehr oft das Hauptsymptom einer Rechenschwäche oder -störung, das »zählende Rechnen«, nicht verbessert, sondern vielmehr stabilisiert und verstärkt wird. Lorenz bestätigt in diesem Zusammenhang unsere Erfahrung, dass »die Veranschaulichungsmittel gerade von rechenschwachen Kindern nicht für konstruktive Prozesse verwendet werden, sondern als reine Zählhilfe« (Lorenz 2003a, S. 34). Durch das «Hängenbleiben" an diesen »Hilfen« – nicht zuletzt deswegen, weil von Lehrerseite diese auch immer wieder angeboten werden – wird die Hauptfehlstrategie des zählenden Rechnens geradezu zementiert und eine Automatisierung des arithmetischen Faktenwissens so verhindert.

Aktuell sprechen sich z. B. Landerl u. a. (2022) gegen eine Vielgestaltigkeit bei den Anschauungshilfen aus, weil »besonders rechenschwache Kinder, die ohnehin keine oder sehr unzuverlässige mentale Repräsentationen von Zahlengrößen (Numerositäten) und vom Zahlenraum haben, durch ein zu reichhaltiges Angebot an Anschauungshilfen eher verwirrt werden« (Landerl u. a. 2022, S. 194). Unter »pragmatischen Aspekten« empfehlen sie besonders für den Einführungsunterricht die »Verwendung einheitlicher Materialien«. »Weiterhin sollte nicht zu schnell von einem zum anderen Material gewechselt werden.« (ebd.)

Sie stellen in Bezug auf den aktuellen Diskussionsstand fest, dass »Unstimmigkeit herrscht …, wie lange sie verwendet werden sollen. Das zu lange Verwenden von Anschauungshilfen birgt die Gefahr, dass der Übergang von konkreten zu abstrakten Zahlenrepräsentationen verzögert werden kann« (Landerl u.a. 2022, S. 189). Gestützt werden kann diese Ansicht auch durch aktuelle Forschungsergebnisse der Gehirnforschung. Rechenoperationen mit Material und mit Ziffern werden im Gehirn nach aktuellen Forschungsergebnissen der Gehirnforschung in unterschiedlichen neuronalen Netzwerken verarbeitet, die zudem nie gleichzeitig und simultan stattfinden (s. S. 85; vgl. z. B. Kutter u. a., 2018 und 2024).

Jede Wiederholung verstärkt durch die damit verbundene neuronale Aktivierung den benutzen Rechenweg auf neuronaler Ebene. Damit die notwendige Phase des abstrakten Rechnens überhaupt entwickelt werden kann, muss ich dem Kind das Anschauungsmaterial wegnehmen. In diesem Sinne postuliert Lorenz (2005), dass »die Konstruktion im Kopf, diese notwendige Phase bei der Entwicklung der Zahl- und Zahloperationsbeziehungen, **durch rechtzeitige Entfernung** von Veranschaulichungsmaterial angeregt werden kann.« (2005, S. 168, vgl. auch Landerl u.a. 2022, S. 189)

> »Wenn ein Kind eine Rechenschwäche hat, braucht es noch mehr Veranschaulichungen!« Auch diese Idee, die heute noch in vielen Klassenzimmern praktiziert wird und in der Förderung ihren Niederschlag findet, sollte besser in den Bereich der Mythen verbannt als zur Tatsache erhoben werden.
>
> Auch Veranschaulichungswege müssen gelernt werden und sind im Automatisierungsprozess der Grundrechenfertigkeiten nur *dosiert* einzusetzen.
>
> Je größer die Anzahl meiner Veranschaulichungsmittel ist, umso geringer wird die Anzahl der Wiederholungen meiner Rechenoperation über diesen Weg ausfallen. Zurück bleibt oberflächliches, bruchstückhaftes Wissen, das letztlich zu Desorientierung und Chaos im Gehirn des Kindes führt.
>
> **Entscheidend ist aber, dass nicht zu erwarten ist, dass über unterschiedliche Veranschaulichungsmittel die Grundrechenfertigkeiten automatisiert werden. Es besteht im Gegenteil die sehr große Gefahr, dass sie häufig als Zählhilfe missbraucht werden und damit das Hauptsymptom einer Rechen-**

> schwäche bzw. -störung, das »zählende Rechnen«, noch weiter verstärkt wird.

# 3. Förderung durch zusätzliches schriftliches Üben

Eine weitere häufig eingesetzte Fördermaßnahme, die aus unserer Sicht im Hinblick auf die Unterstützung rechenschwacher Kinder meist nicht hilfreich ist, besteht in der Überbetonung *schriftlicher* Übungen.

Das Kind hat eine Schwäche im Rechnen. Die Grundvorstellung kann dann sein: Es muss halt mehr üben. Um die Schwäche zu verbessern, bekommt es von der Lehrkraft, die das Kind unterstützen will, noch eine weitere Seite mit Rechenaufgaben zum Üben kopiert oder die Eltern geben ihrem Kind Zusatzaufgaben aus dem Mathematikbuch oder dem Übungsheft auf.

Meist geben die Erwachsenen sich damit zufrieden und glauben an einen Lernerfolg, wenn die Ergebnisse überwiegend richtig sind. Dies ist jedoch ein bedenklicher Irrtum. Beobachtet man das Kind mit Rechenschwäche genauer, so stellt man oft fest, dass der angestrebte Lernerfolg mit diesem Üben nicht erreicht wird. Vielmehr werden Fehlstrategien und individuell unterschiedliche Fehlermuster weiter stabilisiert, bis sie schließlich relativ »korrekturresistent« geworden sind.

Beziehen sich die Aufgaben auf die *Ebene des numerischen Faktenwissens*, d. h. auf das Einspluseins bzw. das Einmaleins, so bleibt das rechenschwache Kind auf seine Fehlstrategien angewiesen, wenn es dieses Faktenwissen noch nicht auf die richtige Art und Weise (siehe unten) automatisiert hat. Es wird bei Addition und Subtraktion z. B. mit den Fingern zählen oder innerlich hoch- oder zurückzählen – denn das Kind hat keine andere Möglichkeit, um zum Ergebnis zu kommen. Bei Einmaleinsaufgaben muss es das Ergebnis auf umständliche Art und Weise errechnen. Dies bedeutet dann letztlich, dass trotz meist richtiger Ergebnisse die Kinder Fehlstrategien weiter einschleifen und verfestigen. Das Kind wird dann z. B. schneller im Inneren hoch- oder zurückzählen. Es fällt ihm aber nicht automatisch ein, was z. B. 9 – 6 ist. Die Automatisierung wird auf diesem Weg nicht erreicht, sondern über die Verfestigung der Fehlstrategien meist sogar zusätzlich verhindert. Diese Fehlstrategien werden den Kindern aber später bei komplexeren Rechenprozeduren sehr ausgeprägte Schwierigkeiten bereiten.

Bearbeitet das Kind Arbeitsblätter mit Aufgabenstellungen auf der *Ebene der arithmetischen Prozeduren*, so kann es vorkommen, dass die Ergebnisse teilweise richtig und teilweise falsch sind. Lehrkraft oder Eltern meinen dann oft, das Kind »könne es ja *eigentlich*«, da es ja immer wieder richtige Ergebnisse zustande gebracht hat. Es müsse sich nur richtig konzentrieren. Schaut man sich jedoch die Rechenoperationen, die das Kind durchführt, genauer an, dann stellt man fest, dass die richtige Abfolge der Rechenschritte nicht automatisiert ist. Das Kind »bastelt« sich seine Rechenschritte jeweils neu zusammen. Kinder »entfalten bei der Konstruktion fehlerhafter Strategien eine ungeahnte Kreativität« (Lorenz 2003a, S. 61). Oft sind diese Rechenschritte auch gekoppelt mit Fehlstrategien auf der Ebene des numerischen Faktenwissens.

> **Beispiel**
>
> Das Kind rechnet:
> **86 − 30 = 45**
>
> (Auf Nachfrage erläutert das Kind folgenden Rechenweg:
> 80 − 30 = 50 → 50 − 6 = Es zählt mit der Zahl 50 beginnend 6 zurück und kommt so zum Ergebnis 45. Dieses Ergebnis setzt es dann in die Aufgabenstellung 86 − 30 ein: 45)

Es gilt, solche Fehlermuster auf der Ebene der arithmetischen Prozeduren über das Verbalisieren der jeweiligen Denkprozesse genau zu erfassen.

Da auf der Ebene der arithmetischen Prozeduren beim Einsatz von Fehlstrategien immer wieder auch falsche Ergebnisse »errechnet« werden, werden diese hier offensichtlicher. Sie können dann vom Kind nicht wie auf der Ebene des numerischen Faktenwissens weiter eingeschliffen werden. Durch den immer wieder erlebten Misserfolg entsteht jedoch auf dieser Ebene eine Verstärkung der Unsicherheit und auch eine Demotivierung des Kindes. Die innere Einstellung wird verfestigt: »Ich kann das einfach nicht.«

Eine zusätzliche Schwierigkeit bereitet dem rechenschwachen Kind die unterschiedliche Darstellung der Aufgaben. Neben den notwendigen Rechenprozessen muss es auch noch die jeweilige Darstellungsform erlernen. Werden die unterschiedlichen Darstellungsformen (z. B. Operatorenmodelle, Rechenräder, Pfeildiagramme, Rechentabellen etc.) vor der Automatisierung auf der jeweiligen Ebene eingesetzt, wird das Kind häufig zusätzlich verunsichert. Ein weiteres Problem stellen die vielgestaltigen Rechenbücher dar. Schwarz stellte schon 2002 zu Recht fest, dass rechenschwache Kinder »durch die Methodenvielfalt der meisten Rechenbücher zusätzlich verwirrt« (S. 20) werden. Die unterschiedlichen Darstellungsformen führen häufig nur zu einem geringen Lernzuwachs in Bezug auf die Automatisierung, da die Kinder beim Rechenvorgang die Kapazität ihres Arbeitsgedächtnisses zusätzlich belasten, wenn sie versuchen, gleichzeitig jede einzelne Darstellungsform mitzulernen. Zum Schluss wird weder die notwendige Automatisierung des numerischen Faktenwissens und der Rechenprozeduren verfestigt noch die jeweilige Darstellungsform sicher und dauerhaft beherrscht.

> Schriftliche Hausaufgaben bzw. Übungen werden überwiegend als einziges Mittel zum Wiederholen im Dienste der Automatisierung der Grundrechenfertigkeiten eingesetzt. Hier ist aber als Fazit zu ziehen, dass schriftliches Üben häufig zu einer Verfestigung der Fehlstrategien bzw. der individuellen Fehlermuster

## 3. Förderung durch zusätzliches schriftliches Üben

und zu einer Verunsicherung und Demotivierung des Kindes führt, wenn noch keine passende Automatisierung erfolgt ist.

Beim schriftlichen Üben besteht normalerweise keine Kontrolle darüber, welche Gehirnprozesse im Kopf des Kindes stattfinden. Damit besteht auch keine Kontrolle darüber, welche Gehirnprozesse das Kind genau durchführt, was es abspeichert und was es damit über die Wiederholung automatisiert. Dies bedeutet, dass es beim schriftlichen Üben immer zu überprüfen gilt: Was übt das Kind tatsächlich? Wie kommt das Kind eigentlich zu seinem (richtigen) Ergebnis?

**Ein solches schriftliches Üben ist also nur sinnvoll, wenn vorher sichergestellt worden ist, dass das Kind im Rechnen die einfachsten Wege im Gehirn benutzt. Nur dann dient das Wiederholen beim Üben der weiteren Verfestigung der passenden Automatisierung der Grundrechenfertigkeiten.**

# Kapitel 6 Unsere Schulwirklichkeit und die Zunahme der Rechenstörung und -schwäche – Der Versuch einer Analyse

Zur Einstimmung in die folgenden Ausführungen mag nachfolgende Einschätzung dienen, welche die Vertreterin einer Elterninitiative Frau Lore Walter schon vor 25 Jahren vorgenommen hat.

»Schulversager werden nicht geboren, sondern ‚gemacht'.!«
»Rechenschwäche ist weder eine Krankheit noch eine Behinderung, unsere Kinder sind auch nicht lernbehindert – wie das uns manchmal eingeredet wird –, sondern oftmals nur lerngehindert.«
(Walter L. in: Akademie für Lehrerfortbildung 2001, S. 138 und S. 140)

Diese Einschätzung stimmt mit dem sich aktuell abzeichnenden und sich verstärkenden Trend überein, eine Rechenstörung bzw. -schwäche nicht mehr dem Kind und seinen defizitären Eigenschaften anzulasten, sondern als Ausdruck eines Lernrückstandes oder von fehlgelaufenen Lernprozessen zu sehen (▶ Kap. 2).

Der in der Schule praktizierte Unterricht, der maßgeblich angeleitet wird durch didaktische Vorgaben, hat in den letzten 10 bis 15 Jahren nicht dazu geführt, dass sich der Leistungsstand deutscher Schüler in Mathematik verbessert hat. Vielmehr ist das Gegenteil eingetreten (▶ Kap. 1).

Für die negative Entwicklung des Leistungsstandes deutscher Schüler gibt es vielfältige Ursachen und Auslösefaktoren. Zwar haben die Zunahme der Flüchtlingskinder und die Schulschließungen während der Coronapandemie die Grundproblematik verstärkt, aber sie reichen, wie wir gesehen haben, für die Erklärung der negativen Entwicklung nicht aus.

Deswegen wollen wir uns wieder schrittweise und in sich immer mehr ausweitenden Bezugskreisen der Problematik nähern und somit unterschiedliche Aspekte und Sachverhalte beleuchten. Dabei analysieren wir Gefahrenstellen für den Lernprozess und suchen nach Verbesserungsmöglichkeiten. Auf dieser Suche soll uns der Erkenntnisstand der Lernpsychologie und der Gehirnforschung unterstützen, und zwar besonders dann, wenn wir die von der Mathematikdidaktik propagierten Konzepte, Vorstellungen und Vorgehensweisen einmal genauer analysieren. Um die jeweilige Grundproblematik deutlicher in den Blick zu bekommen, sind unsere Ausführungen dabei teilweise plakativ vereinfachend und auch provokativ. Uns leitet dabei aber immer der Gedanke an das rechenschwache Kind.

Ausgangspunkt sollen die durch die WHO definierten Bestimmungsmerkmale einer Rechenstörung sein: Defizite im Bereich »Zahlenverständnis« (»numbersense«) und »arithmetisches Faktenwissen« (»memorization of number facts«), die wiederum maßgeblich bei den zwei weiteren Bestimmungsmerkmalen der Beeinträchtigung des richtigen und flüssigen Rechnens mitwirken (s. S. 26). In einem ersten Schritt wollen wir untersuchen, welche Vorstellungen bestehen und auf welche Weise der Schüler das arithmetische Faktenwissen bzw. eine klare Vorstellung vom Aufbau des Zahlenraums erlernt bzw. erlernen soll.

# 1. Vorstellungen im schulischen Bereich zum Erwerb des arithmetischen Faktenwissens

In Kapitel 2 haben wir gesehen, dass Defizite im Bereich des arithmetischen Faktenwissens einen Kern der Problematik bei einer Rechenstörung darstellen. Übereinstimmend wird festgestellt, dass beim Erlernen der Rechenfertigkeiten der Aufbau des arithmetischen Faktenwissens Schülern mit Rechenschwäche nicht gelingt. Damit zeichnet sich hier eine erste Hauptfrage ab: Wie stellt sich die Mathematikdidaktik den Aufbau des numerischen Faktenwissens grundsätzlich vor und welche Lernwege werden dabei propagiert? Dies wollen wir in einer ersten konkreten Analyse untersuchen.

Eine Vorstellung von schulischer Seite bestand und besteht darin, dass, wenn das Kind einen Rechenvorgang wie z. B. das Einmaleins »verstanden« hat, sich das arithmetische Faktenwissen nahezu automatisch von allein entwickelt. Deswegen sind die Lernenden anzuregen, *»Beziehungen zwischen Zahlen und Operationen zu entdecken und zu nützen, Strukturen zu erkennen, Schlüsse zu ziehen, Gesetzmäßigkeiten herauszufinden und Regeln aufzustellen.«* (Schmassmann in Akademie für Lehrerfortbildung und Personalführung 2001, S. 159) *»Das Auswendigkönnen – eigentlich ein Inwendigkönnen – stellt sich bei den meisten Kindern gleichsam automatisch während des oben geschilderten Lernprozesses mit Hilfe des aufkeimenden mathematischen Verständnisses ein.«* (ebd.)

Bei dieser Vorstellung stellt sich aus gehirntechnischer Sicht die Frage, wie dadurch dieses *Wunder* geschehen soll, da immer nur spezifische neuronale Verarbeitungswege benutzt und deshalb nur spezifische neuronale Netzwerke aufgebaut werden.

Landerl, Vogel und Kaufmann beschreiben den »Übergang vom zählenden Rechnen zum Abruf von arithmetischen Fakten« aus didaktischer Sicht aktuell folgendermaßen:

*»Mit entsprechender Übung werden einfache Rechnungen, deren Ergebnis wiederholt ‚errechnet' wurde, als arithmetische Fakten im Langzeitgedächtnis gespeichert. Dies gilt insbesondere für einfache Additionen (z.B. 2 + 3) sowie für das kleine Einmaleins.«* (2022, S. 82)

Sie stellen dann einschränkend fest: *»Wie lange es dauert, bis ein Kind über ein einigermaßen umfangreiches Faktenwissen verfügt, hängt von verschiedenen Faktoren ab.*

*Wesentliche Einflussgrößen sind hier vermutlich ein gutes Verständnis für die durchgeführten arithmetischen Operationen sowie das symbolische Wissen über Zahlenmengen und deren Ordinalität. Des Weiteren tragen verbale Funktionen, Arbeitsgedächtnisfunktionen und exekutive Funktionen sowie Übung wesentlich zum Aufbau des Faktenwissens bei. Wie genau diese Faktoren zusammenspielen, ist bisher wenig untersucht und Gegenstand aktueller Forschungsbemühungen.«* (2022, S. 82)

Aus diesem Zitat geht klar hervor, dass gemäß der gängigen Denkweise der Schüler dafür verantwortlich ist, wenn ein Lernweg nicht zum Erfolg führt. Daraus folgt, dass ein Misserfolg allein dem Schüler selbst zuzuschreiben ist, weshalb man dann allein beim Schüler nach angeblichen »defizitären« Voraussetzungen sucht. Nicht reflektiert wird dabei, ob die Lernmethode so überhaupt grundsätzlich funktionieren kann, es daher vielleicht vielmehr an der Lernmethode selbst liegen könnte.

Das Grundmotto von schulischer Seite lautet also: Der Schüler soll sich den Lernmethoden anpassen. Bei einer kompetenten pädagogischen Vorgehensweise sollte es dagegen genau umgekehrt sein: Die Lernmethoden sind für den Schüler da und müssen sich dem Schüler und besonders der Funktionsweise seines Gehirns anpassen.

Lassen sie uns diese These, dass man durch wiederholtes zählendes Rechnen arithmetisches Faktenwissen aufbauen kann, unter neurowissenschaftlicher Perspektive einmal genauer überprüfen. Was passiert im Arbeitsgedächtnis beim zählenden Rechnen?:

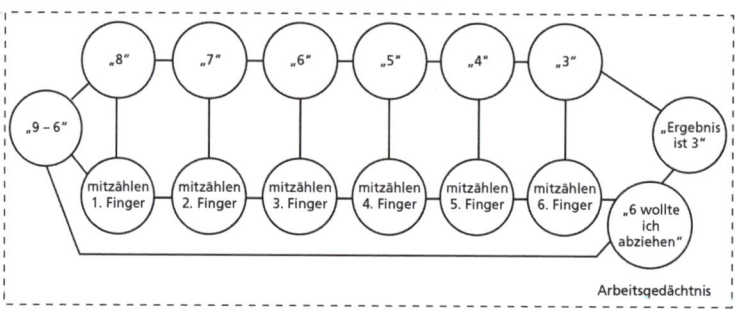

**Abb. 6.1:** Schritte beim zählenden Rechnen im Arbeitsgedächtnis

Wird der obige Rechenweg immer wieder durchgeführt, wird genau dieser zählende Rechenvorgang bei den zugehörigen synaptischen Verbindungen im Gehirn immer »dicker« verdrahtet und der Schüler wird bei diesem speziellen zählenden Rechenvorgang zunehmend schneller.

Hier drängt sich uns sofort die Standardfrage in Bezug auf die Vorgaben der Mathematikdidaktik auf: »Wie soll das Kind auf diese Art und Weise ein arithmetisches Faktenwissen erwerben? Das Schulkind hat doch ein Gehirn.« Das Gehirn macht durch seine Funktionsweise Vorgaben, die man nicht unberücksichtigt lassen kann.

Ziel beim arithmetischen Faktenwissen ist die direkte »dicke« synaptische Verbindung zwischen Aufgabe und Ergebnis. Bei der Aufgabe 9–6 ist blitzschnell und

# 1. Vorstellungen im schulischen Bereich zum Erwerb des arithmetischen Faktenwissens

ohne einen weiteren Denkvorgang das Ergebnis aus dem Langzeitgedächtnis abrufbar und steht dem Arbeitsgedächtnis – ohne dass zusätzliche Verarbeitungskapazitäten belastet werden – sofort zur Verfügung.

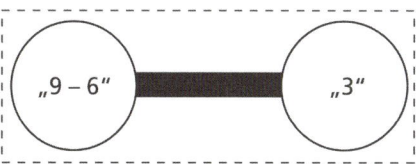

**Abb. 6.2:** „Direkte Verdrahtung" zwischen Aufgabe und Ergebnis beim arithmetischen Faktenwissen

Wie soll nun angesichts der begrenzten Kapazität des Arbeitsspeichers und den vielen zusätzlichen Informationen beim zählenden Rechnen (▶ Abb. 6.1) diese »direkte« Verdrahtung (▶ Abb. 6.2) zwischen Aufgabe und Ergebnis im Gehirn entstehen können. Dies funktioniert vielleicht bei Aufgaben wie z. B. 3 + 2, bei denen wenige Rechen- und Zählschritte, d. h. eine geringe Anzahl von zusätzlichen Informationen zwischen Aufgabe und Ergebnis im Arbeitsgedächtnis aktiviert werden. Erhebliche Schwierigkeiten bestehen jedoch, wenn das Kind beim zählenden Rechnen zu viele Informationen zwischen Aufgabe und Ergebnis benutzen muss Das Gehirn schafft es dann nicht, die »direkte« Verdrahtung herzustellen. Als Eltern und Lehrer machen Sie deswegen auch die Erfahrung, dass Aufgaben, die eine geringere Anzahl von zusätzlichen Informationen beim Ausrechnen erfordern, leichter zum Faktenwissen werden können.

Im Standardwerk »Dyskalkulie« von Landerl, Vogel und Kaufmann (2022) ist auch eine alternative Möglichkeit zu finden, wie das arithmetische Faktenwissen aufgebaut werden kann: »*Insbesondere arithmetisches Faktenwissen muss konsequent eingeübt werden, weil nur durch schnellen und automatisierten Abruf von Faktenwissen wertvolle Arbeitsgedächtnisressourcen frei werden, die für die Lösung komplexer arithmetischer Aufgaben dringend benötigt werden. Drilltraining kann also ... eine effektive Interventionsmethode sein.*« (2022, S. 217f.)

Was verstehen nun Landerl u. a. unter »Drilltraining«?

»*Als Drilltraining bezeichnet man das wiederholte schematische Üben von Aufgaben mit dem Ziel, diese Lerninhalte abzuspeichern ... Aktuelle Lerntheorien stimmen darin überein, dass Drilltraining, wie beispielsweise das Einüben von arithmetischen Fakten, unter bestimmten Umständen effektiv sein kann. Ein effizienter Abruf von gelernten Inhalten aus dem Gedächtnis stellt geringe Anforderungen an die Arbeitsgedächtnisleistungen, wodurch Arbeitsgedächtnisspeicher frei wird für das Verarbeiten von anderen Lösungsschritten (wie z. B. nötig beim Lösen mehrstelliger schriftlicher Rechenaufgaben).*« (2022, S. 186)

Die Begrifflichkeit ist schon aufschlussreich: »Drill« ist etwas, das in der Pädagogik bzw. in der Didaktik eigentlich verpönt ist. Dies mag ein Grund dafür sein, dass das systematische Einüben und Auswendiglernen von arithmetischen Fakten auch nicht praktiziert bzw. sogar von didaktischer Seite abgelehnt wird.

Von der Mathematikdidaktik, die von ihrem Weg absolut überzeugt ist, erfolgen dementsprechend immer wieder folgende Standardäußerungen:

**»Das ist doch nur mechanisches Lernen!«**
**»Das Kind muss Mathematik doch verstehen!«**

Gleichzeitig schafft es die Schule jedoch auf den von der Didaktik vorgegebenen Lernwegen immer weniger, den Schülern Mindeststandards zu vermitteln, wie die empirischen Studien zur Entwicklung des Leistungsstandes in Mathematik zeigen.

Sie werden in den Kapiteln 7 und 13 sehen, wie leicht, einfach und ohne sich sehr anstrengen zu müssen Ihr Kind das Faktenwissen im Rahmen eines solchen »Drilltrainings« schrittweise automatisieren kann. Dabei ist zu berücksichtigen, dass nicht nur die »direkten« Verdrahtungen aufgebaut werden. In einem weiteren Schritt ist es zusätzlich unerlässlich, diese in für das Kind bedeutungsvollen Anwendungen in Form von alltagsnahen Sachaufgaben zu verankern.

> Da die von der Didaktik propagierten Lernwege bei vielen Schülern den Erwerb eines arithmetischen Faktenwissens nicht erleichtern, sondern meist erschweren, teilweise sogar verhindern, muss dies in der Förderung in besonderer Weise beachtet werden. Hilfreich für rechenschwache Kinder könnte hier das von Landerl u. a. (2022) vorgeschlagene »Drilltraining« sein.

## 2. Vorgaben von schulischer Seite zum Erwerb einer klaren Vorstellung vom Aufbau des Zahlenraums

In keinem Mathematikschulbuch fehlt die Hundertertafel. Mit ihrer Hilfe soll der Schüler eine Vorstellung vom Zahlenraum erlernen. In Tests wird geprüft, ob der Schüler die Hundertertafel beherrscht. Inzwischen wurde die Hundertertafel sogar durch das Tausenderfeld ergänzt. Allermeist wird dem Schüler gleichzeitig die Hundertertafel und der Zahlenstrahl angeboten.

Sollte man die Hundertertafel grundsätzlich einsetzen? Selbst bei Professoren der Mathematikdidaktik wie Jens Holger Lorenz bestehen Einwände gegen deren Einsatz, weil sie den Zahlenraum in mathematisch unzutreffender Weise darstelle: *»Die ersten 100 Zahlen sind in der Tafel in zehn Reihen mit jeweils zehn Zahlen geordnet. Dies bedeutet aber, dass damit für eine Zahlenraumvorstellung in Form einer linearen Fortschreitung keine Unterstützung angeboten wird. Im Gegenteil: Die Beziehung zwischen Zahlen in Form von Abständen, das heißt von geometrischen Relationen wird hierbei zerstört. Die Zahl 10 ist von der Zahl 11 viel weiter entfernt als von der Zahl 20 oder auch der 30. Halbierungen und Verdopplungen können kaum geometrisch gedeutet und damit in der Vorstellung vorgenommen werden.«* (Lorenz 2003, S. 31)

## 2. Vorgaben zum Erwerb einer klaren Vorstellung vom Aufbau des Zahlenraums

Die Hundertertafel »*unterstützt den Aufbau des Zahlenraumes in der Vorstellung nicht. Daher kommt es häufig zu Fehlvorstellungen von Grundschülern über die Struktur der Hundertertafel. Sie wissen, dass die Zahlen dort in einer Reihenfolge stehen, es ist aber selbst nach langem Gebrauch keineswegs gesichert, dass sich jeweils zehn Zahlen in einer Reihe befinden, dass die Einer in einer Spalte identisch sind etc.*« (Lorenz 2003, S. 32)

> Einschätzung von Lehrern (2023) nach einer Fortbildung in Südtirol zu Aufgaben zur Hundertertafel in ihrem Mathematikbuch:
> »Die hier gestellten Arbeitsaufträge fördern unserer Meinung nach nicht den Aufbau der Zahlvorstellung im Zahlenraum 100 oder die Herstellung von Zahlbeziehungen im Zahlenraum 100.«

Dennoch werden in Tests Aufgaben zur Hundertertafel gestellt:

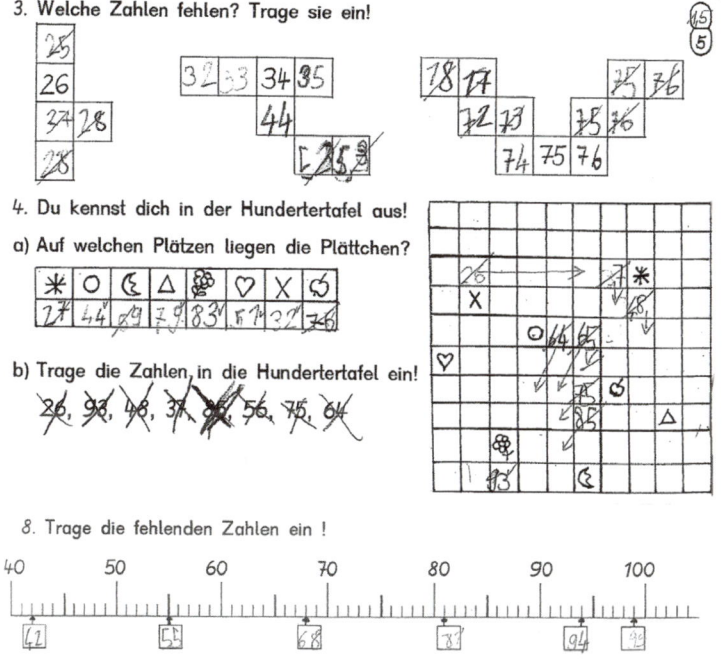

**Abb. 6.3:** Auszüge aus einer Mathematikprobe von Robert: Während er die Aufgaben zum Zahlenstrang fehlerfrei löste, zeigt er bei der Hundertertafel nur Verwirrung.

# Unsere Schulwirklichkeit und die Zunahme der Rechenstörung und -schwäche

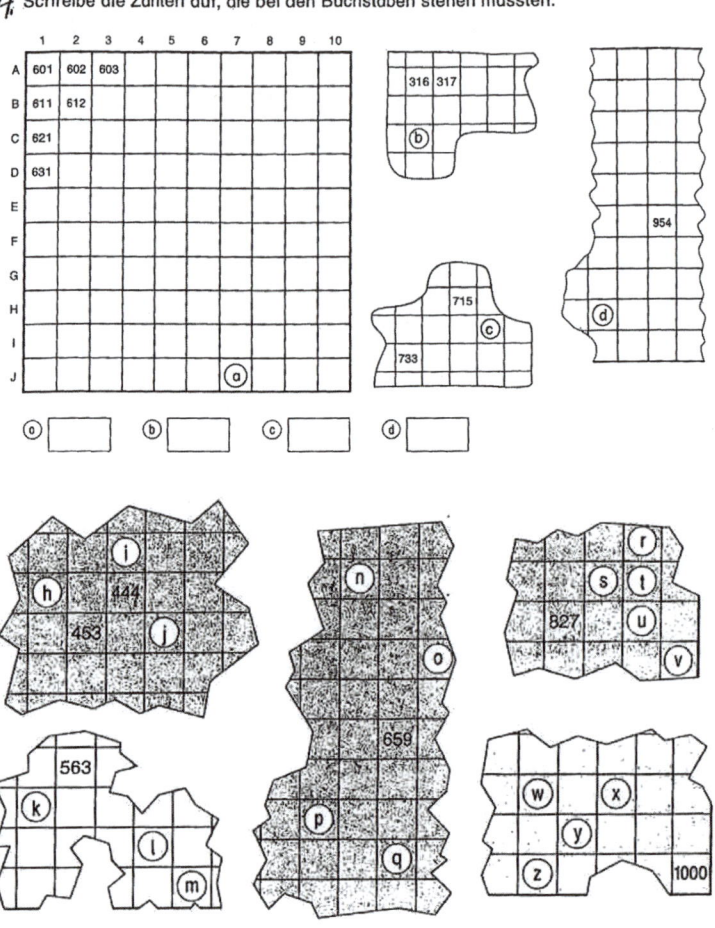

Abb. 6.4: Beispiel zu Aufgaben zur Tausendertafel aus dem Förderschulbereich, die einem pädagogischen Kunstfehler gleichkommen.

Es geht sogar manchmal so weit, dass man Kindern mit Rechenschwäche, um ihnen das Rechnen »leichter« zu machen, zeigt, wie sie Additions- und Subtraktionsaufgaben mithilfe der Hundertertafel lösen können. Wenn sie z. B. minus 23 rechnen sollen, können sie in der Zeile mit der Ausgangszahl 3 nach links gehen und dann in der Spalte 2 nach unten. Wenn sie die arithmetischen Prozeduren noch nicht automatisiert haben, werden sich die Kinder natürlich zunächst freuen, weil sie hier durch zählendes Rechnen zur Lösung kommen können, indem sie »*die einzelnen Felder weiter- oder rückwärtszählen, bis sie auf das Ergebnisfeld tippen*« (Lorenz 2003, S. 34). Der Mathematikprofessor Lorenz warnt aber eindringlich: »*Bei einer solchen Handlung kann eine arithmetische Beziehung als Begriff im Denken nicht entstehen.*« (ebd.)

Wie lässt sich der Aufbau des Zahlenraums auf eine passende Art und Weise erlernen?

## 2. Vorgaben zum Erwerb einer klaren Vorstellung vom Aufbau des Zahlenraums

Kaufmann und von Aster (2012. S. 768) weisen in diesem Kontext auf die Bedeutung des »mentalen Zahlenstrahls« bei der Entwicklung der mathematischen Kompetenzen beim Kind hin:

*»Mit der Sprachentwicklung beginnt dann die Fähigkeit zu sprachlicher Symbolisierung von Anzahlen durch Zahlworte (zum Beispiel [Ab]Zählfertigkeiten, arithmetisches Manipulieren von Mengen/Anzahlen). Eine zweite Form der Symbolisierung von Zahlen erfolgt im Vor- und Grundschulalter mit dem Kennenlernen der arabischen Zahlenschreibweise, die eine eigene und von der deutschen Zahlensprechweise verschiedene Grammatik hat. Das arabische Stellenwertsystem ermöglicht einerseits die sehr ökonomische Symbolisierung von Zahlen und ermöglicht andererseits das rechnerische Operieren mit diesen Zahlen: Parallel zu den Prozessen der sprachlichen und arabischen Symbolisierung und den damit verbundenen operativen Möglichkeiten entwickelt sich schließlich eine zahlenräumliche Vorstellung (mentaler Zahlenstrahl), in der mit Zahlsymbolen operiert werden kann. Der mentale Zahlenstrahl scheint grundlegend zu sein für das rechnerische Denken.«*

Unterstützt wird diese Einschätzung durch aktuelle Forschungsergebnisse der Gehirnforschung. Es gibt hoch spezialisierte Neuronen, wenn mit Ziffern gerechnet wird. Jedes Neuron ist für genau eine einzelne Zahl zuständig (vgl. Kutter u. a. 2018, S. 753). Zum Beispiel gab es Nervenzellen, die auf die Zahl Eins sehr stark reagierten, und solche, die für die Zahl Sieben verantwortlich waren. Zwar feuerten diese Neuronen auch bei anderen Zahlen, aber zunehmend schwächer, je weiter sie von der Ausgangszahl entfernt sind. Besonders dieser »Distanzeffekt« bei der Aktivierung spezifischer einer bestimmten Zahl zugeordneten Neuronen (vgl. Kutter 2024, 2018, Landerl u. a. 2022, S. 28ff.) weist auf eine lineare Anordnung der Zahlen in der Vorstellung hin.

Damit scheint das Erlernen der Struktur des Zahlenstrahls notwendig und auch ausreichend zu sein, um sich eine klare Vorstellung vom Zahlenraum anzueignen.

Beachtet werden muss aber, dass Kinder mit Rechenschwäche auch in diesem Bereich Defizite aufweisen können. Landerl u. a. (2022) belegen, dass die Herausbildung des »linearen Zahlenstrahls« bei Kindern mit Dyskalkulie beeinträchtigt und »zeitlich deutlich verzögert« (S. 152f.) ist. Bei diesen Kindern »scheint ihr mentaler Zahlenstrahl nicht mit dem gleichen Grad an Präzision und Automatisierung aktivierbar zu sein« (S. 153) und man kann sich bei ihnen den mentalen Zahlenstrahl als »unterspezifiziert« (ebd.) vorstellen.

Wird dagegen von schulischer Seite gleichzeitig zum Zahlenstrahl die Hundertertafel angeboten, wird durch die unterschiedlichen und widersprüchlichen Darstellungsformen die ohnehin schon bestehende Schwäche im Bereich des mentalen Zahlenstrahls bei diesen Kindern verstärkt. Aber auch bei Kindern ohne Rechenschwäche erzeugt die Hundertertafel eher Verwirrung und Fehlvorstellungen über den Aufbau des Zahlraumes. Damit stellt aus unserer Sicht der Einsatz der Hundertertafel hier einen pädagogischen Kunstfehler dar.

Wie Sie unten sehen werden, gibt es einfache Lernwege, wie die Kinder auf wenig anstrengende Art und Weise den Umgang mit dem Zahlenstrahl erlernen und eine Vorstellung vom Aufbau des Zahlenraums entwickeln können.

> Unsere provokative Einschätzung: Wenn ich eine klare Vorstellung vom Aufbau des Zahlenraums erschweren bzw. vielleicht sogar verhindern will, biete ich dem Schüler gleichzeitig den Zahlenstrahl und die Hundertertafel bzw. das Tausenderfeld an.
> Der Zahlenstrahl entspricht zum einen der Verarbeitung im menschlichen Gehirn und reicht andererseits vollkommen aus, damit der Schüler sich eine klare Vorstellung vom Aufbau des Zahlenraums aneignen kann.

Nach der Analyse der Gefahrenstellen, die bei Kindern zu ersten Defiziten im Bereich des arithmetischen Faktenwissens und der klaren Vorstellung vom Aufbau des Zahlenraums führen können, wollen wir uns im folgenden Abschnitt den Grundvorstellungen der Mathematikdidaktik und ihren Konsequenzen für den Lernprozess zuwenden.

# 3. Leitvorstellung der Mathematikdidaktik für den Erwerb von mathematischen Kompetenzen und ihre Auswirkungen auf die Lernwege

## a) Das Grundkonzept

Um die aktuelle Ausprägung des theoretischen Konzepts der Mathematikdidaktik besser verstehen zu können, lassen Sie uns zunächst eine der »Wurzeln« etwas genauer anschauen. Jerome Brunner, ein amerikanischer Kognitionspsychologe und eine Koryphäe im Bereich der Theorieentwicklung hat anfänglich Piagets Werk für die USA rezipiert. Piaget geht bei der kognitiven Entwicklung davon aus, dass das Kind eine Abfolge von altersabhängigen Stufen durchläuft. Keine Stufe darf übersprungen werden, weil die jeweils darunterliegenden die notwendigen und unerlässlichen Voraussetzungen der nächsthöheren Stufe darstellen.

Jerome Bruner selbst ist es zunächst wichtig, dass der Mensch drei Arten der Darstellung von Wirklichkeit angemessen zu nutzen lernt, und zwar besonders bei der Lösung von Problemen. Das Übersetzen von Problemen und Problemlösungen in unterschiedliche Darstellungsweisen fördert das gedankliche Durchdringen des Problems. Die drei Darstellungsebenen nennt er Repräsentationsmodi:

- enaktiv: Erfassung von Sachverhalten durch eigene Handlungen
- ikonisch: Erfassung von Sachverhalten durch Bilder
- symbolisch: Erfassung von Sachverhalten durch Symbole (Text, Ziffern, Zeichen etc.)

## 3. Leitvorstellung der Didaktik für den Erwerb von mathematischen Kompetenzen

Die drei Ebenen bauen aufeinander auf. Das enaktiv-praktische Bearbeiten eines Problems und dessen ikonische Darstellung erleichtert die Erarbeitung bzw. das Verstehen einer Lösung auf symbolischer Ebene. Sprachliche Umschreibungen oder mathematische Terme und Formeln sind zwar besonders effektiv, aber auch schwierig zu verstehen.

Weiterhin trat er für ein entdeckendes Lernen des Schülers als wirkungsvollste Lernform ein, weil dadurch beim Schüler Lernmotivation, Lernfreude und Neugier entstehen und so der Wissensaufbau konstruktiv vorangetrieben wird. Auch schlug er vor, den Lernstoff in Mathematik in Form eines Spiralcurriculums anzuordnen.

Diese Komponenten haben sich in der Mathematikdidaktik zu der Vorstellung verfestigt, dass das Verstehen im Mittelpunkt des mathematischen Lernprozesses zu stehen habe. Es wird der Aufbau eines umfassend ausgebildeten Verständnisses für Operationen angestrebt, wobei dieses aber in einer sehr spezifischen Art und Weise gesehen und definiert wird.

Wodurch zeichnet sich nun dieses umfassend ausgebildete Verständnis für Operationen konkret aus? Es werden, mit kleinen unterschiedlichen Variationen, meist vier Hauptmerkmale propagiert, die letztlich den Lernweg festlegen:

a) Das Verfügen über flexible Operationsvorstellungen (Grundvorstellungen). Die Fähigkeit, zwischen verschiedenen Darstellungen einer Rechenoperation wechseln und eine Darstellung in eine andere übersetzen zu können, stellt einen Indikator für flexible Operationsvorstellungen dar.
b) Die Fähigkeit bei einer Rechenoperation innerhalb der drei Darstellungsebenen enaktiv, ikonisch und symbolisch wechseln zu können z. B. von der Ebene der Anschauungsmaterialien zur Ebene der grafischen Darstellung.
c) Das Erkennen und Nutzen von Beziehungen und Strukturen zwischen Aufgaben untereinander (einfache und schwierige Aufgaben) und zwischen den verschiedenen Rechenoperationen. Die Auswirkungen dieses Postulats werden wir beim Aufbau des arithmetischen Faktenwissens im Bereich der Multiplikation noch genauer anschauen.
d) Die drei Ebenen enaktiv, ikonisch und symbolisch bauen aufeinander auf.

Der propagierte Weg der Mathematikdidaktik sieht dann so aus, dass die Schüler zunächst die vielfältigen Möglichkeiten auf der Ebene der Arbeitsmaterialien bzw. der Veranschaulichungsmittel und der grafischen Gestaltungen in Bezug auf arithmetische Prozeduren verstanden haben müssen, bevor auf der symbolischen Ebene die Rechenoperation mit Ziffern durchgeführt werden kann. Letztlich sollen sie dann über den vielfältigen Gebrauch der Veranschaulichungsmittel und der grafischen Darstellungen und über zählendes Rechnen bzw. Errechnen die einfachen Automatismen des Faktenwissens aufbauen.

Gegen die Forderung, dass der Schüler die mathematischen Operationen verstehen soll, ist zunächst einmal nichts einzuwenden. Schwierigkeiten entstehen aber durch die besondere Sichtweise, woran man dieses Verstehen erkennen kann und die dadurch festgelegten Lernwege. Die besondere theoretische Sichtweise legt einen Lernweg bezüglich des Erlernens der Basisfertigkeiten fest, ohne diesen praktisch überprüft zu haben und auch ohne ihn im Hinblick auf Effektivität und Praktikabilität mit anderen Wegen empirisch verglichen zu haben. Letztlich erfolgte eine Effektivitätsüberprüfung nur durch »externe« Studien (z. B. Pisa, IQB, s. o.).

Lassen sie uns beispielhaft die Auswirkungen dieser theoretischen Vorgaben auf die Lernwege beim Erwerb des arithmetischen Faktenwissens anhand des Einmaleins und bei arithmetischen Prozeduren bei der Subtraktion im Tausenderraum analysieren.

## b) Auswirkung auf den Lernweg beim Einmaleins

Plakativ dargestellt, muss der Schüler, wenn er die Rechenoperation Multiplikation richtig verstehen soll, diese zunächst auf der enaktiven und ikonischen Ebene durcharbeiten, um die Darstellung auf der symbolischen Ebene »richtig« verstehen zu können. Der Anspruch nach flexiblen Operationsvorstellungen führt u. a. zu einer vielgestaltigen und »bunten« Ausgestaltung der mathematischen Schulbücher.

Gleichzeitig soll der Schüler die Strukturen zwischen Aufgaben untereinander erkennen. Konkret bedeutet dies, dass er lernt, dass sich eine Malaufgabe aus anderen »einfacheren« Malaufgaben zusammensetzen kann: Das Kind soll deswegen nur »Kernaufgaben« auswendig beherrschen, um dann von diesen ausgehend durch Additions- und Subtraktionsrechnung bzw. durch Verdopplungen weitere Multiplikationsaufgaben »ableiten« und ausrechnen zu können.

Auf diese Weise werden im Bereich der Multiplikation Strategien vermittelt, die, wenn sie dauerhaft von den Schülern eingesetzt werden, zu einer Überlastung ihres Arbeitsgedächtnisses führen.

*Ein Beispiel:* Im aktuellen Mathematikschulbuch des Mildenberger Verlags werden beim Ausrechnen von den Kernaufgaben des 2er- und 5er-Einmaleins ausgehend drei unterschiedliche Rechenstrategien eingesetzt: Verdoppeln, Nachbaraufgaben und Zusammensetzen aus dem 2er- und dem 5er-Einmaleins.

Aufgaben des 4er-Einmaleins werden über das **Verdoppeln** des 2er-Einmaleins und Aufgaben des 8er-Einmaleins über das Verdoppeln des 4er-Einmaleins dargestellt und ausgerechnet. Die folgenden Darstellungen sollen Ihnen einen Eindruck vermitteln, welche komplizierten Denk- und Rechenvorgänge im Arbeitsgedächtnis bei den einzelnen Ableitungs- und Ausrechenstrategien stattfinden:

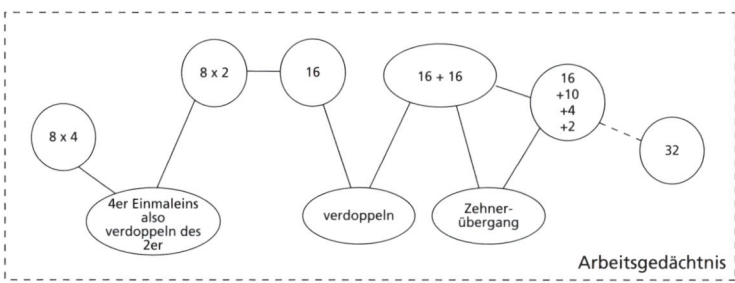

**Abb. 6.5:** Rechenstrategie »Verdoppeln«

Als »**Nachbaraufgabe**« wird das 3er-Einmaleins durch Addition aus dem 2er-Einmaleins und das 6er-Einmaleins aus dem 5er-Einmaleins abgeleitet. Das 9er-Einmaleins wird durch Subtraktion aus dem 10er-Einmaleins errechnet.

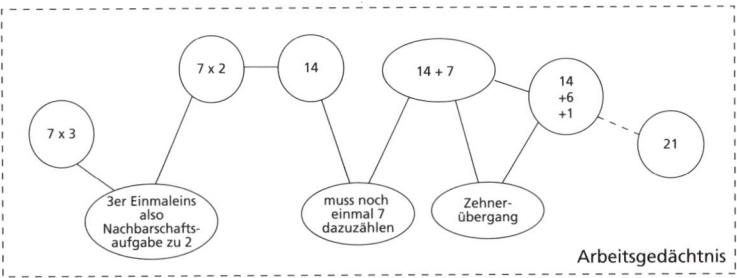

**Abb. 6.6:** Rechenstrategie »Nachbaraufgabe«

Das Ergebnis des 7er-Einmaleinses erhält man durch Zusammensetzen bzw. des Addierens des Ergebnisses des 2er- und 5er-Einmaleinses.

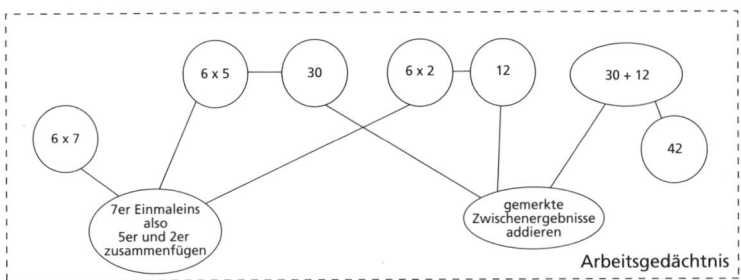

**Abb. 6.7:** Rechenstrategie »Zusammensetzen«

Die Schüler sollen das jeweilige Ergebnis dann so schnell ableiten, dass es wie »auswendig« funktioniert. Aber auch gut eingeschliffenes Ableiten belastet das Arbeitsgedächtnis unnötiger Weise in einem erheblichen Ausmaß. Zusätzlich besteht immer die Gefahr, dass Schüler in diesem ableitenden Ausrechnen »hängen bleiben« und kein arithmetisches Faktenwissen erwerben.

Bei all diesen oben dargestellten »Fehlstrategien« wird ein neuronaler Umweg gebahnt. Sie erinnern sich, dass genau das, was im Gehirn aktiviert wird, auch gebahnt bzw. »verdrahtet« wird (▶ Kap.5). Damit werden Umwege eingeschliffen, die eine direkte Verdrahtung zwischen z. B. der Aufgabe 7 × 3 oder 6 × 7 und ihrem jeweiligen Ergebnis 21 bzw. 42 nicht entstehen lassen. Wenn wir uns vor Augen führen, dass die Abspeicherkapazität des Arbeitsgedächtnisses von Kindern nur ungefähr fünf Informationseinheiten umfasst, wird schnell deutlich, dass diese Kapazität bei solchen Fehlstrategien systematisch überschritten wird.

Wenig hilfreich ist auch das serielle Hochzählen, das dem Kind mit Rechenproblemen aus guter Absicht häufig von Eltern, teilweise auch von Lehrern als Hilfe angeboten wird:

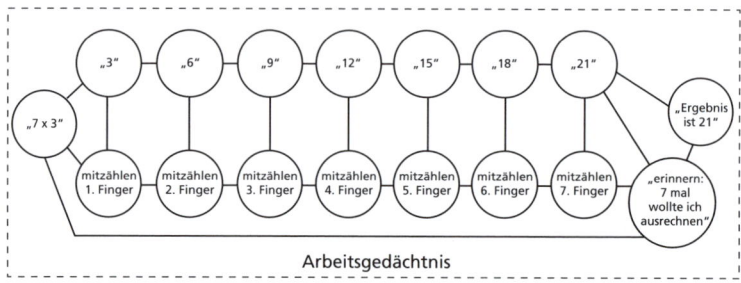

**Abb. 6.8:** Serielles Hochzählen »7 × 3« führt zu einer Überlastung des Arbeitsgedächtnisses

Für das Kind ist idealerweise immer die »*kürzeste*« und zugleich auch eine möglichst stabile »Verdrahtung« zwischen Aufgabenstellung und Ergebnis herzustellen:

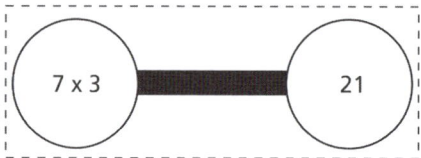

**Abb. 6.9:** »7 × 3« – Der direkte neuronale Weg zwischen Aufgabe und Ergebnis

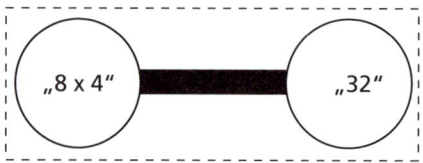

**Abb. 6.10:** »8 × 4« – Der direkte neuronale Weg zwischen Aufgabe und Ergebnis

Neben der Entlastung des Arbeitsgedächtnisses durch die »direkte Verdrahtung« von Aufgabe und Ergebnis ergeben sich aufgrund der Einfachheit und der geringen Anstrengung auch positive emotionale Auswirkungen für unsere Kinder.

Die Auswirkungen der direkten Verdrahtung können Sie erahnen, wenn Sie sich noch einmal den Gehirnscan des »blauen Gehirns« auf Seite 84 anschauen. In diesem zeigt sich die Hirnaktivität in deutlich begrenzten und wenigen Orten im Gehirn und zusätzlich auch noch in relativ geringem Ausmaß. Bei diesen einfachen »Automatisierungen« werden geringe Anforderungen an die Arbeitsgedächtnisleistungen gestellt, wodurch Arbeitsgedächtnisspeicher frei wird für das leichtere Erlernen darauf aufbauender, komplexerer Rechenverfahren.

## 3. Leitvorstellung der Didaktik für den Erwerb von mathematischen Kompetenzen

**Wie verunsichert die etablierte Mathematikdidaktik?**

Die Konsequenzen des von der Mathematikdidaktik propagierten Lernweges (»flexible Operationsvorstellungen«) sind:

- Eltern erleben Mathematik als komplizierte »Geheimwissenschaft« und fühlen sich überfordert.
- Lehrer folgen den Lehrplänen und Mathematikbüchern, ohne tiefergehend zu reflektieren oder ihren Erfahrungen zu trauen.

> Um eine kritische Reflexion anzuregen, mag folgende provokative Veranschaulichung dienen: Das Geschehen um die Mathematikdidaktik erinnert uns an das Märchen »Des Kaisers neue Kleider«: Aus unsichtbarem Garn *(empirisch nicht belegten Postulaten und Setzungen)* werden herrliche Stoffe gewoben und zu einem prachtvollen Gewand *(Theoriegebäude)* verarbeitet. Alle Untertanen des Königs stehen davor, und bewundern dessen wunderschöne Kleidung. Bis ein kleiner Junge …

Dieses Grundkonzept der Mathematikdidaktik beeinflusst auch maßgeblich die Förderpraxis. Als Beispiel sei das MASTER-Programm angeführt, dessen Wirkung nach Landerl u. a. (2022) empirisch untersucht wurde und bei dem sich »eindrucksvolle Leistungszuwächse« (S. 213) der trainierten Gruppen zeigten.

Wie sieht die Förderstrategie in diesem Programm aus? Es werden flexible Operationsvorstellungen angestrebt: »Die Aufgabe $7 \times 6$ kann beispielsweise nicht nur durch additive Komposition gelöst werden ($1 \times 6 + 1 \times 6 + 1 \times 6 + 1 \times 6 + 1 \times 6 + 1 \times 6 + 1 \times 6$): Eine alternative Strategie wäre ,$2 \times 6 + 2 \times 6 + 2 \times 6 + 1 \times 6$'; noch effizienter wäre die Problemzerlegung in ,$5 \times 6 + 2 \times 6$'« (Landerl u. a. 2022, S. 212f.)

Mit dieser Grundstrategie übten die Schüler in 30 Lerneinheiten zweimal wöchentlich über vier Monate. Der »eindrucksvolle« Leistungszuwachs bestand dann darin, dass in der geförderten Gruppe das »Multiplikations- und Divisionswissen in Form von arithmetischem Faktenwissen … von 41 % korrekt vor Interventionsbeginn auf 74 % korrekt nach Interventionsende anstiegen« (Landerl u.a. 2022, S. 213). Erschreckend und unverständlich ist, dass in der Bewertung von einem »eindrucksvollen Leistungszuwachs« ausgegangen wird, wenn nach vier Monaten Übens im Durchschnitt immer noch 26 % der Lösungen nicht korrekt waren und nur eine Verbesserung um 33 % erzielt werden konnte.

Darüber hinaus ist bei dieser Lernstrategie davon auszugehen, dass dadurch nicht die kürzest mögliche Verdrahtung im Gehirn der geförderten Schüler angelegt worden ist.

> Beim arithmetischen Faktenwissen zum Einmaleins ist wieder die kürzest mögliche, direkte Verdrahtung im Gehirn anzustreben. Wird die Aufgabe gestellt,

fällt dem Kind dadurch sofort und ohne zusätzliche Rechenprozeduren durchzuführen das Ergebnis ein.

Durch die mathematikdidaktischen bzw. schulischen Vorgaben besteht die Gefahr beim Einmaleins darin, dass der Schüler in der Strategie des Ableitens hängenbleibt, kein arithmetisches Faktenwissen erwirbt und damit das Erlernen darauf aufbauender komplexerer Rechenprozeduren erschwert und behindert wird. Das Gleiche gilt beim Einspluseins im Hinblick auf das zählende Rechnen.

### c) Auswirkung auf den Lernweg bei komplexeren Additions- bzw. Subtraktionsprozeduren

Lassen Sie uns beispielhaft betrachten, wie die schriftliche Subtraktion dreistelliger Zahlen untereinander vermittelt wird. Im Mathebuch 3 des Mildenberger Verlags, das die Vorgehensweise der meisten deutschen Mathematikschulbücher widerspiegelt, wird das Grundkonzept und der Verstehensanspruch der Mathematikdidaktik in spezifischer Weise umgesetzt. Es werden vier Rechenprozeduren eingeführt (vgl. Finke u. a. 2023, S. 102ff.). Bei jeder Rechenprozedur wird dem Schüler **gleichzeitig** neben der Vorgehensweise auf Ziffernebene besonders auch eine Verstehensweise auf der Anschauungsebene mit Einerwürfeln, Zehnersträngen und Hunderterplatten dargeboten. Durch das Entbündeln von Zehnersträngen in Einerwürfeln bzw. dem Entbündeln von Hunderterplatten in Zehnersträngen soll der Rechenvorgang visuell veranschaulicht werden. Diese Veranschaulichung und nicht die Rechnung auf Ziffernebene wird in Sprechblasen verbalisiert. Gleichzeitig soll der Schüler aber die Algorithmen des Rechnens bzw. die einzelnen Rechenschritte auf Ziffernebene erlernen.

Bei diesen zweifachen Lernanforderungen wird die Kapazität des Arbeitsgedächtnisses (fünf Informationseinheiten) systematisch überlastet, weil der Schüler Folgendes gleichzeitig verarbeiten soll:

a) Grafische Darstellung des Rechnens mit Hunderterplatten, Zehnersträngen und Einerwürfeln, dem Entbündeln von Hunderterplatten und Zehnersträngen usw.
b) Verbalisierung des Rechnens mit Hunderterplatten, Zehnersträngen und Einerwürfeln
c) Darstellung des Rechenwegs auf Ziffernebene

Hinweise, dass diese Vorgehensweise nicht der Verarbeitungsweise des Gehirns entspricht, liefert Dehaene, einer der führenden Forscher im Bereich der neurowissenschaftlichen Zugangsweise zu Mathematik.
Zu der Rechnung

$$\begin{array}{r} 24 \\ + 59 \\ \hline \end{array}$$

stellt er fest: »Während einer solchen Rechnung denken wir anscheinend niemals über die Bedeutung der durchgeführten Operationen nach. Warum haben Sie sich die 1 gemerkt und zur linken Spalte hinzugezählt? Wenn wir darüber nachdenken, fällt uns ein, dass diese 1 für 10 Einheiten steht und deshalb in der Zehnerspalte stehen muss. Aber daran denken wir nicht, während wir rechnen. Wenn das Gehirn schnell rechnen soll, muss es offenbar darauf verzichten zu wissen, was es tut.« (Dehaene 1999, S. 154f.)

Nicht nur beim Befolgen einer Abfolge von richtigen Denk- und Rechenschritten, sondern auch bei Rechenfehlern wird nach Dehaene deutlich, dass nicht nur geübte Rechner, sondern auch Kinder im Rahmen des Rechenprozesses »zwischen der mechanischen Ausführung einer Rechnung und ihrer Bedeutung« trennen, ja, dass dies für Kinder sogar »typisch« ist (Dehaene 1999, S. 155). Besonders auch das Vorkommen absurder Fehler ist als Hinweis darauf zu deuten, »dass das Gehirn die Rechenvorschriften speichert und befolgt, ohne sich um ihre Bedeutung zu kümmern« (Dehaene 1999, S. 156).

Das Gehirn scheint ökonomisch vorzugehen, da mit dem Abspeichern der Rechenschritte auf Ziffernebene keine Überlastung der Verarbeitungskapazität des Arbeitsspeichers entsteht. Dies heißt jedoch nicht, dass die Schüler, wenn sie die jeweiligen Rechenschritte automatisiert haben, in einem weiteren Schritt deren Bedeutung in unterschiedlichen Anschauungsmitteln wiedererkennen können.

Aktuelle neurowissenschaftliche Forschungsergebnisse liefern weitere Hinweise und Bestätigungen. Die Forschergruppe um Ellen Kutter stellte fest, dass das Rechnen auf der Anschauungs- und auf der Ziffernebene mit Hilfe unterschiedlicher Verarbeitungswege bzw. durch unterschiedliche und spezifische neuronale Netzwerke erfolgt. Diese Verarbeitungen werden dabei einzeln und nicht gleichzeitig bzw. parallel aktiviert (Kutter u. a. 2018, S. 753). Hinzu kommt, dass das Rechnen auf Ziffernebene im Vergleich zur Anschauungsebene die Aktivierung einer kleineren Anzahl von Neuronen erfordert (siehe auch ▶ Kap. 4).

Die Darbietungsform der Gleichzeitigkeit von Anschauungs- und Ziffernebene scheint der Verarbeitungsweise des Gehirns zu widersprechen. Zudem wird die Kapazität des Arbeitsgedächtnisses durch die vielfältigen und zahlreichen Informationen deutlich überlastet. Das angestrebte sichere Abspeichern der richtigen Reihenfolge bei der jeweiligen Rechenprozedur auf Ziffernebene wird dadurch erschwert bzw. sogar verhindert.

> Der Anspruch der Mathematikdidaktik, dass der Schüler zu jedem Zeitpunkt des Lernprozesses »verstehen« soll (grafische Darstellungen des Rechnens mit den Materialien und Verbalisierung des Hantierens mit den Materialien), was es in der jeweiligen Rechenprozedur auf Ziffernebene rechnet, erschwert das Einprägen der jeweiligen konkreten Rechenschritte auf Ziffernebene in deutlicher Weise.

## 4. Leitprinzipien der Didaktik

Im Folgenden sollen zwei Leitprinzipien genauer untersucht werden, die für die Gestaltung des Lernens in unseren Schulen einen maßgeblichen Einfluss ausüben. Zum Abschluss und um diese Prinzipien besser einschätzen zu können, soll ihnen ein Gegenmodell aus der Pädagogischen Psychologie gegenübergestellt werden.

### a) Kompetenzorientierung und selbstgesteuertes Lernen

In den letzten 15 Jahren wurde die Schulwirklichkeit unter dem Leitbegriff »Kompetenzorientierung« umgestaltet. Für das Fach Mathematik wurden neben inhaltsbezogenen Kompetenzen in verstärkter Weise auch prozessbezogene Kompetenzen gefordert. Beispielhaft wurde der »neue« prozessbezogene Kompetenzbereich im bayerischen Lehrplan für die Grundschulen folgendermaßen aufgegliedert:

- Modellieren
- Probleme lösen
- Kommunizieren
- Argumentieren
- Darstellungen verwenden (vgl. Bayerisches Staatsministerium für Bildung und Kultus, Wissenschaft und Kunst 2014, S. 106f.).

**Was ist nun genau unter diesen Begriffen zu verstehen?**

»Beim *Modellieren* entnehmen die Schülerinnen und Schüler z. B. Sachtexten oder anderen Darstellungen der Lebenswirklichkeit relevante Informationen und übersetzen diese in die Sprache der Mathematik. Sie erkennen mathematische Zusammenhänge und nutzen diese, um zu einer Lösung zu gelangen, die sie abschließend wieder auf die konkrete Situation anwenden« (ebd., S. 106). Häufig müssen die Kinder hier zwischen für die Aufgabenstellung relevanten und irrelevanten Zahlenangaben im Sachtext unterscheiden.

»*Probleme zu lösen* lernen die Schülerinnen und Schüler, wenn sie ihre bereits vorhandenen mathematischen Kenntnisse, Fähigkeiten und Fertigkeiten bei der Bearbeitung herausfordernder oder unbekannter Aufgaben anwenden und dabei Lösungsstrategien entwickeln und nutzen. Dabei müssen sie auch in der Lage sein, relevante Informationen aus verschiedenen Quellen zielgerichtet zu verarbeiten und Lösungen plausibel darzustellen.« (ebd., S. 107)

*Kommunizieren* ist besonders »in kooperativen und interaktiven Unterrichtsprozessen« bedeutsam. Schüler »nutzen mathematische Fachbegriffe und Zeichen richtig und gewinnen schrittweise an Erfahrung, Mathematikaufgaben auch gemeinsam zu bearbeiten sowie ihre Lösungswege anderen nachvollziehbar zu beschreiben« (ebd.).

Beim *Argumentieren* suchen die Schüler »situationsangemessen Begründungen« für Lösungswege, die sie auch anderen erläutern können. Sie hinterfragen mathematische Aussagen und überprüfen diese auf Korrektheit oder Plausibilität. Auch ungewöhnliche Rechenwege regen zum Nachdenken an und fordern zum Argumentieren heraus« (ebd.).

Die Kinder *verwenden Darstellungen* »für das Bearbeiten mathematischer Probleme«. Beispielsweise entwickeln oder lesen sie »geeignete Skizzen, Rechnungen oder einfache Tabellen« (ebd., S. 108).

Wer könnte etwas dagegen haben, wenn Schüler all diese prozessbezogenen Kompetenzen erwerben? Probleme entstehen aber vor allem dann, wenn diese gegenüber den inhaltsbezogenen Kompetenzen zu sehr im Vordergrund stehen. Außerdem wird von kultuspolitischer Seite gleichzeitig mit dem Leitbegriff »Kompetenzorientierung« ein »neues« Verständnis von Bildung propagiert. Dabei wird Bildung als das Vermögen verstanden, Lernen selbst steuern und Probleme selbst lösen zu können, anstatt vorgegebene Lösungen zu wiederholen.

**Wie soll nun konkret kompetenzorientierter Unterricht aussehen?**

Zöchlinger postuliert beispielhaft, dass »Mathematikunterricht, der sich an Kompetenzen orientiert«, den Schülerinnen und Schülern eröffnen muss, »eigene Lösungsstrategien zu entwickeln, selbständig Aufgaben zu bearbeiten und Lösungen in Eigenverantwortung zu kontrollieren. Für die Auseinandersetzungen mit der Mathematik sollen Raum und Zeit vorhanden sein, eigene Ideen zu entwickeln und auch auf Umwegen zu Lösungen zu gelangen« (Zöchlinger 2011, S. 92f.).

Die Kinder sollen Mathematik als Feld für eigenes Forschen und Entdecken, für gemeinsames Entwickeln von Ideen und für gemeinsames Präsentieren und Diskutieren erleben. Nach Zöchlinger bedarf es hierzu veränderter Aufgabenstellungen. Aufgaben unterstützen dann einen kompetenzorientierten Unterricht, wenn sie so weit offen sind, dass sie individuelle Lösungen herausfordern und Zugänge auf verschiedenen Niveaus zulassen, mathematische Muster und Strukturen beinhalten, die zu Einsichten führen können und die Bedeutung der Mathematik für ein Verständnis der Lebenswirklichkeit erlebbar machen (vgl. Zöchlinger 2011, S. 93).

Kompetenzorientierung ist somit verbunden mit selbstgesteuertem Lernen, bei dem der Schüler einen eigenen Kompetenzfortschritt erreichen soll. Lehrerinnen und Lehrer übergeben ihren Schülerinnen und Schülern die »Verantwortung für das eigene Lernen« (ebd.). Der Lehrer rutscht in die Rolle des Organisators von Lernumgebungen und -angeboten, des Moderators von Gruppendiskussionen der Schüler, des Helfenden, des Coaches.

Was hierbei nicht bedacht wird, ist, dass Schüler, bevor sie forschend und kreativ lernen und Probleme lösen können, zunächst einmal ihr Handwerkszeug, die Grundfertigkeiten, beherrschen müssen. Das Fundament im Sinne verlässlicher Basiskenntnisse und inhaltlicher Kompetenzen in Mathematik muss zuvor in solider Weise gefestigt worden sein. Darauf wird leider in unserem Schulsystem – besonders auch bei Kindern mit Schwächen – sehr häufig zu wenig geachtet.

Dies ist vor allem darauf zurückzuführen, dass im Fach Mathematik die prozessbezogenen Kompetenzen die »neue«, moderne Weiterentwicklung in der Didaktik darstellen. Deswegen werden sie auch vorrangig betont und die inhaltsbezogenen Kompetenzen treten immer mehr in den Hintergrund. Plakativ ausgedrückt: Die Schüler sollen nicht mehr das Einmaleins als Grundlage auswendig beherrschen, sondern in die Lage versetzt werden, sich Wege zu erschließen, wie eine Einmaleinsaufgabe ausgerechnet werden kann. Ein systematisches und gehirngerechtes Einüben und Automatisieren von Grundfertigkeiten bzw. Grundschemata als Grundlage und als »Handwerkszeug« für das Fach Mathematik verliert an Bedeutung. Dieses grundlegende Basiswissen bzw. die Basisfertigkeiten sind aber gerade der Bereich, in dem Kinder häufig Leistungslücken und -schwächen entwickeln.

> Hier ist vielleicht eine grundsätzliche kritische Einschätzung notwendig, da ideologische Vorstellungen in unserem Schulsystem Kindern schaden. Um es noch einmal deutlich hervorzuheben und plakativ auszudrücken:
> Bezeichnend ist, dass mit dem Konzept »Kompetenzorientierung« meist nur Postulate verknüpft sind, die vor seiner Einführung nicht empirisch überprüft wurden. Aus theoretisch begründeten Zielsetzungen wurden pädagogische Vorgehensweisen abgeleitet. Immer noch stehen eine direkte, systematische empirische Überprüfung und Evaluierung aus. Nicht gesichert ist, welche Auswirkungen die einzelnen Vorgaben haben und erst recht nicht, welche Konsequenzen sie für Kinder mit Schwächen nach sich ziehen. Nur indirekt lassen sich aus den oben dargestellten Bildungsstudien (PISA und IQB) erhebliche Zweifel am Erfolg dieses Ansatzes ableiten: Die deutschen Schüler werden seit 2011 immer schlechter.

Eine zweite noch größere Gefahr besteht darin, dass im Rahmen des Leitprinzips Kompetenzorientierung in reformpädagogischer Tradition die Bedeutung des selbstentdeckenden Lernens überbetont wird. So setzt z. B. der Lehrplan in Bayern für »die Entwicklung mathematischer Kompetenzen bei Schülern und Schülerinnen [...] aktivierende und selbstgesteuerte Lernsituationen voraus« (Bayerisches Staatsministerium für Bildung und Kultus, Wissenschaft und Kunst 2014, S. 105).

Im Lernweg sind so selbst »Umwege und Fehler« von Bedeutung. »Denk- und Lösungswege, die sich als umständlich oder als nicht zielführend erweisen, dienen als Anlässe zu Reflexion und Kommunikation und eröffnen neue Lernchancen.« (ebd., S. 24). Vom Schüler selbst entwickelte Fehler und Umwege sind also als Lernchance zu sehen. Es besteht die Vorstellung, dass bei falschen oder umständlichen Lösungswegen durch Argumentation, Diskussion und Reflexion in der Gruppe vertiefte Einsichten in mathematische Zusammenhänge entstehen.

Aus unserer Erfahrung ist dies, hart ausgedrückt, eher als ein ideologischer Traum anzusehen. Ein rechenschwaches Kind, das sich mit viel Mühe einen Lösungsweg erarbeitet hat, wird in der Gruppe, wenn es auf seine Fehler hingewiesen wird, eher vor Scham im Boden versinken als dass es zu einer vertieften Einsicht kommt. Dem verunsicherten und häufig auch entmutigten Kind wird ein weiterer Misserfolg aufgebürdet. Die zuvor schon bestehenden belastenden negativen Gedanken und Gefühlen werden verstärkt. So wird der weitere Lernprozess zusätzlich erschwert oder sogar blockiert.

Wir sind uns bewusst, dass es in der schulischen Wirklichkeit eine große Bandbreite und auch Unterschiede in der inhaltlichen Ausgestaltung und der praktischen Umsetzung des Prinzips des selbstentdeckenden bzw. des selbstgesteuerten Lernens gibt. Dennoch wollen wir dieses Leitprinzip einer genaueren Analyse unterziehen, weil schulpraktische Tendenzen in diese Richtung für Kinder mit Rechenschwäche immer als problematisch anzusehen sind.

Das Prinzip des selbstentdeckenden Lernens basiert auf Konzepten aus dem ersten Drittel des vergangenen Jahrhunderts und erfährt in Verbindung mit konstruktivistischen Vorstellungen erneut eine Renaissance. Beschäftigt man sich intensiver mit diesem geforderten Richtungswechsel, drängt sich der Eindruck auf, dass die ideologische und zum Teil auch sehr einseitige, vor 100 Jahren geführte Auseinandersetzung zwischen reformpädagogischen Ansätzen und der alten »Buchschule« neu belebt wird. In recht unreflektierter Weise wird die selbstgesteuerte Eigentätigkeit und Eigeninitiative des Kindes, das selbstentdeckende Lernen, die selbstbestimmte Auswahl der Inhalte und auch die Geschwindigkeit des Lernprozesses in eigener Verantwortung mit hoher Eigenmotivation seitens des Kindes betont und als »Königsweg« des schulischen Lernens propagiert.

> An dieser Stelle sei an folgenden Sachverhalt erinnert, der von didaktischer Seite konsequent ausgeblendet wird: Es zeichnete sich schon nach anfänglichem euphorischem Überschwang am Ende der Weimarer Zeit im letzten Jahrhundert ab, dass der reformpädagogische Traum ausgeträumt war. Die Grenzen der reformpädagogischen Ideologie von der »Weisheit des Kindes«, das für sich den besten Lernweg findet, wurden offensichtlich. Zudem führte der Reformpädagoge Peter Petersen (Jena-Plan-Schule) schon in den 1930er Jahren des letzten Jahrhunderts mit seiner »Pädagogischen Tatsachenforschung« die Notwendigkeit der empirischen Überprüfung und Absicherung eines jeden pädagogischen Konzepts ein.

In der aktuellen Diskussion, die diese reformpädagogisch-konstruktivistischen Ansätze wiederbelebt, wird das alte Bild vom »Kind als Baumeister seiner selbst« immer wieder erkennbar. Auch die Rolle des Lehrers wird dabei entsprechend verändert, nämlich in Richtung einer »sekundären Tätigkeit« (Fauser 2007).

Aus pädagogisch-psychologischen Fachkreisen melden sich hingegen immer wieder kritische Stimmen zu diesem Theoriekonzept. Bereits 1998 bemerkte der Pädagogische Psychologe Franz Weinert zu dem geforderten Paradigmenwechsel ironisch, dass »aus dem Schüler ... plötzlich ein kompetent Lernender« wird, »dem man nur die entsprechenden Gelegenheiten und Anregungen geben muss, damit er von sich aus und auf seine spezifische Art und Weise das tut, was zum erfolgreichen Lernen notwendig ist« (Weinert 1998, S. 207). Weinert sieht diesen Ansatz geradezu als gefährlich an. Er konstatiert, dass ohne qualifizierte Lernvoraussetzungen das selbständige Lernen »mit hoher Wahrscheinlichkeit zu Lerndefiziten, fehlerbehafteten Kenntnissen und Misserfolgserlebnissen« führt (Weinert 1996, S. 6). Der inzwischen verstorbene Nestor für Pädagogische Psychologie favorisierte hingegen die direkte Instruktion, wenn es darum geht, »die notwendige Systematik kumulativen Lernens, die sachlogische Ordnung des allgemeinen Kenntniserwerbs und die erforderliche Automatisierung vieler Routinefertigkeiten« zu gewährleisten (ebd., S. 5).

Auch der Pädagoge Paul Ausubel als Anwalt der weniger lernfähigen Schülern vertrat die Ansicht, dass eine Dominanz der entdeckenlassenden Methode über die fachlich-orientierte Vorgehensweise stets die Lernschwächeren benachteiligt. Der Aufbau einer soliden Wissensstruktur bedürfe einer fachspezifischen Vorstrukturierung (vgl. dazu Hasselhorn, Gold 2022, S. 280f.).

Die Professoren der Pädagogischen Psychologie Marcus Hasselhorn und Andreas Gold hielten schon vor 20 Jahren das »Leitbild vom aktiven und konstruktiven, intrinsisch motivierten, situiert und kontextuiert, kooperativ und selbstregulativ Lernenden« als ein überzogenes und »idealisiertes« (2006, S. 236). Sie bewerteten schon damals diesen konstruktivistischen Ansatz in einem Fazit als »zeitaufwendig«, »möglicherweise unökonomisch« und »gelegentlich überfordernd« und »vom Scheitern bedroht« (S. 237). Ferner bestehe die »Gefahr der Unvollständigkeit und Ungeordnetheit« des Lernstoffes im Gedächtnis« (ebd.).

Ihre aktuelle Einschätzung spiegelt sich in folgendem Zitat wider, dass sie in ihrem Handbuch »Pädagogische Psychologie« (2022) anführen:

»Wie ein Zombie, der immer wieder aus der Gruft steigt, findet das reine Entdeckungslernen stets neue Fürsprecher. Wem aber an evidenzbasierten Unterrichtsmethoden gelegen ist, muss sich folgende Fragen stellen: Gibt es empirische Belege dafür, dass das Entdeckungslernen tatsächlich funktioniert? Seit einigen Jahrzehnten wird nach solchen Belegen erfolglos gesucht.« (Mayer (2004) zit. in Hasselhorn und Gold 2022, S. 281)

Aus Forschungen der pädagogischen Psychologie wissen wir, dass selbstentdeckendes Lernen grundsätzlich nicht so effektiv ist, wenn Neues (Grundfertigkeiten/Schemata) gelernt werden soll. So weist z. B. Wellenreuther darauf hin, »dass Methoden entdeckenden Lernens, die für viele ›progressive Unterrichtsmethoden‹ eine Grundlage bilden, für die erste Aneignung neuer Schemata als ungeeignet betrachtet werden müssen« (Wellenreuther 2009, S. 23).

John Hattie (2009) untersuchte in seiner sehr umfangreichen Metaanalyse »Visible learning« verschiedene Einflussfaktoren auf den schulischen Lernerfolg. Beispielhaft liegt hier bei der Freiarbeit die Effektstärke in Bezug auf Lernwirksamkeit im Durchschnitt bei 0,04, bei der Direkten Instruktion bei 0,59.

Grünke hat im Jahr 2006 eine Übersichtsstudie veröffentlicht, in der er 26 Metaanalysen zu Lernförderstudien zusammengefasst hat. Dabei kommt er zu folgendem Ergebnis: »Ein freies, entdeckendes, Kind zentriertes, konstruktivistisches Herangehen … bewirken im günstigsten Fall relativ geringe Verbesserungen, im ungünstigsten schaden sie.« (Grünke 2006, S. 251)

Auch in der Schweiz sind unter dem Leitbegriff »selbstorganisiertes Lernen« ähnliche Vorstellungen in den Lehrplänen zu finden. Zwar gibt es eine große Bandbreite in deren Umsetzung, die von der selbstbestimmten zeitlichen Einteilung der Reihenfolge beim Wochenarbeitsplan bis hin zu Facetten des selbstentdeckenden Lernens reicht. Auch führen engagierte Lehrkräfte ein höheres Ausmaß an Individualisierung und ggf. des strukturierten, angeleiteten und langsamen Aufbaus des SOL (Selbstorganisierten Lernens) durch. Dennoch sei hier auf folgende kritische Einschätzung des Schulpädagogen Wellenreuther verwiesen: »Verantwortungslos erscheint, diese Lernsteuerung z. B. unter dem Deckmantel entdeckenden oder natürlichen Lernens den Schülern selbst zu überlassen, weil nicht einmal viele Studenten, geschweige denn leistungsschwache Schüler, über die dazu erforderlichen metakognitiven Fähigkeiten verfügen.« (2009, S. 75) Auch Hasselhorn und Gold geben zu bedenken, dass sich Trainings zu selbstreguliertem Lernen »in der Regel […] an Jugendliche oder junge Erwachsene [richten], weil bei jüngeren Kindern die erforderlichen Entwicklungsvoraussetzungen oftmals noch nicht gegeben sind« (2022, S. 323).

Reformpädagogisch-konstruktivistisch orientierte Unterrichtskonzepte, die ein selbstentdeckendes Lernen propagieren, beruhen ungerechtfertigt auf der Vorstellung, dass alle Kinder automatisch eigenständig, in Einzelarbeit und in der Schülergruppe, motiviert und erfolgreich lernen. Diese Konzepte setzen voraus, dass das Kind z. B. im Fach Mathematik in der Schülergruppe in der Auseinandersetzung mit sehr vielfältigen Materialen von selbst die einfachsten und kürzesten Abspeicherwege des Faktenwissens und der Rechenoperationen findet. Es wird hierbei wie selbstverständlich angenommen, dass alle Schüler in motivierter und gleichzeitig auch richtiger Weise im Rahmen von Wochenarbeitsplänen und Freiarbeit üben.

Die Realität sieht jedoch anders aus. Wenn Kinder überhaupt Lern- und Rechenwege selbst entdecken, dann finden sie meist Umwege, die das Arbeitsgedächtnis zusätzlich belasten. Gerade Kinder mit Schwächen vermeiden das regelmäßige und systematische Üben und können damit die notwendigen Automatisierungen nicht aufbauen.

> Kompetenzorientierung, wenn sie sich einseitig an den prozessorientierten Kompetenzen orientiert und die erforderliche Automatisierung des arithmetischen Faktenwissens und der grundlegenden Rechenprozeduren vernachlässigt, kann die Entwicklung einer Rechenschwäche fördern bzw. sogar auslösen.
>
> Selbstentdeckendes Lernen benachteiligt Kinder, die sich eh schon mit dem Lernen schwertun. Es führt nicht zum einfachsten Erwerb der mathematischen Basisfertigkeiten und einem systematischen und gut strukturierten Aufbau des mathematischen Wissens.

**Vorgehensweise bei Leistungsschwächen**
Welche Lernstrategien sind bei einer Rechenschwäche hilfreich und zu empfehlen?

Hasselhorn und Gold verweisen zusammenfassend darauf, dass sich im Hinblick auf die Förderung von Kindern mit Lernschwierigkeiten die Prinzipien der Direkten Instruktion bei der empirischen Überprüfung bewährt haben. In der Forschungsliteratur durchziehe ein »bestimmtes Leitmotiv die einschlägigen Übersichtsarbeiten, … nämlich die Empfehlung einer eher anleitungsorientierten, expositorischen, strukturierten und kleinschrittigen Form des Unterrichtens mit vielen Übungsphasen, unmittelbaren Rückmeldungen und der Sicherstellung einer möglichst vollständigen Zielerreichung bei jedem Lernschritt« (Hasselhorn und Gold 2022, S. 450).

## b) Gegenmodell zu den aktuellen schulischen Leitprinzipien: »Kognitive Meisterlehre«

Die gegenwärtige Schulwirklichkeit wird von schulpädagogischen und mathematikdidaktischen Vorgaben geprägt, die keiner systematischen empirischen Überprüfung unterzogen worden sind. Das führte dazu, dass im letzten Jahrzehnt der Anteil von Kindern mit Rechenschwäche sich nachweisbar stark erhöhte (▶ Kap. 1).

Wie könnte Unterricht gestaltet werden, wenn man sich auf empirisch überprüfte Bestandteile stützt?

Hasselhorn und Gold stellen zum Beispiel folgenden Grundansatz gegen das Konzept des selbstgesteuerten Lernens: Sie favorisieren das Konzept einer »kognitiven Meisterlehre«, weil »*Programme, […] die sich Elemente der Meisterlehre zu eigen machten, […] sich in Evaluationsstudien als wirksam erwiesen*« (2022, S. 287) haben.

Die Ausgangsfrage bei dem Ansatz der »kognitiven Meisterlehre« ist: Wie gelingt der Aufbau von Wissensstrukturen beim Schüler? In für die heutige Didaktik »altmodischer« Weise wird die Lehrkraft als »Experte oder Meister in der Wissensdomäne« und die Schüler als »Novizen oder Lehrlinge« (2022, S. 285) angesehen.

»*Typischerweise wird bei der kognitiven Meisterlehre mit dem modellhaften Demonstrieren eines Denk- oder Problemlöseprozesses durch den Meister oder die Meisterin begonnen und der Lehrling wird zum Beobachten angeleitet, gefolgt vom unterstützten und kontrollierten Nachahmenlassen.*« (2022, S. 286)

Am Anfang eines Lernprozesses erfolgt vom Meister ein modellhaftes Zeigen und Vormachen und kognitive Prozesse werden verbalisiert. »Die Lehrperson führt die Lösung einer Aufgabe oder eines Problems in kompetenter Weise vor – sie demonstriert also eine neue Fertigkeit.« (ebd.)

Es folgt ein »angeleitetes Üben«, d. h., die Lernenden führen die Aufgabe selbst durch und werden dabei von der Lehrkraft begleitet (ebd.). Dabei erleichtert ein »sicherndes ›Lerngerüst‹« (ebd., S. 287) den individuellen Wissensaufbau. »Vorübergehend kann die Lehrperson die Bearbeitung von Teilaufgaben, die noch zu schwierig sind, auch selbst übernehmen. Das Lerngerüst erlaubt den Lernenden ein unterstütztes Erproben von Methoden und Strategien, die sie alleine noch nicht vollziehen können.« (ebd.) Nach gesicherten Lernfortschritten kann sich dich Lehrkraft mit ihren Hilfestellungen wieder zurücknehmen.

Als Endziel werden ein selbständiges Anwenden und Problemlösen angestrebt. Die Schüler werden dazu angeregt und ermutigt, »neu auftretende Probleme künftig selbständig zu explorieren und zu lösen.« (ebd.) Auf diese Weise gelingt eine »zunehmende Teilhabe und Beteiligung der Lernenden an einer Expertenkultur« (ebd., S. 285).

Dieses empirisch abgesicherte Grundmodell muss aber aus neurowissenschaftlicher Perspektive noch ergänzt werden:

In der ersten Phase eines Lernprozesses ist es besonders wichtig, das neu Einzuprägende so aufzubereiten, dass die Kapazität des Arbeitsgedächtnisses am geringsten belastet, die kürzesten Wege im Gehirn angelegt und so am leichtesten Automatisierungen der Grundfertigkeiten und -schemata erreicht werden. Auch hier braucht das Kind den Meister, der ihm den besten und einfachsten Lernweg vorgibt.

# 5. Analyse der Schulbücher in Mathematik

Im Grundschulbereich finden Sie in den Schulbüchern, besonders in den beiden Anfangsjahren, auf jeder Seite eine *bunte Vielfalt* an grafischen Darstellungen und auch an Darstellungsformen der Rechenaufgaben, z. B. Rechenpyramiden, Rechentrauben, Rechenmauern, Rechendreiecke, Rechentabellen, Operatorenmodelle usw. Später, in höheren Klassen, wird dies zusätzlich noch vermischt mit wortreichen Erklärtexten und Sachaufgabentexten. Diese bunte Vielfalt verhindert, dass sich dem Schulkind in prägnanter Weise auf einen Blick der zentrale Kern der jeweiligen Rechenoperation auf Ziffernebene, die jeweiligen Rechenregeln bzw. -schritte erschließen. Für die unterschiedlichen grafischen Darstellungsformen gilt das Gleiche, das oben schon im Hinblick auf unterschiedliche Veranschaulichungsmaterialien aufgezeigt wurde.

Die Vertreterin einer Elterninitiative Frau Lore Walter hat in einem Fachdidaktikbuch zu Rechenstörungen schon 2001 Mathematikschulbücher als »zu bunt, zu verwirrend« (Walter 2001, S. 139) kritisiert. Seitdem hat sich wenig geändert. Geschuldet ist dies vor allem dem mathematikdidaktischen Konzept, das fordert, dass eine bestimmte Form des Verstehens beim Schüler erreicht werden soll. Für dieses Verstehen sind flexible Operationsvorstellungen, bei denen der Schüler die jeweilige Rechenoperation in unterschiedlichen Darstellungen erkennen und zwischen ihnen wechseln kann, dabei das Hauptmerkmal. Dies führt dann dazu, dass eine Rechenoperation in vielfältiger Weise im Buch veranschaulichend dargestellt wird. Auf einer Seite im Mathematikbuch finden sich dann bis zu zehn unterschiedliche Darstellungsweisen.

Zum angeblich richtigen Verstehen gehört auch, dass der Schüler nicht nur zwischen den unterschiedlichen Darstellungsformen, sondern auch zwischen den Darstellungsebenen wechseln soll. Bei einer Rechenoperation auf Ziffernebene soll der Schüler gleichzeitig wissen, was sie auf der Anschauungsebene bedeuten könnte. Auf dies Weise könne das Kind zu jedem Zeitpunkt des Lernprozesses verstehen (grafische Darstellungen des Rechnens mit den Materialien und Verbalisierung des

Hantierens mit den Materialien), was es in der jeweiligen Rechenprozedur auf Ziffernebene rechnet. Zum Beispiel wird bei der Einführung der schriftlichen Subtraktion im Hunderterraum diese Rechenprozedur gleichzeitig durch Hunderterplatten, Zehnersträngen und Einerwürfel und ggf. auch durch deren Entbündeln dargestellt und auf dieser Ebene vorrangig verbalisiert (vgl. S. 110.)

Zu bedenken gilt weiterhin: Die Weichen werden am Anfang, im Anfangsunterricht gestellt. Im Gegensatz zu einer bunteren Vielfalt im »Mathebuch 1« des Mildenberger Verlags (Höfling u. a. 2021) sind in der Neubearbeitung der »Welt der Zahl 1« des Westermann Verlags (Rottmann und Träger 2020) eine klarere Struktur und »ruhigere«, übersichtlich gestaltete Seiten mit jeweils wenigen Inhalten zu finden. Beiden Schulbüchern gemeinsam ist aber, dass über die grafischen Gestaltungen dem zählenden Rechnen eine entscheidende Bedeutung beigemessen wird. Unklar bleibt auch hier wieder, ob und wie das arithmetische Faktenwissen erreicht werden soll.

Schwierigkeiten im Einprägen und richtigem dauerhaften Behalten entstehen auch häufig, wenn dem Schulkind »flexible«, d. h. unterschiedliche Rechenwege vermittelt werden. So werden bei der Einführung des Zehnerübergangs bei der Addition im Mathebuch 1 des Mildenberger Verlags vier Rechenprozeduren vorgestellt, die wiederum mit grafischen Darstellungen veranschaulicht werden (vgl. Höfling u. a. 2021, S. 104ff.) Dem Kind fällt es deutlich schwerer, vier Rechenprozeduren im Vergleich zu einer, die es immer anwenden kann, in präziser Weise abzuspeichern. Zudem steht es bei der Anwendung immer vor der Entscheidung: Welche der vier Rechenprozeduren setze ich ein?

In deutschen Mathematikschulbüchern kommt ein schneller Wechsel von einem Thema zum anderen hinzu, was wiederum sehr oft aufgrund der nicht ausreichenden Wiederholungen dauerhaftes Behalten und Beherrschen schwer oder gar nicht möglich macht.

> Insgesamt kann festgehalten werden, dass durch die bunte Vielfalt innerhalb der Mathematikbücher die Verarbeitungskapazität des Arbeitsgedächtnisses im Lernprozess (fünf Informationseinheiten) systematisch überlastet wird. Die Buntheit und Vielfältigkeit der Darstellungen verhinderten häufig, dass die einfachsten Formen der Rechenprozeduren erlernt und dauerhaft behalten werden.

Die Problematik bei den deutschen Schulbüchern soll im Folgenden durch den Vergleich mit den Schulbüchern aus den Ländern, die bei internationalen Vergleichsstudien deutlich besser abschnitten als Deutschland, verdeutlicht werden.

Am Beispiel des Bruchrechnens vergleicht Wellenreuther (2009, S. 97ff.) deutsche und asiatische Schulbücher. Die deutsche Schulbuchseite ist voller unterschiedlicher Inhalte und ausgestattet mit viel Erklärungstext. In Japan und Singapur sieht man das Gegenteil: »Die Inhalte werden in elementarer Form an einem Beispiel entwickelt« (S. 103). Eine einzige, einfache und sehr übersichtliche Veranschaulichung anhand des Kuchenmodells zeigt auf, was es bedeutet. einen Bruchteil weiter aufzuteilen (1/4 von 2/3) (vgl. S. 101).

Dann wird exemplarisch die einfachste Rechenprozedur für 1/4 × 2/3 dargestellt. Grundsätzlich ist die »Informationsdichte pro Seite … in den asiatischen Schulbüchern in der Regel erheblich niedriger« (S. 103). Es fällt dabei auf, dass durch die wenigen Inhalte und sehr viel weiße Fläche auf einer Seite das Wichtige sofort prägnant ins Auge springt. »Die asiatischen Erklärungen berücksichtigen Gesichtspunkte der Begrenztheit des Arbeitsgedächtnisses in höherem Maße als das deutsche Schulbuch.« (S. 102) So zählt Wellenreuther auf der Erklärseite des deutschen Schulbuches 236 Wörter, auf der Seite aus Japan 76 und aus Singapur 44 Wörter (vgl. ebd.).

»Eine Erklärseite, die alle wesentlichen Informationen in kohärenter Weise unter Berücksichtigung der Belastbarkeit des Arbeitsgedächtnisses enthält, wird von den Schülern eher positiv bewertet als eine Seite, die sehr viele Informationen enthält.« (S. 105)

Nach diesem Aufzeigen der Rechenprozedur erfolgt sowohl im Schulbuch aus Japan als auch im Schulbuch aus Singapur ein »Einüben der neu gelernten Prozedur« (S. 103). Nach diesem Einüben der Prozedur anhand relativ weniger Rechenaufgaben schließen sich schnell Sachaufgaben an, bei denen »eine Verankerung des Gelernten in relevanten Sachsituationen« (S. 103) angestrebt wird. Dabei können die Schüler durch »die systematische Manipulation der Konstruktion der Sachaufgabe« »vielfältige Möglichkeiten, die verschiedensten Abwandlungen einer Aufgabe kennen … lernen« (S. 96).

Wellenreuther konstruierte japanische Schulbuchseiten nach und überprüft in mehreren Experimenten deren Lernwirksamkeit im Vergleich zu deutschen Schulbuchseiten (S. 103 ff.). Er stellt dabei fest, dass »die Schüler bei schwierigen Inhalten … deutlich mehr gelernt« (S. 109) haben und damit von einer »höheren Lernwirksamkeit« (S. 109) des japanischen Schulbuches auszugehen ist. Gleichzeitig wird von den Schülern »die Arbeit mit dem japanischen Schulbuch als erheblich angenehmer und effektiver eingeschätzt als die Arbeit mit dem deutschen Schulbuch« (S. 111).

> Analysiert man die deutsche Schulwirklichkeit, die angeleitet wird von den Konzepten der Mathematikdidaktik, so findet man viele Gefahrenstellen, die den Erwerb der grundlegenden mathematischen Kompetenzen bei den Schülern erschweren können. Diese können mit dazu beitragen, dass sich beim Schüler eine Rechenschwäche oder gar eine Rechenstörung herausbildet und sich Defizite im Bereich des arithmetischen Faktenwissens und der arithmetischen Prozeduren entwickeln.

Um all die oben analysierten Gefahrenstellen zu umschiffen und den Kindern mit Rechenschwäche im Hinblick auf ihre Defizite gezielt zu helfen, werden Sie in Kapitel 7 und ab Kapitel 10 einfache und effektive Lernmethoden bzw. -strategien finden. Zum Abschluss der kritischen Auseinandersetzung mit den Postulaten und Setzungen der Mathematikdidaktik und für weitere Reflexionen zur Förderarbeit mag folgende Parabel dienen:

> **Eine kleine Parabel zum Mathematikunterricht**
>
> Ein Junge möchte Teile zusammenschrauben. Er geht zu einem Professor der Bautechnik. Dieser meint: »Bevor Du anfangen kannst, muss Du verstehen, was Du tust«, und er fängt an, dem Jungen einiges zu erklären: das Prinzip und die Wirkweise des Gewindes bei einer Schraube, die Hebelwirkung, die unterschiedlichen Eigenschaften der Materialien usw. Der Professor gibt sich viel Mühe, er erklärt es dem Jungen nicht nur, sondern zeigt ihm unterschiedliche Modelle zur Erklärung. Der Junge weiß zum Schluss, dass das Zusammenschrauben ein sehr schwieriges Vorhaben ist, aber nicht so recht, wie er es bewerkstelligen kann.
>
> Der Junge geht sodann zu einem einfachen Handwerker. Dieser meint: »Ich zeige Dir, wie Du den passenden Schraubenschlüssel auswählen kannst, wie Du ansetzt und in welche Richtung Du den Schlüssel drehen musst.« Und der Junge fängt an zu schrauben. Nachdem er erlebt hat, wie einfach das Zusammenschrauben ist, beginnt er die unterschiedlichsten Werkstücke herzustellen. Der Junge freut sich, was er alles schaffen kann und auch darüber, wie leicht das Zusammenschrauben ist.

# Kapitel 7 Praktische Anleitung zur Vermittlung des arithmetischen Faktenwissens beim Einmaleins in der Förderarbeit

Nach der Analyse der Probleme, mit denen vor allem rechenschwache Schüler beim Erwerb der mathematischen Kompetenzen konfrontiert sein können, wollen wir an einem Beispiel ausführlich aufzeigen, wie ein defizitäres arithmetisches Faktenwissen im Bereich des Einmaleins auf einfache und effektive Weise verbessert bzw. aufgebaut werden kann. Für einen Vergleich zu herkömmlichen Vermittlungswegen sei noch einmal an unsere Ausführungen auf S. 106 bis 108 erinnert.

Unsere Vorgehensweise ist dabei unter den Lernstrategien einzuordnen, die Landerl u. a. (2022) als »Drilltraining« bezeichnen. Dieser Begriff ist zwar aus didaktischer Sicht in pädagogisch-ideologischer Weise negativ besetzt, stellt aber unter Berücksichtigung der aktuellen Lerntheorien dennoch eine »effektive Interventionsmethode« (Landerl u. a. 2022, S. 217f.) dar. Landerl u. a. verweisen dabei auf das wichtige Ziel und Ergebnis unserer Lernmethode: Ein »effizienter Abruf von gelernten Inhalten aus dem Gedächtnis stellt geringe Anforderungen an die Arbeitsgedächtnisleistungen, wodurch Arbeitsgedächtnisspeicher frei wird für das Verarbeiten von anderen Lösungsschritten (wie z. B. nötig beim Lösen mehrstelliger schriftlicher Rechenaufgaben)« (ebd., S. 186).

Im Folgenden wird ausführlich demonstriert, wie ein therapeutisches Gespräch zwischen dem Therapeuten, dem Kind und den Eltern ablaufen kann. Im Vordergrund steht das Gespräch mit dem Kind, die Eltern hören und sehen zunächst überwiegend nur zu. Erst am Ende des Gesprächs, wenn es um die Umsetzung der täglichen kleinen Übungseinheiten geht, werden sie intensiver mit einbezogen.

Bausteine dieser einfach umzusetzenden Vorgehensweise im Therapiegespräch können Sie als Eltern, Lerntherapeuten oder Lehrer übernehmen.

## 1. Vorgehen in der Therapiesituation

### a) Vorbereitung

Für das »Experiment« mit dem Kind werden drei Kärtchen mit folgender Beschriftung erstellt.

Praktische Anleitung zur Vermittlung des arithmetischen Faktenwissens beim Einmaleins

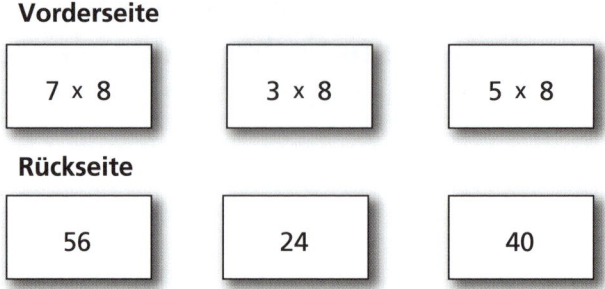

Die Anzahl der Informationen auf einem Kärtchen liegen mit vier Einheiten (7, mal, 8 und 56) im Rahmen der Kapazitätsgrenze von fünf Einheiten bei der Verarbeitung im Arbeitsgedächtnis. Ziel ist es, im Gehirn des Kindes die kürzest mögliche Verdrahtung zwischen Aufgabe und Ergebnis anzulegen und zu verfestigen.

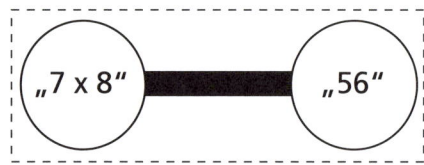

### b) Motivationsphase I

Zum Einstieg wird vorsichtig die Möglichkeit einer Verbesserung in Mathematik beim Kind mit Rechenschwäche angesprochen. Zu bedenken gilt hier, dass das betroffene Kind meist entmutigt ist, negative Gedanken und Gefühle in Bezug auf Mathematik aufgebaut hat und sich oft Vermeidungstendenzen entwickelt haben.

**Beispiel aus der Therapiesituation:**
Therapeut: »Ich weiß, Mathe ist ganz schön blöde. Aber was meinst du: Wäre es vielleicht nicht schlecht, wenn du in Mathe ein bisschen besser werden könntest? Findest du nicht?«

Kind stimmt meist zögernd zu. Wenn das Kind sich weigern sollte, muss noch mehr Überzeugungsarbeit geleistet werden.

Therapeut: »Du weißt, ich kenne mich da ein bisschen aus und weiß vielleicht einen Weg. Deswegen würde ich gerne ein Experiment mit dir machen, um herauszufinden, ob er klappt. Okay?

Lass uns auf den Boden setzen.«
Die Lernarbeit auf dem Boden bietet zwei Vorteile:

- Das Kind verbindet mit dem Boden kein schulisches Arbeiten, weil dies normaler Weise am Schreibtisch erfolgt. Der Boden ist eher mit Spielen gekoppelt, weshalb die gefühlsmäßige Besetzung eher positiv als negativ ist.

# 1. Vorgehen in der Therapiesituation

- Auf dem Boden ist eine Fokussierung der Aufmerksamkeit leichter zu erreichen, da dort das Gesichtsfeld eingeschränkt ist und weniger Ablenkreize existieren. Dies ist besonders auch bei den Kindern mit ADHS, die einen hohen Anteil in der Gruppe der Kinder mit Rechenstörung einnehmen, hilfreich.

## c) Experiment

Therapeut und Kind sitzen auf dem Boden.

Therapeut.: »Ich würde gerne ein Experiment machen. Ich habe hier auf dem Kärtchen eine Einmaleinsaufgabe. Wenn du das Ergebnis weißt, sag es mir sofort. Bist du bereit?«

Das Kärtchen mit der Aufgabe 7 × 8 wird gezeigt. Zumeist kann man dann bei dieser Aufgabe deutlich sehen, wie das Kind anfängt innerlich zu rechnen: seine Augen bewegen sich, vielleicht auch der Mund. Auf jeden Fall kommt seine Antwort nicht sofort.

Ist dies der Fall, hebt der Erwachsene sofort abwehrend die Hand: »Nicht anstrengen!«, dreht das Kärtchen um und zeigt das Ergebnis.

Der Erwachsene und das Kind wiederholen jetzt mehrmals: »7 mal 8 ist 56«. Der Erwachsene zeigt dabei parallel das Kärtchen bzw. dreht es um.

»Weißt du, dass 7 × 8 die schwerste Aufgabe im Einmaleins ist? Weißt du noch das Ergebnis?«

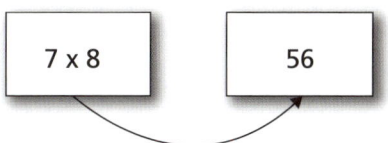

Wenn das Kind die Verbindung Aufgabe und Ergebnis abgespeichert hat, legt der Erwachsene die Karte auf dem Boden zur Seite: »Ich lege das Kärtchen jetzt hierhin, frage dich aber später, ob du das Ergebnis noch weißt. Probieren wir die nächste Aufgabe aus.«

Mit der Aufgabe 3 × 8 wird dann in analoger Weise verfahren.

Schließlich werden die Aufgaben auf beiden Kärtchen abgefragt und wiederholt. Wenn dem Kind ein Ergebnis nicht einfallen sollte, wird das Kärtchen sofort umgedreht und das Ergebnis gezeigt: »Nicht anstrengen!«

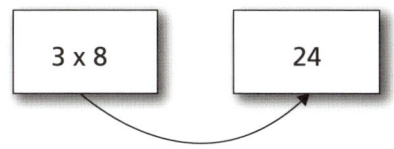

Zum Schluss wird noch ausprobiert, ob dem Kind das Ergebnis zu 5 × 8 sofort einfällt. Häufig beherrscht das Kind dies, weil sie zu den in der Schule gelernten

Praktische Anleitung zur Vermittlung des arithmetischen Faktenwissens beim Einmaleins

Kernaufgaben gehört. Ist dies der Fall, wird später mit den drei Kärtchen weitergearbeitet. Wenn die Antwort nicht sofort erfolgt, wird das Erlernen dieser Aufgabe auf den nächsten Tag verschoben und später nur noch zwei Kärtchen einbezogen.

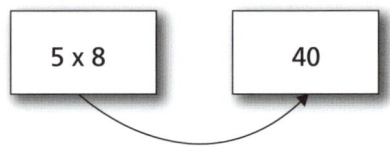

> **Eine kurze Anleitung für die Eltern**
>
> Eltern: »7 × 8, wie viel ist das?«
> *Wenn Ihr Kind zögert oder innerlich zu rechnen beginnt: »Nicht anstrengen!« Sie drehen sofort das Kärtchen um und zeigen das Ergebnis: 56. Sie drehen das Kärtchen nun wieder um und zeigen die Aufgabe erneut.*
> Eltern: »7 × 8. Weißt du das Ergebnis noch?«
> Kind: »56.«
> Eltern: »Genau, stimmt!«
> *Sie zeigen nochmals das Ergebnis.*
> Eltern: »Weißt du jetzt, wie viel 3 × 8 ergibt?«
> Kind: »24.«
> Eltern: »Richtig, das stimmt!«
> *Sie drehen die Karte um und zeigen das richtige Ergebnis.*
> Eltern: »5 × 8?«
> Kind: »40.«
> Eltern: »Stimmt! Weißt du noch das Resultat von 7 × 8?«
> Kind: »56.«
> Eltern: »Sehr gut!«

## d) Motivationsphase II – Dem Kind das Gehirn erklären

Kann das Kind die Ergebnisse zu den Aufgaben sofort und sicher sagen, wird es gefragt, ob diese Aufgaben, sogar die schwerste Aufgabe im Einmaleins, jetzt noch anstrengend für es sind. Das Kind verneint dies, weil ihm die Ergebnisse ohne Anstrengung sofort einfallen.

Wichtig ist jetzt, dass das Kind weiß, was dieser Lernprozess in seinem Gehirn bewirkt hat. Es hat sich bewährt, die Funktionsweise des Gehirns beim Lernen in folgender, für das Kind vereinfachter Form zu erklären:

»Weißt du, was gerade in deinem Gehirn passiert ist?«
»Möchtest du es gerne wissen?«
»Gut, ich erkläre es dir. Stell dir vor, meine eine Faust ist eine ganz kleine Nervenzelle in deinem Gehirn und sie ist zuständig für die Aufgabe 7 × 8.

Die andere Nervenzelle (die zweite Faust) ist zuständig für das Ergebnis. Weißt du es noch?«

»Super! Die schwerste Aufgabe im Einmaleins. Du hast jetzt die kürzeste Verdrahtung zwischen Aufgabe und Ergebnis in deinem Gehirn angelegt. Die kürzeste Verdrahtung ist immer am wenigsten anstrengend!«

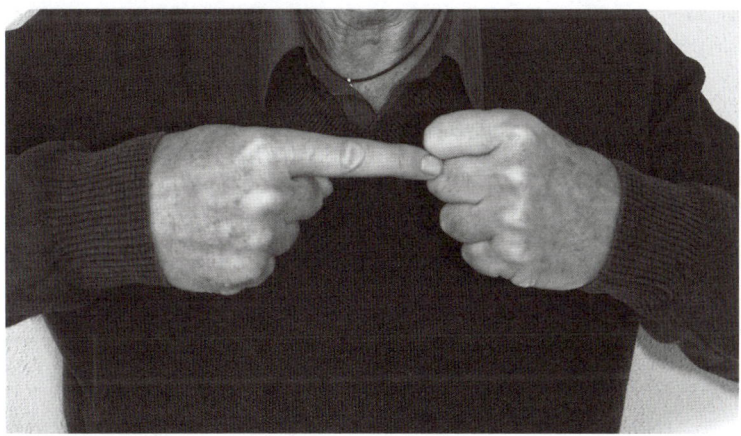

»Jetzt muss ich dir aber etwas erzählen, was nicht so schön ist. Diese Verdrahtung ist am Anfang sehr dünn. Wenn ich die Aufgabe nicht wiederhole, schau was passiert.«

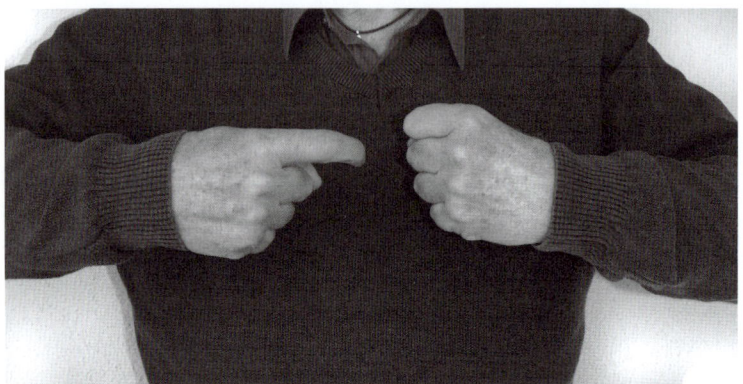

»Genau die kürzest mögliche Verdrahtung im Gehirn löst sich wieder und du musst dann wieder das Ergebnis über anstrengende Umwege im Gehirn ausrechnen.

Ich weiß aber auch, wie eine kürzest mögliche Verdrahtung erhalten bleibt und wie sie sogar immer dicker wird. Durch jedes Wiederholen wird die Verdrahtung dicker.«

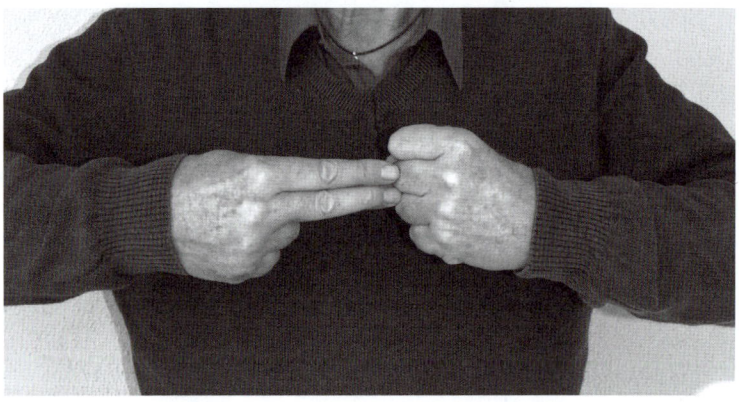

»Und wenn du noch mehr über die Tage hinweg wiederholt hast, bekommst du eine noch dickere Verdrahtung.«

# 1. Vorgehen in der Therapiesituation

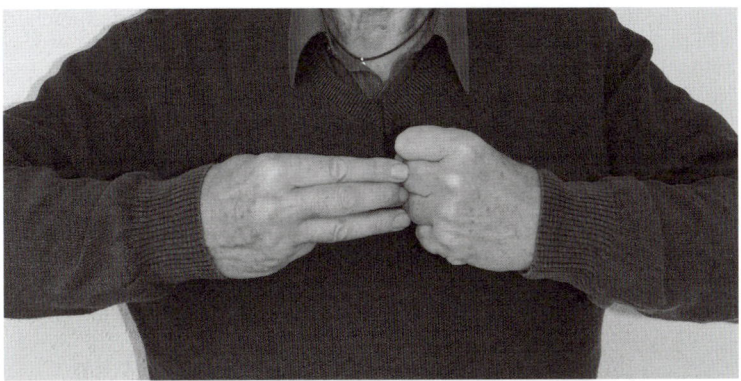

»Und wenn du ganz, ganz viel wiederholt hast, bekommst du so eine dicke Verdrahtung, die hält, bis du stirbst.«

An dieser Stelle können den Erwachsenen vom Therapeuten die umständlichen Rechenwege (serielles Hochzählen, Nachbaraufgaben, Verdoppeln und Zusammensetzen), die Vergessenskurve und das »blaue Gehirn« erklärt werden. Das Kind darf sich ausruhen und »muss« nicht zuhören.

## e) Wiederholungsphase

Kinder sind schlau. Es kann passieren, dass sie sich bei den Kärtchen nur merken, dass hier das Ergebnis 56 oder hier das Ergebnis 32 liegt. Sie »verdrahten« im Gehirn die Lage des Kärtchens mit dem Ergebnis und nicht die Aufgabe mit dem Ergebnis. Um sicherzustellen, dass tatsächlich die Aufgabe mit dem Ergebnis verknüpft wird, verändern Sie in einem nächsten Schritt die Karten sowohl hinsichtlich ihrer Raumlage als auch in ihrer Reihenfolge. Sie schieben die drei Kärtchen hin und her und erfragen jeweils das Ergebnis. Damit wird sichergestellt, dass im Gehirn des

Kindes nur die direkte Verdrahtung Aufgabe – Ergebnis sicher abgespeichert wird. Dieses Hin- und Herschieben wird mehrmals wiederholt.

**Übungsbeispiel**

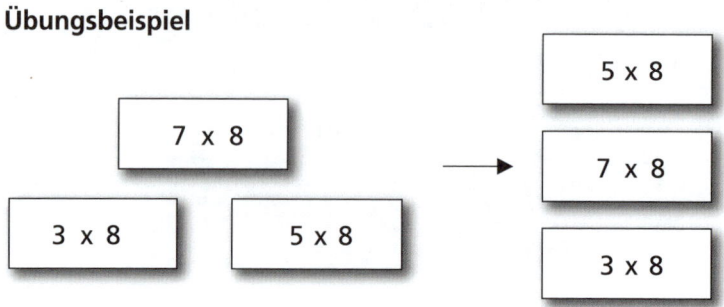

**Abb. 7.1:** Einprägen des Ergebnisses möglichst in Dreierblöcken mit Wechsel der Raumlage und mehrmaligem Wiederholen.

Wenn Sie mit nur zwei Aufgaben arbeiten, weil die dritte Aufgabe nicht sofort vom Kind gelöst wurde, werden einfach die zwei Aufgaben vom letzten Lerntag hinzugenommen und vier Kärtchen hin- und hergeschoben.

## e) Verankern in Anwendungen

Damit nicht nur die Aufgaben und deren jeweiliges Ergebnis auswendig gelernt werden, sondern das Kind die Bedeutung der arithmetischen Prozedur versteht und auch weiß, bei welchen Problemstellungen diese als Handwerkszeug für die Lösung benutzt werden kann, werden nun die Aufgaben in alltagsnahen Anwendungen verankert.

Therapeut: »Schau, hier habe ich ein Päckchen mit 8 Gummibärchen. Wollen wir nachschauen, ob es stimmt?«
Nach der Überprüfung: »Schau, hier habe ich 4 Päckchen. Wieviel Gummibärchen habe ich?«
Notfalls wird spielerisch leicht versteckt das Kärtchen mit der Aufgabe mit 4 × 8 gezeigt.
Kind: »32.«
Therapeut: »Ja genau: 4 mal 8 Gummibärchen sind 32 Gummibärchen. Wenn ich 7 Päckchen hätte, wieviel Gummibärchen hätte ich dann?«
Kind: »56.«
Therapeut: »Ja genau. 7 mal 8 Gummibärchen wären 56 Gummibärchen. Stell dir jetzt vor, du bekommst 8 Euro Taschengeld in der Woche. Wieviel würdest du in 4 Wochen ... in 7 Wochen bekommen?«

Im Folgenden werden weitere Aufgaben gestellt, deren Sachverhalt für das Kind alltagsnah und vertraut sind: Ein Päckchen mit dem Lieblingsspielzeug (z. B. Bauklötze oder Figuren), ein Buch mit Pferdegeschichten, eine Eintrittskarte für ... kostet

8 Euro. Dem Kind wird dabei auch die Bedeutung von Formulierungen wie z. B. »zu je« vertraut.

## f) Vereinbarungen im Voraus treffen

Nach dem erlebten Erfolg und der Erklärung, wie das Gehirn beim Lernen funktioniert, sind die Kinder fast immer motiviert, auf diese Weise das Einmaleins zu lernen.

Therapeut: »Hast du gesehen, wie gut du bist und wie leicht du Mathe lernen kannst?! Wieviel wärst du bereit, jeden Tag an Zeit dafür zu investieren?«

*In der Euphorie des erlebten Erfolgs bieten die Kinder normaler Weise an dieser Stelle viel mehr Zeit an als nötig ist.*

Therapeut: »So viel Zeit brauchen wir gar nicht. Was meinst du, wollen wir vereinbaren: Jeden Tag 10 Minuten und deine Eltern müssen dabei aufpassen, dass du dich nicht anstrengst.«

*Jetzt müssen die Eltern mit »ins Boot« geholt werden.*

Therapeut: »Sie haben gesehen, wie gut ihr Kind die Einmaleinsaufgaben erlernt hat. Sie haben gehört, wie viel Zeit es für ein solches Lernen investieren würde und welche Vereinbarung wir getroffen haben. Wären Sie auch bereit, 10 Minuten am Tag für ihr Kind und ein solches Lernen aufzubringen?«

Auf der Bereitschaft der Eltern aufbauend wird nun ein konkretes Lernprogramm aufgebaut:

- Pro Tag sollen nur zwei bzw. maximal drei Aufgaben neu gelernt werden.
- Alle schon gelernten Aufgaben werden im Schnelldurchlauf ein- bis zweimal wiederholt: Alle bisher gelernten Aufgaben werden zu einem Packen zusammengefasst, die Aufgaben nacheinander gezeigt, nach der (richtigen) Antwort des Kindes umgedreht und das Ergebnis bestätigt.
- »Jeder eine Aufgabe ist fair.« Die Eltern erfinden pro Tag eine Sachaufgabe zu den neu gelernten Einmaleinsaufgaben für das Kind und das Kind erfindet eine Sachaufgabe für die Eltern.

Wenn das Kind und die Eltern vorher in Bezug auf ein gemeinsames Üben negativ verhakt waren, kann eine solche Vereinbarung mit dem Lerntherapeut oder dem Lehrer dabei helfen, dass gemeinsames Lernen auf beiden Seiten neu und positiv besetzt wird. (Therapeut: »Das nächste Mal erzählst du mir, ob deine Eltern wirklich aufgepasst haben, dass du dich beim Lernen nicht angestrengt hast!«)

## 2. Vertiefende Ergänzungen und Erläuterungen zum Lernexperiment

### a) Direkt erlebter Erfolg im Lernexperiment

Kinder, die entmutigt sind – und hierzu gehören unsere rechenschwachen Kinder – zeigen oft Vermeidungsverhalten, wenig hilfreiche Gedanken und starke negative Gefühle. Sie brauchen kurzfristig erlebbaren Erfolg. Da die unmittelbaren Konsequenzen in der Regel das Verhalten steuern und darauf einwirken, müssen die Kinder schnell und zeitnah erleben: »Ich kann das, ich habe es richtig gemacht, dieser Weg ist schnell und einfach.« Es ist wichtig, dass die Hoffnung entsteht: »Ich kann das schaffen.« Über kurzfristig vermittelte Erfolgserlebnisse können Blockaden und Vermeidungsverhalten Schritt für Schritt abgebaut werden.

> **Beispiel: Eva, vierte Klasse**
>
> Erinnern Sie sich an Eva, ihre Tränen und ihre Angst vor Mathematik? Sie möchte nicht über das Rechnen sprechen, geschweige denn, sich durch zusätzliches Üben mit diesem Fach auseinandersetzen. Der Therapeut schlägt Eva ein Experiment vor. Das Motto, das er ihr vermittelt, lautet: »Du sollst dich beim Rechnen nicht anstrengen, das ist verboten!« Eva und der Therapeut setzen sich auf den Boden und experimentieren mit den Einmaleins-Kärtchen. Eva beweist dabei ein sehr gutes visuelles Gedächtnis. Sie ist sehr schnell in der Lage, sich drei schwierige Kombinationen aus dem 8er-Einmaleins zu merken. Nach diesem kleinen »Spiel« strahlt Eva über das ganze Gesicht. Der Bann ist gebrochen. Evas leuchtende Augen sind Ausdruck ihres Stolzes, ihres kurzfristig erzielten Erfolgs, der sie wieder lebendiger und hoffnungsvoller macht.

### b) Die Magie des »Sich-nicht-anstrengen-dürfens«

Neben dem direkt erlebten Erfolg hilft auch die Anweisung »Nicht anstrengen!« zu einer »Umpolung« der negativen Gefühle und Gedanken in Bezug auf das Fach Mathematik. Diese Anweisung erzielt beim Kind meist eine doppelte Wirkung

#### Motivierung

»Nicht anstrengen!« Von diesen zwei Worten geht eine gewisse Magie aus, eine Überraschung für Kinder, da »Nicht anstrengen!« eine Leichtigkeit beim Lernen signalisiert, die im Gegensatz zum bisher zumeist sehr mühevollen Lernprozess steht. Die Kinder sind erst einmal verblüfft und machen eine gänzlich neue Erfahrung: Lernen soll nun ohne Anstrengung ablaufen. Dies erscheint für die Kinder zunächst paradox. Die Magie des »Sich-nicht-anstrengen-dürfens« hat große Auswirkungen auf die Motivation der Kinder. Lernen wird hier möglicherweise in einen neuen,

»leichteren« und entlastenderen Kontext eingebunden. So entstehen letztlich neue, positivere Gefühle und Gedanken zu dem oft verhassten Lerngegenstand Rechnen.

Besonders eindrucksvoll zeigt sich die Wirkung dieser Vorgabe im folgenden Beispiel:

> Ein Junge mit ausgeprägter Rechenschwäche berichtete nach der Therapiesitzung seinem älteren Bruder in Anwesenheit der Mutter und des Therapeuten begeistert: »Du, ich darf mich beim Lernen fei nicht mehr anstrengen!«

**Unterbrechung von Fehlstrategien**

Beim automatisierten Faktenwissen fällt dem Kind das Ergebnis ohne zusätzliche Rechenoperationen, d. h. ohne »Umwege im Gehirn« sofort ein. Deswegen müssen die Umwege auf motivierende Weise unterbrochen werden, um die wenig anstrengende, kürzeste Verdrahtung im Gehirn beim Kind etablieren zu können.

## c) Automatisiertes Faktenwissen als Grundlage für kompliziertere Rechenprozeduren

In unserem Beispiel zur Arbeit mit den Einmaleins-Kärtchen ($7 \times 8 = 56$) haben Sie gesehen, dass wenn das Kind die Antwort nicht sofort weiß, also länger bis zum Finden der Lösung der Aufgabe benötigt, das Kärtchen mit dem Ergebnis 56 sofort umgedreht wird. Ziel ist, dass Ihr Kind das Ergebnis letztlich auswendig beherrscht und dadurch die Fehlstrategien des seriellen Hochzählens oder des komplizierten Errechnens nicht mehr benötigt.

Ziel ist ein müheloser Abruf der gelernten Einmaleins-Fakten aus dem Langzeitgedächtnis. Nur wenn dies der Fall ist, ist das Kind in der Lage, sich auf die neu zu lernenden Rechenschritte bei komplexeren Rechenprozeduren zu konzentrieren und sich diese dann einzuprägen.

Wie Sie in dem Schaubild Abb. 7.2 sehen, bilden die automatisierten Einmaleins-Fakten die Grundlage für viele darauf aufbauende Rechenverfahren. Deutlich wird auch, dass sowohl die Einmaleins-Fakten als auch die Rechenverfahren verankert werden müssen.

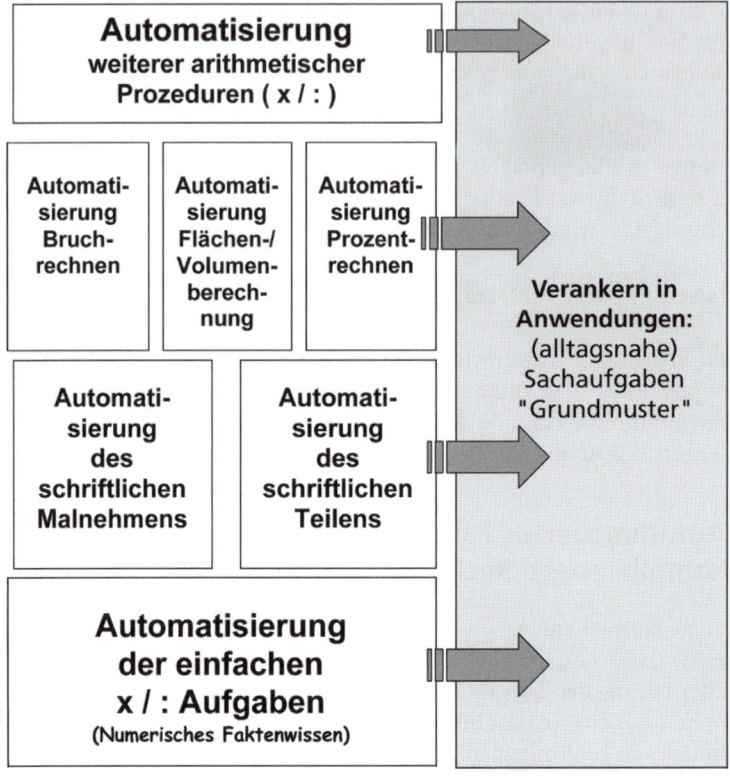

Abb. 7.2: Automatisierte Einmaleins-Fakten als Grundlage für komplexere Rechenprozeduren

### d) Wissen um die Funktionsweise des Gehirns

Sowohl die Eltern als auch das Kind sollen wissen, warum sie in der dargestellten Form lernen sollen. Als grundlegendes Wissen ist es hilfreich, ihnen den Einprägeweg, die Vergessenskurve beim Menschen, die Kapazitätsbegrenzung des Arbeitsgedächtnisses, die Verdrahtung von Nervenzellen im Gehirn und die Vorteile beim »blauen Gehirn« zu erklären. (▶ Kap. 3 und ▶ Kap. 4). Sie verstehen dann den Vorgang beim erstmaligen Einprägen und die Notwendigkeit des ausreichenden Wiederholens besser. Letztlich motiviert dieses Wissen für ein »gehirntechnisch« passendes Lernen.

### e) Einbezug der Kapazitätsgrenze bei der Verarbeitung im Arbeitsgedächtnis

Um die Kapazitätsgrenze im Arbeitsgedächtnis beim Erlernen der Einmaleins-Fakten zu berücksichtigen, wird jeweils nur eine Aufgabe auf Ziffernebene erlernt. Erst wenn diese abgespeichert bzw. im Gehirn »dünn verdrahtet« worden ist, kann die nächste Aufgabe erlernt oder sie in Anwendungen eingesetzt werden.

Bei einer Aufgabe müssen nur vier Informationseinheiten miteinander im Gehirn sicher verbunden werden: 7, × (mal), 8 und 56. Die Verarbeitungskapazität im Arbeitsgedächtnis wird so nicht überlastet.

## f) Welche Aufgaben soll das Kind lernen?

Welche Aufgaben muss Ihr Kind in der Multiplikation noch lernen? Mithilfe der folgenden Tabelle überprüfen Sie alle Kombinationen im Bereich des Einmaleins und achten darauf, welche Aufgaben noch nicht richtig automatisiert sind bzw. bei welcher Kombination Fehlstrategien eingesetzt werden. Letztere erkennen Sie wiederum daran, dass der vom Kind benutzte Rechenweg zu lange dauert (länger als eine halbe Sekunde), der Mund Ihres Kindes sich bewegt, seine Augen flackern oder Sie den Eindruck haben, dass Ihr Kind »denkt« oder »rechnet«.

| x | 1 | 2 | 3 | 4 | 5 | 6 | 7 | 8 | 9 |
|---|---|---|---|---|---|---|---|---|---|
| 1 | | | | | | | | | |
| 2 | | 4 | 6 | 8 | 10 | 12 | 14 | 16 | 18 |
| 3 | | 6 | 9 | 12 | 15 | 18 | 21 | 24 | 27 |
| 4 | | 8 | 12 | 16 | 20 | 24 | 28 | 32 | 36 |
| 5 | | 10 | 15 | 20 | 25 | 30 | 35 | 40 | 45 |
| 6 | | 12 | 18 | 24 | 30 | 36 | 42 | 48 | 54 |
| 7 | | 14 | 21 | 28 | 35 | 42 | 49 | 56 | 63 |
| 8 | | 16 | 24 | 32 | 40 | 48 | 56 | 64 | 72 |
| 9 | | 18 | 27 | 36 | 45 | 54 | 63 | 72 | 81 |

Abb. 7.3: Überprüfungstabelle zur Multiplikation im Neunerraum

In dieser Tabelle sind bewusst die Ergebnisse der Multiplikation mit 1 und mit 10 weggelassen worden, da sie zu »leicht« sind und von den Kindern normalerweise beherrscht werden.

Die Eltern sortieren die Aufgabenkärtchen: Die Aufgaben, deren Ergebnis nicht sofort gewusst wurde, kommen in den »Lerntopf«, die sofort gewussten in den »Genietopf«. Pro Tag können dann zwei Kärtchen aus dem Lerntopf und eines aus dem Genietopf benutzt werden. Die Kärtchen aus dem Lerntopf werden innerhalb einer Reihe, z. B. der 8er-Reihe, gelernt. Die Aufgaben sollten nicht aufeinanderfolgen, wie z. B. $6 \times 8$ und $7 \times 8$, sondern wie im Experiment auseinanderliegen: $4 \times 8$ und $7 \times 8$. Liegen die Aufgaben in der Reihe nebeneinander, wird das Kind verlockt, Rechenoperationen durchzuführen, um von dem einen Ergebnis zum anderen zu kommen.

Wenn die Multiplikationsaufgaben alle beherrscht werden, kann mit den »kleinen« Divisionsaufgaben mit entsprechenden Lernkärtchen in gleicher Weise verfahren werden.

## g) Bedeutung des ersten Lern- bzw. Einprägetages

Der erste Tag ist für das Lernen neuer Aufgaben besonders wichtig und erfordert eine ausreichende Anzahl von Wiederholungsdurchgängen. Hier wird eine erste Verknüpfung zwischen den Nervenzellen aufgebaut, die so stabil sein soll, dass sie am nächsten Tag noch besteht, so dass dann mit der »Verdickung« der Synapsen begonnen werden kann. Dies bedeutet konkret, dass das Kind am nächsten Lerntag das Ergebnis der Aufgabe vom Vortag noch erinnert.

Jedes Kind ist anders. Insofern müssen Sie ausprobieren, wie viele Wiederholungsdurchgänge in welchen Zeitabständen am ersten Lerntag notwendig sind, um das Ziel zu erreichen. Sinnvoll ist es, am ersten Lerntag immer wieder Wiederholungsdurchgänge in den Alltag einzubauen, z. B. »Schau unser Kärtchen: Weißt du noch das Ergebnis?« oder »Weißt Du noch? $7 \times 8$?« bzw. »Wie heißt unsere Aufgabe, bei der als Ergebnis die 56 herauskommt?«.

Bei dieser Art des Lernens mit den Kärtchen werden beide Hauptsinneskanäle eingesetzt. Die Kinder sehen die Zahlen, d. h. sie können sie visualisieren, sie können aber auch die Aufgabenstellung noch einmal verbal wiederholen.

## h) Sicherstellung des regelmäßigen Wiederholens in kleinen Portionen

Die dauerhafte Verankerung von Informationen im Langzeitgedächtnis ist wesentlich von der **Anzahl der Wiederholungen** abhängig. Ein dauerhaftes Einprägen wird jedoch verhindert, wenn Lernstoff zu selten wiederholt wird. Die Vergessenskurve zeigt uns, dass wir besonders am Anfang, d. h. nach den ersten Einprägeprozessen, sehr schnell und sehr viel wieder vergessen. Wiederholungen in den ersten Tagen nach der Informationsaufnahme sind erforderlich, um dem Vergessen entgegenzuwirken. Im Laufe der Zeit vergessen wir langsamer. Dennoch setzt sich der Vergessensprozess auch in der Folgezeit stetig fort, sofern wir nicht weiterhin wiederholen.

Deswegen lernt das Kind pro Tag nur zwei bis drei Aufgaben neu, wiederholt aber im Schnelldurchlauf alle bisher gelernten Aufgaben ein- bis zweimal. Im Schnelldurchlauf können auch die Aufgaben herausgefischt werden, die noch einen »Beschleuniger« brauchen und noch zusätzlich wiederholt werden müssen.

## 2. Vertiefende Ergänzungen und Erläuterungen zum Lernexperiment

*Wie lange dauert es, den Schnelldurchlauf durchzuführen?*
Wenn alle Multiplikationsaufgaben mit Faktoren im 9er-Raum gelernt worden sind, umfasst das Päckchen des Schnelldurchlaufs 64 Aufgabenkärtchen. Das Abfragen aller Aufgaben benötigt, wenn die Aufgaben sicher automatisiert worden sind, dann maximal dreieinhalb Minuten.

### i) Lernen mit den Eltern

Wenn die Eltern mitarbeiten, ist es hilfreich, gemeinsam zu überlegen, wie die zehn Minuten für das Lernen der beiden neuen Aufgaben und den Schnelldurchlauf von Montag bis Sonntag in den normalen Tagesablauf eingebaut werden können. Man kann sich auf darauf einigen, dass an fünf Tagen in der Woche neue Aufgaben gelernt werden, der Schnelldurchlauf aber möglichst täglich durchgeführt wird. Für jeden Tag kann man ganz konkret einen normalerweise günstigen Zeitpunkt und einen Notfall- und Ausweichtermin festlegen. Die Gesamtzeit kann dabei auch in kleinere Zeiteinheiten aufgeteilt werden.

Günstige Zeitpunkte im Hinblick auf die Lern- und Wiederholungszeiten können sein:

- Vor Beginn der schriftlichen Hausaufgaben, wenn das Kind noch frisch ist und »zum Warmlaufen des Gehirns« können erstmals die neuen Aufgaben des Tages gelernt werden.
- Während der schriftlichen Hausaufgaben werden, damit die Hand sich ausruhen kann, immer wieder 2-Minuten-Phasen eingeschoben, in denen die neuen Aufgaben wiederholt und ein Teil des Schnelldurchlaufs durchgeführt werden.
- Am Abend vor dem Abendessen darf das Kind dem von der Arbeit kommenden Elternteil stolz die Erfolge im Schnelldurchlauf zeigen.

Bei einer guten Kooperation von Eltern und Lehrer kann folgendes vereinbart werden: Das Kind lernt mit den Eltern zuhause die Einmaleinsaufgaben. Die Lehrkraft begleitet und kontrolliert dieses Lernen und darf sich z. B. vor Unterrichtsbeginn fünf Aufgaben aus dem Kärtchenpacken des Schnelldurchlaufs heraussuchen und das Kind abfragen.

### j) Schulinterne Fördermaßnahmen

In Fortbildungen mit Lehrern werden sehr häufig folgende Fragen gestellt: »Was machen wir denn nun, wenn Eltern nicht mitarbeiten wollen oder auch nicht mitarbeiten können?«, »Kann man die Notwendigkeit des Wiederholens, im Unterricht in der erforderlichen Häufigkeit und bei der betroffenen Anzahl von Schülern parallel zum normalen Unterrichtsstoff organisieren?«

In diesen Fortbildungen wurden in Variationen immer wieder folgendes Projekt entwickelt:

In einem ersten Schritt werden die Eltern an einem Elternabend über das neue Projekt »Lernen lernen in Mathematik« informiert.
Das Projekt selbst setzt sich aus zwei Phasen zusammen:

1. Alle Schüler werden zu Lerntrainern ausgebildet. Ihnen wird erklärt, wie das Gehirn funktioniert, wie wichtig die kürzest mögliche Verdrahtung im Gehirn ist und warum nur regelmäßiges Wiederholen ein dauerhaftes Behalten und Beherrschen bewirken kann. Den Schülern wir vermittelt, worauf sie als Lerntrainer achten müssen und wie sie sich als Lerntrainer verhalten müssen. Dieser Kurs kann mit einem Diplom bzw. einer Urkunde abgeschlossen werden.
2. Einmal am Schultag werden zehn Minuten Lerntraining eingebaut, z. B. am Beginn der Mathematikstunde oder der Freiarbeitsphase. In Partnerarbeit üben die ausgebildeten Lerntrainer mit Rollenwechsel die Mal- und später die Geteiltaufgaben. Pro Tag werden zwei bis drei Aufgaben neu gelernt und die schon gelernten Aufgaben im Schnelldurchlauf abwechselnd wiederholt.

Eine Variation bestand darin, Viertklässler analog zur Streitschlichterausbildung zu Mathetrainern auszubilden und zu Paten für rechenschwache Schüler der zweiten Grundschulklasse zu machen. Zu definierten Zeiten im Schulalltag könnte dann einmal täglich 10 bis 15 Minuten mit den entsprechenden Lernmethoden wiederholt werden. Pate bzw. Mathetrainer und Kind würden ein Team bilden. Besonders im Rahmen einer Ganztagsschule kann die Idee des Pate-Mathetrainers leichter im Schulalltag umgesetzt werden.

Eine weitere Möglichkeit besteht darin, in Analogie zu »Lese-Müttern«, die bereits im Kindergarten oder in den Grundschulen in die Förderpraxis mit eingebunden werden, auch »Mathe-Mütter/-Väter« einzusetzen. Engagierte Eltern oder Großeltern könnten dabei für die individuelle Förderung der Kinder im Grundschulbereich im Fach Mathematik eingesetzt werden. Hierzu müssten sie durch Lehrer mit »passenden« Methoden der Mathematikförderung von rechenschwachen Kindern vertraut gemacht werden, um Kinder bei den entsprechenden Lernprozessen so kompetent wie möglich unterstützen zu können. Gemeinsam verständigt man sich darüber, auf welche Faktoren und Mechanismen insbesondere zu achten ist, um beim Rechnen Automatisierungsprozesse zu ermöglichen (dicke Synapsen!). Die Aufmerksamkeit aller Beteiligten ist darauf zu legen, dass sich bei den Kindern keine Fehlstrategien wie beispielsweise das unnötige innere Hochzählen oder umständliche Rechenprozesse einschleifen.

> **Was kann bei diesem Lernen falsch gemacht werden?**
>
> Es gibt vier Gefahrenstellen:
>
> 1. Weil die Bedeutung des ersten Einprägetages nicht beachtet wird, beherrscht das Kind die am Tag vorher gelernten Aufgaben nicht mehr und kann dann nicht mit dem »Verdicken« der Verdrahtungen beginnen.

2. Man versucht, zu viele neue Aufgaben auf einmal zu lernen und vernachlässigt das notwendige Wiederholen aller bis zu diesem Zeitpunkt gelernten Aufgaben.
3. Wenn mit den Divisionsaufgaben begonnen wird, führt man den Schnelldurchlauf mit den Multiplikationsaufgaben nicht mehr durch. Letzterer müsste aber noch mindestens an vier Tage in der Woche weiter wiederholt werden.
4. Hat das Kind alle Multiplikations- und Divisionsaufgaben gelernt, beendet man das Wiederholen zu früh. Dann führen die Auswirkungen der Vergessenskurve zwangsläufig zu Frustration bei allen Beteiligten. Ab diesem Zeitpunkt muss aber noch längere Zeit der Schnelldurchlauf, vielleicht Tag für Tag abwechselnd für die Multiplikations- und Divisionsaufgaben, wiederholt werden – auch in den Ferien. Die Lehrer wissen aus ihrer Erfahrung, wie viele vorher gekonnten Einmalsaufgaben die Schüler am Ende der Sommerferien wieder vergessen hatten.

## k) Verankern in Anwendungen

Es reicht allerdings nicht aus, dass Kinder bestimmte Kombinationen »nur« auswendig lernen. Sie müssen vielmehr auch verstehen, was die jeweilige Rechenoperation bedeutet. Hierzu erfinden ein Elternteil und das Kind jeweils eine Sachaufgabe zu den gelernten Einmaleinsaufgabe nach dem Motto: »1 und 1 ist fair«

Neben der Verankerung in alltagsnahen Sachaufgaben kann diese, wenn das Einmaleins automatisiert ist, auch bei den von der Didaktik geforderten »flexiblen Operationsvorstellungen« eingesetzt werden, obwohl dies wahrscheinlich für die eigentliche Rechenkompetenz bei Kindern mit Rechenschwäche nicht nötig ist.

# Kapitel 8  Einige grundsätzliche Überlegungen zur Vorgehensweise bei der Förderarbeit im Bereich der Rechenschwäche

Bevor wir versuchen, zentrale Aspekte für die Förderarbeit zu entwickeln, sei hier noch einmal an die Grundvorgänge beim Lernen und an deren wichtigsten Komponenten erinnert. Die Vorgehensweise bei der Förderarbeit soll ja »gehirngerecht« sein, d. h. sie begründet sich direkt aus der Art und Weise, wie unser Gehirn Informationen verarbeitet und abspeichert.

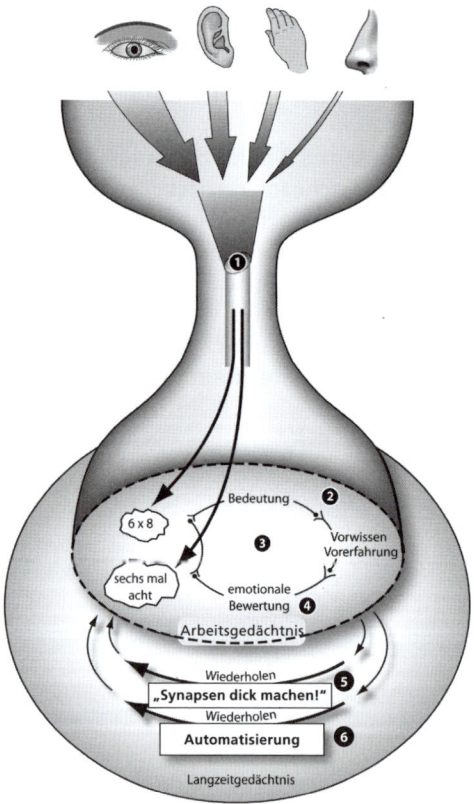

Abb. 8.1: Die Grundvorgänge beim Lernen: (1) Ausrichtung der Aufmerksamkeit; (2) Ausreichend automatisiertes Vorwissen; (3) Begrenzte Aufnahmekapazität des Arbeitsspeichers; (4) Die überragende Bedeutung der Emotionen beim Lernen; (5) Das häufig vergessene Wiederholen – Automatisierung durch ausreichendes Wiederholen

# 1. Unser Hauptziel bei der Förderung: Die Erfolgstreppe

Wenn wir unsere Kinder in passender Weise fördern und ihnen helfen wollen, sollten wir das vereinfachte Modell des Lernens (▶ Abb. 8.1) mit seinen wichtigsten Komponenten stets im Hinterkopf haben. Ziel ist es, »die Synapsen zu verdicken«, d. h. Wiederholungsvorgänge in solch ausreichendem Maße anzubieten, dass funktionale Veränderungen an den beteiligten Neuronenverbänden stattfinden können, Wissen automatisiert wird und letztendlich die Verarbeitungskapazität im Arbeitsgedächtnis wieder frei wird für das Erlernen neuer Informationen.

## 1. Unser Hauptziel bei der Förderung: Die Erfolgstreppe – Die emotionale Bewertung und ihre Bedeutung für den Lernweg und die Lernanforderungen

Lernen ist eng mit Emotionen und den damit verbundenen Gedanken (Kognitionen) verknüpft. Aus diesem Grund müssen wir uns als Eltern, Lehrer und auch Therapeuten immer wieder darüber im Klaren werden, wie die gefühlsmäßige Ausgangslage unseres Kindes ist. Diese wird beeinflusst durch unsere Vorstellungen, unsere Erwartungen und unser Verhalten, die wir dem Kind in Bezug auf seine Auseinandersetzung mit dem Lerngegenstand Mathematik entgegenbringen. Unsere Vorgaben bestimmen in nicht unerheblicher Weise die Einstellung des Kindes hinsichtlich seiner Lernbemühungen bzw. auch seiner Abwehr gegenüber dem Lernen. Wir müssen uns fragen, wie wir eine förderliche Stimmung des Kindes entstehen lassen können.

Machen wir uns Gedanken über Lernmethoden, so müssen wir uns stets darüber bewusst sein, dass sowohl positive als auch negative Gefühle mit dem Lerngegenstand und damit auch dem Lernprozess verbunden sind. Es scheint so zu sein, dass die Verknüpfung mit unterschiedlichen Gefühlszuständen auch unterschiedliche neuronale Verarbeitungsprozesse entstehen lässt. Ebenso sind die Tiefe und die Dauerhaftigkeit der Behaltensleistung von der gefühlsmäßigen Bewertung des Lerngegenstandes abhängig.

Lernmethoden sollten deswegen von bisherigen negativen Gefühlen und Erfahrungen abgekoppelt werden. Nur, wie können wir dies ermöglichen? Die Entkopplung von negativen Gefühlen und das Anbinden an positive Gefühle funktioniert am ehesten durch den erlebten Erfolg. Dies ist eine Anforderung, die wir an unsere Lernmethoden unbedingt stellen müssen. Kinder müssen möglichst schnell erste Erfolge erleben können. Als Therapeuten, Lehrer und Eltern nehmen wir dies oft in Form eines Lächelns wahr, das über das Gesicht unserer Kinder huscht, über kurz aufblitzende Augen, über ein Leuchten oder Strahlen – dies kann ergreifend sein. Bei bislang entmutigten Kindern bedeuten diese Signale Hoffnung: »Ich bin nicht dumm!« »Ich kann es doch schaffen«, »Ich kann besser werden, ohne mich anzustrengen!« oder vielleicht sogar »Bei diesem Lernweg zeigt sich meine Stärke!«

Auf diese Weise können sich emotionale Blockaden langsam und Schritt für Schritt auflösen.

> **Rückmeldung der Mutter von Hannah, 2. Klasse**
>
> »Ich habe das Gefühl, die Übungen bewirken viel Positives bei Hannah. Jetzt singt sie sogar schon wieder; das war in letzter Zeit gar nicht mehr der Fall, da hat sie sich nur in ihr Zimmer zurückgezogen und mich abgewehrt ... Heute wollte sie sogar noch mehr Kärtchen zum Üben ... Diese Woche hat Hannah einen Mathetest geschrieben. Sie hat laut Herrn M. eine drei!! Super, oder? Hannah und ich sind total stolz.«
>
> **Carina, 3. Klasse, Rechenschwäche**
> »Rechnen macht mir Spaß, weil ich es jetzt besser kann.«

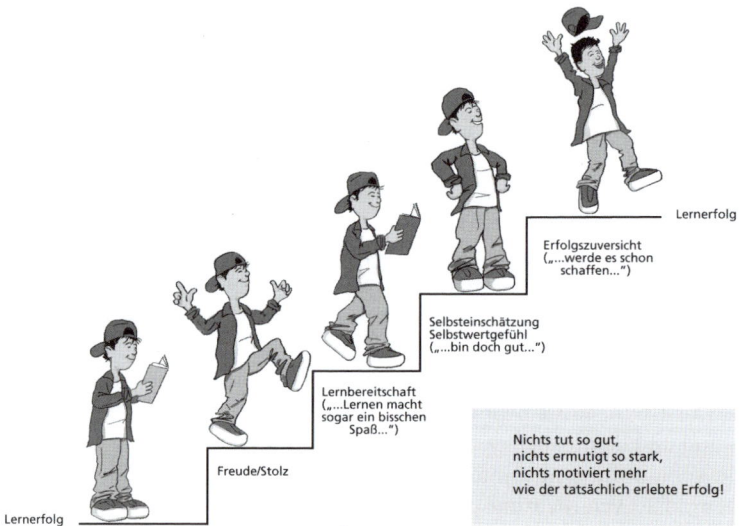

**Abb. 8.2:** Nichts macht erfolgreicher als der Erfolg

Erfolge und die dadurch ausgelöste Motivation können Leistungen bewirken, die das »bisher Mögliche« deutlich überschreiten.

Damit unsere rechenschwachen Kinder die Erfolgstreppe hinaufklettern können, ist es notwendig, die Lernanforderungen, d. h. die Stufen dieser Treppe, so zu gestalten, dass das Kind schnell Lernerfolge erleben kann – die Stufenhöhe muss passend gemacht werden. Eltern, Lehrer und Therapeuten sind hier gefragt, bewältigbare Lernschritte zu definieren, die dann aber auch hartnäckig eingefordert werden. Bei zu hoch gesteckten Ziele, die auf einer überhöhten Anspruchshaltung oder einer unrealistischen Vorstellung über die Möglichkeiten des Kindes beruhen, ist die Frustration der Kinder vorprogrammiert. Gerade bei Teilleistungsproblemen gilt es

# 1. Unser Hauptziel bei der Förderung: Die Erfolgstreppe

daher für die Eltern immer, zwischen ihren Idealen, den langfristigen Zielen und realistischen kurz- und mittelfristigen Zielen zu unterscheiden. Eltern und Therapeuten müssen die Voraussetzungen der Kinder berücksichtigen, ihre Grenzen und Möglichkeiten realistisch einschätzen und dann Ziele formulieren, die auch mit einem Erfolgserlebnis verknüpft sein können. Dies ist oft gerade auch für die Eltern ein schmerzlicher Prozess – wünschen sie sich doch einen optimalen Schulweg für ihre Kinder und übertragen auf sie häufig ihre eigenen Wünsche.

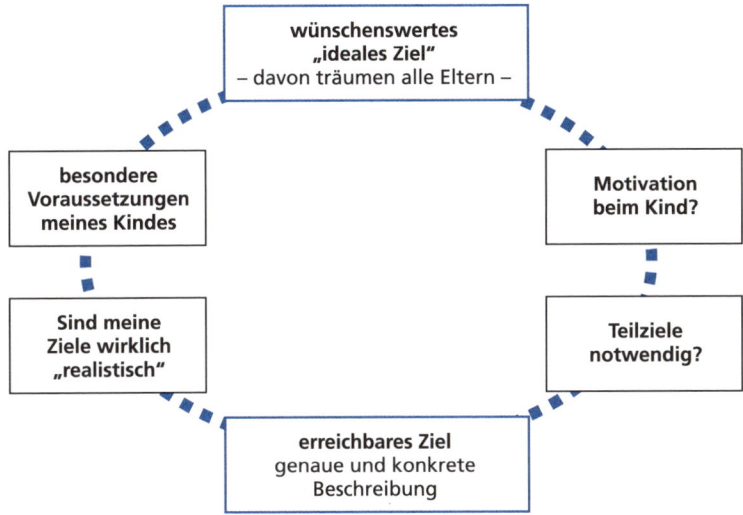

Abb. 8.3:   Realistisches Setzen von Zielen

Um unsere Kinder auf die Erfolgstreppe zu schicken, ist der lange Atem aller Beteiligten notwendig. Kurzfristiges Denken hilft hier nicht weiter. Die Perspektive muss langfristig gestaltet sein, um schrittweise das Fundament im Bereich der Mathematik langsam aufzubauen und zu sichern. Wenn Sie damit beginnen, Ihr Kind mit spezifischen Lernmethoden zu unterstützen, so ist es unrealistisch, damit zu rechnen, die Mühe im Team mit ihrem Kind werde sich sofort in der nächsten Mathearbeit niederschlagen. Das Ziel im Grundschulbereich besteht eher darin, dass unser Kind am Ende dieser Zeit ein wirklich solides Fundament in den Grundrechenarten erlangt hat und diese bei der Lösung von Sachaufgaben sicher einsetzen kann.

> Die angemessenen Lernschritte, d. h. die Höhe der Treppenstufen, verbunden mit dem Einsatz richtiger, Erfolg versprechender Lernstrategien, sind also die Voraussetzungen, um auf der Erfolgstreppe hinaufzuklettern. Erste Lernerfolge führen zu Freude und Stolz, erhöhen die Lernbereitschaft, die Selbsteinschätzung und natürlich das Selbstwertgefühl sowie schließlich die Erfolgszuversicht. Also – nichts macht erfolgreicher als der Erfolg!

## 2. Die Bedeutung der Kapazität des Arbeitsgedächtnisses

Bei der Förderung rechenschwacher Kinder, aber auch im Mathematikunterricht ist die Kapazität des Arbeitsgedächtnisses immer von fundamentaler Bedeutung. Um ein schnelles und sicheres Automatisieren des numerischen Faktenwissens zu erreichen, sollte beim Einprägeprozess mit möglichst wenigen Informationseinheiten gearbeitet werden. Beim Einprägen arithmetischer Prozeduren findet eine wichtige Entlastung des Arbeitsgedächtnisses durch das Benutzen von automatisiertem numerischem Faktenwissen und durch Vereinfachung der Strategien statt.

Zu berücksichtigen ist weiterhin, dass ein Drittel der Kinder mit Rechenstörungen gleichzeitig Symptome eines ADHS zeigen. Besonders diese Kinder können durch ihr Problem, ihre Aufmerksamkeit auf die lernrelevanten Informationen zu fokussieren, Kapazitätsprobleme im Arbeitsgedächtnis aufweisen.

> Auch Hasselhorn und Gold weisen darauf hin, dass gerade bei Kindern im Förderbereich die Kapazitätsbegrenzung des Arbeitsgedächtnisses zu berücksichtigen sei. Besonders bei diesen Kindern, die ja ohnehin einen begrenzten und oftmals zusätzlich beeinträchtigten Arbeitsgedächtnisspeichers aufweisen, müssten die Probleme im Bereich des Arbeitsgedächtnisses bei der Konzeption von Fördermaßnahmen in besonderer Weise berücksichtigt werden (vgl. 2022, S. 445). Konsequenz sei, so Hasselhorn und Gold, dass »unnötig schwierige Anforderungen an das Arbeitsgedächtnis … vermieden werden [sollten], denn eine zu hohe kognitive Belastung birgt die Gefahr des Scheiterns mit ungünstigen Folgen für das weitere Lernverhalten« (ebd.).

Mit dem Arbeitsgedächtnis (S. #) möchten wir uns an dieser Stelle ausführlich auseinandersetzen, da seine Bedeutung im Bereich der Fachdidaktik und damit beim schulischen Lernen unseres Erachtens nur unzureichend oder überhaupt nicht Berücksichtigung findet. Beim Arbeitsgedächtnis ist die Anzahl der Informationseinheiten bei der Verarbeitung und beim Abspeichern von entscheidender Bedeutung. Die *Verarbeitungsgeschwindigkeit* wird im Rahmen der individuellen Voraussetzungen generell dadurch erhöht, dass während der jeweiligen Rechenoperation möglichst wenige Informationseinheiten präsent sein bzw. verarbeitet werden müssen. Weiterhin ist zu beachten, dass im *Abspeicherprozess* nur sehr wenige Informationseinheiten gleichzeitig abgespeichert werden können: Erwachsene können maximal sieben Informationseinheiten, Kinder je nach Alter fünf oder weniger Items auf einmal abspeichern. Diese müssen im Gehirn zusätzlich ausreichend lange wiederholt werden, sodass synaptische Verbindungen zwischen den Nervenzellen entstehen und stabilisiert werden können. Die so entstandenen automatisierten Inhalte reduzieren wiederum die zu verarbeitenden Informationseinheiten bei komplexeren Rechenprozessen. »Gehirngerechtes« Abspeichern und Verarbeiten durch die drastische Reduzierung der benutzten Informationsmenge ermöglicht damit sowohl eine *gute Behaltensleistung* in Bezug auf mathematische Inhalte als auch *schnelleres*

*Rechnen*. Dies hat wiederum entscheidende Auswirkungen auf die emotionale Bewertung dessen, was ich tue. So kann das Kind Rechnen als »sehr anstrengend« erleben, das Gefühl haben »Ich kann es nicht« oder »es ist leicht, einfach, ich kann es gut«.

> In herausgehobener Weise gilt es beim Lernen und in der Förderarbeit im Bereich Mathematik zu berücksichtigen:
>
> - Nicht jeder Rechenweg ist gleichberechtigt und gleichermaßen gut. Der einfachste Weg ist der Beste und Verantwortung für dessen Vermittlung trägt die Schule.
> - Jede Automatisierung führt zu einer Entlastung des Arbeitsspeichers, verändert die emotionale Bewertung und erhöht so die Lernmotivation.
> - Automatisierungen erleichtern Verstehensprozesse durch freigewordene Kapazitäten des Arbeitsspeichers. Überlastung dagegen führt zu Chaos im Gehirn.

## Exkurs: Sprache und die Kapazität des Arbeitsgedächtnisses – für das Gehirn ist es nicht egal, in welcher Sprache gerechnet bzw. gelernt wird

Sogar die Sprache scheint Auswirkungen auf die Schnelligkeit der Automatisierung numerischen Faktenwissens zu haben. So könnte ein schnelleres Automatisieren numerischen Faktenwissens bei chinesischen Schülern mit der Länge der Zahlwörter und damit dem Abspeicherplatz zusammenhängen, den sie im Kurzzeit- bzw. Arbeitsgedächtnis benötigen:

»Je schneller die Zahlen ausgesprochen werden, desto einfacher ist es, viele Zahlwörter im Kurzzeitgedächtnis zu behalten. Und das wiederum ist für das schnelle und fehlerfreie mentale Lösen von Rechnungen ausschlaggebend. Umgekehrt sind die Möglichkeiten, die Zahlen im Gedächtnis zu behalten, umso begrenzter, je mehr Zeit für das Aussprechen benötigt wird.

Obwohl dieser Faktor sicher nicht den einzigen Grund für die unterschiedlichen mathematischen Leistungen von asiatischen und westlichen Kindern darstellt, trägt er doch einiges dazu bei. Zahlreiche Studien über die Entwicklung von Grundschülern belegen nämlich, dass asiatische Kinder dieselben Strategien zur Lösung von Rechenproblemen benutzen wie die westlichen – und zwar folgende: Im ersten Entwicklungsschritt nutzen viele Kinder ihre Finger, um einfache Rechnungen wie Addition und Subtraktion zu leisten. So zählen sie etwa drei und zwei zusammen, indem sie erst drei Finger zeigen, dann zwei, und dann die Summe fünf. Schwieriger ist schon die nächste Strategie. Dabei sagen sie die Zahlen laut oder leise vor sich hin: ›Drei, vier, fünf‹. Das heißt, sie zählen so lange immer eine Zahl weiter, bis sie die Summe erreichen. Im nächsten Entwicklungsschritt sind die meisten in der Lage, aus drei plus zwei direkt auf die Summe fünf zu schließen. Dabei greifen sie direkt auf gespeicherte Gedächtnisinhalte zurück, anstatt das Ergebnis auf Umwegen herzuleiten.

Auffällig ist nun, dass sich junge Asiaten wesentlich schneller dieser höher entwickelten Strategien zuwenden. Ein möglicher Grund: Sie haben mehr Gedächtnisplatz, um diese einzusetzen, da das Gedächtnis nur wenig von den Zahlen selbst in Anspruch genommen wird. Nehmen wir als Beispiel ein französisches Kind, das folgende Multiplikation lernen soll: ›7 mal 8 gleich 56‹. Auch wenn das Zahlwort für acht, also ›huit‹, wie ein kurzes Wort erscheint, ist es doch phonetisch gesehen recht lang – wesentlich länger jedenfalls als eine kurze Silbe wie ›di‹, ›ra‹ oder ›la‹. Ebenso sind die deutschen Wörter eins, zwei, drei, vier, fünf, sechs, neun und zehn recht lange Silben. Die relative Langsamkeit der Aussprache limitiert die Aufmerksamkeitsressourcen, die den westlichen Kindern zur Verfügung stehen. Die Aussprache des Satzes ›sieben mal acht ist gleich sechsundfünfzig‹ ist für sie recht lang und daher schwieriger zu merken als ein entsprechender Ausdruck auf Chinesisch. Daher können sie das eigentliche Ergebnis einer Rechenaufgabe weniger gut speichern als asiatische Kinder – und müssen sich die Rechnung immer wieder vor Augen führen« (Fayol 2006, S. 67f.).

> **Fazit:** Selbst die Sprache bzw. deren »Belegkapazität« im Arbeitsgedächtnis kann einen Faktor darstellen, der die Geschwindigkeit des Rechnenlernens bzw. dessen Automatisierungen mitbestimmt.

Die Zahlworte im Deutschen erschweren das mathematische Lernen auch noch in anderer Weise zusätzlich. Im Gegensatz zum chinesischen Zahlwort muss im Deutschen »Übersetzungsarbeit« zwischen dem Zahlwort und der arabischen Ziffernschreibweise geleistet werden.

Landerl u. a. (2022) weisen darauf hin, dass die chinesischen Zahlworte im Gegensatz zu den deutschen Zahlworten in systematischer Weise der arabischen Ziffernschreibweise entsprechen (vgl. ebd., S. 75).

Die folgende vergleichende Gegenüberstellung zeigt dies deutlich, wobei zusätzlich berücksichtigt werden muss, dass die chinesischen Zahlworte kürzer sind und deutlich schneller ausgesprochen werden können:

| Deutsches Zahlwort | Ziffernschreibweise | Chinesisches Zahlwort in wörtlich übersetzter Bedeutung |
|---|---|---|
| elf | 11 | zehn-eins |
| zwölf | 12 | zehn-zwei |
| siebzehn | 17 | zehn-sieben |
| sechsundfünfzig | 56 | fünf-zehn-sechs |

| Deutsches Zahlwort | Ziffernschreibweise | Chinesisches Zahlwort in wörtlich übersetzter Bedeutung |
|---|---|---|
| siebenunddreißig | 37 | drei-zehn-sieben |
| neunundsiebzig | 79 | sieben-zehn-neun |
| vierhundertdreiundvierzig | 443 | vier-hundert-vier-zehn-drei |

## 3. Lernen von den Tricks der Rechenkünstler: Die Bedeutung der Wiederholung und die Entlastung des Arbeitsspeichers durch automatisiertes Faktenwissen und kürzeste Verarbeitungswege

Wie schaffen es eigentlich Rechenkünstler, so schnell zu rechnen? Können wir von ihnen vielleicht etwas lernen? Wie gelingt es beispielsweise einem Rechenkünstler, innerhalb kürzester Zeit, die Aufgabe 5498 × 912 im Kopf zu rechnen?

Rechenkünstler verlassen sich dabei nicht auf »irgendeine magische Mathematik«, sie benutzen vielmehr genau wie wir gespeicherte Tabellen, d. h. numerisches Faktenwissen von Multiplikationsergebnissen, die sich nur durch ihren Umfang und gelegentlich auch durch ihre nichtverbale Form von unseren unterscheiden, wie Dehaene (1999, S. 193ff.) erläutert. Rechenkünstler scheinen somit auf äußerst umfangreiches automatisiertes Faktenwissen zurückzugreifen, das den Arbeitsspeicher bei Rechenoperationen entlastet.

Dehaene berichtet weiter, dass Rechenkünstler grundsätzlich ähnliche Verfahren nutzen, wie sie in der Schule unterrichtet werden. Darüber hinaus optimieren sie jedoch die Reihenfolge jeder Operation sorgfältig. Automatisch wählen sie dabei diejenige Strategie aus, mit der sie in kürzester Zeit zum Ergebnis gelangen.

Auch Landerl und Kaufmann (2008) betonen, dass sich Rechengenies durch ein sehr gutes numerisches Faktenwissen und durch eine Vereinfachung der Rechenwege auszeichnen:

»Eine erste Beobachtung ist, dass Rechengenies typischerweise über ein außergewöhnlich gut ausgeprägtes numerisches und arithmetisches Faktenwissen verfügen. Sie beherrschen nicht nur das kleine und das große Einmaleins, sondern haben z. B. auch viele Primzahlen oder Quadratwurzeln im Gedächtnis gespeichert.

Zum Zweiten werden mathematische Prinzipien ... gut verstanden und kompetent eingesetzt. Auch die Fähigkeit zur Dekomposition ist meist gut ausgeprägt, d. h. komplexe Rechnungen können kompetent in Teilschritte zerlegt werden, die wiederum zu einem wesentlichen Teil gar nicht gerechnet, sondern auf Basis des umfangreichen Faktenwissens gelöst werden können. [...] Das heißt, die Art der Speicherung von Faktenwissen scheint sich nicht grundsätzlich von

unauffälligen Rechnern zu unterscheiden, sie ist nur deutlich umfangreicher«
(Landerl und Kaufmann 2008, S. 84). Die Schlussfolgerung der beiden Autorinnen daraus lautet: »Dieses enorm umfangreiche Faktenwissen entlastet auch bei komplexen Rechnungen das Arbeitsgedächtnis deutlich« (ebd.).

Schnellrechner sind deswegen »Rechenkünstler«, weil sie – wie Leistungssportler und professionelle Musiker – täglich intensiv trainieren. Das tägliche wiederholte Üben ermöglicht es ihnen, ein umfangreiches numerisches Faktenwissen und viele Rechenschritte zu automatisieren und damit nahezu reflexartig durchzuführen. Rechenkünstler vereinfachen Rechenwege und verfügen dabei über ein großes Repertoire an Abkürzungen, die auf einfachen algebraischen Regeln beruhen. Von ihrem Erfolg lässt sich damit für alle das Ziel ableiten, stets den *kürzesten Rechenweg* zu finden, um schnell zu sein.

## 4. Überdurchschnittliche Rechenleistung aufgrund angeborener Begabung oder intensiven Übens?

Bevor es Registrierkassen gab, so berichtet Dehaene (1999, S. 190), war der Beruf des Kassierers sehr angesehen. Kassierer mussten sechs Tage in der Woche ca. acht bis zehn Stunden addieren, subtrahieren, multiplizieren und dividieren. Obwohl zu Beginn ihrer Anstellung im Jugendalter mit keinerlei Rechenfertigkeiten ausgestattet, erlangten sie durch intensivstes Üben zum Teil rasch eine größere Schnelligkeit als Rechenkünstler. Diese waren jedoch bei komplizierteren Rechnungen schneller, da ihr Gedächtnis viel mehr Daten enthielt.

Wie bei anderen Extremleistungen verschwindet auch in der Mathematik die Grenze zwischen Profis, deren Fertigkeiten auf intensivem Üben beruhen, und Genies mit einer vermutlich angeborenen Begabung.

Eine Studie von Staszewski (1988) bestätigt die Sichtweise, dass es das hohe Ausmaß an Übung und die einfachen Rechenwege sind, die zu rechnerischen Höchstleistungen führen:

»In dieser Studie wurde eine Gruppe von amerikanischen Studenten in besonders effizienten Rechenstrategien trainiert. Diese Strategien übten sie dann während der nächsten zwei bis drei Jahre in einem Gesamtausmaß von etwa 300 Stunden. Nach dieser umfangreichen Trainingsphase waren die bis dahin unauffälligen Rechner in der Lage, das Produkt komplexer Multiplikationen wie ›59.451 × 86‹ in nur 30 Sekunden im Kopf auszurechnen.« (Landerl und Kaufmann 2008, S. 179)

Die obigen Feststellungen decken sich mit Befunden aus einer Übersicht aus dem Bereich der Gehirnforschung zur Entwicklung mathematischer Kompetenzen bei Kindern und Erwachsenen ohne Beeinträchtigung. Es zeigten sich sowohl funktionelle und strukturelle Veränderungen im menschlichen Gehirn. Der Zuwachs an Rechenkompetenz spiegelt sich im Gehirn in einer Aktivierungsverschiebung von den intraparietalen Sulci zum linken Gyrus angularis wider. Der letztere scheint die Stelle im Gehirn zu sein, an der sich Automatisierungen etablieren. Zusätzlich kann bei zunehmender Kompetenz eine Zunahme des Ausmaßes der Aktivierung des Gyrus angularis festgestellt werden. Sehr vereinfacht bedeutet dies, dass sich bei einem erfolgreichen Lernprozess die Aktivierung im Gehirn von Rechenoperationen im Arbeitsgedächtnis hin zum Abruf von arithmetischen Fakten und Prozeduren aus dem Langzeitgedächtnis verschiebt (vgl. Zamarian u. a. 2009).

Zudem scheint die Aktivierung des linken Gyrus angularis durch interindividuelle Unterschiede in der Rechenleistung moduliert zu werden. Der Vergleich von Personen mit normaler Lernentwicklung mit außergewöhnlich leistungsstarken Personen (z. B. Rechengenies) zeigt, dass die Rechenkompetenz von Experten im Vergleich zu Nicht-Experten auf einem erweiterten und größeren Aktivierungsnetzwerk beruht. Auch bei trainierten Personen mit langjähriger mathematischer Ausbildung zeigen sich entsprechende spezifische strukturelle Veränderungen des Gehirns (vgl. ebd.).

> Fragt man in Deutschland »Wer ist gut in Mathematik?«, hört man meistens: »Derjenige, der für Mathematik begabt ist«. Fragt man dagegen in asiatischen Ländern wie z. B. China, Japan, Singapur oder Südkorea »Wer ist gut in Mathematik?«, so hört man: »Wer viel übt!«.

> Für die Rechenleistung sind die kürzesten, automatisierten Verarbeitungswege, das Ausmaß des arithmetischen Faktenwissens und der Umfang des Übens und Wiederholens von entscheidender Bedeutung. Wenn wir Kindern mit Rechenschwäche in passender Weise helfen wollen, muss dies in herausragender Form berücksichtigt werden.

# 5. Die Bedeutung der erworbenen Automatisierungen besonders auch im Hinblick auf das Verstehen

Vorangestellt sei ein älteres Zitat der Bildungsforscherin Elsbeth Stern (2003), dass aber für den Bereich des schulischen Lernens in Mathematik auch heute noch eine große Relevanz besitzt.

»Wir müssen eine anspruchsvollere Vor- und Grundschulerziehung etablieren, weil in dieser Zeit mit dem Aufbau von Wissen begonnen werden muss. Der Aufbau einer intelligenten Wissensbasis benötigt Zeit, weil eben intelligentes Wissen nicht einfach aufgesogen werden kann, sondern in einem mühsamen Prozess der inneren Umstrukturierung entsteht.

Ein Grund, früh damit anzufangen, besteht darin die mit dem Lernen einhergehende ›*Automatisierung*‹ von Wissen besser und sinnvoller auszuschöpfen. Dass wir in Sekundenschnelle das Wort ›Mississippidampfschifffahrtsgesellschaftskapitän‹ lesen können, verdanken wir der hochgradigen Automatisierung des Erkennens von Buchstaben sowie dem Wissen darüber, welche Buchstabengruppen welchen Silben zugeordnet sind. Ein im Lesen ungeübter Mensch hingegen muss jeden Buchstaben in einen Laut übertragen und daraus mühsam ein Wort konstruieren. Es wird Arbeitsspeicherkapazität gebunden, die für das Sinnverständnis verloren geht. Die PISA-Studie zeigte, dass hier das Problem für viele Hauptschüler liegt: Der Leseprozess ist so wenig automatisiert, dass die gesamte Aufmerksamkeit absorbiert wird und für das Stiften von Sinnzusammenhängen nichts übrig bleibt.

*Automatisierung wird in allen Bereichen gefordert. Das Beherrschen des Einmaleins gehört ebenso dazu wie das Erkennen von Schaubildern oder das Vokabellernen in der Fremdsprache.*

Automatisierung ist die Folge von Übung in Teilschritten. Ein kapitaler Fehler … bestand in der geringen Bedeutung, die dem Üben beigemessen wurde. Man solle Dinge verstehen und nicht auswendig lernen, hieß es. Damit wurden künstliche Widersprüche aufgebaut. Tatsächlich ist automatisiertes Wissen die Voraussetzung für Verstehensprozesse, eben weil man für Verstehensprozesse freie Kapazitäten braucht. Das teilweise durchaus stupide Üben in Teilschritten mit dem Ziel der Automatisierung hat seine Berechtigung, wenn es nicht dabei bleibt. Automatisiertes Wissen muss immer wieder in sinnstiftendes Lernen eingebettet werden. Aber Automatisierung braucht Zeit. Je früher bestimmte Teilschritte automatisiert werden, umso eher kann man sich auf Sinnstiftung konzentrieren.« (Stern 2003, S. 35)

Elsbeth Stern postuliert in sehr überzeugender Weise die Notwendigkeit der Automatisierung mit Hilfe eines teilweise durchaus stupiden Übens in Teilschritten. Automatisierung ist ihrer Ansicht nach Voraussetzung für das Verstehen, wenn es in sinnstiftendes Lernen eingebunden bzw. in Anwendungen verankert werden soll. Deswegen fordert sie eine grundlegende Umorientierung in der Vor- und Grundschulerziehung.

> Ziel des Lernens sollte sein, dass der Schüler die Grundrechenfertigkeiten gut automatisiert und nicht nur ein bisschen beherrscht. Deswegen muss man konsequenterweise überlegen, wie dies am effektivsten zu erzielen ist. Bei Kindern mit Rechenschwäche geling dies durch regelmäßiges und »passendes« Wiederholen des Einspluseins und Einmaleins bzw. der darauf aufbauenden arithmetischen Prozeduren.

Automatisierung ist nicht gleich Automatisierung. Zwar hat der Begriff in der Fachliteratur zunehmend an Bedeutung gewonnen. Zum Beispiel kann man dies in besonders deutlicher Weise im Leitfaden zur Erhebung mathematischer Kompetenzen »Lernstandserhebung Mathematik D« von Michael Gaidoschik finden. Auf 68 Seiten benutzt er 95-mal die Begriffe »automatisieren«/»Automatisierung« und 34-mal »automatisierendes Üben«.

Dies bedeutet aber nicht, dass damit zwangsläufig ein Fortschritt in der Zugangsweise verbunden ist. Es gilt immer zu überprüfen, was genau in welchem Ausmaß automatisiert werden soll: umständliche und fehleranfällige Umwege im Gehirn oder die kürzest möglichen, direkten Verdrahtungen.

# 6. Ergebnis einer Fortbildung mit Lehrern

Um in exemplarischer Weise die Möglichkeiten, wichtigen Bestandteile und Prinzipien einer Förderung im schulischen Rahmen aufzuzeigen, sei auf folgende Arbeitsgemeinschaft verwiesen:

Um die Rechenleistung der Schüler in seinem Bezirk zu verbessern, unterstützte ein Schulrat eine Fortbildung zum Thema »Rechenschwäche«, die sich zu einer Arbeitsgemeinschaft von engagierten Lehrkräften weiterentwickelte. In sechs Arbeitstreffen wurden gemeinsam Wege gesucht, wie die Mathematikleistungen besonders schwächerer Schüler angehoben werden könnten.

In einer abschließenden Reflexion sammelten die Teilnehmer die wichtigsten Inhalte und Aspekte, die sie für ihre weitere Arbeit mitnehmen würden. Sie erstellten folgendes Plakat, das – insgesamt und nicht nur aus ihrer Sicht – die wichtigsten Komponenten für eine passende und effektive Förderarbeit widerspiegelt:

**Prinzipien und Erfahrungen, die Lehrer aus einer Arbeitsgemeinschaft zum Thema Rechenschwäche/Dyskalkulie mitgenommen haben:**

Erfolge schaffen

Nicht anstrengen!
Übungsprinzip: »Streng' dich nicht an!«

Fehlstrategie vermeiden, verhindern
Fehlstrategien durch lautes Rechnen erkennen
Öfter fragen: Wie hast du das gemacht?
Zählen vermeiden!

Das Einfache ist das eigentlich Pädagogische!

Sauberes Gliedern, klares Strukturieren

Synapsen »dick machen«
Starke Synapsen schaffen
Automatisieren ist nicht altmodisch
Regelmäßige Wiederholung, Wiederholen,
Wiederholen, wiederholen, wiederholen …
Regelmäßige kleine Häppchen

Weniger ist mehr
Viele Wege führen nicht zum Ziel (Veranschaulichung)
Weniger ist mehr, auch bei arithmetischen Prozeduren

Visuelles Üben (Zahlenkärtchen)

Man trainiert das, was man trainiert!

Kritisch-konstruktiver Umgang mit dem Lehrplan
Lehrpläne sind auch nicht die Bibel!

Elternarbeit
Tipps für Eltern, griffige Eltern-Info

Größere Sicherheit im Umgang mit betroffenen Schülern
Verlassenkönnen auf die eigene Erfahrung
Mut, Stärkung, Bestätigung

# Kapitel 9  Konkrete Tipps, um den Lernprozess zu verbessern

## 1. Die gezielte Ausrichtung der Aufmerksamkeit gewährleisten

Beim Abspeichern gilt, wie bei anderen Gehirnprozessen auch, dass es kein »Multitasking« gibt. Deswegen ist es so wichtig, die Aufmerksamkeit gezielt und ungeteilt auf den konkreten Lerngegenstand auszurichten.

Wie kann diese Aufmerksamkeitslenkung unterstützt werden? Bei der Wahl des Lernortes ist eines der wichtigsten Kriterien: So wenig Ablenkung wie möglich! Hierzu reicht ein kleiner leergeräumter Schreibtisch im ruhigsten Teil der Wohnung schon aus. So ist der Küchentisch mit vielen zusätzlichen, lernfremden Utensilien, den Geschwisterkindern und vielleicht sogar noch Haustieren eher der ungünstigste Ort, um sich auf den Lernprozess zu konzentrieren.

> Es geht sogar ohne Schreibtisch: Ein kleiner Trick, wie er auch in der Lerntherapiesitzung benutzt wurde, ist der folgende: Wenn Sie sich für die Arbeit mit Lernkärtchen (siehe unten) entschieden haben, ist es günstig, sich mit Ihrem Kind auf den Boden zu setzen. Auf dem Boden ist die Anzahl der Reize im Vergleich zum Tisch deutlich reduziert. Probieren Sie es einfach einmal aus.

Neben der räumlichen Umgebung ist es vor allem die Lernmethode, die sich positiv oder negativ auf die Aufmerksamkeitszentrierung auswirkt. An dieser Stelle sei angemerkt, dass sich Kinder gerade bei schriftlichen Hausaufgaben häufig leicht ablenken lassen. Arbeitet man dagegen interaktiv, d. h. z. B. im Team Mutter/Vater und Kind mit den Lernkärtchen, gelingt dem Kind eine deutlich bessere Fokussierung der Aufmerksamkeit.

## 2. Zur Bedeutung des »Schriftlichen« im Einprägeprozess

Das schriftliche Üben stellt sicher nicht den Königsweg im Hinblick auf das erstmalige Einprägen dar. Wir sollten uns stets darüber bewusst sein, dass beim schriftlichen Üben nicht die Schreibbewegung als solche im Gehirn abgespeichert wird. Vielmehr ist es der innere Denkvorgang beim Rechnen und das durch das Schreiben entstandene »Bild«, was wir uns merken.

Viele Kinder zeigen feinmotorische Schwierigkeiten, insbesondere die Kinder, die z. B. von einer Aktivitäts- und Aufmerksamkeitsstörung betroffen sind. Diese fein- und graphomotorischen Schwierigkeiten, die sich in einer zu starken Druckausübung beim Schreiben, in Schwierigkeiten bei der Zeileneinhaltung oder auch der Gestaltung des Arbeitsblattes zeigen, führen verständlicherweise zu einer erheblichen emotionalen Abneigung gegenüber schriftlichen Leistungsanforderungen. Nichtschriftliche Übungsmethoden würden somit das Abwehrverhalten der Kinder gar nicht erst in diesem Maße entstehen lassen. Zusätzlich ist wieder zu bedenken, dass unser Arbeitsgedächtnis nur eine begrenzte Kapazität hat. Durch die Kontrolle des Schreibprozesses, vor allem wenn dieser (noch) nicht automatisch abläuft und auch sehr anstrengend ist, wird das Arbeitsgedächtnis zusätzlich belastet. Damit steht dann für den Verarbeitungs- und Abspeicherprozess wesentlich weniger Aufmerksamkeitskapazität zur Verfügung. Die nötige Einprägearbeit kann somit beim schriftlichen Üben folglich nur eingeschränkt stattfinden.

Das ungeliebte Schreiben ist bei vielen Kindern sehr eng an die schriftlichen Hausaufgaben gekoppelt. Hier hat möglicherweise schon über ein, zwei oder drei Jahre eine sehr negative gefühlsmäßige Konditionierung stattgefunden, die die Motivation für schriftliche Aufgaben deutlich reduziert. Wenn wir für unsere Kinder nichtschriftliche Übungsformen finden, erleben unsere Kinder, dass Lernen nicht so anstrengend sein muss. Das daraus erwachsende Gefühl »es geht ja leicht!« sowie der damit hoffentlich verknüpfte Erfolg werden in der Folge mit den neuen Lernmethoden verbunden. Diese werden dann kurz- und längerfristig besser von den Kindern angenommen.

## 3. Die Kärtchenmethode

Eine effektive Lern- und Übungsmethode für Kinder mit Rechenschwäche, die sich bewährt hat und bei der sie nicht schreiben müssen, ist die Arbeit mit Lernkärtchen. Dies geht ganz einfach mit Karteikarten der Größe A7 (7,4 × 10,4 cm), die von Ihnen, den Eltern, mit einem dickeren schwarzen Filzstift beschriftet werden. Es ist günstig, die Kärtchen selbst zu beschriften, da die Kinder oft eine undeutlichere Handschrift haben und die Einspluseins- bzw. die Einmaleins-Aufgabe dann keine »schöne Gestalt« besitzen, wodurch sie schlechter abgespeichert werden können. Außerdem erleben Ihre Kinder ein selbständiges Beschriften der Lernkarten häufig als mühsame Arbeit, worauf sie wiederum mit Ablehnung reagieren, was sich negativ auf das Lernen auswirken würde.

Neben dem Vorteil, dass die Arbeit mit den Lernkärtchen eine nichtschriftliche Übungsform darstellt, ist es insbesondere die »Leichtigkeit«, mit der gelernt und wiederholt werden kann, die Ihre Kinder zu der ganz wichtigen positiven Lerneinstellung führt. Die Arbeit mit den Lernkärtchen bedeutet, dass Sie gemeinsam mit Ihrem Kind etwas erarbeiten. Es ist also ein interaktiver Prozess, der sich motivationsfördernd auswirkt, da Sie Ihr Kind beim Lernen nicht alleine lassen, sondern gemeinsam mit ihm die Stufen der Erfolgstreppe emporsteigen.

## 4. Weniger ist mehr

Unterschiedliche Veranschaulichungs-, Darstellungs- und Lernformen, wie sie von schulischer Seite angeboten werden, werden selten – so unsere häufige Erfahrung – ausreichend wiederholt. Zusätzlich bewirkt die Vielfalt im Bereich der Methoden und der Darstellungen meist Verwirrung und verhindert so zusätzlich die Automatisierung. Ratsam ist es deshalb, die methodische Vielfalt zu reduzieren. Ein einfacher und individualisierter passender Lernweg, der häufig wiederholt wird, ist besonders bei Kindern mit Teilleistungsschwächen klarer und zudem sehr viel effektiver.

## 5. Kleine Portionen – regelmäßig

Kindgerechte Lernmethoden sollten dabei immer beachten, dass der menschliche Arbeitsgedächtnisspeicher im Gehirn begrenzt ist. Gelangen in diesen zu viele Informationen, – bei Kindern liegt die Obergrenze meist bei fünf Informationseinheiten – können diese nicht vollständig und dauerhaft abgespeichert werden. Sie »fliegen« dann aus dem Arbeitsgedächtnis. Kleine »Informationsportionen« sind nicht nur besser abzuspeichern, sie bleiben auch wesentlich prägnanter in der Erinnerung haften. Das Unterteilen des Lernstoffes in kleine Lernportionen hat auch einen zusätzlichen Motivationseffekt. Gerade eher misserfolgsorientierte Kinder sehen den »Riesenberg« an Lernaufgaben, den sie bewältigen sollen, vor sich und blockieren dann schnell. Wird dieser Berg jedoch in kleine Scheiben zergliedert, können diese nach dem Motto »Schritt für Schritt« nacheinander abgearbeitet werden. Die Lerneinheiten sind überschaubarer und schneller abspeicherbar und der Erfolg ist besser erlebbar.

Ein weiterer wesentlicher Vorteil kleiner Lernportionen besteht darin, dass ihr regelmäßiges Wiederholen im Alltag besser als mit einem großen »Berg« gelingt. Dies betrifft nicht nur die Zeit und Motivation der Kinder, sondern auch die der Eltern.

Die Regelmäßigkeit des Wiederholens ist nötig, um dauerhaftes Behalten zu ermöglichen. Gelingt es Ihnen als Eltern, den Lernstoff mit Ihren Kindern **im Alltag regelmäßig**, und möglichst immer zur gleichen vereinbarten Tageszeit, in kleinen

Portionen zu wiederholen und damit einzuprägen, wird sich dieser Tagesablauf mit der Zeit einschleifen. Das Lernen wird auf diese Weise zu einem festen, selbstverständlichen Bestandteil des Alltags. Wie bei allen Routinen kostet dann die anstehende Lernanforderung nicht mehr so viel Überwindung für Ihr Kind und auch für Sie als Begleiter.

## 6. Dauer des Lernens

Wenn Sie es als Eltern schaffen, mit Ihrem Kind für ein Schulfach insgesamt 10 bis 15 Minuten täglich zusätzlich zu lernen, so ist dies für den Anfang eine große Leistung. Die Zeiteinheiten sollten sowohl im Hinblick auf die Motivation Ihres Kindes als auch aus Kapazitätsgründen seines Arbeitsgedächtnisses kurz sein, aber regelmäßig stattfinden. Länger als 15 Minuten am Stück zu lernen, ohne eine Pause zu machen, ist wenig effektiv.

## 7. Kurze Wiederholungssequenzen – über den Tag verteilt

Noch leichter fällt es ihrem Kind, seine Konzentration aufrecht zu erhalten, wenn Sie kurze Lernsequenzen mit ihm wählen: Mit kleinen Lernportionen von 3–5 Minuten Dauer können Sie seine Konzentration leichter aufrechterhalten, und es wird eher mitmachen, da der Zeitrahmen des Arbeitens überschaubar bleibt. Diese kleinen Lernportionen von 3–5 Minuten Dauer lassen sich geschickt in wiederkehrende Abläufe des Alltags integrieren:

- Vor/nach dem Mittag- oder Abendessen
- Zum »Warmlaufen des Gehirns« vor Beginn der schriftlichen Hausaufgaben
- Als Pause während der schriftlichen Hausaufgaben (»Kurze Pause, damit sich die Hand vom Schreiben ausruhen kann. Wir machen drei Minuten kurz die Lernkärtchen.«)
- Wiederholen, wenn der Vater zuhause ist
- Vor Bildschirmtätigkeiten, allerdings mit ausreichendem Zeitabstand (z. B. 30 Min. vor Beginn der Sendung oder des Computerspiels, da das Gehirn die zuletzt aufgenommenen Informationen noch weiter abspeichert, auch wenn der bewusste Lernvorgang schon beendet ist)

# 8. Können heißt nicht dauerhaftes Beherrschen

## a) »Das kann ich doch schon!«

»Das kann ich doch schon!« – diesen Satz kennen Sie von Ihren Kindern sicherlich auch. Hiermit sollten Sie sich jedoch nicht zufriedengeben. Einmal Gekonntes ist noch lange nicht automatisiert und muss wiederholt werden. Insbesondere ungeduldige Kinder neigen dazu, das Wiederholen ihres Lernstoffes vorschnell zu beenden. Die Folge ist, dass dieser dann schnell wieder vergessen wird.

> Einmal gekonnt heißt nicht dauerhaft behalten!

## b) Die Schule wechselt häufig zu schnell den Stoff

Bestimmte Lerninhalte, so z. B. das Einmaleins oder die verschiedenen arithmetische Prozeduren werden in der Schule oft nicht lange genug wiederholt, so dass deren Abspeicherung im Gehirn nicht dauerhaft erfolgt. Zentrale Lerninhalte sollten deswegen länger in kleinen Portionen sowohl in der Schule als auch zuhause weiter wiederholt werden, auch wenn im Unterricht das »Thema« bereits längst gewechselt wurde.

## c) Ferienzeit – Vergessenszeit

Viele Eltern von Grundschulkindern berichten besonders nach längeren Ferien, dass ihre Kinder über die Ferien hinweg das Rechnen regelrecht verlernt haben. Ein solches Vergessen ist völlig normal. Was passiert in dieser lernfreien Ferienzeit? Wenn Automatisierungsvorgänge – und dies gilt auch für das Lesen – gerade zu Beginn der Grundschulzeit im Gehirn unserer Kinder noch nicht abgeschlossen sind, setzt der natürliche Vergessensprozess ein. Die beispielsweise vor den langen Sommerferien geschaffenen neuronalen Veränderungen (»Synapsen dick machen«) bilden sich wieder zurück, d. h. die synaptischen Verbindungen lockern sich wieder. Die sich hieraus ergebenden Folgen sind für alle Beteiligten frustrierend, da die Kinder das vorher Gelernte wieder »neu« lernen müssen. Deswegen ist es so wichtig, dass Sie als Eltern auch für die Ferien mit Ihren Kindern Lernvereinbarungen treffen, die jedoch in ihrem Umfang angemessen, d. h. nicht übertrieben ausfallen dürfen. Legen Sie mit Ihrem Kind im Voraus Zeitpunkte über **kleine** Lernportionen fest, am besten für den Vormittag, da zu dieser Tageszeit seine Aufmerksamkeit noch besonders hoch ist und der Rest des Ferientages somit auch wirklich frei bleibt. Gelingt es Ihnen als Eltern, mit Ihren Kindern auch in Ferienzeiten ein bisschen zu wiederholen, so verhelfen Sie diesen zu einem emotional und kognitiv deutlich besseren Einstieg in das neue Schuljahr. Indem Sie den bestehenden Grundrhythmus des Lernens beibehalten haben, ermöglichen Sie Ihrem Kind schon kleine Erfolgserlebnisse am Anfang des neuen Schuljahres.

Die von Lehrern gegenüber den Schülern und Eltern nicht selten geäußerte Empfehlung, sich in den langen Sommerferien doch einmal »richtig« zu erholen, völlig von der Schule abzuschalten und das Gehirn ausruhen zu lassen, betrachten wir vor dem Hintergrund der neuropsychologischen Erkenntnisse des Lernens als lerntechnische Falle – sie spricht eher für pädagogische Inkompetenz.

## 9. Den Sinn der Hausaufgaben wiederentdecken

Hausaufgaben haben zum Ziel, wesentliche Unterrichtsinhalte zu wiederholen, zu vertiefen und zu verfestigen. Dies geschieht nicht dadurch, dass am Ende des Nachmittags viel im Heft steht. Vielmehr sollte der Stoff im Kopf, im Gedächtnis »stehen«. Deswegen ist es unbedingt notwendig, sich Gedanken über Formen, Inhalte und Umfang der Hausaufgaben zu machen. Hilfreich, manchmal sogar unerlässlich ist es, mit der Lehrerin bzw. dem Lehrer gegebenenfalls Absprachen darüber zu treffen, dass für ein Kind mit Teilleistungsschwächen die schriftlichen Hausaufgaben reduziert und es stattdessen alternative, effektivere nichtschriftliche Hausaufgaben aufbekommt. Die Eltern verpflichten sich im Gegenzug, diese nichtschriftlichen Lernaufgaben im Team mit dem Kind durchzuführen. Letztlich haben ja Lehrer und Eltern das gemeinsame gleiche Ziel: Das Kind soll besser werden.

> Das **Motto für die Hausaufgaben** muss lauten:
> Nicht im Heft,
> sondern im **Kopf**, im **Gedächtnis**
> muss der Lernstoff stehen!

## 10. Grundprinzipien der äußeren Strukturierung

### a) Erleichterung schaffen – Vereinbarungen im Voraus treffen

Sie kennen vielleicht die folgende Situation: Sie sind gerade mit dem Spülen fertig und haben ein paar Minuten freie Zeit, stürmen in das Zimmer Ihres Kindes und »überfallen« es mit den Worten: »Jetzt üben wir!« Die natürliche Folge wird darin bestehen, dass Ihr Kind, dass sich mit seinen Gedanken und seinem Handeln vielleicht gerade ganz wo anders befindet, sofort in Opposition gehen wird und nicht mitmachen will. Ein Konflikt mit Ihrem Sohn oder Ihrer Tochter ist vorprogrammiert.

## 10. Grundprinzipien der äußeren Strukturierung

Um Situationen wie die oben beschriebene zu vermeiden, die bei Kindern meist zu oppositionellem Verhalten führen, raten wir nachdrücklich dazu, Lernanforderungen in Form von gemeinsamen Vereinbarungen bereits **im Voraus** zu treffen.

Eine Vereinbarung im Voraus zu treffen bedeutet beispielsweise beim Mittagessen festzulegen, wie sich der Nachmittag mit den Hausaufgaben, der Freizeit und auch dem zusätzlichen Lernen gestaltet. Diese Vereinbarungen müssen klar umrissene Ziele enthalten, d. h. hier wird festgelegt, *wann* (z. B. vor oder nach dem Abendessen), *wie viel* (z. B. 5 oder 7 Minuten/x-Anzahl von Kärtchen) und *mit wem* (der Teampartner) gelernt wird. Vereinbarungen in diesem Sinne schaffen Transparenz und Überschaubarkeit für Ihr Kind. Dieses wird jetzt eher bereit sein, sich auf ein verbindliches und, sofern notwendig, zusätzliches Lernen einzulassen. Eine Voraussetzung dafür, dass solche Vereinbarungen funktionieren, besteht natürlich darin, dass auch Sie sich als Eltern an diese halten.

Je älter Kinder werden, umso wichtiger ist es, sie bei der Vereinbarung aktiv miteinzubeziehen. Geben Sie Ihrem Kind das Gefühl, mitentscheiden zu dürfen. Als Mutter und Vater sind Sie es, die den grundsätzlichen Rahmen abstecken. Dies bedeutet beispielsweise, dass feststeht, dass zusätzlich geübt wird. Diskutieren Sie darüber mit ihrem Kind nicht. Ihre Tochter bzw. Ihr Sohn kann jedoch innerhalb dieses Rahmens mitentscheiden, wann und wie viel geübt wird. (»Möchtest du vor oder nach dem Abendessen lernen; wie viel traust du dir heute zu, zusätzlich im Rechnen zu wiederholen, 5 oder 7 Minuten? etc.«). In Entscheidungen aktiv mit einbezogen zu werden, fördert die Motivation Ihrer Kinder.

Sie können davon ausgehen, dass fast alle Kinder mit schlechten Schulleistungen darunter leiden. Am Anfang sind diese Kinder meist auch gerne in die Schule gegangen. Mit den zunehmenden negativen Erfahrungen, wie z. B. sehr anstrengendes Lernen und schlechte Noten aufgrund von Fehlstrategien, veränderte sich ihre zunächst positive Einstellung. Dennoch möchten sie im Kern eigentlich leistungsmäßig gut sein. An diesem Punkt können Sie Ihr Kind »abholen«. Versuchen Sie es mit dem sog. »Ja-Set«, wenn Sie eine Vereinbarung treffen. »Willst du wirklich besser werden? – Bist du dir ganz sicher? – Willst du wirklich ein bisschen was investieren, um besser zu werden? – Bist du sicher, dass du bereit bist, jeden Tag ein bisschen zu lernen?« Sie können danach mit dem konkreten Aushandeln einer Vereinbarung fortfahren: »Wie viel Zeit würdest du investieren? – Oh, eine halbe Stunde erscheint mir viel zu viel, 10 Minuten wären schon enorm!, – 15 Minuten willst du machen, das ist prima! Also, wir vereinbaren: 10 Minuten zusätzlich üben, wenn du viele Hausaufgaben auf hast, und 15 Minuten, wenn du nicht so viel auf hast. Wie lange legen wir immer beim Mittagessen fest. Abgemacht?«

Als zusätzliches Motto hilft in diesem Zusammenhang der alte Spruch: »Erst die Arbeit, dann das Vergnügen«. Viele Eltern räumen ihren Kindern bereits vor der Erledigung des Lernens oder der Hausaufgaben Belohnungen ein, indem sie ihre Kinder bereits vorher z. B. Videos schauen oder Computer spielen lassen. Führen wir uns die Gesetze der klassischen Lerntheorie vor Augen: Dort heißt es, dass die positiven Konsequenzen, d.h. die Belohnungen auf das erwünschte Verhalten erfolgen sollten und nicht umgekehrt. Sie »verschenken« also sozusagen positive Verstärker, wenn Sie Ihrem Kind vorzeitig, d. h. vor Erledigung der Aufgaben, die Belohnungen zugestehen. Auch Ihnen dürfte es im Übrigen vermutlich schwerfallen, ein spannendes Buch aus der Hand zu legen, um sich dann mit der anstrengenden Steuererklärung auseinanderzusetzen.

> Vereinbarungen zwischen Eltern und Kindern im Voraus zu treffen bedeutet, immer wieder neue Diskussionen und nervenaufreibenden Streit zu vermindern und stattdessen alltägliche Rituale und Routinen einzuführen. Ein klar strukturierter und verbindlicher Lernrahmen reduziert den Reibungsverlust und erleichtert den Familienalltag erheblich.
> Wichtig ist es, dass Sie Ihrem Kind für seine Lernaufgaben eindeutige, genau umschriebene und vor allem bewältigbare Anforderungen stellen. Nur so können Kinder Erfolge erleben! Und vergessen Sie nicht, Ihr Kind für seine Fortschritte und Erfolge zu würdigen.

## b) Zeit- und Lernmanagement in Abhängigkeit vom Lebensalter der Kinder

Wer schlecht lernt, hat meist auch Schwierigkeiten mit der zeitlichen Einteilung. Oft wird der Fehler gemacht, dass in zu großen Zeiteinheiten gearbeitet wird bzw. dass man sich zu große Lernportionen vornimmt. Die Phasen, in denen Kinder konzentriert lernen können, sind in der Regel sehr kurz, sie dauern häufig nur wenige Minuten an. Im Laufe der Entwicklung kann diese Zeit innerhalb bestimmter Grenzen ausgedehnt werden. Nicht selten beträgt jedoch auch dann die Obergrenze für konzentriertes Lernen und Einprägen eine Viertelstunde. Nur durch eine Pause kann dann das Kind wieder in die Lage versetzt werden, erneut – und dann etwas kürzer – konzentriert zu lernen.

Im Hinblick auf eine positive Lernbereitschaft sind kürzere Lernphasen von Vorteil, da mit den meisten Kindern eine regelmäßige tägliche Lernzeit – z. B. von zunächst 10–12 Minuten und in einer zweiten späteren Phase von 12–20 Minuten – ohne größere Probleme zu vereinbaren ist. Wenn Kinder dies mithilfe ihrer Eltern dauerhaft durchhalten, darf zu Recht mit Erfolgen gerechnet werden.

**Wie lange können Kinder durchschnittlich konzentriert lernen?**

| Alter | maximale durchschnittliche Konzentrationsdauer (ohne Pausen) |
|:---:|:---:|
| 7 Jahre | 15 Minuten |
| 8–9 Jahre | 20 Minuten |
| 10–12 Jahre | 25–30 Minuten |
| 13–18 Jahre | 30–45 Minuten |

# 11. Indirekte Maßnahmen zur Verbesserung des Lernertrags

## a) Pausen sind wichtig

Günstig ist es meist, spätestens 30 Minuten nach dem Mittagessen mit den Hausaufgaben zu beginnen, da sonst die Bereitschaft des Kindes, mit dem Lernen überhaupt anzufangen, immer mehr abnimmt. Wichtig ist es, Pausen in die Hausaufgaben- und Lernzeit vorher mit einzuplanen. So sollten in der Regel 10 bis 30 % der Arbeitszeit Pausen sein. Legen Sie diese als Eltern mit Ihren Kindern rechtzeitig, d. h., wenn diese noch lernfähig sind, ein, und nicht erst dann, wenn Ihre Kinder und Sie schon völlig erschöpft sind. »Minipausen« können die Aufmerksamkeit zudem deutlich erhöhen. Eine Minipause kann 2 bis 5 Minuten dauern und sollte bei Kindern im Grundschulalter alle 20 bis 30 Minuten gesetzt werden. In dieser Zeit kann das Kind z. B. aufstehen, etwas trinken, herumlaufen, sich strecken oder vielleicht einmal kurz auf dem Minitrampolin hüpfen.

Eine »Verschnaufpause« sollte spätestens nach einer Stunde stattfinden und ca. 15 Minuten dauern. Jetzt kann das Kind aus dem Zimmer gehen, Musik hören, etwas essen etc. Bei Jugendlichen, die längere Zeit zu arbeiten haben, sollte nach ca. 2 bis 3 Stunden Arbeitszeit eine Erholungspause von ungefähr einer Stunde eingelegt werden. Hier ist es günstig, sich körperlich zu betätigen, z. B. Sport zu treiben.

Für jüngere Kinder sind Minipausen besser geeignet. Zu lange Pausen machen es ihnen schwer, wieder den Anschluss zu finden.

## b) Lernen im Schlaf

Lernen findet nicht nur in der Zeit statt, in der man aktiv etwas übt oder auswendig lernt. Auch die Zeit zwischen und nach dem Lernen, so die Pausen oder auch der Schlaf, sind für ein dauerhaftes Abspeichern von Wissensstoff im Gehirn (»Gedächtniskonsolidierung«) von entscheidender Bedeutung. In der Forschung unterscheidet man zwischen einer kurzfristigen, d. h. Minuten bis Stunden dauernden Konsolidierungsphase und einer langfristigen, späteren, d. h. Tage bis Jahre dauernden Konsolidierungsphase. Bei beiden Formen verlaufen auf unterschiedlichen Ebenen höchstkomplexe Umbauten der neuronalen Systeme ab. Neu angelegte Gedächtnisspuren werden ohne äußeres oder inneres Üben in der Zeit nach der aktiven Informationsaufnahme weniger störanfällig und damit später schneller und fehlerfreier abrufbar. So hat auch der Schlaf in diesem Zusammenhang eine wichtige Funktion, die sowohl die Schlafdauer als auch die Schlafphasen betrifft.

Forscher wie Pierre Macquet von der University of London oder Allan Hobson im Massachusetts Mental Health Center fanden heraus, dass die Gehirnwellenaktivität im Hippocampus beim Träumen Gedächtnismuster einübt, um entweder neue Erfahrungen ins Langzeitgedächtnis aufzunehmen oder um verblassende Neuronenverbindungen lebendig zu erhalten. Sie stellten fest, dass in den nächtlichen REM-Phasen (Traumphasen) dieselben Gehirnareale aktiviert wurden, die auch tagsüber während des Lernprozesses aktiv waren. Am darauf folgenden Tag zeigten sich verbesserte Leistungen der Lernenden. Die beobachteten Reaktivierungen des Gehirns während des Schlafs waren also tatsächlich gut für das Gedächtnis und den Lernprozess. (vgl. Blakemore und Frith 2006, S. 243f.)

### c) Bewegung

Körperliche Aktivitäten *vor* dem Lernen können positive Effekte für das Gehirn haben. Bewegung erhöht die Fähigkeit der Blutzellen, Sauerstoff aufzunehmen, und verbessert damit nicht nur die Muskel-, Lungen- und Herzfunktion, sondern ebenso die Hirnfunktion. Eine Studie in England ergab, dass Kinder, die vor Unterrichtsbeginn nur fünf Minuten lang einfache Gymnastikübungen machten (Hüpfen auf der Stelle, Armeschwenken und so weiter), bessere Unterrichtsleistungen zeigten, als wenn sie vor dem Unterricht nicht entsprechend aktiv gewesen waren (vgl. Blakemore und Frith 2006, S. 194). Ob man hier gymnastische oder kinesiologische Übungen einsetzt, ist egal – ausschlaggebend ist, dass jeweils die körperliche Aktivität wirkt.

Es bestehen auch wissenschaftliche Hinweise darauf, dass körperliche Aktivitäten *nach* dem Lernen für die Konsolidierung der Lerninhalte bedeutsam sind. So ist es z. B. günstig, nach dem Lernen Sport zu treiben oder einen ruhigen Spaziergang zu machen. Während dieser Zeit und Aktivität wird das vorher Gelernte ganz offenbar gefestigt. Lautes Musikhören oder intensives Computerspielen verhindern dagegen eher eine Konsolidierung der Lerninhalte.

Wichtig ist es also nicht nur, *wie* wir lernen, sondern auch *was* wir *vor*, *während* und *nach* dem Lernen tun (oder lassen sollten), um den Lernstoff mittel- und längerfristig rascher und sicherer abzuspeichern.

### c) Fernseh-, Handy- und Computerkonsum – das leidige Thema

Sie alle kennen als Eltern das scheinbar unendliche Bedürfnis Ihres Kindes, möglichst viel Zeit am Tag vor dem Computer, dem Fernseher oder am Handy zu verbringen. Und immer wieder taucht in diesem Zusammenhang die Frage auf, wie viel tut hier gut und wo sollten die Grenzen sein. Sie alle erleben, dass Handynutzung, Computerspielen und Fernsehen ausgesprochen attraktiv für Ihre Kinder sind. Da jedoch das Anschauen eines Films auf YouTube oder das Computerspielen eine grundsätzlich größere Motivation und auch andere Formen der Gehirnaktivität erzeugt, empfindet Ihr Kind den Kontrast zwischen dem hochattraktiven Computerspiel oder dem YouTube-Video und der Mathematikübung als sehr ausgeprägt. Ein sich anschließender Lernprozess wird damit für Ihr Kind tatsächlich deutlich anstrengender und schwerer, die Motivation sinkt, der Abspeicherprozess wird negativ beeinträchtigt. Aus diesem Grund, so unser Rat und unsere Erfahrung, sollten Ihre Kinder nicht *nach*, sondern *vor* der Bildschirmzeit lernen. Natürlich sollte es zudem immer Ziel sein, die Dauer des »Medienkonsums« deutlich zu begrenzen und einen angemessenen zeitlichen Abstand zwischen Lernen und Fernseh- bzw. Videoschauen, Computerspielen oder Handynutzung einzuhalten.

Auch beim Fernsehen, Handy und PC gilt: »man übt das, was man tut«. »Bildschirmkonsum«, vor allem zu langer, ist das Gegenteil von aktiver Auseinandersetzung, Anstrengungsbereitschaft und schrittweiser Erhöhung der Ausdauer des Kindes. Viele Studien haben eindeutige negative Zusammenhänge zwischen der Dauer des Bildschirmkonsums im Vorschul- und Grundschulalter und dem Leistungsniveau in der Grundschule gezeigt (vgl. z. B. Spitzer 2006, Spitzer 2014, Spitzer 2019).

Auch kann der Abspeicher- und Konsolidierungsprozess durch Aktivitäten wie Computerspielen, Fernsehen bzw. Videoschauen beeinträchtigt werden. Möglicherweise verfügen wir über einen »Zwischenspeicher« im Gehirn, der die Inhalte, die wir tagsüber aufgenommen und verarbeitet haben, im Schlaf konsolidiert. Wie schon oben dargelegt werden Gehirnprozesse sozusagen im Schlaf wiederholt und Erinnerungen somit verfestigt. Da wir aber nur eine begrenzte Aufnahmekapazität am Tag haben, müssen wir uns letztlich fragen, was in diesem doch so wichtigen »Zwischenspeicher« abgelegt werden soll? Unsere Rechenaufgaben oder das Computerspiel oder das gesehene Video?

Wie beim Lernen auch, sollten Sie als Eltern klare, eindeutige Vereinbarungen mit Ihrem Kind über Bildschirmzeiten treffen. Vielleicht kann sich Ihr Kind eine Zeitverlängerung als Belohnung für kleine Lerneinheiten verdienen. Günstig ist es, eine verkürzte »Basisbildschirmzeit« auszumachen, um dann »Joker« in Form von zusätzlichen kleinen Einheiten als Verstärker einsetzen zu können. So verfügen Sie über mehr Kontrolle über den Bildschirmkonsum und haben vielleicht die sonst ausgedehnte und als selbstverständlich erlebte Bildschirmzeit sogar insgesamt verkürzt.

# 12. Anforderungen an Eltern sowie Lehrerinnen und Lehrer

## a) Eltern stellen die Weichen für die zukünftige Entwicklung

Als Eltern verfügen Sie für Ihre Kinder im entscheidenden Ausmaß über die Möglichkeit, einen sog. »Engelskreis« beim Lernen einzurichten. Ihr Kind ist möglicherweise von Schwierigkeiten in der Selbststeuerung, im Zeitmanagement und in der Strukturierung des Lernstoffes betroffen und zeigt eine Abneigung gegenüber zusätzlichem Üben. Sie als Eltern haben eine ganz wichtige Vorbild- und Modellfunktion für Ihr Kind. Nur durch Ihre eigene Konsequenz ist Erfolg möglich.

> **Rückmeldung von Hannahs Mutter:**
>
> »Unser Dranbleiben am Lernstoff und hartnäckiges Einfordern des Wiederholens haben sich bei Hannah wirklich gelohnt, obwohl es mir manche Tage nicht leichtfiel, das Üben einzufordern. Obgleich ich an manchen Tagen dazu selbst keine rechte Lust hatte, habe ich es trotzdem gemacht; an manchen Tagen war es sehr einfach.«

Hilfreich kann für Sie als Mutter und/oder Vater im Hinblick auf ein erfolgreiches Lernen vielleicht der Gedanke sein, dass sich nicht Ihr Sohn oder Ihre Tochter in erster Linie ändern muss, sondern eventuell zunächst Sie selber. Sie müssen sich darüber im Klaren sein, dass Sie für eine gelingende Schullaufbahn Ihrer Kinder ganz wichtige Voraussetzungen schaffen können. In unserer Praxis haben wir es sehr häufig erlebt, dass Eltern, denen es gelungen ist, in der Grundschulzeit und zu Beginn der weiterführenden Schulzeit positive, lernfördernde Strukturen aufzubauen, erleben durften, wie ihre Kinder mit zunehmendem Alter Schritt für Schritt diese Strukturen eigenständiger übernehmen konnten. Damit konnten die Eltern echte Früchte der unterstützenden und fördernden Begleitung ihrer Kinder ernten.

Vielleicht mag es Ihnen zunächst als die Quadratur des Kreises erscheinen, aber für eine effektive Lernförderung Ihrer Kinder ist es notwendig, dass Sie als Mutter und Vater auf diese gleichermaßen ruhig, geduldig, gelassen, wohlwollend, freundlich und ermutigend aber auch genauso hartnäckig, kontrollierend und strukturierend einwirken.

## b) Kinder sind nicht die besseren Erwachsenen – zur Einhaltung von Lernanforderungen

Selbstverständlich wollen sich die meisten Kinder immer wieder vor dem lästigen Wiederholen drücken. Lernarbeit ist eben anstrengend. Geben Sie als Eltern hier nicht einfach auf oder erwarten Sie von Ihrem Kind nicht, dass es das Lernen von alleine in Angriff nimmt. Seien Sie nicht enttäuscht, wenn Ihre Tochter oder Ihr Sohn nicht selbständig lernt. Diese Erwartung ist eine große Falle. Können wir denn wirklich von unseren Kindern Dinge verlangen, die uns selbst als Erwachsene schwerfallen? Und können wir vor allem von Kindern mit einer Teilleistungsschwäche gerade das einfordern, selbständig zu tun, was ihnen am schwersten fällt? Sie müssen sich als unterstützende Eltern im Lern- und Übungsprozess mit Ihren Kindern darüber im Klaren sein, dass es Ihr konsequentes Vorgeben von Lernstrukturen und Ihr hartnäckiges Durch- und Einhalten sind, die notwendig und hilfreich sind. Sie stehen hier als Eltern in der Pflicht und Verantwortung, wenn Ihr Kind schulisch besser werden soll. Ihre Aufgabe als Mutter und Vater besteht im regelmäßigen Begleiten, Kontrollieren und Überprüfen der Anforderungen, die Ihrem Kind gestellt werden. Seien Sie hierfür zu Hause präsente Eltern und richten Sie danach Ihr Handeln aus, anstatt nur darüber zu sprechen.

Möglicherweise werden Sie von manchen Lehrkräften in diesem Zusammenhang mit Äußerungen verunsichert wie z. B.: »Ihr Kind ist alt genug, es muss das (zusätzliche) Üben alleine hinbekommen«, oder »Ihr Kind muss selbständig werden. Wenn Sie mit ihm lernen, verhindern Sie dies.« Solche allgemeinen Aussagen, bei denen unreflektiert nicht zwischen Ziel und Weg unterschieden wird, drücken aus unserer Sicht nicht unbedingt pädagogische Kompetenz aus. Weder wird die »Individuallage«, d. h. die individuellen Voraussetzungen des Kindes berücksichtigt, noch wird sich die Mühe gemacht, für das jeweilige Kind seinen besonderen Weg zu Selbständigkeit und auch zum Lernerfolg zu entwickeln, was die eigentliche pädagogische Aufgabe darstellt.

Sie als Eltern erleben tagtäglich, was bei Ihrem Kind möglich und hilfreich ist und was nicht. Es besteht also kein Grund, sich durch solche Äußerungen verunsichern zu lassen.

Andererseits werden Sie aber auch erleben, dass Sie von engagierten Lehrerinnen und Lehrern in Ihrem hartnäckigen Bemühen unterstützt werden. Am hilfreichsten für Ihr Kind ist hier eine enge Kooperation, bei der die Hausaufgaben und die spezifischen Lernbemühungen individuell den Voraussetzungen Ihrer Kinder angepasst werden.

### c) Team-Gedanke anstatt »überzogener« Selbständigkeitsanforderungen

Wenn Sie als Eltern es schaffen, ein **Team** mit Ihrem Kind zu bilden, d. h. gemeinsam an einem Strang zu ziehen, legen Sie ein sehr wichtiges Fundament für dessen Motivation und Lernbereitschaft. Durch die Interaktion mit Ihnen beim Lernen, z. B. mithilfe der Lernkärtchen oder anderer motivierender Lerntricks, geben Sie Struktur von außen vor, ermöglichen Sie ein regelmäßiges Wiederholen und Sie motivieren Ihr Kind. Dies schafft einen völlig anderen, effektiveren Lernrahmen für Ihr Kind, als wenn dieses alleine regelmäßig üben müsste, vor allem dann, wenn Ihre Tochter oder Ihr Sohn die entsprechenden Voraussetzungen für ein selbständiges Lernen (noch) gar nicht mitbringt.

Das Team, das Sie als Eltern mit Ihrem Kind bilden, kann unterschiedlich besetzt sein. Manchmal ist es so, dass Mütter ausgesprochen entnervt und am Ende ihrer Kräfte sind. In solchen Fällen bietet es sich an, dass beispielsweise der Vater oder die Oma die Mutter entlasten und mit dem Kind ein Team bilden.

Hat sich die Beziehung zwischen Eltern und Kind völlig »verhakt«, kann es sich als günstig erweisen, das Lernen an eine »neutrale« Person zu delegieren. Wichtig ist vor allem eine ruhige und konsequente Lernbetreuung durch *eine* Person, deren Unterstützung das Kind akzeptieren kann, und die auch über die jeweils besondere Problematik Bescheid weiß.

Mit Jugendlichen sollten später seine eigenen kurz-, mittel- und langfristigen Ziele besprochen werden. Eine sinnvolle Option besteht darin, diese Ziele gemeinsam schriftlich zu fixieren. Zusammen könnte zudem ausgehandelt werden, was der Jugendliche alleine angehen möchte und an welcher Stelle er sich Hilfe durch die Eltern oder durch einen anderen »Coach« wünscht. Lerntechniken können mit dem Jugendlichen eingeübt und Freunde als Modell mit einbezogen werden. Bei größeren Problemen sind schriftliche Verträge mit einer bestimmten Gültigkeitsdauer oft hilfreich, die klare Ziele und Aufgaben von Jugendlichen und Eltern genau festlegen.

Bleiben Sie als Eltern, so ein weiterer Rat von uns, bitte stets realistisch. Bei Kindern mit Lernschwierigkeiten sind Sie als Mutter und Vater in Sachen Schule länger gefordert als andere Eltern. Ihre Kinder überschätzen häufig ihre eigenen Möglichkeiten. Sie sollten deshalb ein wachsamer Begleiter, Trainer und Coach Ihrer Kinder sein. Als gut funktionierendes Team können Sie ihr Kind schrittweise zum (Lern-)Erfolg führen. Treffen Sie mit Ihren Kindern Vereinbarungen, geben Sie ihnen strukturierende Hilfen, bewahren Sie sich eine wohlwollende und hartnäckige Grundhaltung und versäumen Sie schließlich bitte nicht, die Bemühungen und Anstrengungen Ihrer Kinder anerkennend zu würdigen.

### d) Loben – aber richtig

Loben Sie Ihr Kind vor allem, wenn dieses beim Üben mitmacht und sich bemüht. Gestalten Sie weiterhin die Anforderungen so, dass Erfolgserlebnisse möglich sind. Grundlage des Lobs, einer klassischen Form positiver Verstärkung, sind also Ihre realistischen Erwartungen und Zielsetzungen. Zu hohe Anforderungen führen bei Ihrem Sohn oder bei Ihrer Tochter zum Scheitern und damit zur Frustration.

Ihr Ziel sollte es stets sein, Ihrem Kind eine positive Rückmeldung zu seinem Verhalten zu geben. Beachten Sie bitte dabei, dass nicht die erzielte Note in der Lernzielkontrolle der Grund zum Loben sein sollte, sondern die Tatsache, dass Ihr Kind beim Üben mitmacht, sich anstrengt. Dieses Bemühen und die damit gezeigte Lernbereitschaft gilt es zu würdigen.

Darüber hinaus wird Ihr Kind auch durch die Sache selbst »gelobt«. Durch seine Erfolgserlebnisse, die es aufgrund des Lernens hat, kann es die Erfahrung machen: »Ich hab es geschafft, ich werde immer ein kleines bisschen besser«. Aus diesem Grunde sollten Lernmethoden so konzipiert sein, dass der Erfolg sofort erlebbar wird, vom Kind auch als solcher wahrgenommen und beobachtet werden kann.

Loben bedeutet auch, die richtigen Worte zu finden. Wir machen immer wieder die Beobachtung, dass Kinder es manchmal als unangemessen, ja sogar als unangenehm erleben, wenn sie mit Lob »überschüttet« werden. Das heißt für Sie als Eltern: Loben ja, unbedingt, aber bitte richtig. Wenige Worte sind dabei zumeist hilfreicher als lange Ausführungen. Knappe Bemerkungen zur Sache, wie »prima«, »gut gemacht« oder »es hat mich gefreut« kommen hier meistens besser an.

### e) »Fallen« für Eltern bzw. Lehrerinnen und Lehrer

Es gibt drei große Fallen in Ihren Vorstellungen, Reaktionen und Äußerungen, die dazu führen, dass Ihre Kinder weiter entmutigt werden können. Sie haben als Eltern und auch als Lehrer eine große Bedeutung für Ihre Kinder, dies gilt für positive Reaktionen und mindestens genauso für negative Reaktionen.

## Ärger

Sie zeigen Ihrem Kind Ihren Ärger: »Warum hat er/sie denn in der Probe nicht …?« Ihr Kind kommt mit einer schlechten Note nach Hause, fühlt sich deprimiert und bekommt dann noch Ihren Ärger zu spüren.

Ihr Ärger als Mutter oder Vater ist nachvollziehbar, denn Sie sind maßlos enttäuscht über die schlechte Note, haben Sie doch zuvor sehr viel Zeit und Nerven für das Üben mit Ihrem Kind aufgewendet. Laut ausgesprochene Gedanken wie »jetzt haben wir doch so viel geübt, das kann doch wirklich nicht wahr sein, dass du das immer noch nicht auf die Reihe kriegst« bedeuten für Ihr Kind neben der schlechten Note eine zusätzliche Form von Bestrafung – auch im Hinblick auf das zuvor erfolgte anstrengende Üben.

## Enttäuschung

Jede Mutter, jeder Vater hat ganz bestimmte Erwartungen, wie das eigene Kind sein sollte. Dies ist völlig normal. Da uns allen solche Idealziele im Hinterkopf herumspuken, ist die Enttäuschung groß, wenn die Tochter oder der Sohn schlechtere Leistungen zeigt – es genügt unseren Anforderungen und Erwartungen einfach nicht.

Häufig sind Eltern enttäuscht, wenn die Kinder ihren Vorstellungen nicht genügen. Hinzu kommen dann Beobachtungen, die ihre Verunsicherung und Enttäuschung noch verstärken: »Zu Hause hat er/sie es doch gekonnt, warum in der Klassenarbeit nicht?« Vorwürfe sind oft die Folge. Es ist jedoch ganz normal, dass man in einer Prüfungssituation nicht alles, was man vorher in einer stressfreien Situation leisten konnte, vollständig umsetzen kann. Unsere möglicherweise schon misserfolgsorientierten Kinder gehen oft bereits mit sehr negativen Erwartungen und Ängsten in die Prüfungssituation hinein, was sie zusätzlich sehr stark beeinträchtigt. Ist das Ausmaß ihrer Angst zu groß, sind sie nicht mehr in der Lage, die entsprechenden »Schubladen« in ihrem Gedächtnis aufzuziehen und so die Aufgaben angemessen zu lösen. Der Abbau dieser Prüfungsängstlichkeit bzw. der negativen Gedanken braucht Zeit. Kinder und Eltern benötigen hier gemeinsam Geduld und vor allen Dingen möglichst zunehmende Erfolgserlebnisse, damit sich die Leistungsblockaden auflösen können.

## Sorgen – Schonen

Oft sind bei Eltern auch Gedanken wie der folgende zu hören: »Unser Sohn/unsere Tochter weint doch so häufig beim Lernen, ist die Schule nicht ohnehin schon eine große Quälerei für ihn/sie? Da kann ich ihm/ihr doch nicht noch zusätzlich zu den Hausaufgaben etwas zumuten.«

Eltern (und Lehrer) sind manchmal zu »verständnisvoll«: Sie versetzen sich in ihr Kind hinein, leiden mit ihm, erleben, wie es sich im Umgang mit den Anforderungen quält, und wollen es entlasten. Zusätzliches Üben wird nicht mehr eingefordert, da die Kinder ja schon mit den Hausaufgaben zu sehr belastet sind. Dieses

Schonverhalten wird in der Psychologie negative Verstärkung genannt, und führt dazu, dass sich das Kind zukünftigen Anforderungssituationen immer mehr entziehen wird. Seine Wissenslücken werden damit natürlich ständig größer und die Schule wird zunehmend als leidvoll und belastend erlebt. Die »Wunde« des Nicht-Könnens, des »Schlecht-Seins« wird deshalb bei Ihrem Kind so nicht heilen können.

# Kapitel 10   Lernmethoden – eine Einführung

## 1. Gibt es Lernrezepte?

Wenn wir an Lernstrategien denken, dann müssen wir uns die Frage stellen, ob es immer geltende Lernmethoden im Sinne von Lernrezepten gibt. Die Antwort hierauf lautet: Es gibt nichts Allgemeingültiges für jeden und jede, sondern wir müssen uns stets den Einzelfall, d. h. das einzelne Kind, vor Augen führen. Es gibt also keine Patentrezepte – aber es gibt Grundprinzipien des Lernens, grundlegende Vorgehensweisen, die im Einzelfall Berücksichtigung finden können.

Zu diesen Grundprinzipien gehört, dass eine einmalige Einsicht, d. h. ein einmaliges Verstehen des zu lernenden Stoffes nicht ausreicht, um ihn zu behalten. Wir haben es schon ausführlich dargelegt – angesichts unserer doch erheblichen Vergesslichkeit ist ein angemessenes und regelmäßiges Wiederholen notwendig.

Bei der Frage nach allgemein gültigen Lernrezepten stoßen wir auch auf die schulischen Lernwege, die für unsere rechenschwachen Kinder ein Hindernis sein können. Je vielfältiger und unterschiedlicher sie sind, umso eher kann das Kind verwirrt, verunsichert werden und immer mehr in Defizite hineinrutschen. Hier gilt eben nicht »viel taugt viel« oder im Sinne des »Schrotschussverfahrens« – »eine Methode wird schon treffen«. Methoden sollten immer auf die Probleme und die Möglichkeiten der Kinder abgestimmt sein.

Auf den einzelnen Fertigkeitsebenen gibt es typische Fallen bzw. Fehlermuster, die entstehen können. Die Hauptschwierigkeit besteht jedoch sehr häufig darin, dass Grundrechenfertigkeiten nicht ausreichend automatisiert wurden. Zu geringe Automatisierungen zwingen das Kind schon fast dazu, Fehlstrategien zu entwickeln. Aufgrund der basalen Defizite entstehen meist massive Probleme auf der Ebene der darauf aufbauenden komplexeren Rechenoperationen. Die eingeübten Fehlstrategien auf den »niederen« Ebenen der Rechenfertigkeit, besonders die Fehlstrategie des inneren Zählens, verschlimmern die Problematik zusätzlich.

> Es gibt keine Lernstrategie, die für jedes Kind zu empfehlen wäre. Manche Lernwege verschlimmern bei einigen Kindern anfängliche Schwächen sogar noch. Lernt und lernt Ihr Kind, seine Leistung wird aber überhaupt nicht besser, sondern vielleicht sogar schlechter, so ist die Lernstrategie in Frage zu stellen. Für jedes Kind müssen wir passende Lernstrategien entwickeln, die auf den allgemeinen Gesetzmäßigkeiten der Lernpsychologie basieren. Wir müssen die Stärken der Kinder kennen und einbeziehen, weniger deren Schwächen, und wir

> müssen Lernstrategien ausprobieren und sie nur dann weiter benutzen, wenn sie auch taugen. Grundvorgehensweisen auf der Grundlage lernpsychologischer und neurowissenschaftlicher Erkenntnisse können vereinfacht und exemplarisch dargestellt werden und bilden so den Rahmen, innerhalb dessen wir unser Kind die Erfolgstreppe hinaufschicken können.

## 2. Welche Ziele haben wir?

Im Fach Mathematik sollten die Kinder mit Rechenschwäche aus unserer Sicht bis zum Ende der Grundschule vier Teilbereiche beherrschen, in diesen Automatisierungen herbeiführen und gleichzeitig auch aufgrund der erlebten Erfolge eine positive gefühlsmäßige Bewertung erreichen:

a) Das basale Zahl- und Mengenverständnis
Zahlen stehen für Größen und es entwickelt sich ein innerer Zahlenstrahl. Das Kind soll z. B. in der Lage sein, zu erkennen, dass 71 mehr ist als 39, 500 deutlich mehr als 299.
b) Das arithmetische bzw. numerische Faktenwissen
Hier gilt es, das Einspluseins und das Einmaleins zu automatisieren, d. h. die Antwort innerhalb einer Sekunde parat zu haben.
c) Einfache arithmetische Prozeduren
Die Abfolge von nacheinander durchzuführenden Rechenschritten, wie z. B. beim Zehnerübergang oder beim schriftlichen Malnehmen, muss hier beherrscht werden und in der richtigen Reihenfolge durchgeführt werden können.
d) Sachaufgaben
Die Rechenfertigkeiten sollen nicht als Selbstzweck allein gelernt werden, sondern immer auch als Lösungswerkzeug Anwendung finden, um Aufgabenstellungen in angemessener Weise bearbeiten zu können. Die Probleme sollen besonderes im Grundschulbereich den Kindern aus ihrer Alltagswelt vertraut sein.

> Grundsätzlich gilt: Das numerische Faktenwissen und die darauf aufbauenden arithmetischen Prozeduren sind unser *Handwerkszeug* in der Mathematik. Nur wenn wir das Handwerkszeug beherrschen, sind wir in der Lage, komplexere Problem- und Aufgabenstellungen zu lösen. Geht es um die arithmetischen Prozeduren, d. h. das Erlernen einer Abfolge von nacheinander durchzuführenden Rechenschritten, so ist es notwendig, Kinder frühzeitig bestimmte Aufgabenmuster, wie z. B. das schriftliche Malnehmen wiederholen zu lassen.
> Eine gute Zugangsweise, um die Rechenfähigkeit zu fördern und die Motivation der Kinder zu stärken, ist es, auch die rechenschwachen Kinder möglichst bald **Sachaufgaben erfinden** zu lassen. Hier ist der Ort, an dem die Kinder ler-

nen, einerseits kreativ und andererseits handwerklich an die mathematischen Aufgabenstellungen heranzugehen. Sie können Problemstellungen erfinden und dann mit ihrem Handwerkszeug lösen. Es gilt also nicht, wie häufig von unseren Schulen propagiert, arithmetische Prozeduren zu erfinden, z. B. wie löse ich am kreativsten die Aufgabe 5 × 4, sondern sich beim Üben sachbezogene Aufgabenstellungen auszudenken. Diese Problemstellungen werden dann mit den arithmetischen Prozeduren gelöst, die gut beherrscht werden.

Die vielerorts anzutreffende Idee, die sich auch in Grundschulplänen wiederfindet, Kinder kreativ mit Zahlen umgehen zu lassen, führt unserer Ansicht nach besonders bei schwächeren Kindern zu Verwirrung und Fehlstrategien sowie anschließend zu Frustrationen.

*Kreativität sollte an der richtigen Stelle eingesetzt werden. Erst wenn die Kinder ihr Handwerkszeug beherrschen, ist es möglich, Aufgaben in kreativer Weise zu entwerfen und zu lösen.*

In höheren Klassen geht es darum, komplexere Prozeduren (z. B. in der Algebra oder Geometrie) zu automatisieren. Kindern und Jugendlichen mit Rechenschwäche hilft es dabei meist mehr, wenn man ihnen zeigt, wie Rechenverfahren und Lösungswege aussehen. Der Versuch, es ihnen, vielleicht sogar aufgrund ihres anfänglichen Nichtverstehens, auf unterschiedliche Weise zu erklären, führt überwiegend zu Verwirrung und Frustration. Ein zentrales Problem längerer Erklärungen besteht gerade darin, dass durch sie das Arbeitsgedächtnis schnell überlastet wird und dann nur noch bruchstückhaft bestimmte Informationen aufgenommen werden können.

Die einzelnen Stoffgebiete gilt es dabei auf Grundtypen von Aufgabenstellungen und Lösungsgrundmuster systematisch zu komprimieren und einfache, gut strukturierte Übersichten zu erstellen, die leicht eingeprägt werden können.

Wissenserwerb bedeutet dabei im Wesentlichen die Abspeicherung von Schemata im Langzeitgedächtnis. Die Fähigkeit zur Bewältigung komplexer Aufgaben entwickelt sich in Mathematik, indem Elemente niedrigerer Schemata zu höheren, komplexeren Schemata kombiniert werden. Der Vorteil von automatisierten Schemata und Grundmustern besteht darin, dass das Langzeitgedächtnis eine unbegrenzte Anzahl an Informationen speichern kann. Diese Informationen setzen sich nicht nur aus isolierten Fakten zusammen, sondern umfassen auch komplexe Interaktionen und Prozeduren. Die Begrenztheit des Arbeitsgedächtnisses zeigt sich daran, dass Menschen beim Bearbeiten komplexer Informationsmengen versagen, solange diese nicht im Langzeitgedächtnis in Schemata verankert sind (vgl. Wellenreuther 2009, S. 17 und 29).

**Jedes »Verstehen«, jede Einsicht in Mathematik setzt sich aus kleinen, erlernbaren Bausteinen bzw. Grundschemata zusammen.**

## 3. Grundprinzipien für die Automatisierung

Lernmethoden, die Kinder und Eltern als Team angehen, müssen einfach, überschaubar und möglichst leicht nachvollziehbar sein. Sie müssen zu Hause und auch in der Unterrichtssituation leicht umsetzbar sein. Es sollen wenige und ausgewählte Methoden sein, die sicher nicht den gesamten Bereich der Mathematik abdecken, aber zentrale Lerninhalte. In der Schlussreflexion einer Arbeitsgemeinschaft zur angemessenen Förderung von Kindern mit einer Rechenschwäche äußerten die Lehrer: »Das Einfache ist eigentlich das wahrhaft Pädagogische.«

Lernmethoden in der Mathematik sollten möglichst wenig Anstrengung kosten und schnell zu einem ersten Lernerfolg führen. Kinder müssen unmittelbar erleben können – »Das hab' ich hinbekommen!«, was wiederum direkten Einfluss auf die emotionale Bewertung des Lerngegenstandes Mathematik hat.

Auch die notwendigen Wiederholungen dürfen nicht zu anstrengend sein. Sie müssen in ausreichender Anzahl durchgeführt werden können, denn einmal gekonnt heißt noch nicht automatisiert. Da der Arbeitsgedächtnisspeicher bei unseren rechenschwachen Kindern oft nicht allzu groß ist (maximal drei bis fünf Items), benötigen sie kleine »Lernportionen«. Nur wenn sie erleben – »Das ist nicht so anstrengend«, werden sie mitmachen und zum Erfolg kommen.

Methoden im Bereich der Mathematik müssen so konstruiert sein, dass die Aufmerksamkeit der Kinder gezielt und selektiv auf den Lerninhalt ausgerichtet ist und sie nicht abgelenkt werden. Es soll also nicht etwas Allgemeines und Unspezifisches gelernt werden, sondern genau das, was angestrebt ist, z. B. der Zehnerübergang auf Ziffernebene.

Günstig ist es, Methoden zu verwenden, die nicht lange verbal erläutert und erklärt werden müssen, sondern von Eltern oder Lehrern gezeigt, d. h. auch visuell und handelnd vorgeführt und später von den Kindern selbst durchgeführt werden können. Wir haben die Erfahrung gemacht, dass die Kinder durch das Zeigen und modellhafte Vormachen wesentlich aufnahmebereiter sind und sich die Lerngegenstände besser merken können als durch lange, ablenkende und rein verbale Erklärungen.

Da bei Kindern mit Rechenstörung häufig auch Beeinträchtigungen im Bereich des Arbeitsgedächtnisses, besonders im visuell-räumlichen »Notizblock«, bestehen (vgl. AWMF, 2018, S. 17ff.), muss dies in besonderer Weise bei der Gestaltung der Lerneinheiten berücksichtigt werden. So enthält ein Lernkärtchen beim Automatisieren des arithmetischen Faktenwissens bei Einspluseins- bzw. Einmaleins-Aufgaben nur vier Informationseinheiten. Pro Tag sollen nur wenige Aufgaben (eine bis maximal drei) neu eingeprägt werden. Am ersten Einprägetag muss auf ein ausreichend häufiges Wiederholen der wenigen neuen Aufgaben geachtet werden, damit das Kind diese Aufgaben zusammen mit dem Ergebnis am nächsten Tag noch sicher erinnert.

# 4. Auf welcher Ebene beginnen wir mit dem Üben?

Bevor Sie die Lernarbeit mit Ihrem Kind beginnen, ist es sehr wichtig, genau zu analysieren, an welcher Stelle sich bei ihm die ersten Automatisierungslücken im Rechenlernprozess befinden. Rechnet Ihr Kind in der Schule bereits im Hunderterraum, Sie stellen aber fest, dass der Zehnerübergang im Hunderterraum gar nicht oder nur über Fehlstrategien funktioniert und entsprechend langsam abläuft, so ist es wichtig, rückwärts zu gehen: Überprüfen Sie zunächst den Zehnerübergang im Zahlenraum bis 20. Liegen hier ähnliche Fehlstrategien vor, sollte man mit dem Aufbau der Automatisierung im Zahlenraum bis 10 beginnen, um das Fundament abzusichern und den Kindern die Möglichkeit von Erfolgserlebnissen einzuräumen.

In höheren Klassen, in denen das Kind schon über eine gewisse Anzahl arithmetischer Prozeduren verfügen sollte, gilt es, gezielt die von ihm angewandten Fehlstrategien und Fehlermuster zu identifizieren. Fehlermuster entstehen in der Regel selten durch flüchtiges Verrechnen, sondern fast immer aufgrund mangelhaft automatisiert ablaufender Rechenschritte oder Rechenregeln. Weil das Kind die »richtigen« Rechenschritte nicht sicher beherrscht, ist es darauf angewiesen, diese für sich in kreativer Weise zu entwickeln. Solche Fehlermuster, die den Schülern irrtümlicherweise als sinnvoll erscheinen, werden dann systematisch angewandt. Gute Übersichten zu diesem Problem sind bei Lorenz (2003a, S. 62ff.) und in den Handreichungen der Akademie für Lehrerfortbildung Dillingen (2001, S. 63ff.) zu finden. Auch in diesem Fall gilt es, die entsprechenden arithmetischen Prozeduren zu automatisieren.

# Kapitel 11   Förderung im Vorschulbereich

## 1. Wir Menschen sind von Geburt an »zum Zählen geboren« (Beck, Clarke 2023) – Zur Entwicklung der frühen Zahlverarbeitung

Hubert Preißl, der die Arbeitsgruppe »Metabolic Neuroimaging« am Helmholtz-Zentrum München leitet, belegt sogar, »dass Föten über ein einfaches Zahlenverständnis verfügen«. Sie haben »bereits im Uterus ein Basisverständnis für Zahlen von eins bis vier« (Hackenbroch und Koch 2024, S. 89):
»Preißl hat Föten im Abstand von einer Sekunde Tonfolgen aus zwei Tönen vorgespielt. Ab und zu jedoch waren es 4 Töne hintereinander. War diese seltenere Tonfolge zu hören, registrierte das Messgerät einen Ausschlag. Preißl deutet das als Überraschungsreaktion im Gehirn des Ungeborenen« (ebd.)

Erstaunlich ist weiterhin, dass schon Babys im Alter von 8 bis 12 Monaten erkennen können, wenn bei einfachen Rechnungen bis drei falsche Ergebnisse im Experiment angeboten werden (vgl. Lorenz 2012, S. 14ff.) oder wenn sich eine gewohnte größere Mengenanzahl (bei willkürlicher Darstellung) verändert (Beck und Clarke 2023, S. 32ff.). In beiden Fällen verlängert sich die Fixationsdauer des Babys beim Anschauen der neuen bzw. falschen Darstellung in deutlicher Weise.

Im Rahmen der Sprachentwicklung lernen die Kinder ab etwa zwei Jahren auch Zahlworte und beginnen Zahlwortreihen zunächst meist mit willkürlicher Anordnung aufzusagen. Schrittweise lernen sie Zahlen in ihre exakte Folge zu bringen. Zahlen werden dabei zunächst noch nicht mit Mengen in Verbindung gebracht, sondern nur aufgesagt.

Ungefähr ab dem Kindergartenalter erwerben Kinder ein Anzahlkonzept und verstehen, dass hinter Zahlen Anzahlen stehen. Sie beginnen mit dem Abzählen (parallele Zuordnung von Zahlwort (Ziffer) und Gegenstand). Es kommt zu genau ausgezählten Mengen. Lorenz weist an dieser Stelle darauf hin, dass »bekannt ist, dass für die Entwicklung des Zahlbegriffs offenbar Zählkompetenz und Mengenverständnis im Hinblick auf spätere schulische Leistungen von zentraler Bedeutung sind« (Lorenz 2012, S. 103).

Schon Dreijährige wissen, dass es Zahlen gibt, die mit einer kleinen Menge (»wenig«) korrespondieren, und dass andere Zahlen große Mengen (»viel«) oder sehr große Mengen (»sehr viel«) repräsentieren. Dabei werden aber mehrere Zahlen den groben Mengenkategorien gleichzeitig zugeordnet (z. B. sind 8 »viel« und auch 20 »viel«)

## 1. Zur Entwicklung der frühen Zahlverarbeitung

Lorenz beschreibt, dass die Fertigkeit des Zählens anschließend umgesetzt wird in die Fertigkeit des Abzählens. Beim Abzählen kommt nun zur reinen Zählfertigkeit die Eins-zu-eins-Zuordnung von Objekten und Zahlsymbolen hinzu (jedem Objekt wird genau ein Zahlwort zugeordnet). Parallel spricht das Kind beim Zählen die Zahl aus und deutet auf den jeweiligen Gegenstand. Kinder können sich für Zahlen begeistern, da diese etwas Faszinierendes haben. Sie freuen sich, dass sie nun wirklich alles zählen können, dass sie immer dieselben Regeln anwenden können und dass die Ergebnisse identisch sind, egal ob sie Goldfische, Lastwagen, Murmeln oder etwas anderes zählen. Lorenz beschreibt, dass Kindern durch diese Universalität eine Sicherheit gegeben wird, die sie in anderen Bereichen nicht gleichermaßen erleben (vgl. Lorenz 2012, S. 149).

Etwa im Alter von vier Jahren kann das Kind irgendwo in der Reihe mit dem Zählen beginnen, später kann auch rückwärts gezählt werden. Das Kind beginnt, einfache Rechenoperationen bei Aufgaben in der Alltagssituation durchzuführen.

Schrittweise wird über das praktizierte Abzählen bei den Kindern ein erstes Verständnis für Zahlen als Ausdruck von Mengen, Längen, Gewicht, Zeit oder Geld aufgebaut. In den Studien von Clements (1984) und Moser Opitz (2002) zeigt sich weiterhin, dass offensichtlich beim Training der Zählfertigkeiten die logischen Operationen wie Klassifikation und Seriation implizit mittrainiert werden. Ein gut strukturiertes Training der Zählkompetenzen scheint also nicht nur die Entwicklung dieser Fähigkeiten zu fördern, sondern auch die Grundlage für den Erwerb eines umfassenden Zahlbegriffes darzustellen (vgl. Lorenz, 2012, S. 102f.).

Unter neurowissenschaftlicher Perspektive lässt sich diese Entwicklung zahlenverarbeitender Hirnfunktionen als ein neuroplastischer Reifungs- und Lernprozess verstehen. Dieser lässt im Gehirn des Kindes immer komplexere und spezialisiertere neuronale Netzwerke entstehen (vgl. Kaufmann, von Aster 2012, S. 768). Durch entsprechende Lernprozesse gefördert, sollte die oben angeführte Entwicklung eigentlich vor der Einschulung schon gesichert sein.

**Zusammenfassende Übersicht über die Entwicklungsstufen bei der Verarbeitung von Zahlen.**

Der erste Zugang zu Zahlen erfolgt über das Zählen. Die Zählfertigkeiten des Kindes entwickeln sich in verschiedenen Stufen, die jeweils für die Beobachtung der aktuellen Zählkompetenz des Kindes im Vorschulalter und damit für die Förderung wichtig sind:

**Stufe 1: Zahlwortkette**
Bereits sehr früh können Kinder den Anfang der Zahlwortreihe aufsagen, allerdings ohne Erfassung ihres Bedeutungsgehaltes. Es ist eine Kette, die sprachlich nicht unterteilt wird, die Zahlen als solche werden nicht unterschieden. Dies kann bereits mit dem frühen Spracherwerb geschehen (1 2 3 …).

**Stufe 2: Nicht aufbrechbare Zahlwortreihe**
Auf dieser Stufe werden die Zahlen unterschieden und sie können auch zur Anzahlbestimmung eingesetzt werden. Das Kind ist aber nicht in der Lage, bei einer beliebigen Zahl mit dem Zählen anzufangen, sondern es muss die Zahlwortreihe immer wieder mit der 1 beginnen. Ein Weiterzählen ist nicht möglich.

**Stufe 3: Aufbrechbare Zahlwortreihe**
Jetzt gelingt es dem Kind von einer beliebigen Zahl anfangend, vorwärts oder rückwärts zu zählen. Es kann auch von einer Zahl bis zu einer anderen Zahl zählen, etwa von der 3 bis zur 8 oder rückwärts von der 7 bis zur 2.

**Stufe 4: Zählbare Zahlwortreihe**
Nun kann das Kind nicht nur Objekte zählen, sondern auch Zahlen selbst. Dies ist ein wichtiger Schritt, der insofern eine kognitive Herausforderung darstellt, als dass das Kind nicht nur die Zahlwortreihe aufsagen muss, sondern auch gleichzeitig im Gedächtnis registrieren muss, um wie viele Zahlen es weitergezählt hat. Es handelt sich um eine Vorstufe der Addition und Subtraktion, deren Aufgaben von Kindern durch weiter- bzw. rückwärtszählen gelöst werden (4 + 3 = ? → »5 6 7« oder 5 – 2 = ? → »4 3«).

**Stufe 5: Flexible Zahlwortreihe in beiden Richtungen**
In dieser Stufe kann das Kind nun fließend in beiden Richtungen zählen und flexibel die Richtung wechseln. Die letzte Stufe wird nicht von allen Kindern im Vorschulalter erreicht, aber entsprechende Übungen helfen, die Zählfertigkeit zu erhöhen und die Flexibilität zu vergrößern (vgl. Lorenz 2012, S. 149f.).

## 2. Fördermaßnahmen im Vorschulalter

Defizite in den basalen mathematischen Fähigkeiten manifestieren und stabilisieren sich bereits ab dem Kindergartenalter und ziehen Defizite in höheren mathematischen Kompetenzen nach sich. Krajewski (2003, 2005a) und Dornheim (2008) zeigen in ihren Studien die Langzeitwirkung der vorschulischen Fähigkeiten auf die Schulleistung bis zur 4. Klasse.

Was sind nun aber die zentralen Fertigkeiten, die Vorläuferfertigkeiten, die in der Vorschulzeit erworben werden sollten?

Zählkompetenz und Mengenverständnis sind im Hinblick auf die späteren schulischen Leistungen für die Entwicklung des Zahlbegriffes von zentraler Bedeutung (vgl. Lorenz 2012, S. 103). Aufgrund dieser Erkenntnisse wurden in den letzten 20 Jahren unterschiedliche Förderprogramme für den Vorschulbereich entwickelt.

Hier ist zu betonen, dass sich die Förderung im Kindergarten zwar an der kindlichen Entwicklung orientieren sollte. Für eine optimale Förderung scheint es aber trotzdem grundlegend zu sein, dass von Anfang an möglichst auf das Verständnis der abstrakten Zahlenstruktur gezielt werden sollte. Dies geling leider nicht, wenn dies in Verbindung mit irrelevanten Informationen und fantasievollen Märchen – wie z. B. im Förderprogramm »Zahlenland« – geschieht.

In einem Teil der Förderprogramme wird versucht, das Erlernen der grundlegenden mathematischen Fertigkeiten in fantasievolle Geschichten und Ausstattungen einzubetten. Das erscheint kindgemäß, verstellt aber häufig eher den Blick auf die Zahlenstruktur, also auf genau das, was Zahlen in der wahren Bedeutung ausmacht (z. B. von einer zur nächsten Zahl kommt immer eins dazu). Dies sei an einem Beispiel verdeutlicht: Die Geschichten von der Zahl Zwei (Geschichte von zwei Schwänen) und der Zahl Drei (Geschichte von drei Hügeln) ergeben nicht die Geschichte von der Zahl Fünf. Denn die Zusammenfügung der Geschichten zwei und drei ergibt zwei Schwäne, die über drei Hügel fliegen – dies hat aber gar nichts mit fünf Luftballons (Geschichte von der Zahl Fünf) zu tun

Statt unpassender und für die Entwicklung eines abstrakten Zahlbegriffs eher verwirrender Förderprogramme dürfte es ausreichen, im Alltag, wann immer es möglich ist, mit Kindern das Abzählen und das Durchführen kleiner Rechenaufgaben (Addition, Subtraktion) zu üben. Zusätzlich sollten die Kinder die Ziffern bis 10 (Zahlwort dem ausgeschriebenen Zahlsymbol zuordnen), wenn möglich schon bis zum Schulbeginn, erlernen.

## Hauptbestandteile
### *einer mathematischen Frühförderung*

| zählen | Zahlenraum | Ziffern erkennen |
|---|---|---|
| a. bis 10 | weiter zählen | a. bis 10 |
| b. bis 20 | im Zahlenraum bis 10 | b. bis 20 |
| abzählen | weiter zählen (rückwärts) | addieren |
| a. bis 10 | im Zahlenraum bis 10 | a. bis 5 |
| b. bis 20 | | b. bis 10 |
| rückwärts zählen | Nachverfolger/Vorgänger | subtrahieren |
| a. bis 5 | a. im Zahlenraum bis 10 | a. bis 5 |
| b. bis 20 | b. im Zahlenraum bis 20 | b. bis 10 |

Abb. 11.1: Beobachtungsmerkmale für eine individuelle mathematische Frühförderung

Spielerisch kann z. B. das (Ab-)Zählen (der Schritte) bei »Engelchen, Engelchen, flieg« geübt werden, bei dem zwei Erwachsene nach einer bestimmten, erreichten Zahl das Kind in die Luft schwingen lassen.

Im therapeutischen Bereich hat sich für das Training des Ab- und Weiterzählens das Treppenstufen-Zählen bewährt: Mit jedem Schritt bzw. mit jeder Stufe kann bis zehn vorwärts und dann von der zehnten Stufe rückwärts bis zum Anfang der Treppe zurückgezählt werden. Wenn Kinder dies beherrschen, kann man dann von einer bestimmten Treppenstufe, z. B. der siebten Stufe, das Weiterzählen vor und zurück (8 9 10 …, 6 5 4 3 …) üben.

Im Alltag gibt es viele Möglichkeiten für das Abzählen: Spielzeugautos, Löffel, Menschen, Geldstücke, Vögel, Gummibärchen.

Das Abzählen kann schließlich mit Ziffern(-kärtchen) verbunden werden. Diese Ziffernkenntnisse, die im Vorschulalter erlernt werden, erleichtern den Kindern das folgende schulische Lernen (vgl. z. B. Göbel u. a. 2014, Landerl u. a. 2022, S. 109).

Mit dem Training des Ab- und Weiterzählens wird die Grundlage für den Aufbau weiterer rechenspezifischer Basiskompetenzen wie zum Beispiel dem Mengenvergleich (Größenvergleich zweier Punktmengen), dem Zahlenvergleich (Größenvergleich zweier Zahlen) und dem Zahlen-Mengen-Vergleich (Größenvergleich einer Zahl und einer Menge) gelegt. Damit werden letztendlich die Defizite aufgearbeitet, die in Metaanalysen bei Kindern mit Rechenstörungen festgestellt wurden (vgl. AWMF 2018, S. 17ff.).

Darauf aufbauend können spielerisch kleinere Rechenaufgaben (Plus/Minus) nach folgenden Grundmustern durchgeführt werden: »Ich habe schon drei Gummibärchen und bekomme noch drei hinzu … dann habe ich sechs Gummibärchen und gebe der Mama zwei Gummibärchen ab.«

> **Was sollte das Kind bis zur Einschulung konkret lernen?**
>
> Günstig wäre, wenn das Kind Folgendes vor der Einschulung beherrschen würde:
>
> - zählen (Zahlwortreihe richtig aufsagen) bis 20
> - abzählen (parallele Zuordnung von Zahlwort und Gegenstand) bis 10
> - von einer beliebigen Zahl ausgehend weiter zählen (vorwärts/rückwärts) im Zahlenraum bis 10
> - Ziffern erkennen bis 10
> - einfache Additions- und Subtraktionsaufgaben bis 5 im Anschauungsbereich über Abzählen lösen können
>
> Deswegen besteht eine sinnvolle Frühförderung von Vorschulkindern aus dem regelmäßigen Training von Abzählfertigkeiten, der Durchführung erster kleinerer Rechenoperationen in Alltagssituationen bzw. an konkreten Materialien und des Erlernens der Zuordnung von Ziffern zu den jeweiligen Zahlworten.

# Kapitel 12  Der Weg zum Grundverständnis des Zahlenraumes und von einfachen Rechenoperationen

Kinder sollten in der ersten Phase des Rechenerwerbs ein grundlegendes Verständnis für Mengen und Rechenoperationen erlangen. Zum einen sollten sie durch das Abzählen von Mengen ein Grundverständnis über die Bedeutung von Zahlen erwerben. Zum anderen sollten sie verstehen, was bei der Addition und Subtraktion »passiert« und welches Ergebnis erzielt wird. Ziel ist es dabei zunächst, eine »innere Landkarte«, d. h. eine innere Vorstellung des Zahlenraums bis 10 aufzubauen.

Ihr Kind lernt dadurch zusätzlich zu den Zählprozessen im Alltag den Zahlenraum bis 10 auch in abstrahierter Form auf der Veranschaulichungsebene zu erfassen und Rechenoperationen zu »verstehen«.

## 1. Das Zehnersteckbrett[3]

Das im Folgenden dargestellte Steckbrett 1 ist das ideale Anschauungsmaterial zum Einstieg und sollte deswegen möglichst schon vor der Einschulung oder noch zu Beginn der ersten Klasse eingesetzt werden. Ziel ist dabei, dass das Kind eine Mengenvorstellung im Zehnerraum entwickelt sowie die Bedeutung der Addition und Subtraktion erfasst. Besucht Ihr Kind dagegen schon ein halbes Jahr die Schule, braucht es im Normalfall das Steckbrett 1 als zusätzliches Anschauungsmaterial nicht mehr, da es von schulischer Seite in der Regel schon mehr als nötig unterschiedliche Materialien und auch Darstellungsformen angeboten bekommen hat.

Kinder tun sich grundsätzlich schwer, ungeordnete Gegenstände wie Perlen oder Klötzchen in einer größeren Menge direkt zu erfassen. Oft gelingt es den Kindern zwar, eine Anzahl von vier oder fünf Objekten auf einen Blick zu erkennen, alles, was jedoch darüber hinausgeht, ist meist nur »viel«. Hier benötigen die Kinder eine äußere Struktur, die sie als inneres Bild abspeichern können: Was bedeutet z. B. die Zahl »7«?

---

3  Die Steckbretter können bezogen werden über: Mainfränkische Werkstätten GmbH, Ohmstraße 13, 97076 Würzburg. Tel. 0931 / 20 02 20. Bestelladresse: E-Mail: info@mainfraenkische-werkstaetten.de. Die Mainfränkische Werkstätten GmbH ist eine gemeinnützige Gesellschaft, die ein umfassendes Angebot an Arbeitsplätzen für erwachsene Menschen mit Behinderung bereithält.

Das Steckbrett mit den parallel angeordneten 5er-Reihen entspricht in seiner äußeren Gestalt unseren Händen. Die Erfahrung zeigt, dass diese Form der Darstellung für jüngere Kinder einfacher abspeicherbar ist, um auf einen Blick der jeweiligen Menge eine Zahl zuordnen zu können. Durch das wiederholte »Abfotografieren« der jeweiligen Mengendarstellung in seiner Gestalt und der Zuordnung zu der entsprechenden Zahl und auch Ziffer entsteht dann schrittweise eine Verknüpfung.

### a) Das Zehnersteckbrett 1

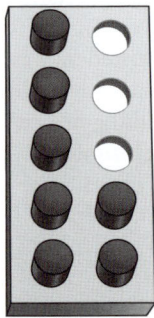

**Abb. 12.1:** Visuelles Erfassen einer Zahl im Zehnerraum mithilfe eines Steckbretts

Die »7« hat eine bestimmte Gestalt (5 + 2 in Analogie zu unseren Händen). Ziel ist das »Abfotografieren« der visuellen Gestalt der Menge, sodass ein inneres Bild der Menge entstehen kann. Durch häufiges Vorgeben, d. h. durch häufiges »Abfotografieren«, werden Gestalt und Menge auswendig gelernt

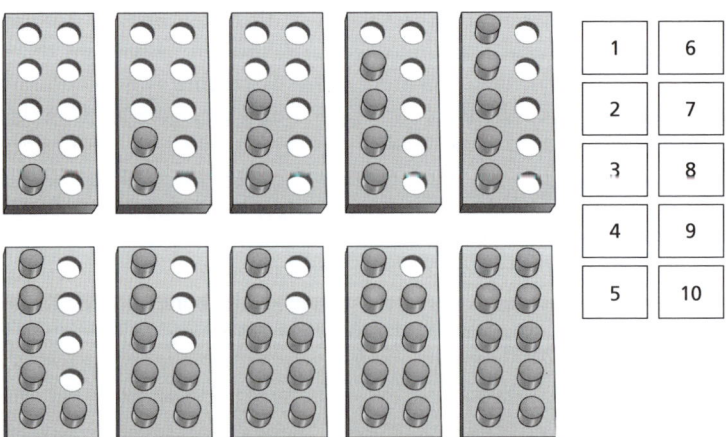

**Abb. 12.2:** Das Steckbrett – ein einfaches und taugliches Mittel, um ein inneres »Bild« der Zahlen von 1 bis 10 zu entwickeln

# 1. Das Zehnersteckbrett

> **Übungsformen**
> a) Eltern: »Steck mir 3, 5, 8 …!«
> *Das Kind steckt zählend die vorgegebene Zahl in der richtigen Anordnung* (▶ Abb. 12.2).
> b) Eltern: »Welche Zahl ist das?«
> *Die Eltern machen eine Vorgabe, indem sie im Steckbrett z. B. die Zahl 8 stecken, die das Kind sodann sofort erkennen muss.*
> c) Eltern: »Welche Ziffer gehört dazu?« *Vor dem Kind liegen Kärtchen mit den Ziffern 1 bis 10. Es sucht das passende Ziffernkärtchen heraus und legt es neben das Steckbrett.*

Im nächsten Schritt wird der Rechenvorgang der Addition und Subtraktion veranschaulicht und gleichzeitig in Ziffernform verschriftlicht. Das Kind erkennt sofort die Aufgabenstellung 6 + 2 (durch farbig unterschiedliche Darbietung am Steckbrett) und das entsprechende Ergebnis »8« (▶ Abb. 12.3).

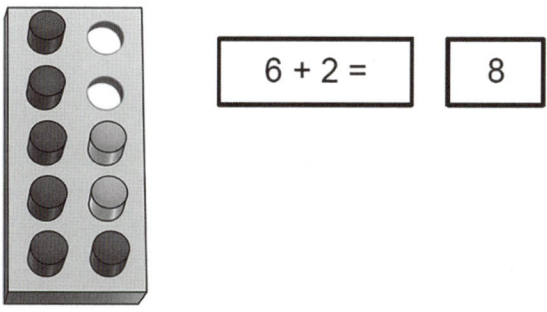

**Abb. 12.3:** Additions- und Subtraktionsaufgaben im 10er-Raum lassen sich mit Hilfe des Steckbrettes leicht erfassen

Bei einer Veranschaulichung von Rechenoperationen darf es in der frühen Stufe des Rechenlernprozesses nicht bleiben. Sinn und Zweck des Übens mit dem Steckbrett oder dem Zahlenstrahl ist es nicht, in dessen Folge bei einfachen mathematischen Aufgaben »innerlich zu jonglieren« oder gar zu zählen. Ziel ist es letztlich arithmetisches Faktenwissen aufzubauen: Das Ergebnis meiner jeweiligen Aufgabe (z. B. »6 + 2 =«) fällt mir sofort ein (» 8«). Aus der Einsicht bzw. dem Verstehen des Rechenvorgangs muss also ein Automatisieren, ein auswendig gelerntes Beherrschen werden. **Veranschaulichungsmittel dürfen nicht zu Abzählhilfen werden!**

## b) Das Zehnersteckbrett 2 und der Zahlenstrahl

Ab Mitte der ersten Klasse empfehlen wir als Veranschaulichungsmethode für den Aufbau des Zahlenraums den Zahlenstrahl. Dieser wird vorbereitet durch das Steckbrett 2 (▶ Abb. 12.4) als eine Fortführung des ersten Steckbretts. Dieses Steckbrett 2 stellt den passenden Übergang zum linearen Zahlenstrahl dar, da bei ihm die Zahlen der Reihe nach angeordnet sind und somit dem inneren mentalen Zahlenstrahl des Kindes entsprechen.

**Abb. 12.4:** Steckbrett 2

Wenn Sie Abbildung 12.5 betrachten, sehen Sie in der Mitte zwischen den beiden 5er-Blöcken einen etwas größeren Abstand als zwischen den einzelnen Segmenten. Diese kleine Unterbrechung zwischen den zwei 5er-Reihen ist eine visuelle Hilfe, jedoch so gering, dass sie die Gleichförmigkeit der Anordnung nicht deutlich unterbricht. Die Zahl »7« ist weiterhin auf einen Blick erkennbar, da der kleine Einschnitt nach dem 5er-Segment den Beginn des neuen 5er-Segmentes andeutet. Wenn Ihr Kind mit diesem Steckbrett hantiert, liegt ein kleiner Trick darin, den Zeigefinger auf die Stelle zwischen der »5« und der »6«, die etwas breiter ist, zu legen, um dem Kind den Beginn des neuen Segmentes zu verdeutlichen.

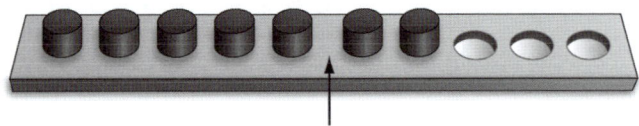

**Abb. 12.5:** Steckbrett 2 – Hilfe beim direkten Erfassen

Legt man zwei Steckbretter hintereinander, wird der Übergang zum Zahlenstrahl ersichtlich.

**Abb. 12.6:** Steckbrett 2 – der Übergang zum Zahlenstrahl

## 2. Der Zahlenstrahl

Parallel zu den Prozessen der sprachlichen und arabischen Symbolisierung und den damit verbundenen operativen Möglichkeiten entwickelt bzw. erlernt das Kind schließlich eine zahlenräumliche Vorstellung (mentaler Zahlenstrahl), in der mit Zahlensymbolen operiert werden kann. Der mentale Zahlenstrahl scheint grundlegend zu sein für das rechnerische Denken und das Kopfrechnen. Während die frühen basisnumerischen Fähigkeiten quasi sinnstiftend für die Prozesse der Symbolisierung (Zahlworte und Ziffern) sind, stellt der mentale Zahlenstrahl gewissermaßen den semantischen Sinnbezug zu einem höheren abstrakten Niveau sicher (vgl. Kaufmann und von Aster 2012, S. 768).

In der ersten Klasse müssen die Kinder, als Voraussetzung für die Durchführung mathematischer Operationen mit Ziffern und Rechenzeichen, eine Vorstellung über den Aufbau des Zahlenraumes bzw. über die serielle Anordnung der Zahlen im Zahlenraum erwerben. Benutzen Sie ausschließlich den Zahlenstrahl und verwirren Sie Ihr Kind nicht durch die gleichzeitige Darbietung der Hundertertafel, wie es häufig in Mathematikbüchern angeboten wird.

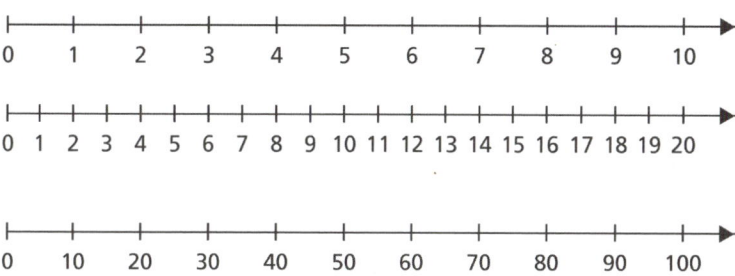

**Abb. 12.7:** Zahlenstrahle 0–10, 0–20 und 0–100

> **Weitere Übungsformen (▶ Abb. 12.8)**
>
> a) Eltern: Wo liegt die 8? Mach dort ein Kreuz!
> b) Eltern: Welche Zahl ist das?
> *Die Eltern markieren eine unbenannte Stelle auf dem Zahlenstrahl durch ein Kreuz. Das Kind soll diese – sofort – benennen.*

Mit Hilfe des Zahlenstrahls lernen die Kinder auch Nachbarzahlen »auswendig« zu benennen und einzuordnen.

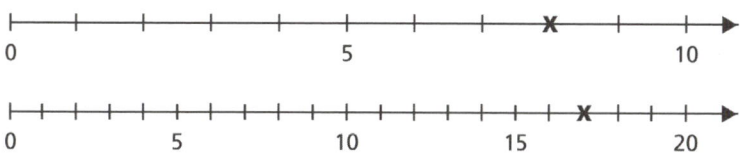

**Abb. 12.8:** Mit Hilfe des Zahlenstrahls kann der Aufbau des Zahlenraums auf einfache Art und Weise automatisiert werden

> **Übungsform**
>
> Eltern: »Wie heißen die Nachbarzahlen der Zahl 6?«

Mit Hilfe des Zahlenstrahls lernen die Kinder auch Nachbarzahlen »auswendig« zu benennen und einzuordnen.

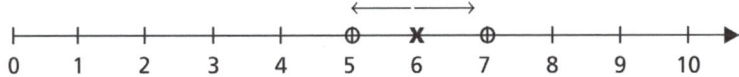

**Abb. 12.9**: Mit Hilfe des Zahlenstrahls 0–10 können die Nachbarzahlen der 6 visuell leicht erfasst werden.

Der Zahlenstrahl kann schrittweise verlängert werden. Dann kann noch die Fragestellung: »Was sind die Nachbarzehner bzw. die Nachbarhunderter?« eingeübt werden.

Auf diese Weise kann sowohl zuhause als auch im Unterricht täglich in kleinen Zeiteinheiten von drei bis vier Minuten geübt werden. Das Ergebnis ist dann eine gut automatisierte Vorstellung vom Aufbau des Zahlenraums.

# Kapitel 13  Die Grundrechenfertigkeiten im Bereich Addition und Subtraktion automatisieren

Kinder haben in der Regel ein Grundverständnis davon, welche Bedeutung die mathematischen Rechenoperationen bei der Addition und Subtraktion haben (siehe Kasten). Auf dieser Basis aufbauend geht es im weiteren Lernprozess vor allem darum, das arithmetische Faktenwissen und die grundlegenden Rechenprozeduren auf möglichst einfache Weise zu automatisieren.

> Der Mathematikprofessor Jens Holger Lorenz geht z. B. davon aus, dass Kinder schon über Vorstellungsbilder verfügen, die ihnen die Bedeutung von Additions- und Subtraktionsaufgaben verstehen lassen:
> »Die vorgestellten Bilder sind die Prototypen des kindlichen Denkens für die arithmetischen Operationen. Diese Vorstellungsbilder sind häufig vage, unscharf, unpräzise und selten numerisch. Diese Unbestimmtheit macht ihre Kraft bei Problemlöseprozessen aus, da sie hierdurch auf ähnliche Situationen und Gegebenheiten übertragen werden können. … ist die Addition mit der Vorstellung verbunden, eine Menge wird vergrößert (wobei die Menge amorph und unscharf bleibt), es wird *vermehrt, angeklebt, verlängert, angenäht oder ähnlich*. Die Subtraktion wird mit Wegnehmen, Verlieren, Absägen, Abhacken, Abschneiden, Weggeben und Ähnlichem mehr gekoppelt […] Alle diese Vorstellungen sind numerisch unpräzise, aber eben deshalb können sie bei beliebigen Zahlen in unserem Kopf hervorgerufen werden, wenn nur die Handlung für sie passend ist« (Lorenz 2005, S. 174)

Die folgenden Methoden helfen Ihrem Kind, seine rechnerischen Basisfertigkeiten im Bereich der Addition und Subtraktion Schritt für Schritt zu automatisieren. Wir fangen dabei so »tief wie nötig« an, um das Fundament zu sichern.

Obwohl von schulischer Seite häufig mit der Mengenzerlegung begonnen wird, werden Sie feststellen, dass es für rechenschwache Kinder häufig einfacher ist, Additions- und Subtraktionsaufgaben zu »verstehen« und zu lernen. Etwas dazuzutun oder etwas wegzunehmen ist für Kinder einsichtiger als eine Menge zu zerlegen. Deswegen sollten Sie die Mengenzerlegung, auch wenn Sie später mit Ihrem Kind nachlernen müssen, nicht wiederholen. Besucht Ihr Kind bereits die dritte oder eine höhere Klasse, möchten wir Ihnen sogar raten, zunächst mit der Automatisierung des Einmaleins (▶ Kap. 7) zu beginnen. Dies ist häufig leichter zu erlernen, da die Fehlstrategien wie bei Plus und Minus noch nicht so eingeschliffen sind. Damit eröffnen Sie Ihrem Kind schnelle Erfolgserlebnisse und zugleich die Möglichkeit, seine bisherige (in der Regel negative) emotionale Bewertung des Fachs Mathematik positiv »umzupolen«.

## Die Grundrechenfertigkeiten im Bereich Addition und Subtraktion automatisieren

An dieser Stelle möchten wir noch einmal ausdrücklich hervorheben, dass eine erfolgreiche Automatisierung von einfachen Additions- und Subtraktionsaufgaben im Zehnerraum im Sinne einer positiven Weichenstellung nachhaltige Konsequenzen für weitere mathematische Kompetenzen mit sich bringt. Von einer erfolgreichen Automatisierung in diesem Zahlenraum ist abhängig, wie gut Ihr Kind später komplexe Plus- und Minusaufgaben bzw. die dabei durchzuführenden Abfolgen von Rechenschritten erlernen kann. Dies ist mit unmittelbaren Folgen für die gefühlsmäßige Grundhaltung Ihres Kindes zum Fach Mathematik (»Das mag ich nicht, ist sehr anstrengend ...«) bzw. für seine Selbsteinschätzung der eigenen mathematischen Leistungsfähigkeit (»Ich bin gut«, »Ich bin nicht gut«) verbunden. Dadurch werden die Lernmotivation und Übungsdauer Ihres Kindes in Mathematik entscheidend mitbestimmt. Das Ziel besteht in einer Sicherung des grundlegenden Fundaments, um den Arbeitsspeicher für komplexere Rechenaufgaben und Sachaufgaben zu entlasten.

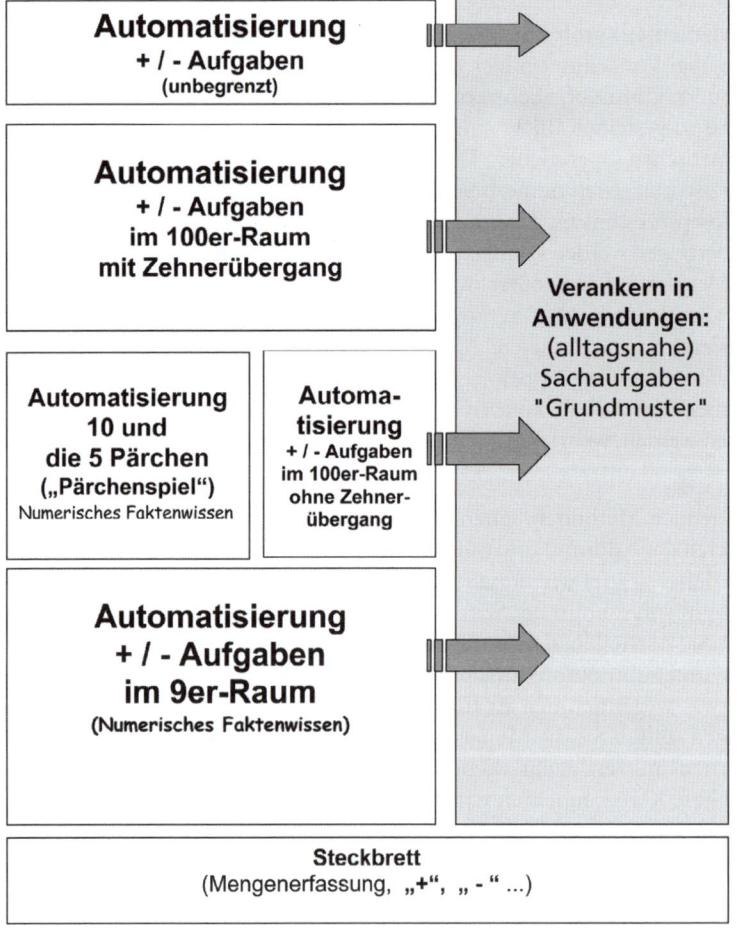

**Abb. 13.1:** Überblick über das Erlernen der Rechenfertigkeit Addition/Subtraktion

Dies geschieht durch die Etablierung neuronaler Netzwerke, welche die kürzeste Verbindung zwischen Aufgabenstellung und -ergebnis schaffen und lange Umwege durch zählendes Rechnen oder komplizierte Rechenoperationen im Zehnerraum vermeiden. Die Rechenfertigkeit ist als Handwerkszeug zu verstehen, welches später eingesetzt wird, um Sachaufgaben lösen zu können. Das nachfolgende Schaubild vermittelt einen Überblick über die aufzubauenden Grundfertigkeiten im Bereich der Addition und Subtraktion.

# 1. Additions- und Subtraktionsaufgaben im »Neunerraum«

Stellen Sie zunächst sicher, dass das Kind versteht, was die jeweilige Rechenoperation bedeutet. Lassen Sie das Kind die Aufgabe zunächst am Steckbrett veranschaulichen, erst dann beginnen Sie mit der eigentlichen Automatisierungsübung.

*Welche Aufgaben muss das Kind noch lernen?* Alle Aufgaben, bei denen Ihr Kind nicht unmittelbar, d. h. nicht innerhalb einer halben Sekunde das Ergebnis nennt und dieses stattdessen durch Rechenstrategien, meist durch Zählen, ermittelt, müssen nachgelernt bzw. automatisiert werden.

| + | 1 | 2 | 3 | 4 | 5 | 6 | 7 | 8 |
|---|---|---|---|---|---|---|---|---|
| 1 | 2 | 3 | 4 | 5 | 6 | 7 | 8 | 9 |
| 2 | 3 | 4 | 5 | 6 | 7 | 8 | 9 |   |
| 3 | 4 | 5 | 6 | 7 | 8 | 9 |   |   |
| 4 | 5 | 6 | 7 | 8 | 9 |   |   |   |
| 5 | 6 | 7 | 8 | 9 |   |   |   |   |
| 6 | 7 | 8 | 9 |   |   |   |   |   |
| 7 | 8 | 9 |   |   |   |   |   |   |
| 8 | 9 |   |   |   |   |   |   |   |

**Abb. 13.2:** Überprüfungstabelle zur Addition im Neunerraum

## Die Grundrechenfertigkeiten im Bereich Addition und Subtraktion automatisieren

Woran erkennen Sie die von Ihrem Kind angewandten Rechenwege? Braucht Ihr Kind zu lange Zeit, um zum Ergebnis zu gelangen? Bewegt es den Mund oder »flattern« seine Augen? Haben Sie den Eindruck, dass Ihr Kind zu »denken«, zu »rechnen« beginnt? Solche Beobachtungen sind Hinweise auf eingesetzte Fehlstrategien. Fragen Sie bei Ihrem Kind nach, wie es zu seinem – oftmals auch richtigen – Ergebnis gelangt ist. Nur so können Sie die oft sehr umständlichen, zeitaufwendigen und fehleranfälligen »Umwege« identifizieren.

Als Hilfe zur Auswahl der noch zu automatisierenden Kombinationen kann Ihnen die Überprüfungstabelle (▶ Abb. 13.2) dienen.

Sie werden feststellen, dass es gar nicht so viele Kombinationen im Bereich der Addition im Zahlenraum bis 9 sind, die Ihr Kind noch nachzulernen hat. Viele Additionen der Tabelle beherrscht es bereits, z. B. die Aufgaben 1 + ... und ... + 1. Es bleiben noch 21 Kombinationen übrig. Ihr Kind weiß vielleicht auch sofort das Ergebnis der Aufgabe 2 + 2, 3 + 3, 4 + 4, somit verbleiben nur noch 18 Kombinationen. Vielleicht beherrscht es ebenfalls bereits die Additionen 3 + 2 und 4 + 2, dann verbleiben nur noch 16 Kombinationen.

Analog verfahren Sie bei der Überprüfung der Kombinationen in der Subtraktion mit folgender Tabelle (▶ Abb. 13.3).

| − | 9 | 8 | 7 | 6 | 5 | 4 | 3 | 2 | 1 |
|---|---|---|---|---|---|---|---|---|---|
| 1 | 8 | 7 | 6 | 5 | 4 | 3 | 2 | 1 | 0 |
| 2 | 7 | 6 | 5 | 4 | 3 | 2 | 1 | 0 | |
| 3 | 6 | 5 | 4 | 3 | 2 | 1 | 0 | | |
| 4 | 5 | 4 | 3 | 2 | 1 | 0 | | | |
| 5 | 4 | 3 | 2 | 1 | 0 | | | | |
| 6 | 3 | 2 | 1 | 0 | | | | | |
| 7 | 2 | 1 | 0 | | | | | | |
| 8 | 1 | 0 | | | | | | | |
| 9 | 0 | | | | | | | | |

**Abb. 13.3:** Überprüfungstabelle zur Subtraktion im Neunerraum

Auch hier verbleibt eine überschaubare Anzahl von Lernkombinationen. Kann Ihr Kind alle Aufgaben mit ... − 1 lösen, verbleiben nur noch 28 Subtraktionen. Wenn ihr Kind zusätzlich alle Aufgaben mit dem Ergebnis 1, also 3 − 2, 4 − 3, 5 − 4, 6 − 5,

# 1. Additions- und Subtraktionsaufgaben im »Neunerraum«

7 – 6, 8 – 7 und 9 – 8 beherrscht, sind es nur noch 21 zu automatisierende Kombinationen.

Vielleicht wussten Sie es schon vorher oder Sie werden es jetzt bei Ihrem Kind feststellen: Die Addition wird in der Regel besser als die Subtraktion beherrscht. Aufgaben mit kleineren Zahlen werden häufiger gekonnt als Aufgaben mit größeren Zahlen.

Nachdem Sie systematisch alle möglichen Kombinationen von Additions- und Subtraktionsaufgaben im Neunerraum überprüft und diejenigen herausgefiltert haben, die das Kind noch nicht angemessen beherrscht, schreiben Sie diese Aufgaben auf Kärtchen: auf die Vorderseite die Aufgabe, auf die Rückseite das Ergebnis. Sie beginnen nun mit dem schrittweisen Automatisieren von Additions- und Subtraktionsaufgaben im Neunerraum (▶ Abb. 13.4).

Für die Anzahl der neu hinzukommenden Aufgaben pro Tag sollten Sie grundsätzlich das Alter des Kindes und seine jeweilige Behaltensleistung berücksichtigen. Ältere Kinder, z. B. aus Klasse 3 und 4, können sich im günstigsten Fall drei neue Kombinationen pro Tag einprägen. Bei Kindern, die die erste oder zweite Klasse besuchen, ist in der Regel nur eine neue Kombination pro Tag angemessen. Bei diesen jüngeren Kindern und solchen, die eine ausgeprägte Schwäche in der Kapazität ihres Arbeitsgedächtnisses aufweisen (was ggf. mittels entsprechender Testverfahren zu überprüfen ist), sollten Sie eine Überforderung unbedingt vermeiden.

Der erste Tag ist für das Lernen einer neuen Aufgabe besonders wichtig und erfordert eine ausreichende Anzahl von Wiederholungsdurchgängen. Hier wird eine erste Verknüpfung zwischen den Nervenzellen aufgebaut, die so stabil sein soll, dass sie auch am nächsten Tag noch besteht, so dass dann mit der »Verdickung« der Synapsen begonnen werden kann. Dies bedeutet konkret, dass das Kind am nächsten Lerntag das Ergebnis der Aufgabe vom Vortag noch erinnern sollte.

Jedes Kind ist anders. Insofern müssen Sie ausprobieren, wie viele Wiederholungsdurchgänge in welchen Zeitabständen am ersten Lerntag notwendig sind, um das Ziel zu erreichen. Sinnvoll ist es, am ersten Lerntag immer wieder Wiederholungsdurchgänge in den Alltag einzubauen, z. B. »Weißt Du noch? 9 – 6?« oder »Wie heißt unsere heutige Aufgabe, bei der als Ergebnis die 3 herauskommt?«.

Bei dieser Art des Lernens mit den Kärtchen werden beide Hauptsinneskanäle eingesetzt. Die Kinder sehen die Zahlen, d. h. sie können sie visualisieren, sie können aber auch die Aufgabenstellung noch einmal verbal wiederholen.

Wichtig, ja entscheidend ist bei diesem Lernvorgang Folgendes: Kann Ihr Kind die Aufgabe nicht auf Anhieb beantworten, sagen Sie sofort »Nicht anstrengen«, drehen das Kärtchen um und zeigen ihm das Ergebnis. Dies ist zum einen wichtig, um die halbe bis eine Sekunde zur Herstellung der Assoziation von Aufgabe und Ergebnis im Gehirn nicht zu überschreiten. Drehen Sie das Kärtchen in diesem Fall nicht sofort um, besteht zum anderen die Gefahr, dass Ihr Kind erneut zu einer Fehlstrategie greift, z. B. zum Zählen mit den Fingern oder dem inneren Hoch- und Zurückzählen. An die Stelle solcher mangelhaften Strategien sollte aber in Zukunft das auswendig beherrschte, das »verautomatisierte« Ergebnis treten.

Die Grundrechenfertigkeiten im Bereich Addition und Subtraktion automatisieren

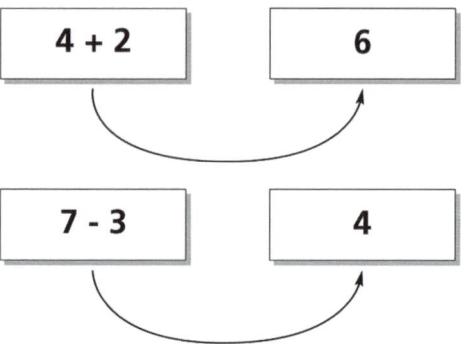

**Abb. 13.4:** Zum Erlernen der Additions- und Subtraktionsaufgaben im Neunerraum

Um die Behaltensleistung Aufgabe – Ergebnis Ihres Kindes zu verbessern, verändern Sie in einem nächsten Schritt sowohl die Raumlage als auch die Reihenfolge der Karten. Schieben Sie drei bzw. vier Kärtchen hin und her und wiederholen Sie diesen Vorgang mehrmals mit Ihrem Kind.

Sofern Sie nur eine neue Aufgabe pro Tag einführen, nehmen Sie einfach die Aufgaben der letzten beiden Tage hinzu, um die benötigten drei Aufgaben zur Veränderung der Raumlage zu erhalten. Lernt Ihr Kind täglich zwei neue Aufgaben, nehmen Sie die zwei Aufgaben vom letzten Tag hinzu und verändern mit den nun insgesamt vier Aufgaben deren Reihenfolge und Lage.

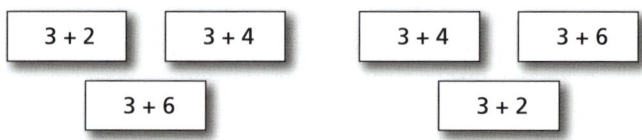

**Abb. 13.5:** Zum Verändern der Lage der Aufgabenkärtchen

> **Ein Beispiel: Rechenaufgaben mit Lernkärtchen im Neunerraum**
>
> Eltern: »Hier siehst du die Aufgabe 3 + 2, weißt du das Ergebnis?«
> Kind: »5.«
> Eltern: »Gut, prima. Nun, 3 + 4?«
> Kind: *(kurzes Zögern)* »7.«
> Eltern: »Richtig. Jetzt wieder 3 + 2, weißt du es noch?«
> Kind: »5.«
> Eltern: »Genau. Dann, 3 + 4?«
> Kind: »7.«
> Eltern: »Stimmt. Jetzt 3 + 6?«
> Kind: *(Schweigen)*
> Eltern: *(drehen die Karte um)*
> Kind: »9.«

> Eltern: *(wiederholen die Aufgabe)* »3 + 6, weißt du es noch«?*(und drehen die Karte um)*
> Kind: »9.«
> Eltern: »Gut, und wie viel gibt 3 + 4?«
> Kind: »7.«
> Eltern: »3 + 6? Weißt du es noch?«
> Kind: »9.«
> Eltern: »Prima«
>
> *Die Eltern verändern die Raumlage und die Reihenfolge der Lernkärtchen.*
>
> Eltern: »Ich werde jetzt versuchen, dich reinzulegen. Weißt du noch, was 3 + 2 ergibt?«
> Kind: »5.«
> Eltern: »… und 3 + 6?«
> Kind: »9.«
> Eltern: »Hm, du hast dich nicht reinlegen lassen. Weißt du auch noch 3 + 4?«
> Kind: »7.«
> Eltern: »Genau, stimmt!«

Zusätzlich ist es nötig, alle schon erlernten Kombinationen täglich ein bis zwei Mal zu wiederholen. Eine Möglichkeit hierfür ist der »Schnelldurchlauf«. Im Packen des »Schnelldurchlaufes« befinden sich alle schon erlernten Rechenkärtchen. Sie zeigen dem Kind die Aufgabe auf dem Kärtchen, Ihr Kind sagt sofort das Ergebnis.

Zum Schluss haben Sie für Addition und Subtraktion maximal 42 Aufgaben in diesem »Schnelldurchlauf«. Diese Aufgaben sollten Sie nicht alle hintereinander präsentieren, sondern z. B. in 10er-Blöcken abfragen. Dies kostet Sie vielleicht eine Minute. Nutzen Sie anfangs immer parallel die visuelle Darbietung mit den Kärtchen, statt die Aufgaben nur verbal abzufragen. Sollen die Aufgaben wirklich sicher im Gehirn abgespeichert werden, lohnt es sich, die »Schnelldurchläufe« mindestens drei bis vier Monate lang regelmäßig durchzuführen.

## 2. Zum Erlernen der Aufgaben mit 10 – das Pärchenspiel

Um das Erlernen aller Additions- und Subtraktionsaufgaben im Zehnerraum abzuschließen und gleichzeitig den Zehnerübergang vorzubereiten, führen wir das »Pärchenspiels« durch (▶ Abb. 13.6).

Die Grundrechenfertigkeiten im Bereich Addition und Subtraktion automatisieren

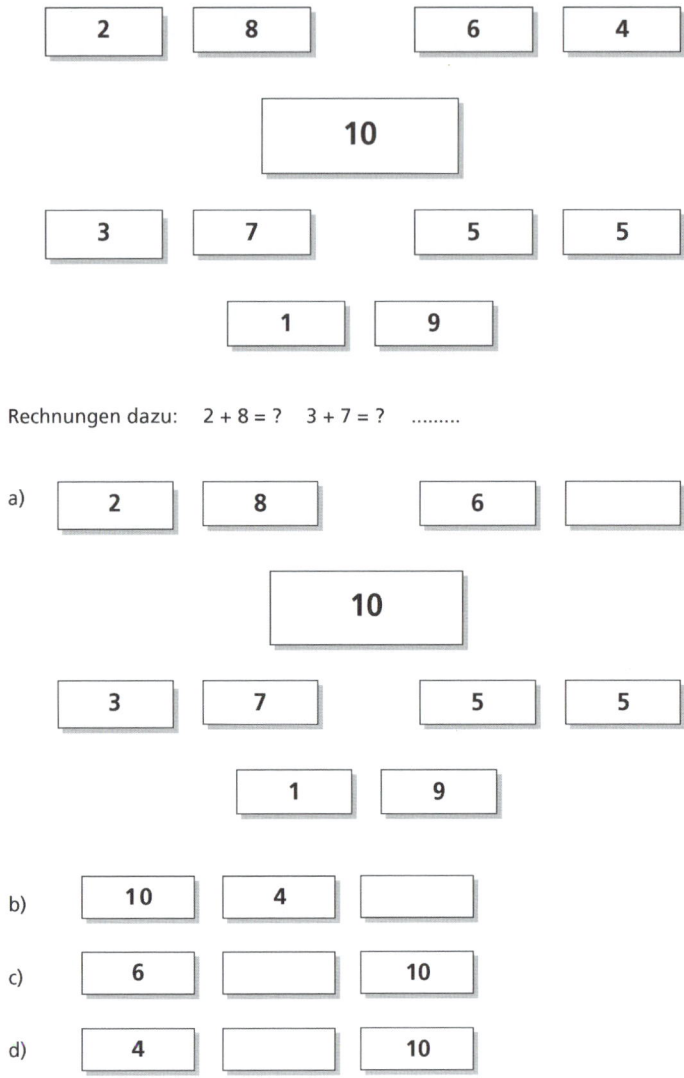

Abb. 13.6: Das Pärchenspiel

### Ein Beispiel: Das »Pärchenspiel«

Die »Pärchen« liegen immer nebeneinander. Vor jeder Aufgabenstellung wird das Kärtchen mit dem Ergebnis herumgedreht, nach der Antwort des Kindes wird das Ergebnis noch einmal gezeigt.

*Das Kärtchen mit der 4 wird umgedreht und nach außen gelegt (Aufgabenstellung a).*
Eltern: *(deuten dabei auf die Kärtchen)* »10 – 6?«

> Kind: »4.«
> Eltern: *(drehen das Kärtchen mit der 4 um)* »Richtig!« – »und –« *(die Lage von 6 und 4 wird im nächsten Schritt vertauscht und die 6 wird verdeckt nach außen gelegt, Schritt b)* »10 – 4?«
> Kind: »6.«
> Eltern: *(drehen das Kärtchen mit der 6 um)* »Richtig!«
>
> *Im nächsten Schritt (c) wird die 4 zwischen der 6 und der 10 verdeckt umgedreht.*
> Eltern: *(deuten dabei auf die Kärtchen)* »6 und wie viel ergibt 10?«
> Kind: »4.«
> Eltern: *(drehen das Kärtchen mit der 4 um)* »Richtig!«
>
> *Die Lage von 6 und 4 wird im nächsten Schritt vertauscht und die 6 wird verdeckt hingelegt (d)*
> Eltern: *(deuten dabei auf die Kärtchen)* »4 und wie viel ergibt 10?«
> Kind: »6.«
> Eltern: »Stimmt! Gut und …« *… jetzt wird ein neues Pärchen »durchgespielt«.*

Um den Zehnerübergang vorzubereiten, müssen wir die Aufgaben, die das Ergebnis »10« haben, automatisieren. Hier lässt sich mit Zahlenpärchen arbeiten, von denen es nur fünf gibt. Wie in Abbildung 13.6 dargestellt, können Sie nun mit Ihrem Kind alle Additions-, Subtraktions- und Platzhalteraufgaben einüben (▶ Abb. 13.6).

Wichtig für den Lernerfolg: Ihr Kind erinnert die Zahlenpärchen innerhalb von einer halben Sekunde. Überschreiten Ihr Kind und Sie diese Zeit, dann beginnt erneut das innere Hoch- und Zurückrechnen. Dies möchten wir vermeiden – deshalb das schnelle Umdrehen des Kärtchens und Erinnern des Ergebnisses.

## 3. Rechnen im 20er- bzw. im 100er-Raum ohne Zehnerübergang

### a) Zum »Begreifen« mehrstelliger Zahlen

Sie bereiten Kärtchen vor, auf denen Sie die Zehnerzahlen: 10, 20, 30 … schreiben. Nun halbieren Sie Kärtchen und schreiben auf diese die Einerzahlen. Zunächst werden die Kärtchen eingeführt und zweistellige Zahlen zusammengesetzt.

## Die Grundrechenfertigkeiten im Bereich Addition und Subtraktion automatisieren

> **Ein Beispiel**
>
> »Die Zahl 16« – *hier legen Sie die Karte 10 hin und decken dessen 0 mit der 6 ab –* »besteht aus«– *nun nehmen Sie die Karte mit der 6 wieder weg –* »aus: 10 und 6; 10 und 6 ergibt wieder 16«. *Ihr Kind kann die 6 nun selber auf die 10 legen. (Die Zahl 87 besteht analog aus der 80 und der 7.)*

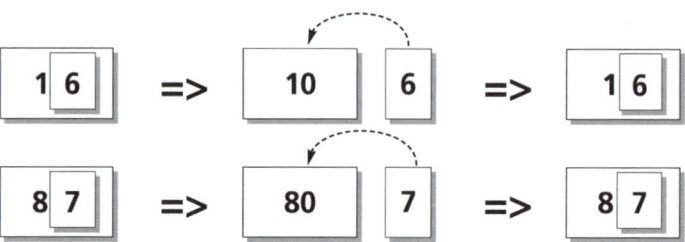

**Abb. 13.7**: Zum »Begreifen« von zweistelligen Zahlen

Verliest sich Ihr Kind häufiger bei den zweistelligen Zahlen, können Sie auch die beiden Kärtchen benutzen. Sie heben die Einerzahl hoch, Ihr Kind sagt »sieben« und sieht die darunterliegende »80«. Sie sagen »und«. Ihr Kind ergänzt »achtzig«. Bei der Wiederholung des gleichen Vorgangs liest Ihr Kind jetzt alleine die Zahl: »sieben – und achtzig«.

### b) Zum Rechnen im 20er-Raum ohne Zehnerübergang

> **Ein Beispiel**
>
> *Wie in Abbildung 13.8 dargestellt, setzen Sie die Zahl 13 zusammen aus 10 und der Einerzahl 3, die Sie auf die 0 legen (▶ Abb. 13.8).*
> *»13 + 5, dies ist unsere Rechenaufgabe«.*
> *Sie ziehen nun die Karte mit der 10 unter der 3 hervor und schieben sie nach oben. Es verbleibt als Aufgabe: »3 + 5 ergibt?«*
> *Aus dem ersten Grundlagenschritt, Rechnen im Zahlenraum bis 9, weiß Ihr Kind: »8«.*
> *Sie legen die 8 auf die Zehnerzahl und erhalten das Ergebnis: »18«.*

# 3. Rechnen im 20er- bzw. im 100er-Raum ohne Zehnerübergang

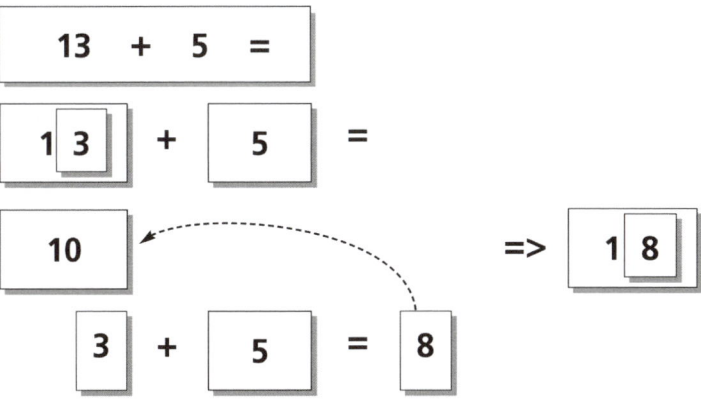

**Abb. 13.8:** Additionsaufgaben im 20er-Raum ohne 10er-Übergang

Analoges gilt bei der Subtraktion.

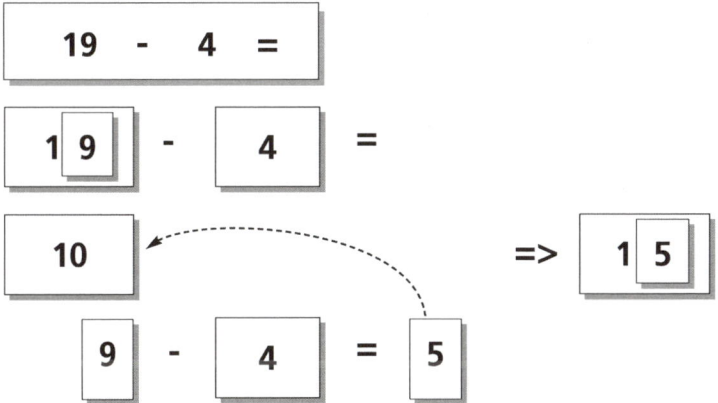

**Abb. 13.9:** Subtraktionsaufgaben im 20er-Raum ohne 10er-Übergang

## c) Zum Rechnen im 100er-Raum ohne Zehnerübergang

Hier wendet man die gleichen Schritte wie im 20er-Raum an. Dabei sehen Sie noch einmal, wie wichtig die Verautomatisierung der ersten Stufe des Rechnens im Zahlenraum bis 9 für die Aufgaben ohne Zehnerübergang ist.

### Bericht einer Therapeutin aus einer Trainingsgruppe für Kinder mit ADHS und Rechenschwäche

In der vierten Sitzung der Mathematik-Trainingsgruppe für Kinder mit einer Aufmerksamkeitsstörung wurde mit den Kindern unter anderem das Thema »Addition und Subtraktion im Zahlenraum bis 100 ohne Zehnerübergang«

> erarbeitet. Die Kinder hatten ihre Lernboxen mit den Karten für die Visualisierungstechnik von Additions- und Subtraktionsaufgaben im Zahlenraum bis neun mitgebracht.
>
> Um das neue Thema einzuführen, nahm die Kursleiterin eine bereits gut automatisierte Karteikarte aus Svens (8 Jahre, schwere »Dyskalkulie«) Karteikasten und fragte ihn nach der Lösung der Aufgabe »3 + 4«. Wie aus der Pistole geschossen kam die »7«, woraufhin der Erfolg ausgiebig gewürdigt wurde. Auf eine noch leere Karteikarte schrieb die Kursleiterin die Aufgabe »53 + 4« und fragte Sven, der sichtlich schockiert und ratlos beim Anblick der augenscheinlich schwereren Aufgabe war, nach dem Ergebnis. Da er die Aufgabe zunächst nicht lösen konnte, wurde sie noch einmal mit Zehner- und Einerkärtchen gelegt. Die Kursleiterin schob die Einerkärtchen nach unten und zeigte Sven – noch einmal mit Erfolg – die Aufgabenstellung »3 + 4« und legte das Ergebnis »7« auf die »0« der »50«. Dann wiederholte sie den Vorgang bei der Aufgabenstellung »63 + 4«.
>
> Man hörte den Groschen förmlich fallen, als Sven plötzlich herausplatzte: »Aber das ist ja ganz einfach: 67!! Das ist ja babyeinfach!« Jetzt war auch die Aufgabe »73 + 4« kein Problem mehr für Sven, und begeistert dachte er sich selbst neue Aufgaben nach dem gleichen Prinzip aus, die mithilfe weiterer Karteikarten gelegt wurden.

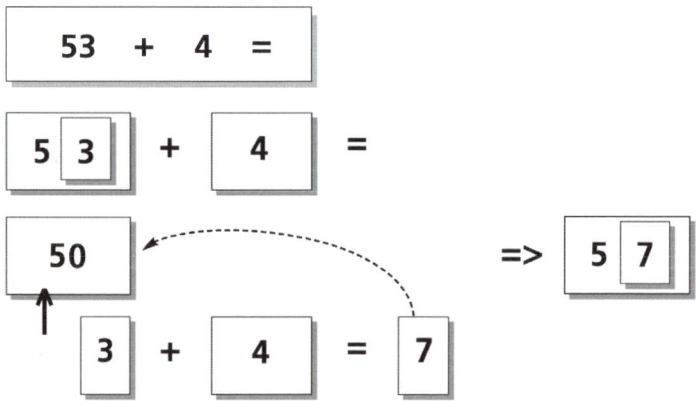

**Abb. 13.10**: Svens Erfolgserlebnis

## 4. Erste Sachaufgaben

Wenn Sie mit Ihrem Kind das Einspluseins im Zahlenraum bis 9 automatisieren, sollten Sie gleichzeitig damit beginnen, die erlernten Aufgaben in Anwendungen zu verankern und die ersten Sachaufgaben einzubauen. Lernen Kinder frühzeitig und erfolgreich Sachaufgaben zu lösen, entwickeln sie in aller Regel von vorneherein keine Angst vor diesem (bei vielen anderen Kindern auch ungeliebten) Aufgabentypus. Zudem erlebt das Kind auf diese Weise schon von Anfang an, dass das Gelernte kein Selbstzweck, sondern ein Handwerkszeug darstellt, um damit Problemstellungen schnell lösen zu können. Die Rechenfertigkeit wird hier dann zur Rechenfähigkeit weiterentwickelt.

### Übungsvorschlag

»Ich stelle dir jetzt eine Aufgabe.« Hier können Sie sich zunächst vom Mathematikbuch Ihres Kindes anregen lassen und später selber Sachaufgaben erfinden.

Eine Grundaufgabe (Beispiel: 2 + 5/ 9 – 7 im Zehnerraum) wird in einen Text eingekleidet. Diese Einkleidung erfolgt mit Begrifflichkeiten, wie

| | |
|---|---|
| »hinzufügen/hinzubekommen« | »wegnehmen/abnehmen« |
| »um … größer werden« | »um … kleiner werden« |
| »dazu gewinnen« | »verlieren« |
| »kommen dazu« | »wegschenken« |
| »dazugeben« | »weggeben« |
| »ansparen« | »ausgeben« |
| »geschenkt bekommen« | »herausnehmen« |
| »einsteigen« | »aussteigen« |
| »kosten zusammen« | »bezahlen mit« |

Aufgaben können sich z. B. auf folgende Themen beziehen:

- beim Einkaufen – »Wie viel kostet etwas? Wie viel bleibt noch übrig?«
- beim Ein- und Aussteigen von Kindern, in und aus einem Bus, Zug …
- beim Sparen und Ausgeben
- beim Auffüllen und Leeren
- schon haben und dazubekommen
- haben und abgeben
- etc.

Später können Sie fortfahren:

»Ich stell' dir jetzt eine schwere Aufgabe.« Dies erfolgt nach dem gleichen Grundmuster. Nun werden allerdings die Zahlen 39 – 7, also im Hunderterraum, zunächst ohne Zehnerübergang in einen Text eingekleidet, den Sie sich ausdenken.

## Rollenwechsel: Das Kind wird zum Lehrer

Es darf durchaus auch einmal einen Rollenwechsel geben: Das Kind ist der Lehrer und erfindet eine Sachaufgabe und Sie müssen als Schüler die Aufgabe lösen. Lassen Sie sich also jetzt von Ihrem Kind eine solche Aufgabe im Zahlenraum bis 100 stellen. Das Kind diktiert, Sie sind der Sekretär bzw. die Sekretärin.

»Das muss ich mir jetzt erst einmal aufschreiben, was du dir da Schwieriges ausgedacht hast: In einem Zug sitzen 89 Personen. 7 Personen steigen aus.«

Rechnen Sie exemplarisch vor: »89 – 7 = ?«

»Wie geht das noch einmal?« Benutzen Sie wieder die Kärtchen. »Jetzt lege ich mir erst einmal die 89 und die Rechnung hin!«

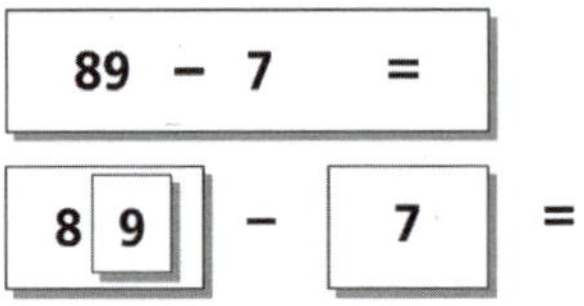

```
89 - 7 =
8|9 - 7 =
```

„Dann ziehe ich die 80 hervor."

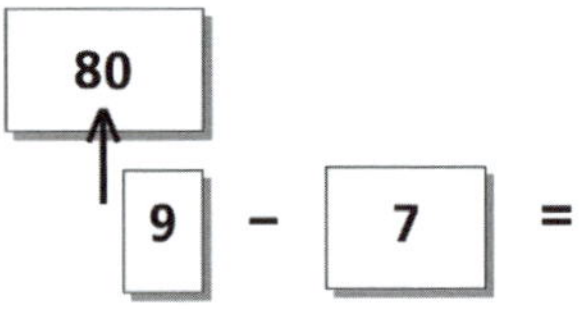

```
80
↑
 9 - 7 =
```

„Anschließend rechne ich 9 – 7. Ah, das weiß ich ja, das sind 2. Jetzt lege ich die 2 auf die 0 und schon habe ich das Ergebnis 82."

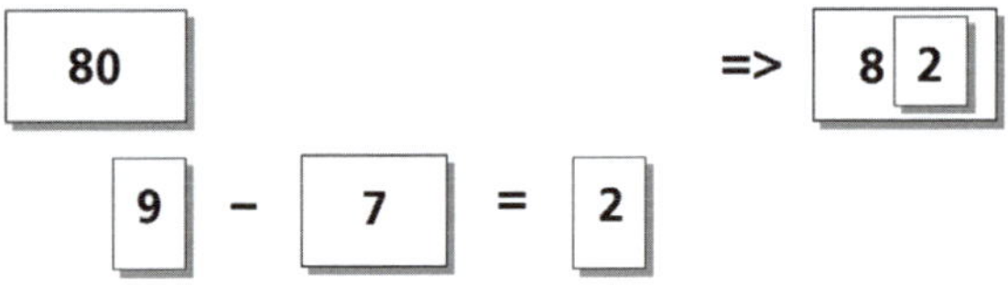

```
80              =>   8|2
 9 - 7 = 2
```

**Abb. 13.11:** Die Eltern rechnen modellhaft vor

*Was wollen wir mit diesem spielerischen Umgang mit Textaufgaben sowie mit dem Rollenwechsel Ihres Kindes erreichen?* In erster Linie soll hier die emotionale Bewertung der Textaufgaben, die ja sehr häufig angsteinflößend sind, verändert werden. Ihr Kind soll seine Berührungsängste mit Sachaufgaben verlieren. Rollenwechsel, wie »Ich darf sogar der Lehrer/die Lehrerin sein«, können dazu beitragen. Möglicherweise entsteht so bei Ihrem Kind auch der Gedanke: »Ich kann das erlernte Wissen ja auch brauchen.«

Durch das häufige Üben von Textaufgaben in der zuvor aufgezeigten Art und Weise gewöhnt sich Ihr Kind an bestimmte Grundmuster in den Aufgabenstellungen, die es mit dem gelernten automatisierten numerischen Faktenwissen bzw. der gelernten einfachen arithmetischen Prozedur lösen kann. Immer mehr Erfolgserlebnisse stellen sich so ein. Die Barriere den Sachaufgaben gegenüber wird abgebaut. Durch den Rollentausch erlebt sich das Kind nicht mehr ausschließlich in der Schülerrolle, was ein Gefühl von Gleichberechtigung entstehen lässt. Zusätzlich muss Ihr Kind, wenn es für Sie als Eltern ähnliche Aufgaben erfindet, das jeweilige Grundmuster in den Sachaufgaben begriffen haben. Durch das tägliche Lehrer-sein-dürfen verinnerlichen sich diese Grundmuster und es kann eine *innere Landkarte der Grundmuster* entstehen. Außerdem gelingt es natürlich in den Schulaufgaben auf diese Weise wesentlich schneller, die vertrauten Grundmuster in den von der Lehrkraft gestellten Sachaufgaben zu identifizieren und entsprechend zu lösen. Textaufgaben können somit ihren Schrecken verlieren.

Beim »Erfinden« von Sachaufgaben und im Austausch darüber kann, mit Ihrer teilweise auch korrigierenden Hilfe, zusätzlich der »Realitätsbezug« für Ihr Kind gefestigt werden. Ihm kann es zunehmend besser gelingen, eine Verbindung zwischen der Größe einer Zahl und dem Alltagswissen herzustellen:

»Wie teuer sind bestimmte Gegenstände? Wie viel Fahrgäste passen in ein Auto, Bus, Flugzeug? Wie lang sind …?«

Häufig sind irrige Vorstellungen der Kinder über bestimmte Mengenangaben nicht zwangsläufig auf eine mangelhafte Zahlvorstellung, sondern auch auf ein fehlendes »Alltagswissen« zurückzuführen. Dieses Alltagswissen kann in Kombination mit Mengenangaben und damit Mengenvorstellungen genauso gelernt und wiederholt werden, wie jeder andere Wissensstoff.

# 5. Rechnen im 20er- bzw. 100er-Raum mit Zehnerübergang

## a) Additionsaufgaben im 20er-Raum mit Zehnerübergang

Der Zehnerübergang sowohl in der Addition als auch in der Subtraktion setzt zum einen ein automatisiertes Faktenwissen im Neunerraum voraus (5 + 3 = 8/8 − 5 = 3) und zum anderen die Automatisierung der jeweiligen Pärchen, die 10 ergeben (8 + 2 oder 7 + 3 etc.). Um den Zehnerübergang bewerkstelligen zu können, müssen die Kinder drei aufeinander folgende Denk- bzw. Rechenschritte durchführen. Ihr Kind kann nun die dabei notwendigen Rechenschritte auf anschauliche Weise auf Ziffernebene, ohne Schreiben und selbst handelnd einüben (▶ Abb. 13.12).

Die Grundrechenfertigkeiten im Bereich Addition und Subtraktion automatisieren

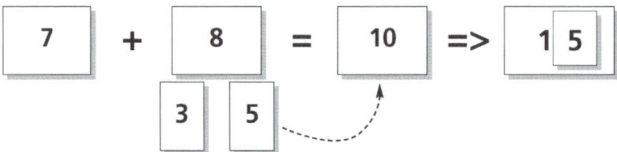

Abb. 13.12: Additionsaufgaben im Zwanzigerraum mit Zehnerübergang

> **Ein Beispiel**
>
> »Unsere erste Aufgabe heißt: 7 + 8.«
> *Die Aufgabe veranschaulichen Sie Ihrem Kind mithilfe der Kärtchen. Ihre erste Frage lautet:* »7 plus wie viel fehlt noch zum Zehner?«
> *Das haben die Kinder mittels des Pärchenspiels vorher trainiert, d. h. das Pärchen heißt in diesem Fall 7 + 3.*
> »Ich brauche die 3, stimmt.« *Sie legen nun die 3 unter die 8.* »Ich wollte aber 8 hinzuzählen, 3 habe ich schon hinzugezählt, wie viel muss ich noch hinzuzählen? 8 – 3?«
> *Dies wissen die Kinder schnell und kommen dann auf die 5. Sie legen nun die 5 unter die 8.*
> »Jetzt kommt der Trick. Ich muss nicht zählen, sondern lege einfach die 5 auf meine Zehnerkarte, nämlich auf die 0, und erhalte das Ergebnis: 15.«

Um die Abfolge der richtigen Rechenschritte einzuschleifen, kann es manchmal hilfreich sein, diese in einem kurzen prägnanten Merksatz zu formulieren und immer wieder zu artikulieren. Je kürzer dieser Merksatz ist, umso günstiger ist es für den Arbeitsspeicher.

> **Ein Beispiel für den Merksatz der Addition**
>
> (Pärchen-)Partner – minus – drauflegen
> Beispiel 7 + 8: »**Pärchenpartner**« »3« – »**minus**«: »8 – 3 = 5« – »**drauf(legen)**« »15«

Durch das wiederholte Kommentieren bzw. sprachliche Begleiten in einem knappen Merksatz kann die Abfolge der Rechenschritte automatisiert und verinnerlicht werden.

## b) Subtraktionsaufgaben im Zwanzigerraum mit Zehnerübergang

Nach dem gleichen Prinzip lässt sich bei den Minusaufgaben verfahren (▶ Abb. 13.13). Die Aufgabe wird auf ein längeres Kärtchen geschrieben und bleibt bis zum Lösen der Aufgabe oberhalb des Rechenvorgangs liegen.

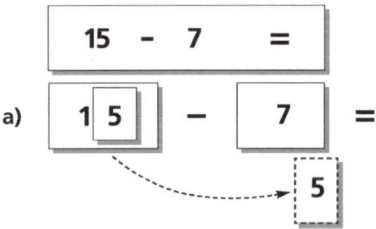

a) 15 – 7 =

b) „5 hab ich schon weggenommen. Ich wollte aber 7 abziehen Wieviel muss ich noch?" (notfalls 7 – 5)

c) „Jetzt muss ich von der 10 nur noch die 2 abziehen"
(Das „Pärchenspiel"!)

Abb. 13.13: Subtraktionsaufgaben im Zwanzigerraum mit Zehnerübergang

# Die Grundrechenfertigkeiten im Bereich Addition und Subtraktion automatisieren

> **Ein Beispiel**
>
> »Habe ich eine Minusaufgabe, z. B. 15 – 7, kommt gleich am Anfang der Trick. Ich zähle nicht zurück, sondern nehme die 5 *(das halbierte Kärtchen, das auf der 0 von der 10 liegt)* von der 10 weg.«
> »5 habe ich schon weggenommen, ich wollte aber 7 wegnehmen. Wie viel muss ich noch wegnehmen?«
> »2«.
> »Richtig, 2« – *die 2 legen Sie dann wieder unter die 7, die 5 liegt bereits unter der 7.*
> »Als letzten Schritt muss ich nun von der 10 noch die 2 abziehen.«
> *Das Ergebnis wissen die Kinder sofort (Pärchenspiel!):* »8«
> »Genau, ich erhalte als Ergebnis 8!«

Mittels häufigen Wiederholens kann Ihr Kind auf diese Weise die richtige Abfolge der Rechenschritte automatisieren. Dies geschieht, ohne zu *schreiben*. Dabei kommt es nicht so sehr auf die Schnelligkeit der Ergebnisfindung an, sondern auf die Reihenfolge der richtigen Schritte.

> **Bei der Subtraktion könnte der komprimierte Merksatz lauten:**
>
> Weg(-ziehen) – minus – Pärchenpartner (auf die nächstkleinere Zehner-Zahl)
> Beispiel 15 – 8: »**Wegziehen**« »5« – »**minus**«: »8 – 5 = 3« – »**Pärchenpartner**« »7«
>
> Ein großer Teil der Kinder führt häufig die ersten beiden Rechenschritte beim 10er-Übergang richtig durch. Aus diesem Grund reicht es als Erinnerungshilfe für den dritten Schritt aus, den verkürzten Merksatz »plus → drauflegen« bzw. »minus → Partner« einzuüben.

> Auszug aus einer E-Mail einer Mutter, die bei ihrer Tochter mit einer Rechenschwäche unser Buch als Hilfe benutzte und einen **großen** Erfolg erzielen konnte:
>
> »Aber heute habe ich zum ersten Mal für mich ein kleines Erfolgserlebnis gehabt: sie addieren seit einer Schulstunde im zweistelligen Bereich, prompt kamen heute Minusaufgaben, ohne dass die Plusaufgaben länger eingeführt bzw. gefestigt wurden. Dachte ich gleich, dass wird nichts.
>
> Aber wir haben uns drangewagt, und obwohl ich heute nicht sehr geduldig war, hat Lia durchgezogen. Mit Pärchenaufgaben und dann den Rest der Einer und dann die Zehner, und sie meinte, **sie hätte das jetzt verstanden**, wieso die Lehrerin das nicht so erklären kann!«

In einer Übergangsphase können Sie Ihr Kind abwechselnd eine Aufgabe mithilfe der Kärtchen und eine Aufgabe »im Kopf«, aber mit den gleichen Denkschritten lösen lassen.

## 5. Rechnen im 20er- bzw. 100er-Raum mit Zehnerübergang

Haben Kinder mit Rechenschwäche die Rechenschritte im Zwanzigerraum automatisiert, ist es für sie kein Problem mehr, auf den Hunderterraum überzugehen.

> **Weitere Beispiele**
>
> **Additionsaufgabe**
> *Statt der 10 legen Sie eine 40 hin und erhalten jetzt die Rechenaufgabe 47 + 8. Sie benutzen die gleichen Rechenschritte wie zuvor vor, nur hüpfen Sie am Anfang bis zur nächsten Zehnerzahl.*
>
> Eltern: »47. Was ist die nächste Zehnerzahl?«
> Kind: »50«
>
> In unserem in Abbildung 13.12 veranschaulichten Beispiel liegt jetzt an Stelle der 10 die 50. Die weiteren Rechenschritte bleiben gleich.
>
> **Subtraktionsaufgabe**
> *Statt der 10 legen Sie eine 60 hin und erhalten jetzt die Rechenaufgabe 67 – 9. Sie gehen in der gleichen Weise wie zuvor vor und nehmen wieder die Einerzahl 7 weg.*
>
> Eltern: »7 haben wir schon abgezogen, wir wollten aber 9 abziehen.«
> Kind: »Also muss ich noch 2 abziehen.«
> Eltern: »Genau, jetzt musst du von der 60 noch die 2 abziehen.«
> *Ggf. als mögliche Hilfe:* »Nächstkleinere Zehnerzahl und Pärchenpartner.«
> Kind: »58«
> Eltern: »Stimmt! Das Ergebnis heißt: 58.«

## c) Addition und Subtraktion im Hunderterraum mit Zehnerübergang und mit zwei zweistelligen Zahlen

Eltern berichten häufig über Schwierigkeiten bei folgenden Aufgabenstellungen im Hunderterraum:

46 + 28 =

Die Kinder lernen oft folgenden Rechenweg:

40 + 20 = 60
6 + 8 = 14
60 + 14 = 74

Wenn die Kinder versuchen, diesen Weg auf die Subtraktion (z. B. 83 – 47 =) zu übertragen, kommen sie meist durcheinander. Auf den ersten, noch leicht zu lösenden Rechenschritt 80 – 40 = 40, folgen dann nicht selten recht »phantasievolle« Lösungsschritte.

## Die Grundrechenfertigkeiten im Bereich Addition und Subtraktion automatisieren

Ein weiteres Problem entsteht dann, wenn die Kinder zuerst die Zehnerzahl subtrahieren. So berichtet eine Mutter in einer E-Mail: Wenn ihre Tochter z. B. bei der Aufgabe 98 – 19 erst den Zehner abziehe (98 – 10 = 88), vergesse sie häufig ihr Zwischenergebnis und sei schnell verwirrt. Die Restaufgabe 88 – 9 = 89 werde dann falsch ausgerechnet.

Wir empfehlen bei der Addition und besonders auch bei der Subtraktion einer zweistelligen Zahl systematisch auf dem bisher Gekonnten aufzubauen und mit der Einerzahl zu beginnen.

---

**Ein Beispiel**

46 + 28 = | 8 |    46 + 8 = 54   → (54 aufschreiben)

| 20 |    54 + 20 = 74

83 – 47 = | 7 |    83 – 7 = 76   → (76 aufschreiben)

| 40 |    76 + 40 = 36

---

Ein solches Vorgehen hat drei Vorteile:

1. Das Kind beherrscht den ersten Rechenschritt schon.
2. Die schwierigste Rechenoperation steht am Anfang und belastet am Schluss nicht den Arbeitsspeicher.
3. Wenn die Zahlen bei der schriftlichen Addition bzw. Subtraktion untereinander geschrieben und sodann zusammengezählt bzw. abgezogen werden, bleibt die Vorgehensweise gleich: Erst die Einer, dann die Zehner.

Hilfreich ist in jedem Fall, dass das Zwischenergebnis notiert wird, zumindest in der Anfangsphase, in der die Rechenschritte eingeschliffen werden. Durch das Notieren wird der Arbeitsspeicher entlastet und der zweite Rechenschritt, nämlich das Addieren bzw. Subtrahieren der Zehnerzahlen, kann dann leichter und fehlerfrei durchgeführt werden.

Hier ist es wiederum günstig, dieses Notieren des Zwischenergebnisses mit den Lehrkräften zu vereinbaren, was diese auch oft akzeptieren, wenn Eltern nicht zu konfrontativ mit ihnen umgehen. Schleift man auf diese Weise Subtraktionen im Hunderterraum ein, machen Eltern, wie die oben erwähnte Mutter, die Erfahrung:

»Es scheint tatsächlich besser zu werden, meine Tochter muss sich aber erst daran gewöhnen. Sie sagt auch, dass ihr diese Methode besser gefällt«.

> Hat Ihr Kind schon ab der 3. Klasse gelernt, untereinander zu rechnen, sollten solche und die Additions- und Subtraktionsaufgaben mit dreistelligen Zahlen und größer nur noch untereinander durchgeführt werden. Dieser Rechenweg ist für rechenschwache Kinder meist deutlich einfacher.

## 6.  »>« und »<«

Bei den »> und <«-Relationen ist unser Kind vor zwei Probleme gestellt:

- Was bedeuten diese Zeichen »>« und »<«; was heißt das, eine Zahl ist größer oder kleiner als eine andere Zahl?
- Wie lese ich das Zeichen richtig?

Um die »> und <«-Relationen zu erfassen, muss der »Numbersense« bereits im Vorfeld mit dem Zahlenstrahl aufgebaut worden sein.

Um die Zeichen »> und <« richtig zu lesen, benötigt das Kind zusätzlich zur optischen Erfassung und Differenzierung der Zeichen eine verbale Assoziation.

Merksätze wie »Die Spitze ist die kleinere Zahl« oder »Spitze heißt kleiner« beim Kleinerzeichen oder beim Größerzeichen »Wo das Maul (des Krokodils) offensteht, steht die größere Zahl« sind hilfreich. Wichtig ist, dass die Kinder die Leserichtung beibehalten, denn nur so können sie die Größer-Kleiner-Relation korrekt erfassen.

Auch das Lesen will geübt sein: »4 > 3«, »2 < 5«

> **Übungsform**
>
> Sie können drei Aufgabe am Tag üben. Schreiben Sie dazu Ziffern auf und lassen Sie Ihr Kind die Zeichen setzen und zusätzlich die Aufgabe laut vorlesen. Diese Übungen sollten über ca. acht bis zwölf Wochen mit immer größeren Zahlen erfolgen, wieder mit dem altbekannten Ziel: Automatisierung, in diesem Fall der »> und <«-Relation.

## 7.  Das Doppelte – die Hälfte

*Was bedeutet die Hälfte von …? Was bedeutet das Doppelte von …?* Es ist günstiger, mit dem »Doppelten von« zu beginnen. Übernehmen Sie zu Hause eine Veranschaulichungsmethode, die das Kind im Unterricht gelernt hat. Diese sollte zunächst im Zehnerraum, später im Zwanzigerraum automatisiert, d. h. auswendig gelernt werden. Auch hier können Sie wieder mit Kärtchen arbeiten.

> Wählen Sie zwei Farben für die Ziffern. Die eine Farbe bedeutet: »das Doppelte von …«, die andere Farbe: »die Hälfte von…«. Ihr Kind darf die Farbe aussuchen, die das Doppelte von … bedeutet.
>
>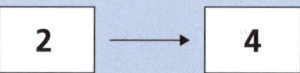
>
> Lassen Sie Ihr Kind mitsprechen, »das Doppelte von 2 (Kärtchen wird umgedreht) ist 4«.

Später gehen Sie dann zur »Hälfte von« über und verfahren in analoger Weise.

## 8. Zahlenstrahl und die Darstellung von Additions- und Subtraktionsaufgaben

In Fortbildungsseminaren bekamen wir wiederholt Nachfragen zur Möglichkeit der Veranschaulichung von Rechenoperationen am Zahlenstrahl. In einem Fortbildungsseminar in Zürich gab die Lehrerin Frau Koch den Anstoß: Sie benutzte Zahlenstreifen. Schließlich kam es zu folgender Weiterentwicklung: Zur Veranschaulichung von Zahlen und Rechenoperationen können am Zahlenstrahl Zahlenstreifen in folgender Weise eingesetzt werden:

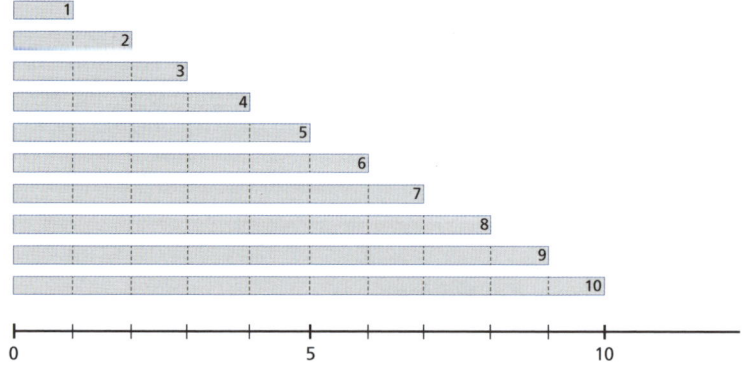

**Abb. 13.14**: Veranschaulichung: Zahlenstreifen und Zahlenstrahl

# 8. Zahlenstrahl und die Darstellung von Additions- und Subtraktionsaufgaben

Bei der Darstellung der Zahlen am Beispiel der 57 (50 und 7 liegt auf der 0, ▶ Kap.13.3) kann man analog am Zahlenstrang vorgehen. Der weiße Streifen mit der Siebener-Länge und Beschriftung (7) wird an die 50 angelegt. Bei der Beschriftung könnte es günstig sein, die 7 am letzten Strich des dann endenden Streifens anzubringen.

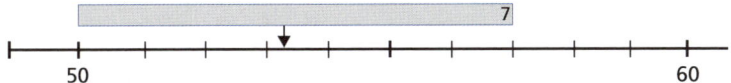

**Abb. 13.15:** Veranschaulichung der Zahl 57 mit Hilfe von Zahlenstreifen und Zahlenstrahl

Im Zehnerübergang kann der Zahlenstrang ebenfalls einbezogen werden, aber vielleicht in differenzierter Form. Zunächst sollte das Kind bei der Übung mit dem Zahlenstrahl den nächstfolgenden Zehner bei der Addition automatisiert haben (»Ich hüpfe bei Plus immer bis zum nächsten Zehner«). Grundsätzlich gilt es aber, den Effekt des »Pärchenpartners« und des einfachen »Drauflegens« auf die 0 oder Zehnerzahl nicht zu beeinträchtigen. Ziel ist es, immer wieder die Wege im Gehirn möglichst einfach zu belassen und gleichzeitig die Kapazität des Arbeitsspeichers angemessen zu berücksichtigen. **Beherrscht das Kind diesen Vorgang, kann man den Rechenweg im Zahlenstrahl noch einmal darstellen und die Vorstellung im Zahlenraum so weiter stabilisieren.** Diese beiden Schritte sollten also nacheinander gegangen werden, um wieder die Kapazität des Arbeitsspeichers nicht zu überlasten. Es ist aber auch Vorsicht geboten: Es besteht hier auch die Gefahr des zählenden Rechnens anstelle des »Drauflegens« bzw. der Ergänzung durch den »Pärchenpartner« und damit der komplizierteren Umwege im Gehirn.

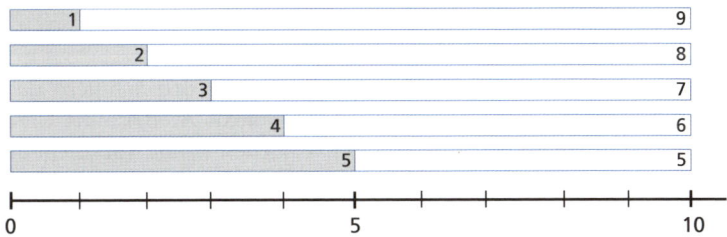

**Abb. 13.16:** Veranschaulichung der Pärchenpartner am Zahlenstrahl

Darauf aufbauend kann man dann das Prinzip bei Plusaufgaben, über den nächsten Zehner zu gehen, einführen, indem das Pluszeichen auf gelbem Untergrund dargestellt wird:

46 + 7 bedeutet, dass die gelben Streifen mit der Länge 4 und 3 an die 46 angelegt werden. Die Bedeutung von »gelb« ist dann vorwärts zu gehen, dazuzugeben (▶ Abb. 13.17).

Die Grundrechenfertigkeiten im Bereich Addition und Subtraktion automatisieren

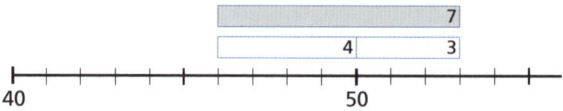

**Abb. 13.17:** Veranschaulichung der Aufgabe 46 + 7 am Zahlenstrahl

Für Minusaufgaben werden die Streifen in der Farbe Orange dargestellt.

43 – 8 bedeutet, dass die orangefarbenen Streifen 3 und 5 an die 43 angelegt werden. Die Bedeutung von »orange« ist, rückwärts zu gehen, abzudecken, d. h. es ist nichts mehr vorhanden, es wird etwas weggenommen.

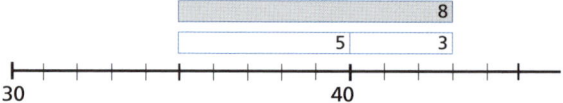

**Abb. 13.18:** Veranschaulichung der Aufgabe 43 – 8 am Zahlenstrahl

> Das Üben mit Rechenkärtchen und die Veranschaulichung am Zahlenstrahl sollte möglichst **getrennt** und **aufeinander aufbauend** erfolgen. Damit werden zählende Rechenoperationen und eine Überlastung des Arbeitsspeichers vermieden.

## 9. Beachtenswertes im Grundschulunterricht

Im Hinblick auf die Geschwindigkeit, mit der Lehrer den Schülern den Lehrplanstoff darbieten, gibt es in der täglichen Schulpraxis zweifelsohne Unterschiede. Manche Lehrer gehen langsam vor und versuchen damit, vor allem auch bei schwächeren Kindern eine bessere Automatisierung des Lernstoffs zu erreichen. Nun können sie aber einen Kollegen in der Parallelklasse haben, der im Stoff schon wesentlich weiter vorangeschritten ist. Dies mag rasch zu der Frage führen: »Bin ich womöglich ein schlechter Lehrer?« Hinzu kommt für den betroffenen Lehrer häufig der Druck vieler Eltern, die mit Blick auf die weitere Schullaufbahn ihrer Kinder den Klassenlehrer bedrängen, im Unterrichtsstoff doch schneller voranzugehen.

»Schnelle« Lehrerinnen und Lehrer selbst haben möglicherweise folgende Einstellung: »Der Groschen wird schon noch fallen. Die Kinder werden den Stoff schon irgendwann können.« Dahinter verbirgt sich die Vorstellung, dass Kinder mit der Zeit »irgendwie« von alleine zu diesen Fertigkeiten gelangen. Die damit verbundene Haltung gründet sich zudem nicht selten auf Gedanken wie z. B.: »Ich kann doch nicht auf sie/ihn warten – ich muss meinen Lehrplan erfüllen«; »Wenn ich das bei jedem Kind machen würde, ich habe doch 29 Schüler ...«; »Ich habe den

Unterrichtsstoff doch methodisch vielfältig aufbereitet – das Kind ist halt einfach schwach in Mathematik.«

Besonders in der ersten und zweiten Grundschulklasse kommt den Lehrern eine überragende Bedeutung zu. Da in diesen beiden ersten Klassenstufen in vielfältiger Hinsicht die Weichen für den weiteren Schulweg gestellt werden, tragen sie eine große pädagogische Verantwortung. Zum einen wird in Mathematik mittels einer ausreichenden Automatisierung das unverzichtbare Fundament für spätere komplexere Rechenfertigkeiten gelegt. Besonders in den Eingangsklassen muss sich dabei der pädagogische Blick des Lehrers schärfen, um auch die Kinder zu erfassen, die mit ihren Fehlstrategien (z. B. inneres Hochzählen) gerade noch den Anforderungen genügen können. Diese Kinder bleiben in der Schule leider auch deswegen oft unbeachtet, weil die meisten Lehrer nur die ersten beiden Grundschulklassen unterrichten und deswegen oft nicht persönlich miterleben, welche Schwierigkeiten die Kinder später in den höheren Klassen entwickeln. Zum anderen prägen die Unterrichts- und Lernerfahrungen, die Kinder in den ersten beiden Klassen gesammelt haben, in hohem Maße ihre weitere emotionale Bewertung des Faches Mathematik und ihren individuellen mathematikspezifischen Attributionsstil im Sinne von »ich kann das« oder »ich bin zu dumm für Mathe«. An dieser Stelle möchten wir die »langsameren« Lehrer in ihrem Vorgehen ermutigen und sie darin bestärken, darauf zu achten, dass alle Schüler die notwendigen Automatisierungen beherrschen.

# Kapitel 14 Sachaufgaben

Gerade bei Sachaufgaben machen sich die ungünstigen Voraussetzungen bemerkbar, die Kinder mit Rechenschwächen mitbringen. Oft sind Sachaufgaben deswegen mit gefühlsmäßigen Blockaden verbunden, da hier die meisten Misserfolgserlebnisse auftreten. In der Folge entwickeln die Kinder rasch die Einstellung: »Das kann ich nicht – das schaff' ich eh' nicht – du musst mir helfen«.

## 1. Hilfreiche Strategien zum Lösen von Sachaufgaben

Eine häufige Fehlerquelle bei Kindern mit Rechenschwächen entsteht durch das flüchtige, oberflächliche Lesen des Textes und das Bearbeiten des Zahlenmaterials. Eltern und Lehrern fällt damit zunächst die Aufgabe zu, die Kinder dafür zu gewinnen, sich überhaupt auf die Sachaufgabe einzulassen.

Wir müssen Zuversicht bei unseren Kindern erzeugen, da sie bereits überzeugt sind, Sachaufgaben nicht rechnen zu können. *Wie kann dies gelingen?*

> **Ein Beispiel**
>
> »Du weißt ja, mit den Kärtchen hast du schon ganz große Fortschritte gemacht, du hast ganz toll gelernt, mit Plus und Minus, Mal und Geteilt zu rechnen. Du hast dies geschafft, weil wir regelmäßig gelernt haben, du erinnerst dich, jeden Tag unsere kleinen Portionen, so bist du gut geworden. Genauso machen wir es jetzt auch bei den Sachaufgaben.«
>
> Eine weitere Hilfestellung kann sein: »Du brauchst wieder nicht viel schreiben, ich helfe dir dabei.«
>
> Wenn Sie zuvor auf den einzelnen Stufen der Automatisierung der Grundrechenfertigkeiten begonnen haben, wechselseitig Sachaufgaben zu erfinden, ist Ihr Kind schon mit den »Grundmustern« zu den Aufgabenstellungen vertraut. Darauf aufbauend können Sie die Sachaufgaben aus dem Rechenbuch übernehmen und an die bisher erlebten Erfolge erinnern: »Du weißt, wir haben schon so viele Aufgaben erfunden. Lass uns zu den Aufgaben im Buch wieder neue Aufgaben erfinden – ich eine und du eine. Ich muss dir auch wieder die Aufgabe

# 1. Hilfreiche Strategien zum Lösen von Sachaufgaben

> vorrechnen, die du erfunden hast. Du passt dann auf, ob ich es richtig mache, ob ich es genauso kann, wie ihr es in der Schule machen müsst.«

Im folgenden Schaukasten sehen Sie sechs Schritte zum Lösen von Sachaufgaben. Diese Anleitung ist für Kinder der dritten und vierten Klasse häufig zu lang. Hier ist es günstig, wenn die Eltern die Anweisung schrittweise vorlesen und auf diese Weise langsam einüben. Hilfreich kann auch die Frage sein: »Magst du lieber Trick 1, Trick 2 oder Trick 3 benutzen?«

Da Kinder mit Rechenschwäche oft über geringe metakognitive Strategien verfügen, handeln sie sehr häufig unsystematisch und nach dem Versuchs- und Irrtumsprinzip. Die sechs Schritte (siehe Schaukasten) helfen ihnen, eine systematische Struktur zum Lösen von Sachaufgaben aufzubauen. Die Aufgabe wird in kleine handhabbare Portionen zerlegt und so besser durchdacht als in einem impulsiven »Zahlenmix«.

Lassen Sie Ihr Kind die Abfolge der sechs Lösungsschritte jeden Tag an ein bis zwei Sachaufgaben üben. Dadurch wird es die Schrittabfolge verinnerlichen, verautomatisieren. Durch die neuen Erfolgserlebnisse verlieren die Aufgaben für Ihr Kind ihre angsteinflößende Wirkung. Stattdessen erlebt es, dass es Sachaufgaben immer besser und schneller lösen kann.

### Sechs Schritte zum Lösen von Sachaufgaben

*Schritt 1:* Ich lese mir die Sachaufgabe mehrmals langsam und genau durch. Was ist gegeben?

*Schritt 2:* Ich achte dabei besonders darauf …

- Welche Zahlen stehen in der Aufgabe?
- Ich finde auch die Zahlen, die als Wort und nicht als Ziffer geschrieben sind (z. B. das Achtfache).
- Ich unterstreiche alle Zahlen. Ich schreibe (bzw. Mama schreibt) sie mit den jeweiligen Benennungen heraus.

*Schritt 3:* Was soll ich suchen, was soll ich ausrechnen?

- *Trick 1:* Es kann helfen, wenn ich die Aufgabe meiner Mutter oder meinem Vater noch einmal erkläre.
- *Trick 2:* Es kann helfen, eine kleine Zeichnung zu machen, um zu veranschaulichen, was gegeben ist.
- *Trick 3:* Vielleicht weiß ich, wie die Antwort lauten muss? Aus der Antwort kann ich ganz leicht die Frage bilden.

*Schritt 4:* Mit welchen Rechenzeichen muss ich die Zahlen verbinden?

- *Trick 4:* Es gibt nur vier Rechenzeichen. Ich überlege der Reihe nach durch, welches Rechenzeichen am besten passt.
  Muss ich die Zahlen ...
  - zusammenzählen
  - malnehmen,
  - voneinander abziehen
  - durch einander teilen oder ist es ein kompliziertes Rechenmuster mit mehreren Rechenschritten?
- *Trick 5:* Kenne ich schon ähnliche Aufgaben? Welches Rechenmuster kann ich dann anwenden?

*Schritt 5:* Wenn es ein kompliziertes Rechenmuster ist: Wie gehören die Zahlen zusammen? Welche Zahlen muss ich zusammenzählen, voneinander abziehen, miteinander malnehmen oder durcheinander teilen?

- + ?/ − ?/ × ?/: ? ...............................................
- + ?/ − ?/ × ?/: ? ...............................................
- + ?/ − ?/ × ?/: ? ...............................................

*Schritt 6:* Wenn ich mit der Aufgabe fertig bin, frage ich mich: »Stopp! Kann das Ergebnis überhaupt stimmen?« (Wenn zum Beispiel 8 Äpfel 640 Euro kosten sollen, dann schaue ich nach, ob ich mich nicht verrechnet habe.)

Bitte beachten: Unserer Erfahrung nach helfen die sechs Lösungsschritte in erster Linie bei den besser begabten Kindern mit Rechenschwächen. Sie sind in der Lage, die einzelnen Schritte nachzuvollziehen. Es gibt aber auch Kinder mit Rechenschwäche, die mit der Schrittabfolge überfordert sind. Ihnen hilft es, wenn einer einzelnen Aufgabenstellung zunächst eine Abfolge von Rechenschritten für ein ganz bestimmtes *Muster von Sachaufgaben* gezeigt wird.

### Grundmuster: Füllen bzw. Entleeren von Behältern

### Ein Beispiel

Lena geht in die vierte Grundschulklasse und hat eine »6« in Mathematik. Sachaufgaben kann Lena überhaupt nicht lösen, sie sind für sie ein rotes Tuch, sie hat Angst vor ihnen.

Lenas Mutter bringt eine Beispielaufgabe mit: Ein Schwimmbad, in das 1.000 hl Wasser hineinpassen, soll mittels eines Schlauches gefüllt werden. Durch den Schlauch laufen pro Sekunde 10 l Wasser. Wie lange dauert es, bis das Schwimmbad gefüllt ist?

## 1. Hilfreiche Strategien zum Lösen von Sachaufgaben

In einem ersten Schritt bekommt Lena die Abfolge der durchzuführenden Rechenschritte vorgegeben:

1. Du musst Hektoliter in Liter umrechnen, denn sonst kannst du nicht teilen.
2. Die Gesamtmenge, das Volumen, ist durch die Anzahl der Liter zu teilen, die pro Sekunde durch den Schlauch fließen.
3. Ich bekomme ein Ergebnis in Sekunden heraus, die Sekunden muss ich dann in Minuten umwandeln, d. h. ich muss durch 60 teilen. Wenn ich Stunden herausbekommen will, muss ich noch einmal durch 60 teilen.

Mit dieser fest vorgegebenen Abfolge von Schritten ist Lena in der Lage, die Aufgabe zu lösen.

Der zweite Schritt besteht in einer Sachaufgabe mit genau dem gleichen Rechenmuster: Ein Weinfass wird gefüllt. In dieses Weinfass passen 9 hl Wein. Durch den Schlauch laufen 15 l pro Sekunde. Wie lange dauert es, bis das Weinfass gefüllt ist?

Bei der zweiten Aufgabe gibt Lenas Mutter Hilfestellungen, die einzelnen Rechenschritte in ihrer Abfolge zu rekonstruieren: »Lena, erinnerst du dich noch, wie wir das bei der Aufgabe mit dem Schwimmbad gemacht haben?« Lena erinnert sich, dass zuerst hl in l umgerechnet werden müssen. »Weißt du noch Lena, wie das geht? Ach ja richtig, du musst zwei Nullen dranhängen.«

Anschließend gehen Lena und ihre Mutter die Abfolge der vorherigen Rechenschritte noch einmal durch – übertragen auf diese Sachaufgabe.

Bei der dritten Aufgabenstellung, wieder eine Sachaufgabe mit dem gleichen Rechenmuster, passiert das Verblüffende: Lena kann diese nun ganz alleine lösen und zwar in der richtigen Reihenfolge der Rechenschritte, die sie vollständig erinnert.

Die dritte Rechenaufgabe war Folgende: Der Milchtank eines LKWs soll entleert werden. Der Tank fasst 72,6 hl Milch. Pro Sekunde fließen 30 l aus dem Tank. Wie lange dauert es, bis der Milchtank leer ist?

Lena gelingt es, das allgemeine Aufgabenmuster auf diese spezielle Aufgabe zu übertragen und alle Rechenschritte selbst und korrekt durchzuführen. Für Lena bedeutet dies ein riesiges Erfolgserlebnis.

Um das Grundmusterdenken noch einmal zu veranschaulichen, seien Aufgaben zur Zeit, mit denen die meisten rechenschwache Kinder ausgeprägte Schwierigkeiten haben, dargestellt.

Unabhängig davon, wie die jeweilige Einkleidung aussieht, ob man z. B. zu Fuß geht, mit dem Fahrrad, mit dem Auto fährt oder mit dem Flugzeug fliegt, können solche Aufgaben auf folgende drei Grundmuster und Musterlösungswege komprimiert werden:

a) Bekannt ist der Ausgangszeitpunkt und die (Zwischen-)Dauer, gesucht wird der Endzeitpunkt. Lösungsweg: Ausgangszeitpunkt + (Zwischen-)Dauer = Endzeitpunkt.
b) Bekannt ist der Ausgangszeitpunkt und der Endzeitpunkt, gesucht wird die (Zwischen-)Dauer. Lösungsweg: Endzeitpunkt - Ausgangszeitpunkt = (Zwischen-)Dauer.
c) Bekannt ist der Endzeitpunkt und die (Zwischen-)Dauer, gesucht wird der Ausgangszeitpunkt. Lösungsweg: Endzeitpunkt - (Zwischen-)Dauer =. Ausgangszeitpunkt

Dem Kind wird zusätzlich zum Nachmachen gezeigt, wie das Rechnen bei der zusätzlichen Schwierigkeit 60er-System durchgeführt wird. Motto ist analog wie beim Zehnerübergang: Ich gehe immer zuerst bis zur nächsten vollen Stunde.

> **Beispiel**
>
> **Aufgabe:** Die Familie unternimmt eine lange Wanderung. Sie kommen um 17.10 Uhr am Ziel an. Sie starteten um 12.30 Uhr. Wie lange waren sie unterwegs? Lösungsweg: Endzeitpunkt – Ausgangszeitpunkt = (Zwischen-)Dauer. Rechenweg: 17 Stunden 10 Minuten – 12 Stunden 30 Minuten
>
> 1. Rechenschritt (das Schwierigste am Anfang) In Anlehnung an den Zehnerübergang im Hunderterraum kann dem Kind auf Ziffernebene folgendes schriftlich vorgerechnet und gezeigt werden: **»Zuerst ziehe ich die Minuten ab.«** 17 Stunden 10 Minuten – 30 Minuten
>    a) 10 Minuten kann ich sofort wegnehmen, dann muss ich noch 20 Minuten von den verbliebenen 17 Stunden abziehen.
>    b) Vorsicht 60er-System: 17 Stunden = 16 Stunden 60 Minuten
>    16 Stunden 60 Minuten – 20 Minuten = 16 Stunden 40 Minuten
> 2. Rechenschritt: **»Jetzt ziehe ich die Stunden ab.«** Jetzt muss ich noch die 12 Stunden vom Zwischenergebnis abziehen: 16 Stunden 40 Minuten – 12 Stunden = 4 Stunden 40 Minuten

In den nächsten zwei bis drei Wochen können täglich vom Kind einerseits und von den Eltern bzw. vom Mitschüler in der Partnerarbeit andererseits jeweils eine Aufgabe erfunden und eine gelöst werden. Dabei werden drei Grundschemata eingeübt und auch eine Variation der Aufgabenstellungen vorgenommen.

> **Beispiele**
>
> **Einfache Aufgabe:** Tom hat um 13.50 Uhr mit den Hausaufgaben begonnen und war um 15.10 Uhr fertig. Wie lange hat er gebraucht?
>
> **Aufgabe für Mathegenies:** Tom fing 1 Stunde 10 Minuten, nachdem er nach Hause gekommen war, mit den Hausaufgaben an. Er war um 15.10 Uhr fertig. Für die Hausaufgaben benötigte er 40 Minuten. Wann kam er nach Hause?

Kritisch könnte man gegenüber unserer vorgeschlagenen Verfahrensweise einwenden, dass die Kinder mit Rechenschwäche dabei lernen, nach einem »Kochrezept« vorzugehen. Stelle sich ein Problem anders dar – so kann man argumentieren – drohen die Kinder, erneut zu scheitern. Aber nur dadurch, dass die Kinder viele »Kochrezepte« erlernen und erfolgreich anwenden, kann ihr mathematisches Zutrauen größer werden. Gleichzeitig wird, wenn sie viele »Kochrezepte« beherrschen, ihr Denken flexibler werden. Vor allen Dingen wird dies dann erreicht, wenn wie im asiatischen Raum eine auf den Grundmustern aufbauende Variation der Aufgabenstellung vorgenommen wird (s. o. Aufgabe für Mathegenies).

Erfreulicherweise wird diese Vorgehensweise manchmal auch in schulpädagogischen Werken empfohlen. Wellenreuther (2009a) spricht so z. B. von der »Automatisierung von Schemata als wesentliche Voraussetzung für Transfer« (S. 31).

## 2. Die besondere Bedeutung des Erfindens von Sachaufgaben

Besonders effektiv wirkt sich das Nachkonstruieren einer vorgegebenen Sachaufgabe aus. Lassen Sie deshalb Ihr Kind, soweit dies möglich ist, immer wieder Sachaufgaben selbst erfinden. Dadurch werden »Berührungsängste« kontinuierlich abgebaut. Ihr Kind ist den Sachaufgaben nicht mehr »ausgeliefert«, sondern ist vielmehr »Herr über die Sachaufgabe«. Gleichzeitig wird es immer vertrauter mit den Grundmustern der Aufgabenstellungen. Motivierend wirkt sich auch aus, wenn das Kind Lehrer sein darf und Sie beim Rechnen kontrolliert. Wenn Sie beim Lösen der Aufgabe »laut« mitdenken, wiederholen Sie gleichzeitig die richtigen Lösungswege auf eine für das Kind sehr einprägsame Art.

Auch für den Unterricht wäre es anzuraten, die Schülerinnen und Schüler regelmäßig Sachaufgaben »erfinden« zu lassen. Beispielsweise können Schüler in gut angeleiteter Partnerarbeit (s. o. Ausbildung zum Lerntrainer, S. 138) abwechselnd Aufgaben lösen und Aufgaben für den anderen erfinden und dessen Lösung kontrollieren. Auf diese Weise ist jeder Schüler intensiv beteiligt und aktiviert in seinem Gehirn die einzuübenden Denkprozesse. Die Anwendung einzuüben und deren Automatisierung zu trainieren, schafft Erfolgserlebnisse und steigert die Motivation eines jeden Kindes. Lehrer sollten neben den Kontrollen, die die Schüler durchführen, selbst noch einmal deren Resultate und die dazugehörigen Lösungswege überprüfen, um frühzeitig Fehlwege zu erkennen.

## 3. Abschließende Zusammenfassung

Sollten Schüler trotz allem Schwierigkeiten mit Sachaufgaben haben, ist eine genaue Fehleranalyse von Lehrern und Eltern notwendig, um die Kinder dort »abzuholen«, wo sie stehen. Es ist unrealistisch, aus jedem Kind einen großen Mathematiker machen zu wollen, aber wenn Kinder auf der Grundlage sinnvoller Lernmethoden mit Hilfe von einfachen Grundmustern üben, werden sie in der Schule viele Aufgaben lösen und sich verbessern können. Dies bedeutet für die Kinder – wie für ihre Eltern und Lehrer – einen großen Fortschritt.

Wir erleben immer wieder, dass Schülerinnen und Schüler auf der Grundlage einer positiven emotionalen Bewertung des Lerngegenstandes Mathematik eine erstaunliche Entwicklung vollziehen. Im Laufe der Jahre speichern sich in den Köpfen der Kinder nicht nur Muster von vergangen Aufgaben und Lösungen, sondern es können sich die Elemente, aus denen die Muster »gewirkt« sind, zu weiteren Mustern zusammenfügen.

> Auch in der Umsetzung des neuen pädagogischen Konzeptes der Kompetenzorientierung sollen die Schüler zu »Aufgabenerfindern« werden. Leider werden ihnen aber im Voraus nicht die Grundmuster bzw. Schemata in ausreichendem Maße beigebracht, wie es beispielhaft oben dargestellt wurde. Da das notwendige Fundament fehlt, kann das Ergebnis bei rechenschwachen Schülern dann nur Verwirrung und Frustration sein.

# Kapitel 15 Spiele und Tricks für Kinder mit Rechenschwäche im Grundschulbereich

Kinder mit Rechenschwäche bevorzugen eher »Spiele« gegenüber einer »harten Lernarbeit«. Dies kann man nutzen, wenn es um die Automatisierung des arithmetischen Faktenwissens geht. Ein Beispiel war schon das Pärchenspiel. Außerdem lieben sie Tricks, die ihnen helfen, für sie schwierige und fehleranfällige Aufgabenstellungen auf leichte Art und Weise richtig zu lösen. Im Folgenden finden Sie einige ausgewählte Beispiele.

## 1. Das Pyramidenspiel

Mit dem Pyramidenspiel haben Sie die Möglichkeit, Plus- und Minus-, Einmaleins- und Geteiltaufgaben in eher spielerischer Form zu wiederholen. Voraussetzung dafür ist, dass Ihr Kind sich die jeweiligen Aufgaben schon einmal eingeprägt hat. Das Prinzip des Pyramidenspiels beruht auf mindestens vier Wiederholungsdurchgängen pro Aufgabe in der richtigen Geschwindigkeit. Die Aufgabenstellungen, die die Kinder noch nicht unmittelbar beherrschen, verbleiben zunächst in der Basis. Zeigen die Kinder Unsicherheiten auf der dritten oder vierten Stufe der Pyramide, wandern die entsprechenden Aufgabenkärtchen zurück in die Basis und es folgen weitere Wiederholungsdurchgänge.

Das Pyramidenspiel motiviert Kinder besonders stark. Zum einen ist es wieder ein Lernen ohne Schreiben. Zum anderen erleben sie eine intensive Beteiligung ihrer Eltern. Diese müssen die Rechenkarten hin- und herschieben und gleichzeitig darauf achten, es in der richtigen Reihenfolge zu tun. Die Kinder können hier immer wieder einmal erleben, dass sie die Reihenfolge besser beherrschen als ihre Eltern.

Das Hin- und Herschieben der Lernkärtchen bewirkt neben einer verbesserten Motivation einen zusätzlichen Lerneffekt. Da sowohl die Reihenfolge der Aufgabenstellungen als auch die Raumlage der Aufgaben verändert wird, lernt Ihr Kind nicht eine bestimmte Reihenfolge oder Raumlage der Kärtchen, sondern muss die Aufgabe mit dem Ergebnis verknüpfen. Der Einprägevorgang im Gehirn wird weiter gefestigt.

## Wie funktioniert das Pyramidenspiel?

Zu Beginn werden vier Kärtchen mit Mal- oder Geteiltaufgaben als Basis der Pyramide hingelegt. Sie deuten nun auf das erste Kärtchen und benennen die Aufgabenstellung, z. B. »3 × 6« (▶ Abb. 15.1). Kann Ihr Kind das Ergebnis nicht innerhalb einer halben Sekunde benennen, drehen Sie das Kärtchen um: »18«. So verfahren Sie auch mit den nachfolgenden Aufgaben: »2 × 4«, »8«, »stimmt!« usw. Weiß Ihr Kind das richtige Ergebnis innerhalb einer halben Sekunde, wandert die Karte in die zweite Ebene und wird jeweils von rechts angelegt.

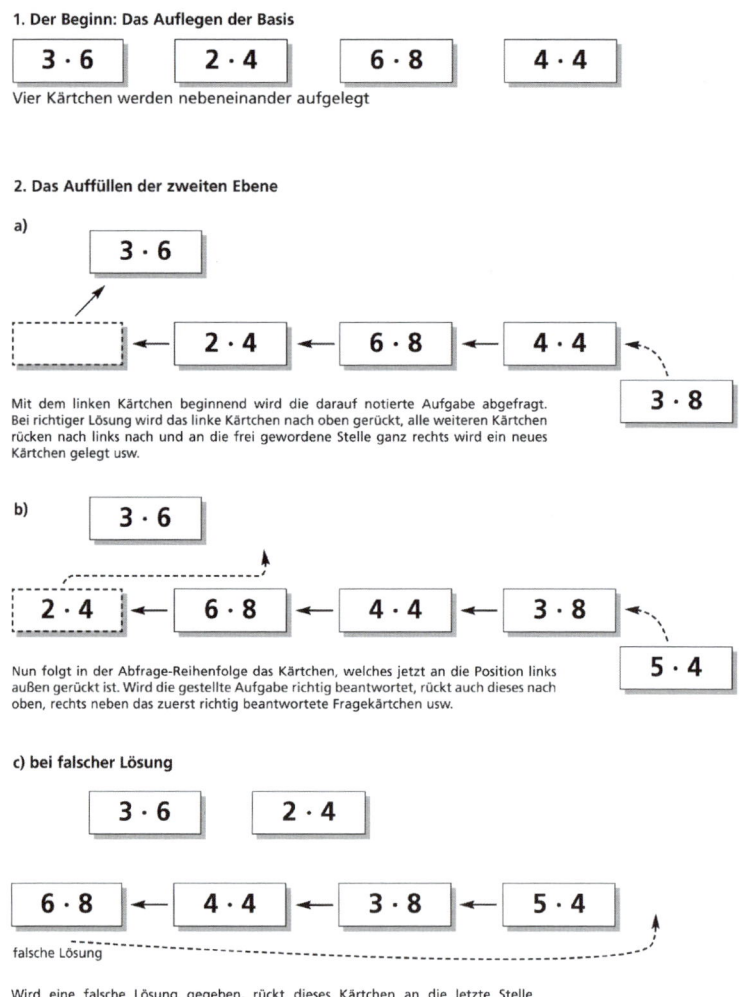

**Abb. 15.1:** Das Pyramidenspiel

# 1. Das Pyramidenspiel

**3. Das Auffüllen der dritten Ebene**

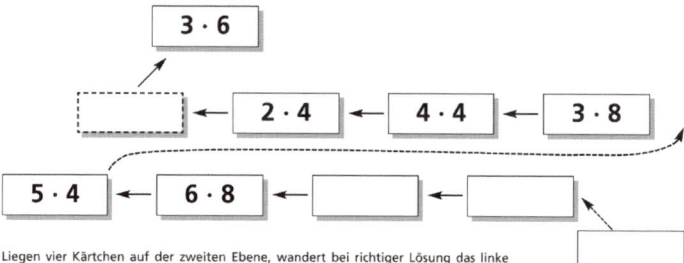

Liegen vier Kärtchen auf der zweiten Ebene, wandert bei richtiger Lösung das linke Kärtchen der zweiten Ebene auf die dritte Ebene. Die Kärtchen der zweiten und der ersten Ebene rücken wiederum nach, und an die vierte Stelle der ersten Ebene wird ein neues Kärtchen gelegt usw.

**4. Das Auffüllen der vierten Ebene**

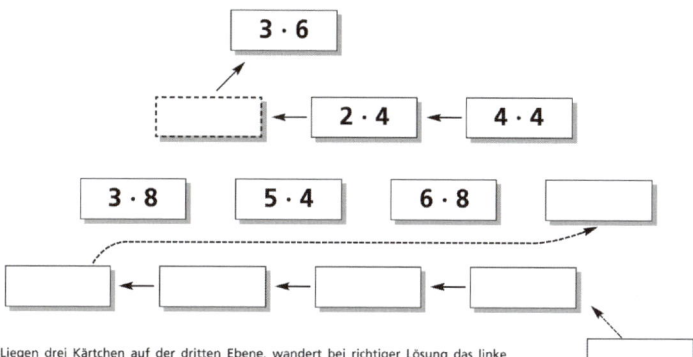

Liegen drei Kärtchen auf der dritten Ebene, wandert bei richtiger Lösung das linke Kärtchen auf die vierte und letzte Ebene usw.

**5. Das Verlassen der Pyramide**

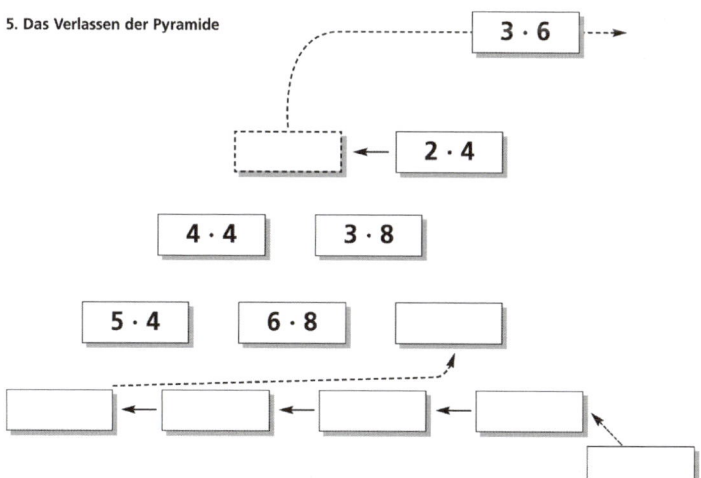

Liegen zwei Kärtchen auf der vierten Ebene, verlässt bei richtiger Lösung das linke Kärtchen die Pyramide und wird abgelegt usw.

Die Kärtchen der Basis rutschen nach links nach. Nun füllen Sie wieder die Basis auf, indem Sie von rechts das nächste Kärtchen mit der neuen Aufgabenstellung anlegen. In der Basis geht es nun weiter mit der nächsten Aufgabenstellung.

Aufgaben mit einer falschen Lösung oder Aufgaben, die Ihr Kind nicht innerhalb einer Sekunde beantworten kann, verbleiben in der Basis. Braucht Ihr Kind zu lange, drehen Sie die Karte schnell um, zeigen und benennen das Ergebnis, drehen die Karte wieder um und legen sie für einen erneuten Durchgang auf dieser Stufe rechts an. Mit den nachfolgenden Kärtchen verfahren Sie ebenso.

Damit sich die Form einer Pyramide ergibt, dürfen bei einer Vierer-Basis auf der zweiten Ebene nur drei Kärtchen liegen. Befinden sich dort vier Kärtchen, fahren Sie mit der links liegenden Karte auf dieser Stufe fort. Bei richtiger Lösung wandert das linke Kärtchen auf die dritte Ebene. Liegen nun auf der dritten Ebene drei Kärtchen, muss wiederum die links liegende Karte als nächste beantwortet werden. Auf der dritten Ebene dürfen nämlich – der Pyramidenform wegen – nur zwei Kärtchen liegen. Nach der nächsten Runde ist zum ersten Mal das vollständige Bild einer Pyramide erkennbar. In der Basis liegen vier Karten, auf der zweiten Ebene drei, auf der dritten Ebene zwei Karten und an der Spitze (= vierte Ebene) ein Kärtchen. Beim nächsten vollständigen Durchlauf liegen zwei Kärtchen an der Pyramidenspitze. Von diesen nehmen Sie sodann erneut die links liegende Karte. Hat Ihr Kind die Aufgabe richtig beantwortet, verlässt die entsprechende Karte als Erste die Pyramide und wird abgelegt.

Zeigt Ihr Kind auf der dritten und vierten Ebene Unsicherheiten, können Sie die jeweiligen Aufgabenkärtchen als erschwerende Maßnahme erneut zurück in die Basisebene wandern lassen.

## 2. Hilfreiche Verfahren zum Umrechnen von Maßeinheiten

### a) Voraussetzung für einfache Umrechnungsverfahren

Unabhängig von der Methode, Maßeinheiten einfach und fehlerfrei umrechnen zu können, kennen Sie alle das bekannte Vorurteil: Rechenschwachen Kindern fehle ein sicheres Vorstellungsvermögen für Zahlen, für Mengen, für Größen … – in diesem Fall für Maßeinheiten.

Dies ist ein Irrglaube. Fehlende Lernprozesse verhindern ein solches Vorstellungsvermögen – und umgekehrt kann durch passende Lernprozesse ein solches entwickelt werden. Auf welchem Wege nun können Kinder lernen, sich Maßeinheiten, z. B. Längenmaße, vorzustellen?

Vertraute Gegenstände aus dem Alltag Ihres Kindes können hier hilfreich sein. Setzen Sie bestimmte **Ankerreize** für 10 cm, 1 m und 2 m, z. B. den Textmarker, der 10 cm lang ist, das Bücherregal, dass eine Breite von 1 m aufweist, den Kleiderschrank, der 2 m hoch ist etc. und lassen Sie Ihr Kind täglich über zwei bis drei

## 2. Hilfreiche Verfahren zum Umrechnen von Maßeinheiten

Wochen fünf Gegenstände aus seinem vertrauten Umfeld nach seiner Länge, Breite oder Höhe in cm oder m einschätzen. Gelingt dies sicher, können sie dann noch Längenmaße halbieren, z. B. Gegenstände mit 50 cm hinzunehmen oder verdoppeln, wie einen Gegenstand, der 4 m lang oder hoch ist.

Analog können Sie mit Gewichtsmaßen vorgehen. Lassen Sie Ihr Kind wieder vertraute Gegenstände mit 10 g, 1000 g (1 kg) und 5000 g (5 kg) heben, setzen Sie diese wieder als Anker und lassen Sie Ihr Kind anschließend das Gewicht anderer Gegenstände vier bis sechs Wochen lang schätzen. Sie werden sehen: Ihr Kind wird sich zunehmend verbessern.

Bedenken Sie immer, dass neue Themen, wie z. B. die Maßeinheiten, die von der Lehrkraft im Unterricht erklärt und eingeführt werden und nicht im Alltag über eine ausreichend lange Zeit wiederholt werden, vergessen werden. Es sind also weniger das fehlende Vorstellungsvermögen Ihrer Kinder für bestimmte Sachverhalte, wie hier die Maße, sondern fehlende Lern- und vor allem Wiederholungsprozesse, die zu entsprechenden Rechenproblemen führen.

### b) »Tricks« für rechenschwache Kinder – hilfreiche Verfahren zum Umrechnen von Maßeinheiten

Kennen Sie das auch? Kinder kommen immer wieder durcheinander, wenn sie Längen-, Flächen-, Raum- und Gewichtsmaßeinheiten umrechnen sollen. Sie fügen zu viele Nullen an oder lassen diese weg, Kommastellen werden oft an die falsche Stelle gesetzt.

Grundsätzlich gilt, dass hilfreiche Verfahren sich dadurch auszeichnen, dass sie möglichst einfach, erfolgreich und Lernfortschritte dadurch möglichst sofort erkennbar sind. Sie gelten nicht nur im Einzelfall, sondern sind verallgemeinerungsfähig und halten das Kind nicht in Fehlstrategien fest. Allein der Begriff »Trick« hat eine motivierende Wirkung und ermöglicht gleichzeitig, dem rechenschwachen Kind die Vorstellung zu vermitteln: »Mathe ist doch einfach«, »ich kenne einen Trick, bei dem es beim Umrechnen unmöglich ist, einen Fehler zu machen.

Im Folgenden möchten wir Ihnen einen Trick zeigen, bei dem es dem Kind unmöglich wird, Fehler zu machen.

**1. Schritt: Das Kind lernt die folgende Tabelle auswendig**

| km | | | m | dm | cm | mm |
|---|---|---|---|---|---|---|
| | | | | | | |

> **Merksatz für die Reihenfolge**
>
> mm – cm – dm – m – zwei leer – km

Spiele und Tricks für Kinder mit Rechenschwäche im Grundschulbereich

## 2. Schritt: Eine größere Maßeinheit soll in eine kleinere umgerechnet werden

Ist eine größere Maßeinheit in eine kleinere Maßeinheit umzurechnen, gelten folgende Regeln:

- in jede Spalte wird nur eine Ziffer geschrieben
- bis die gewünschte Maßeinheit erscheint, werden Nullen aufgefüllt
- **Beispiel:** Rechne 12 m um in dm, cm oder mm

| km | | | m | dm | cm | mm |
|---|---|---|---|---|---|---|
| | | 1 | 2 | | | |
| | | 1 | 2 | 0 | | |
| | | 1 | 2 | 0 | 0 | |
| | | 1 | 2 | 0 | 0 | 0 |

Also: 12 m = 120 dm
12 m = 1.200 cm
12 m = 12.000 mm

## 3. Schritt: Eine kleinere Maßeinheit soll in eine größere umgerechnet werden

**Beispiel:** Rechne 622 mm um in dm, m bzw. km
Ausgehend von der Einerzahl bzw. der Zahl vor dem Komma, die man in die Spalte mit der angegebenen Benennung schreibt, trägt man dann die gesamte Zahl in die Spalten ein (pro Spalte nur eine Zahl!). Bis zur gewünschten Maßeinheit wird wieder mit Nullen aufgefüllt, das Komma wird dann nach der Zahl in der gewünschten Maßeinheit gesetzt.

| km | | | m | dm | cm | mm |
|---|---|---|---|---|---|---|
| | | | | 6 | 2 | 2 |
| | | | | 6, | 2 | 2 |
| | | | 0, | 6 | 2 | 2 |
| 0, | 0 | 0 | 0 | 6 | 2 | 2 |

Also: 622 mm = 6,22 dm
622 mm = 0,622 m
622 mm = 0,000622 km

## 2. Hilfreiche Verfahren zum Umrechnen von Maßeinheiten

**Tabelle für Flächenmaße**

| km² | | ha | | a | | m² | | dm² | | cm² | | mm² |
|---|---|---|---|---|---|---|---|---|---|---|---|---|
|   |   |   |   |   |   |   |   |   |   |   |   |   |

> **Merksatz**
>
> mm² – eins leer – cm² – eins leer – dm² – eins leer – m² – eins leer – a – eins leer – ha – eins leer – km²

**Beispiel:** 22 dm² = ? m²
675 cm² = ? m²
21,5 m² = ? cm²

| km² | | ha | | a | | m² | | dm² | | cm² | | mm² |
|---|---|---|---|---|---|---|---|---|---|---|---|---|
|   |   |   |   |   |   |   |   | 2 | 2 |   |   |   |
|   |   |   |   |   |   | 0, | 2 | 2 |   |   |   |   |
|   |   |   |   |   |   |   |   | 6 | 7 | 5 |   |   |
|   |   |   |   |   |   | 0, | 0 | 6 | 7 | 5 |   |   |
|   |   |   |   |   | 2 | 1, | 5 |   |   |   |   |   |
|   |   |   |   |   | 2 | 1 | 5 | 0 | 0 | 0 |   |   |

**Tabelle für Volumen**

| m³ | | hl | | | | l<br>dm³ | | (dl) | | (cl) | | ml<br>cm³ | | | | mm³ |
|---|---|---|---|---|---|---|---|---|---|---|---|---|---|---|---|---|
|   |   |   |   |   |   |   |   |   |   |   |   |   |   |   |   |   |

> **Merksatz**
>
> mm³ – zwei leer – cm³ oder ml – zwei leer – dm³ oder l – zwei leer – m³ –

**Beispiel:** 20 cm³ = ? l

| m³ | | hl | | | | l<br>dm³ | | (dl) | | (cl) | | ml<br>cm³ | | | | mm³ |
|---|---|---|---|---|---|---|---|---|---|---|---|---|---|---|---|---|
|   |   |   |   |   |   |   |   |   |   | 2 |   | 0 |   |   |   |   |
|   |   |   |   |   |   | 0, |   | 0 |   | 2 |   | 0 |   |   |   |   |

**Tabelle für Gewichte**

| t | | | kg | | | g | | | mg |
|---|---|---|----|---|---|---|---|---|----|
|   |   |   |    |   |   |   |   |   |    |

> **Merksatz**
>
> mg – zwei leer – g – zwei leer – kg – zwei leer – t

Das Kind muss mithilfe dieser Tricks nicht eine Vielzahl von Umrechenfaktoren beherrschen, sondern jeweils nur eine Tabelle mit der immer gleichen Vorgehensweise. Mit Ausnahme der Zeit sind solche Tabellen jeweils für alle Umrechnungsmöglichkeiten von Maßeinheiten einsetzbar.

# 3. »Tricks« für Platzhalteraufgaben

Kinder mit Rechenschwäche haben häufig Schwierigkeiten, wenn sie Platzhalteraufgaben lösen sollen. Der nachfolgende Trick gibt diesen Kindern die Möglichkeit, Erfolg zu erleben und das richtige Ergebnis auf einfache Weise zu finden.

Den Platzhalter rechne ich bei Additions- und Subtraktionsaufgaben im Grundschulbereich aus, indem ich mit einer Ausnahme immer die kleinere Zahl von der größeren Zahl abziehe. Nur wenn der Platzhalter am Anfang steht und ein Minus folgt, muss ich die beiden übrigen Zahlen zusammenzählen.

In gleichartiger Weise gehe ich bei Multiplikations- und Divisionsaufgaben vor. Den Platzhalter erhalte ich mit einer Ausnahme, indem ich die größere Zahl durch die kleinere Zahl teile. Nur wenn der Platzhalter am Anfang steht und ein Geteilt folgt, muss ich die beiden übrigen Zahlen miteinander multiplizieren.

Wenn die Tricks beherrscht werden, kann gezeigt werden, wie die Probe durchgeführt und überprüft werden kann, ob das Ergebnis stimmt. Darauf aufbauend kann anschließend der mathematische Zusammenhang erklärt werden.

In höheren Klassen, wenn für den Platzhalter ein »x« benutzt wird, können die einfachen Regeln bei der Umformung von x-Gleichungen benutzt werden.

## 3. »Tricks« für Platzhalteraufgaben

**Platzhalteraufgaben bei + und −**

*Trick 1*

**Regel: immer − rechnen**

**einzige Ausnahme:** □ − dann +

□ + 16 = 63 ➡ −
28 + □ = 34 ➡ −
56 − □ = 42 ➡ −

**Aber:**

□ − 12 = 23 ⇨ +

**Abb. 15.2:** Trick 1

**Platzhalteraufgaben bei x und :**

*Trick 2*

**Regel: immer : rechnen**

**einzige Ausnahme:** □ : dann x

□ x 6 = 36 ➡ :
8 x □ = 32 ➡ :
56 : □ = 7 ➡ :

**Aber:**

□ : 4 = 6 ⇨ x

**Abb. 15.3:** Trick 2

# Kapitel 16  Komplexere arithmetische Prozeduren automatisieren

## 1. Das Beispiel Bruchrechnen

Auch beim Bruchrechnen gibt es eine Abfolge von wenigen Rechenschritten, die verautomatisiert werden müssen. Schwierigkeiten entstehen meist dann, wenn die Kinder die einzelnen Schritte durcheinanderwerfen. Dieses kann vermieden werden, wenn die einzelnen Rechenschritte systematisch und in kleinen Portionen über einen längeren Zeitraum geübt und wiederholt werden. Dazu reicht es aus, am Anfang, auch wenn im Unterricht der Stoff gewechselt hat, zwei Aufgaben pro Tag einzusetzen: eine Additions- bzw. Subtraktionsaufgabe (+/−) und eine Multiplikations- bzw. Divisionsaufgabe (×/÷). Im weiteren Verlauf genügt es, in abwechselnder Weise nur eine Aufgabe pro Tag vorzugeben.

Viele Eltern und Lehrer warten häufig darauf, dass es beim Kind »klick« macht, das Bruchrechnen nun »verstanden« wurde und dauerhaft beherrscht wird. Leider zeigt die Erfahrung, dass einmal Verstandenes von Kindern mit Rechenschwäche auch leicht wieder vergessen werden kann.

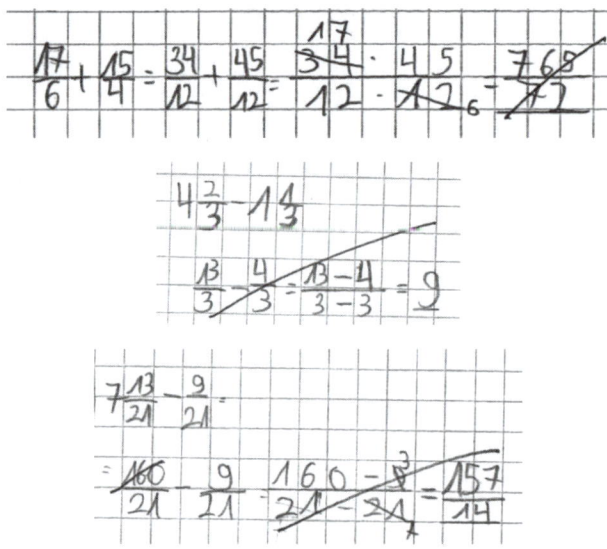

Abb. 16.1: Fehlstrategien beim Bruchrechnen

# 1. Das Beispiel Bruchrechnen

Wir erleben häufig, dass Kinder ab der sechsten Klasse die arithmetischen Prozeduren des Bruchrechnens erlernen, sie aber dann in der nächsten Klasse schon wieder vergessen haben, da die Abfolge der Rechenschritte nicht ausreichend automatisiert, d. h. nicht ausreichend wiederholt wurde.

Beherrschen die Kinder die durchzuführenden Rechenschritte nicht in automatisierter Form, sind sie gezwungen, diese irgendwie – d. h. auf der Grundlage dessen, was sie noch bruchstückhaft erinnern – »zu erfinden«. Was dabei herauskommen kann, zeigen die folgenden Beispiele (▶ Abb. 16.1).

*Welche Vorgehensweisen bieten sich an, um diese oft fehlende Automatisierung beim Bruchrechnen zu erreichen?*
Im Folgenden wird am Beispiel des Bruchrechnens dargestellt, wie die wichtigsten Grundmuster zusammengestellt und systematisch automatisiert werden können.

*Erinnern Sie sich an das bewährte Lernmodell:*
Arithmetische Operationen sollten auf »Grundmuster«, d. h. auf Grundrechenwege komprimiert und vereinfacht werden. Diese sollten sich dann auf der Grundlage möglichst weniger Informationseinheiten, z. B. mithilfe der visuellen Darstellung der Grundlösungswege und sehr kurzer Merksprüche, eingeprägt werden, um den Arbeitsspeicher nicht unnötig zu belasten. Zum dauerhaften Behalten bedarf es im nächsten Schritt ausreichender Wiederholungen.

In der Schule erfolgt aufgrund der großen Stoffmenge, die der Lehrplan vorsieht, meist ein für die Schülerinnen und Schüler zu rascher Themenwechsel. Eine ausreichende Anzahl an Wiederholungen, die den Kindern ein dauerhaftes Behalten ermöglicht, bedeutet, dass Sie als Eltern zusammen mit Ihrem Kind länger an einem Thema lernen, als es in der Schule im Unterricht behandelt wird.

> **Ein Beispiel**
>
> So können Sie z. B. im Hinblick auf das Bruchrechnen *nach* bereits erfolgtem Themenwechsel im Mathematikunterricht über vier Wochen *drei Aufgaben* mit den Grundmustern »*Veranschaulichung*« (z. B. am Zahlenstrahl), »*Strichrechnung*« (+/−) und »*Punktrechnung*« (×/:) pro Tag einüben. Anschließend lassen Sie Ihr Kind über einen Zeitraum von 12–16 Wochen noch jeden zweiten Tag eine bis zwei Aufgaben rechnen. Dies erfordert nur wenige Minuten Aufwand, führt aber dazu, dass Ihr Kind das Bruchrechnen dauerhaft und auch in höheren Klassen beherrscht.

Ziel ist es immer, den Arbeitsspeicher durch die Automatisierung zu entlasten, um ihn dann für komplexere Operationen, z. B. zum Ausrechnen von x-Gleichungen mit Brüchen, nutzen zu können. Dies gelingt nur, wenn das Kind die arithmetische Operation, hier das Bruchrechnen, ohne lange nachdenken zu müssen, durchführen kann.

*Welche grundlegenden Muster soll das Kind nun dauerhaft beherrschen können?*

## Komplexere arithmetische Prozeduren automatisieren

Beim Bruchrechnen sind dies, genauso wie in anderen Rechengebieten, eigentlich nur sehr wenige Grundmuster:

a) Brüche veranschaulichen
b) Brüche erweitern
c) Brüche kürzen
d) Brüche addieren und subtrahieren
e) Brüche multiplizieren und dividieren

Wenn dieses Basisfundament sicher beherrscht wird, kann darauf aufbauend Rechnen mit gemischten Zahlen (z. B. 2¾) mit drei Ergänzungsmustern erlernt und durchgeführt werden. Dieser »Spezialfall« des Rechnens mit gemischten Zahlen beinhaltet dann:

a) Das Umwandeln gemischter Zahlen
b) Die Addition und Subtraktion gemischter Zahlen
c) Die Multiplikation und Division gemischter Zahlen.

Im Folgenden werden wir die Automatisierung der oben genannten fünf Grundmuster am Beispiel des Bruchrechnens beschreiben.

## a)    Brüche veranschaulichen

Nachdem das Kind grundsätzlich verstanden hat, was Brüche »bedeuten«, kann deren Veranschaulichung durch folgenden Merkspruch automatisiert werden:
»Nenner (unten) = Gesamtanzahl der Teile
Zähler (oben) = Anzahl der markierten Teile«

| "Oben: markierte Anzahl | Zähler |
|---|---|
| unten: Gesamtanzahl" | Nenner |

**Beispiel Kreissegmente**

unten Gesamtanzahl        $\frac{\phantom{0}}{8}$

oben markierte Anzahl     $\frac{3}{8}$

1. Das Beispiel Bruchrechnen

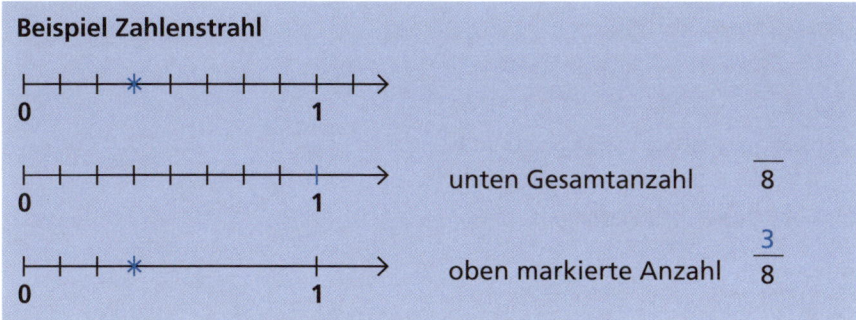

Abb. 16.2: Die Bestimmung des »Bruches« bei Kreissegmenten

Die Veranschaulichung eines Bruches am Beispiel des Zahlenstrahls kann wie folgt erlernt werden:

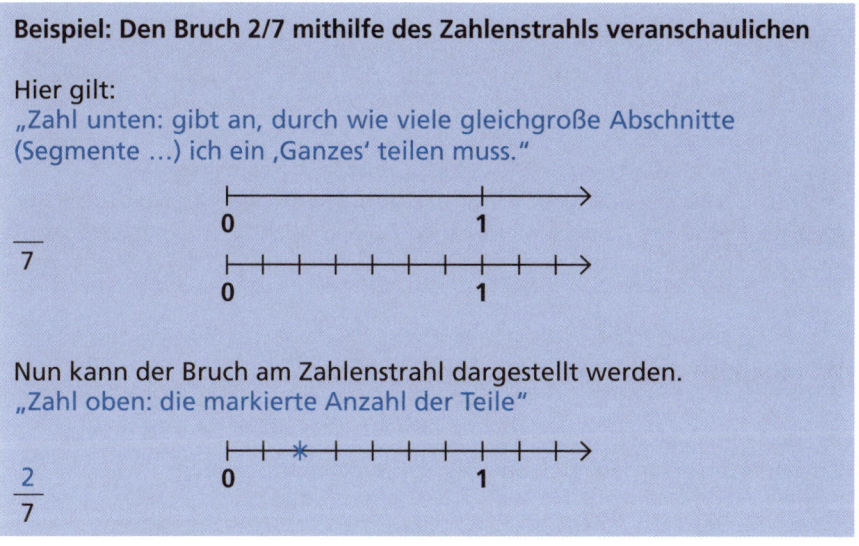

Abb. 16.3: Die Bestimmung des »Bruches« am Zahlenstrahl

## b) Brüche erweitern

$$\frac{2}{3} = \frac{2 \cdot 3}{3 \cdot 3} = \frac{6}{9}$$

Ist beispielsweise die Aufgabe 2 / 3 = ? / 9 zu lösen, kann das Kind im ersten Schritt lernen, die Leitfrage zu formulieren:
»Wie oft passt die 3 in die 9 oder 3 × ? = 9, oder als Trick 9 ÷ 3 = ?

Der Merkspruch, der beim Erweitern anschließend zu lernen ist, lautet:
**»Oben und unten mit der gleichen Zahl malnehmen«**

Komplexere arithmetische Prozeduren automatisieren

> **Ein weiteres Beispiel**
>
> $\frac{3}{5} = \frac{3 \cdot 2}{5 \cdot 2} = \frac{6}{10}$

### c) Brüche kürzen

$\frac{4}{12} = \frac{4:4}{12:4} = \frac{1}{3}$

Der Merkspruch lautet:
»**Oben und unten durch die gleiche Zahl teilen**«

> **Ein nützlicher Trick**
>
> Hilfreich erweist sich für Kinder, mit folgendem Trick zu arbeiten: Um herauszufinden, durch welche Zahlen sich der Bruch kürzen lässt, sollten sie nach folgender Reihenfolge vorgehen:
>
> a) **2**: die 2 geht, wenn die letzte Ziffer im Zähler oder Nenner eine 0, 2, 4, 6, 8 ist.
> b) **5**: die 5 geht, wenn die letzte Ziffer im Zähler oder Nenner eine 0 oder eine 5 ist
> c) **3**: die 3 geht, wenn die Quersumme im Zähler und Nenner durch 3 teilbar ist.
> d) **9**: die 9 geht, wenn die Quersumme im Zähler und Nenner durch 9 teilbar ist.

### d) Brüche addieren und subtrahieren

Der Merkspruch lautet:
»**Zuerst: Nenner (unten) gleichnamig, dann: oben ausrechnen**«

> **Musterlösungen**
>
> $\frac{1}{3} + \frac{2}{5} = \frac{1 \cdot 5}{3 \cdot 5} + \frac{2 \cdot 3}{5 \cdot 3} = \frac{5}{15} + \frac{6}{15} = \frac{5+6}{15} = \frac{11}{15}$
>
> $\frac{3}{4} - \frac{2}{5} = \frac{3 \cdot 5}{4 \cdot 5} - \frac{2 \cdot 4}{5 \cdot 4} = \frac{15}{20} - \frac{8}{20} = \frac{15-8}{20} = \frac{7}{20}$

### e) Brüche multiplizieren und dividieren

Bei der Multiplikation lautet der Merkspruch:
»**Zähler mal Zähler, Nenner mal Nenner**«

# 1. Das Beispiel Bruchrechnen

**Musterlösung**

$$\frac{2}{3} \cdot \frac{4}{5} = \frac{2 \cdot 4}{3 \cdot 5} = \frac{8}{15}$$

Bei der Division lautet der Merkspruch:
»Zuerst: mal dem Kehrwert«

**Musterlösung**

$$\frac{1}{4} : \frac{3}{8} = \frac{1}{4} \cdot \frac{8}{3}$$

An dieser Stelle sollte nicht sofort der Nenner und der Zähler ausmultipliziert werden, sondern der folgende Merkspruch benutzt werden: »Mach es dir einfach, kürze kreuzweise«

$$\frac{1}{4} \cdot \frac{8}{3} = \frac{1}{\cancel{4}^1} \cdot \frac{\cancel{8}^2}{3} = \frac{2}{3}$$

**Ein weiteres Beispiel:**

$$\frac{7}{8} : \frac{21}{64} = \frac{7}{8} \cdot \frac{64}{21} = \frac{\cancel{7}^1}{\cancel{8}^1} \cdot \frac{\cancel{64}^8}{\cancel{21}^3} = \frac{1 \cdot 8}{1 \cdot 3} = \frac{8}{3} = 2\frac{2}{3}$$

Diese Vorgehensweise kann man auch beim Dividieren durch eine ganze Zahl anwenden.

**Musterlösung**

$$\frac{1}{4} : 3 = \frac{1}{4} : \frac{3}{1} = \frac{1}{4} \cdot \frac{1}{3} = \frac{1 \cdot 1}{4 \cdot 3} = \frac{1}{12}$$

Eine solche Vorgehensweise, bei der zu einem Themengebiet die wichtigsten Rechenwege zu Grundmustern zusammengefasst, Musterlösungen vorgegeben und diese systematisch eingeprägt werden, hat sich nicht nur für Kinder mit Rechenschwäche empirisch als deutlich effektivere Lernmethode als zum Beispiel das selbst entdeckende Lernen erwiesen (vgl. z. B. Paas und van Merrienboer 1994, Wellenreuther 2010, S. 91f, Wellenreuther 2009, S. 31f). Wichtig ist aber wiederum, dass in einem zweiten Schritt die Anwendung der beherrschten Rechenverfahren beim Lösen von Sachaufgaben bzw. »Rätselaufgaben« eingeübt wird. Die Schülerinnen und Schüler können so erleben, dass die gelernten Rechenverfahren »Sinn« machen und als »Handwerkszeug« zum Lösen von mathematischen Problemstellungen dienen.

## 2. Einfache Grundmuster für bestimmte Stoffgebiete in der Algebra

Kinder mit Rechenschwäche erleben häufig Misserfolge und haben deswegen auch eine mehr oder weniger groß ausgeprägte Abneigung, sich mit mathematischen Aufgaben zu beschäftigen. Besonders in höheren Klassenstufen führt dies häufig nicht nur zu Wissenslücken, sondern auch zu einem punktuellen Wissen ohne Überblick über ein bestimmtes Themengebiet. Mathematikbücher und auch Lehrer neigen zu ausführlichen Erklärungen, stellen aber dem Schüler meist keine leicht lernbare Übersicht über die Grundaufgabenstellungen und die jeweiligen Grundlösungswege zu einem bestimmten Themengebiet zur Verfügung.

Im Normalfall wird der »rechenschwache« Schüler bei jedem Stoffgebiet mit vielen unterschiedlichen Aufgaben konfrontiert, die ihn zunächst meist verwirren und vor Probleme stellen. Wenn man ihm jede Aufgabe zu erklären versucht und er die Erklärungen vielleicht sogar verstanden hat, ist er meist nur in der Lage, diese spezielle Aufgabe zu lösen. Hilfreicher dagegen ist es, ihm zu zeigen, dass hinter den Aufgaben zu einem Stoffgebiet nur wenige Grundaufgabentypen stecken, die jeweils nur unterschiedlich »eingekleidet« worden sind und deren Lösungsweg jeweils gleich ist.

Zu jedem Stoffgebiet gilt es deswegen einfache Übersichten zu erstellen, in denen die Grundaufgabenstellungen und Musterlösungen in komprimierter Form dargestellt werden. Der Schüler kann diese lernen. Er muss dann nicht mehr bei jeder Aufgabe überlegen, wie er die Lösung findet und was er rechnen muss. Er überlegt dann nur noch, welcher Aufgabentyp hinter dieser Aufgabe steckt und welcher Musterlösungsweg benutzt werden muss.

Deswegen besteht der erste Arbeitsschritt darin, die Grundaufgabentypen und die jeweiligen Lösungswege zu einem Stoffgebiet zu ermitteln und in komprimierter Form zusammenzustellen. Diese Grundmuster und Schemata gilt es dann in einfacher und übersichtlicher Form darzustellen, um sie leicht einprägen und wiederholen zu können. Im Folgenden finden Sie hierzu einige Beispiele. Darauf aufbauend werden die Rechenprozeduren in unterschiedlichen und vielfältigen Anwendungen verankert. Auf der letzten Stufe kann dann eine Variation und eine Kombination der einfachen Grundmuster zu komplexeren Aufgabenstellungen erfolgen.

Einen solch gut strukturierten Aufbau eines Stoffgebiets kann sich Ihr Kind systematisch Schritt für Schritt leicht aneignen. Lernt Ihr Kind auf diesem Weg, wird es letztlich auf jeder Schwierigkeitsstufe erleben: »Mathe ist doch einfach. Ich schaff das!«

### a) Lösungslandkarten für mathematische Stoffgebiete

Bei dieser systematischen Übersicht geht es zunächst darum, alle Grundaufgabenstellungen und Musterlösungswege zu einem Themengebiet zu sammeln. Um das Einprägen und Behalten möglichst effektiv zu gestalten, werden die Lösungswege

## 2. Einfache Grundmuster für bestimmte Stoffgebiete in der Algebra

sowohl **komprimiert in Worten** als auch in einem **Musterrechenweg** dargestellt. Beispielhaft wird dies im Folgenden zum Themengebiet *quadratische Funktionen bzw. Parabeln* gezeigt:

| Grundaufgabenstellung und Lösungsweg komprimiert in Signalbegriffen verbal/in Worten darstellen | Musterrechenweg mit gekennzeichneten Teilrechenschritten |
|---|---|
| **A. Funktionsgleichung bestimmen:** <br> - aus 2 Punkten <br><br> **Lösungsweg:** <br> (1): $y = x^2 + px + q$ <br> (2): beide Punkte in (1.) einsetzen <br> (3): beide Gleichungen nach q auflösen <br> (4): Gleichsetzungsverfahren <br> (5): p ausrechnen <br> (6): p einsetzen und q ausrechnen | |
| **B. Funktionsgleichung bestimmen:** <br> - aus dem Scheitelpunkt <br><br> **Lösungsweg:** <br> (1): Scheitelpunktform <br> $\quad y = (x - xs)^2 + ys$ <br> (2): Scheitelpunktkoordinaten einsetzen <br> (3): ( )² ausrechnen | |
| **C. Nullstelle berechnen** <br> **(Schnittpunkt mit der X-Achse)** <br><br> **Lösungsweg:** <br> (1): $y = 0 \rightarrow 0 = \ldots$ <br> (2): Mitternachtsformel | |
| **D. Scheitelpunkt berechnen** <br><br> **Lösungsweg:** <br> (1): quadratische Ergänzung <br> $\quad$ (maximal 5 Rechenschritte, <br> $\quad$ Vorsicht Falle: vor dem $x^2$ steht <br> $\quad$ eine Zahl < 1!) <br> (2): Scheitelpunktkoordinaten richtig <br> $\quad$ ablesen | |
| **E. Spiegelung an der x-Achse** <br><br> **Lösungsweg:** <br> (1): y-Wert → - y-Wert <br> $\quad \rightarrow - y = x^2 + px + q$ <br> (2): $- y = x^2 + px + q \quad$ / mal -1 | |

| Grundaufgabenstellung und Lösungsweg komprimiert in Signalbegriffen verbal/in Worten darstellen | Musterrechenweg mit gekennzeichneten Teilrechenschritten |
|---|---|
| **F. Schnittpunkt zweier Parabeln**<br><br>Lösungsweg:<br>(1): beide Funktionsgleichungen gleichsetzen<br>(2): alles auf eine Seite bringen ...... = 0<br>(3): Mitternachtsformel<br>(4): jeweils x-Wert in die Parabelgleichung einsetzen und y-Wert ausrechnen | |
| **G. Zeichnen der Parabeln**<br><br>Lösungsweg:<br>Wertetabelle (mind. 5 Werte)<br>oder<br>Scheitelpunkt eintragen + Kurvenschablone | |

Abb. 16.4: Beispiel-Übersichtstabelle: Lösungslandkarte für quadratische Funktionen

Beherrscht der Schüler dieses »Handwerkszeug« sicher, geht es darum, es in Anwendungen zu verankern, die unterschiedlichen »Einkleidungen« eines Grundmusters in den jeweiligen Aufgaben zu erkennen, um dann den richtigen und gut eingeprägten Lösungsweg benutzen zu können.

## b) »Mindmap« als Visualisierungshilfe

In höheren Jahrgangsstufen, so z. B. in der 8. Klasse des Gymnasiums, lassen sich mithilfe eines sogenannten Mindmaps alle grundlegenden Aufgabenstellungen einer Mathematik-Schulaufgabe zusammenfassen und veranschaulichen (▶ Abb. 16.4). Mindmaps liefern eine sehr schone Übersicht, um Grundmuster zu identifizieren und Grundaufgabenstellungen sowie die jeweiligen Lösungsschritte in komprimierter Form darzustellen.

Kinder mit Rechenschwäche können sich mit dem Mindmap eine Lösungslandkarte erstellen und mithilfe dieser Visualisierungstechnik zu einer schrittweisen Automatisierung – auch über das Auswendiglernen – gelangen.

Die Hauptäste des dargestellten Beispiel-Mindmaps (▶ Abb. 16.5) bilden die möglichen Aufgabenstellungen ab, die Zweige die Abfolge der durchzuführenden Rechenschritte. Folgende Fragestellungen zum Themenbereich »lineare Funktionen« können Kinder mit Rechenschwäche an dem Mindmap ablesen:

- Wie kann ich von einem Graphen die lineare Funktionsgleichung ablesen?

# 3. Einfache Lern- und Lösungswege in der Geometrie

- Wie berechne ich die Nullstelle?
- Wie berechne ich die Funktionsgleichung, wenn zwei Punkte gegeben sind?
- Wie kann ich die Funktionsgleichung einer parallelen Geraden zu einer gegebenen Geraden und durch einen gegebenen Punkt bestimmen?
- Wie berechne ich die Schnittpunkte zweier Geraden aus deren Funktionsgleichungen?
- Wie berechne ich die Funktionsgleichung eines Lots auf eine gegebene Gerade durch einen gegebenen Punkt?

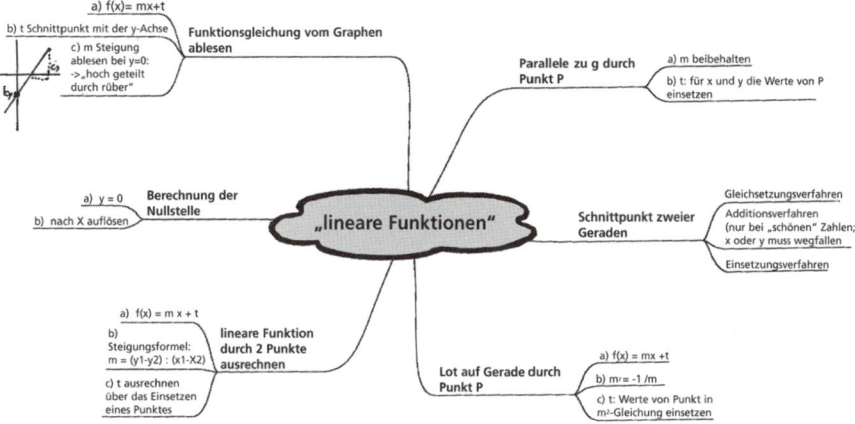

**Abb. 16.5:** Mindmap zum Thema Grundrechenmuster bei linearen Funktionen

> Mit Hilfe solcher »Lösungslandkarten« wird in höheren Klassenstufen ein Themengebiet für Jugendliche mit Rechenschwäche überschau- und lernbar. Der verbal dargestellte Lösungsweg in der ersten Spalte der Tabelle bzw. auf den Zweigen des Mindmaps kann zudem leicht wiederholt und auch abgefragt werden.

## 3. Einfache Lern- und Lösungswege in der Geometrie

Im Folgenden sollen diese einfachen Lern- und Lösungswege in der Geometrie am Beispiel des Berechnens von Flächeninhalten und des Volumens von Körpern dargestellt werden.

## a) Berechnungen des Flächeninhalts bei einfachen Flächen und des Volumens von einfachen Körpern

Wichtig ist zunächst, dass das Kind über ein Grundgerüst verfügt und dieses gut beherrscht. In einem ersten Schritt lernt das Kind daher die wichtigsten Formeln für die Berechnung der Fläche eines Rechtecks, eines Dreiecks und eines Kreises und automatisiert dieses Wissen durch ausreichendes Wiederholen. Darauf aufbauend lassen sich die Formeln für das Errechnen des Volumens von Quader, Prisma und Zylinder in sehr einfacher Weise ableiten: Grundfläche × Höhe. Bei »spitz« zulaufenden Körpern wie bei der Pyramide und dem Kegel muss es noch den Faktor 1/3 davor setzen, also 1/3 × Grundfläche × Höhe.

Bei der konkreten Aufgabe zu einfachen Flächen und Körpern muss das Kind nur überlegen, wie die Formel dazu heißt, welche Größen in der Formel gegeben sind und welche noch fehlen. Das Kind muss dann nur noch lernen, wie es eine Formel so umstesllt, dass die gesuchte Größe auf der einen Seite steht und über das Einsetzen der bekannten Größen auf der anderen Seite ausgerechnet werden kann.

## b) Berechnen bei komplizierten Flächengebilden oder Körpern.

Hier ist es wieder wichtig, dem Kind zu zeigen, wie einfach es auf der Grundlage des bisher Gelernten ist, auch bei komplexen Flächen und Körpern den jeweiligen Flächeninhalt bzw. das Volumen zu berechnen. Es gibt nur zwei Hauptwege: »zusammenstückeln« oder »Gesamtfläche bzw. -körper minus Luft«

### Weg 1: Gesamtfläche bzw. -volumen aus den Einzelflächeninhalten bzw. Einzelvolumina zusammensetzen

Der Flächeninhalt der folgenden Figur (Abb. 16.6) lässt sich leicht mit den schon bekannten und gelernten Formeln ausrechnen:
Gesamtflächeninhalt = Fläche großes Rechteck + 3 × Fläche kleines Rechteck (Quadrat)

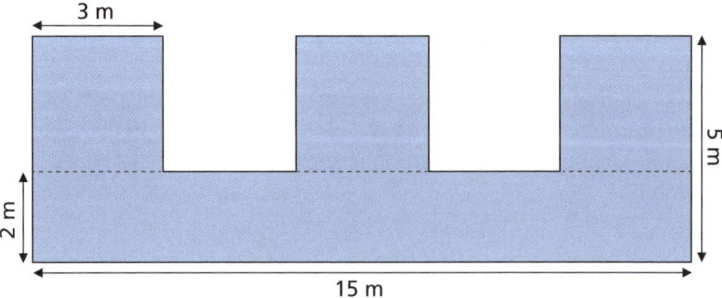

**Abb. 16.6:** Komplizierte Flächen Typ 1

Das Volumen des folgenden Körpers (Abb. 16.7) setzt sich zusammen aus schon bekannten Teilkörpern. Das Gesamtvolumen lässt so wiederum leicht ausrechen:
Gesamtvolumen = Volumen Quader 1 + Volumen Quader 2 + Volumen Zylinder + Volumen Kegel

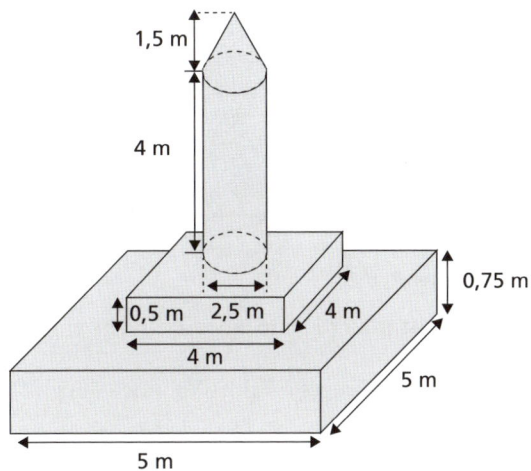

**Abb. 16.7:** Komplizierte Körper Typ 1

## Weg 2: Gesamtfläche bzw. -volumen minus Luft

Dem Kind wird gezeigt, wie es eine schon bekannte Gesamtfläche oder einen Gesamtkörper in dem jeweiligen komplizierten Gebilde erkennen kann, in dem einzelne Aussparungen eingebaut sind.

**Beispiel 1:** Die Hufeisenform kann zu einem Rechteck ergänzt werden, indem ein kleines Rechteck ausgespart ist. Die Berechnung erfolgt mit den bekannten Formeln:
Gesamtflächeninhalt = Fläche großes Rechteck – Fläche kleines Rechteck

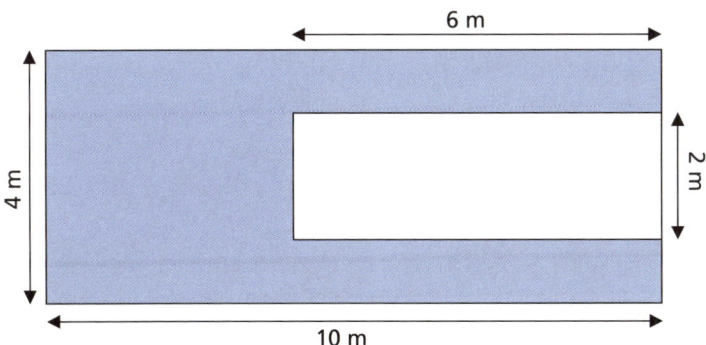

**Abb. 16.8:** Komplizierte Flächen Typ 2a

**Beispiel 2:** Bei dieser blauen Fläche sind in einem Rechteck drei Halbkreise ausgespart.
Berechnung: Gesamtflächeninhalt = Fläche großes Rechteck – 3x halbe Fläche Kreis

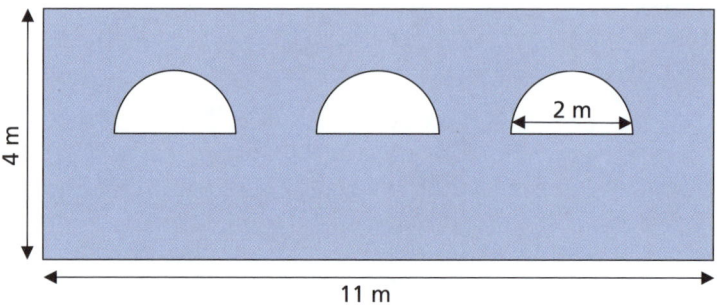

**Abb. 16.9:** Komplizierte Flächen Typ 2b

**Beispiel 3:** Bei diesem Trog ist in der Hälfte eines Zylinders eine kleine Zylinderhälfte ausgehöhlt worden.
Berechnung: Gesamtvolumen des Troges = halbes Volumen des großen Zylinders – halbes Volumen des kleinen Zylinders

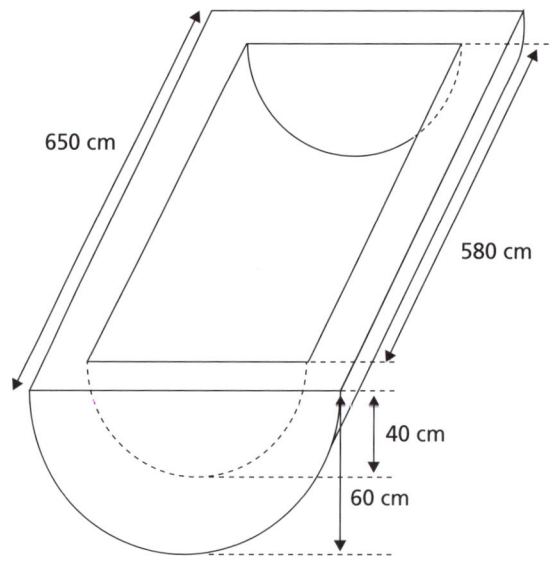

**Abb. 16.10:** Komplizierte Körper Typ 2

Fazit: Das Kind mit Rechenschwäche muss immer erleben können: Mathe ist einfach. Ich kann Grundmuster zu jedem Stoffgebiet lernen und kann damit die meisten Aufgaben zu einem Stoffgebiet lösen.

# Kapitel 17 Mathematikangst und Prüfungsängstlichkeit: Ursachen und Hilfen

Eine Rechenstörung tritt selten allein auf (s. S. 35ff. und S. 40f.). Bei betroffenen Kindern stellt man häufig auch zusätzlich weitere »internalisierende« psychologischen Störungen fest. In ihrer Leitlinie zur Diagnostik und Behandlung der Rechenstörung verweist die Arbeitsgemeinschaft der Wissenschaftlichen Medizinischen Fachgesellschaften aktuell auf das Auftreten von folgenden ausgeprägten emotionalen Problemen bei einer Rechenstörung: in 15 % der Fälle findet man eine generalisierte Angststörung, in 11 % der Fälle ängstlich-depressive Symptome und in 29 % der Fälle internalisierende Symptome (unsicheres, depressives, ängstliches, Verhalten, sozialer Rückzug und Selbstwertprobleme) (vgl. AWMF 2018, S. 42). Nach einer aktuellen nationalen Bildungsstudie von 2021 weisen 23 % der Viertklässler (20 % der Jungen und 25 % der Mädchen) ein hohes Ausmaß an Ängstlichkeit im Fach Mathematik auf (Stanat u.a. 2022, S. 225).

Gerade eine Rechenschwäche scheint häufiger mit Ängsten, insbesondere mit Prüfungsängsten, verbunden zu sein als andere Lernstörungen (vgl. Landerl u. a. 2022, S. 91). In unserer therapeutischen Praxis begegnen wir fast täglich Kindern mit diesen Problemen. Mit massiven Prüfungsängsten vor ihren Lernzielkontrollen oder ihren Schulaufgaben zeigen sich die Mädchen häufig emotional stärker belastet als die Jungen. Aufregung vor Proben ist eigentlich nichts Außergewöhnliches, bewirkt dieser Adrenalinschub im Idealfall doch, dass wir Hoch- oder sogar Höchstleistungen erbringen können. Nur wenn aus der Aufregung oder dem Lampenfieber Panik wird, kann es zu »Black-outs« oder Blockaden kommen. Alles, was vorher gelernt wurde, wird dann in der Überprüfungssituation »vergessen«.

Prüfungsangst wird wissenschaftlich definiert als ein unangenehmer emotionaler Zustand, der von kognitiven (gedanklichen), behavioralen (verhaltensmäßigen) und physiologischen Symptomen begleitet wird, die vor, während oder nach Prüfungs- oder anderen prüfungsähnlichen Situationen (z. B. Klassenarbeiten schreiben, aufgerufen werden, etwas vortragen) von den Betroffenen erlebt wird (vgl. Suhr und Döpfner 2000). Typische Angstsymptome werden beispielsweise in der Prüfungsangstskala des Angstfragebogens für Schüler (AFS) von Wieczerkowski u. a. (1981) wie folgt abgefragt:

- »Ich habe Angst davor, dass überraschend eine Klassenarbeit geschrieben wird.«
- »Wenn ich aufgerufen werde und nach vorne kommen muss, habe ich immer Angst, dass ich etwas Falsches sage.«
- »Wenn eine Klassenarbeit geschrieben wird, vergesse ich oft Dinge, die ich vorher gut gelernt habe.«

- »Wenn wir eine Klassenarbeit schreiben, weiß ich meistens schon von Anfang an, dass ich es doch nicht gut machen werde.«
- »Ich glaube, ich könnte in der Schule mehr leisten, wenn ich nicht so viel Angst vor Prüfungen und Arbeiten hätte.«
- »Schon, wenn die Klassenarbeitshefte verteilt werden, bekomme ich starkes Herzklopfen.«
- »Wenn eine Klassenarbeit geschrieben wird, mache ich oft viele Fehler, weil ich so viel Angst habe. ….«

Kinder und Jugendliche erleben meist im Bereich der Schule den meisten Stress. Prüfungsangst ist eine der häufigsten Angstformen bei Kindern zwischen 9 und 12 Jahren und dauert oft bis ins Jugendalter an (Suhr und Döpfner 2000). In einer weiteren Studie von Döpfner (Döpfner u. a. 2000) berichten rund 20 % aller Kinder und Jugendlichen von der häufigen Angst, durch eine Prüfung zu fallen, und ca. 13 % der Jungen sowie 15 % der Mädchen haben Angst vor schlechten Zensuren.

Prüfungsangst geht sehr oft mit Leistungsbeeinträchtigungen einher. Zu starke Aufregung führt zu entsprechenden Angstsymptomen, die wiederum die Leistung in der Klassenarbeit hemmen. Die Schüler werden so stark von den gefühlten Angstsymptomen und negativen Gedanken überflutet, dass sie sich nicht mehr angemessen konzentrieren können. Die zur Lösung der Aufgaben notwendigen Denkprozesse werden regelrecht blockiert – bekannt als »Black-outs«. »Normal-« und Hochängstliche unterscheiden sich hinsichtlich ihrer Leistungen in Prüfungen erheblich.

Zwei sich wechselseitig beeinflussende Zusammenhänge zwischen der Angst und den Leistungsdefiziten sind nun möglich: Schlechte Leistungen können zur Angst führen oder die Angst kann der Auslösefaktor für die schlechten Leistungen sein. Häufig erlebte Misserfolge nicht nur in schulischen Proben, sondern auch beim Bewältigen von mathematischen Aufgabenstellungen führen zu Angst vor diesen immer wieder als sehr unangenehm erlebten Situationen. Ist die Angst wiederum mit Mathematik gekoppelt worden, so wird die Aufnahme- und Merkfähigkeit oft schon bei der Prüfungsvorbereitung beeinträchtigt. Während der Prüfung kommt es dann zu entsprechenden Aufmerksamkeits- und Wahrnehmungsfehlern, erheblichen Blockaden beim Abrufen von Gedächtnisinhalten und Verspannungen. Die aufgabenrelevanten Denkprozesse werden dann immer wieder durch sorgenvolle Grübeleien und Gedanken unterbrochen. Zunehmende Aufgabenschwierigkeit, für den Schüler aufgrund von Wissensdefiziten unklare Fragestellungen und ein starker Zeitdruck in der Probe erhöhen die Prüfungsängstlichkeit zusätzlich (vgl. Barthel 2001).

Wichtig ist zu berücksichtigen, dass die Leistungsbeeinträchtigung bei einem Übermaß an Angst, z. B. bei der Prüfungsangst, auftritt, jedoch auch bei Desinteresse (▶ Abb. 17.1). Ein mittleres Ausmaß an Angst wiederum kann dazu führen, dass das Kind alle seine Kräfte mobilisiert, um die anstehenden Anforderungen zu bewältigen. Ziel bei Kindern mit übergroßer Angst ist es daher nicht, die Angst vollständig zu beseitigen, sondern sie auf ein »mittleres« Maß zu reduzieren. Den Kindern muss gezeigt werden, dass Angst im richtigen Maß sogar Energie liefert und den Antrieb fördert, die angemessene Lernarbeit durchzuführen. Entscheidend dabei ist, dass dieses Lernen so strukturiert ist, dass die Kinder kontinuierlich erleben, dass sie immer besser werden und Mathematik immer einfacher für sie wird.

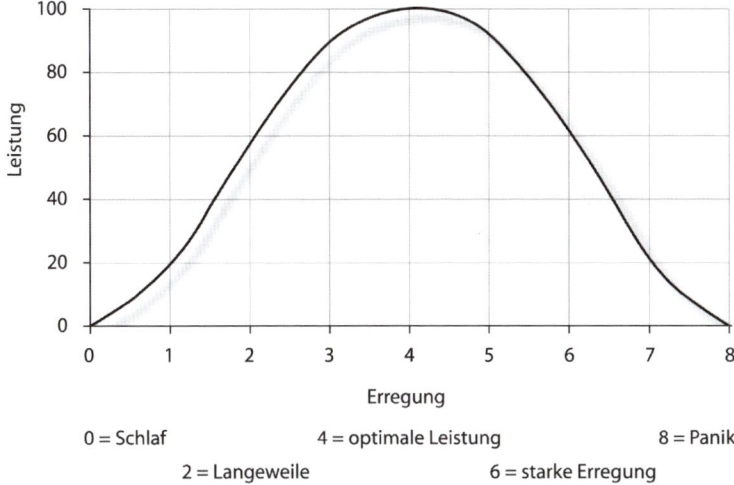

0 = Schlaf   4 = optimale Leistung   8 = Panik
2 = Langeweile   6 = starke Erregung

Abb. 17.1: »Yerkes-Dodson-Regel« (vgl. Barthel 2001, S. 12)
Geringe Erregung (Desinteresse/Langeweile) und sehr starke Erregung (Panik) vermindern die Leistung in sehr deutlicher Weise.

## 1. Wie kommt es zu Prüfungsängstlichkeit?

In verhaltenstherapeutischen Modellvorstellungen zur Entwicklung von Angst wirkt nicht das Ereignis als solches angstauslösend, vielmehr bedingen bestimmte gedankliche Prozesse und vor allem fehlerhafte Informationsverarbeitung die belastende Angst.

Ängstliche Menschen erleben bereits harmlose Situationen als eher bedrohlich. Sie neigen dazu, nur ganz bestimmte Aspekte der Situation wahrzunehmen und diese Gefahreninformationen zu verzerren, falsch zu interpretieren, katastrophale Vorhersagen daraus abzuleiten und vor allem auch die eigenen Bewältigungsmöglichkeiten zu unterschätzen.

Prüfungsangst wird im Verlauf der Kinder- und Jugendzeit durch entsprechende Erfahrungen erlernt. Negative Bewertungsmuster in Bezug auf Prüfungen werden erworben und verinnerlicht. Die älteste und bekannteste Stresstheorie, die sich auch auf die Prüfungsangst übertragen lässt, stammt von Lazarus (vgl. Suhr, Döpfner 2000). Seiner Theorie nach wird ein Stresserlebnis, hier die Prüfungssituation, in dreifacher Hinsicht bewertet:

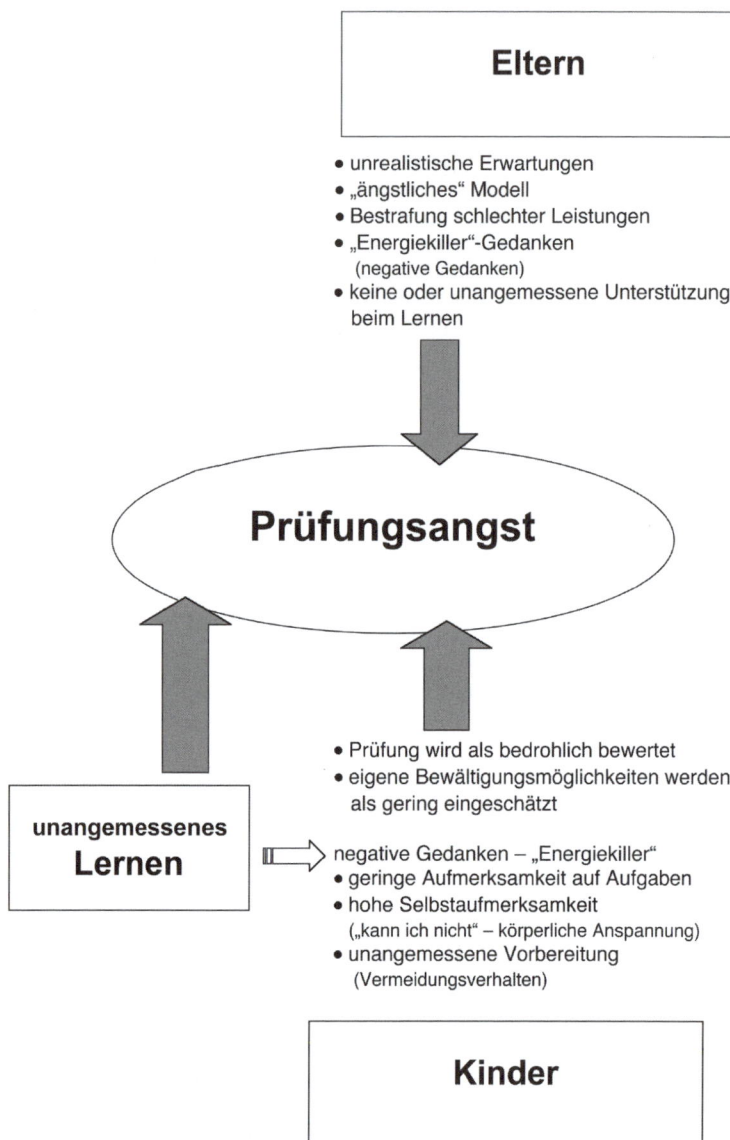

Abb. 17.2: Zentrale Komponenten bei der Entstehung der Prüfungsangst

Der Schüler schätzt zunächst die Situation, z. B. die Klassenarbeit, als bedrohlich oder nicht ein. Anschließend beurteilt er seine eigenen Bewältigungsmöglichkeiten. Nun erfolgt sozusagen ein Fazit, eine Neubewertung der Situation – als bedrohlich oder nicht bedrohlich. Wird die Prüfungssituation subjektiv als bedrohlich erlebt und werden die eigenen Bewältigungsmöglichkeiten als gering eingeschätzt, entsteht Angst.

# 1. Wie kommt es zu Prüfungsängstlichkeit?

Prüfungen selbst bekommen einen bedrohlichen Charakter durch die subjektiv erlebte, übermäßige Bedeutungszuschreibung, eine hohe Anspruchshaltung, die Angst vor Misserfolg und auch die Vorwegnahme negativer Konsequenzen nach einem möglichen Versagen. Auf der gedanklichen Ebene entstehen somit ganz bestimmte negative Situations- und Selbstbewertungen, die zur Lösung der Aufgabe eher hinderlich sind.

Denkt Ihr Kind in der Prüfungssituation nur: »Ich wünschte, dass die Schulaufgabe gleich vorbei ist« oder »Ich kann das sowieso nicht!«, verbleibt wenig Aufmerksamkeit, die aufgabenbezogen eingesetzt werden kann. Diese negativen Selbstgespräche behindern die Problemlösung. Die Aufmerksamkeit ist weniger auf die Aufgabe als auf die eigenen inneren Vorgänge gerichtet, die sich zur Prüfungsangst steigern.

## a) Die Bedeutung der Eltern

Eltern haben eine große Bedeutung in Bezug auf die Angstentstehung und deren Aufrechterhaltung. Untersuchungen zufolge zeigen die Eltern angstgestörter Kinder im Allgemeinen auch erhöhte Angstwerte. Die Erwartungshaltung der Eltern, z. B. hinsichtlich guter und sehr guter Noten, spielt hier eine große Rolle. Sind die Leistungsanforderungen an die Kinder überzogen und entsprechen nicht den Möglichkeiten der Kinder, kann hier eine Überforderung entstehen, die zu einer gesteigerten Angst führen kann. Sind die Eltern sehr streng und geben wenig Unterstützung, fördern sie eher eine Prüfungsängstlichkeit – die Kinder können sich dann weniger auf die aufgabenrelevanten Aspekte konzentrieren. Wenn schlechte schulische Leistungen im Elternhaus stark sanktioniert werden, d. h. es werden Strafen ausgesprochen oder das Kind in seiner Persönlichkeit abgewertet, hat dies natürlich auch eine Verstärkung der Prüfungsängstlichkeit zur Folge. Verhalten sich die Eltern in prüfungsähnlichen Situationen selber sehr ängstlich, stellen sie für ihre Kinder ein entsprechendes Modell dar. Diese »lernen«, indem sie ihre Eltern beobachten, und übernehmen deren ängstliche innere Grundhaltung und Gedanken sowie das ängstliche Verhalten.

## b) Aspekte beim Kind

Prüfungsängstlichkeit zeigt sich auf der Ebene der Gedanken, der emotionalen Symptome und auch der physiologischen Reaktionen des Kindes. Wie schon dargelegt, gehen mit der Prüfungsangst Angst erzeugende Gedanken im Sinne einer bedrohlichen Bewertung der Prüfungssituation und einer eigenen geringen Bewältigungseinschätzung einher. Durch solche oft katastrophisierenden Situationsbewertungen, Misserfolgsangst sowie ein negatives Selbstkonzept kommt es zu einer wechselseitigen Verstärkung der Prüfungsangst. Diese Gedanken fördern auch die emotionalen Symptome, die sich bis hin zur Panik und dem berühmten »Blackout« steigern können. Oft begleiten die Angst dann physiologische Symptome wie starkes Herzklopfen, Schwitzen, Zittern, Übelkeit etc. Diese werden durch unser sympathisches Nervensystem ausgelöst, das den Körper – aufgrund der als sehr bedrohlich wahrgenommenen Situation – in Alarmbereitschaft versetzt. Spüren nun die Kinder diese körperlichen Veränderungen, werden sie erst recht verunsichert. Sie erleben dies oft als eine Art von Kontrollverlust, was wiederum die negative gedankliche Bewertung der Prüfungssituation verstärkt (▶ Abb. 17.3).

**Abb. 17.3:** »Energiekiller«-Gedanken in Bezug auf Mathematik

## c) Eingeschränkte Leistungsfähigkeit: Ursache oder Folge der Prüfungsangst?

Bereits im Vorfeld der Prüfung, d. h. bei der Vorbereitung, zeigen Kinder oft eine starke Unruhe. Starke Unruhe bis hin zur extremen Angst reduziert die Leistungsfähigkeit – umgekehrt führen natürlich auch Leistungseinschränkungen zu dem Gefühl »Das kann ich ja sowieso nicht!«, und wirken somit Angst auslösend. Schlechte Lern- und Arbeitstechniken im Vorfeld der Prüfung, ein zu später Beginn, eine mangelnde Strukturierung der Schulaufgaben- oder Prüfungsvorbereitungen, die Missachtung von Lerngesetzen etc., führen selbstverständlich zu geringeren Leistungen. Gerade bei jüngeren Kindern kann auch ein gestörtes Schüler-Lehrer-Verhältnis zusätzlich Prüfungsangst begünstigen. Auch die äußeren Umstände einer Prüfung können Einfluss auf die Angst haben. Mündliche Prüfungen erzeugen in der Regel mehr Aufregung und Unruhe als schriftliche. Große Prüfungen, z. B. Abschlussprüfungen, machen mehr Angst als häufige kleinere Zwischenprüfungen. Schwierige Aufgabenstellungen, Zeitdruck und unklare Instruktionen erhöhen die Ängstlichkeit, und auch das Verhalten des Prüfers oder Lehrers (unfreundlich, streng versus unterstützend, warmherzig) kann die Angst verstärken.

## 2. Hilfen zur Bewältigung der Prüfungsangst

Klein (1989) und Tryon (1980) stellten in Studien zur Erforschung effektiver Behandlungsmaßnahmen der Prüfungsangst fest, dass sich eine verbesserte Leistung in der Prüfung – und weniger Angst – nur dann erzielen lassen, wenn die gedankliche »Sorgenkomponente« des Prüflings beeinflusst werden kann. Genauso wie wir unsere Grundrechenfertigkeiten durch häufiges Wiederholen automatisieren müssen, damit entsprechende neuronale Netzwerkstrukturen entstehen können, verhält es sich vermutlich auch mit unseren Gedanken. »Energiekillergedanken« (also negative Gedanken) in »Energiespender« (d. h. positive, unterstützende Gedanken) zu verändern, bedeutet auch neue neuronale Erregungsmuster hervorzubringen (Grawe 2004). Für die Psychotherapie, so schlussfolgert Grawe, gelte es, neue Gedanken, Verhaltensweisen und Emotionen herauszubilden. »Diese Aktivierung der neuen neuronalen Erregungsmuster muss möglichst oft wiederholt werden, sonst werden die neuen neuronalen Verbindungen nicht fest genug gebahnt.« (Grawe 2004, S. 55f.).

Wollen wir der Prüfungsangst sinnvoll begegnen, müssen wir auf verschiedenen Ebenen ansetzen. Es gilt, Eltern und Kinder sowohl hinsichtlich ihrer Gedanken, ihrer Gefühle und körperlichen Reaktionen als auch auf der Verhaltensebene positiv zu beeinflussen.

Kommen wir nun von diesen allgemeinen Überlegungen zu Kindern mit Schwächen in den Rechenfertigkeiten. Ein erster wichtiger Eckpfeiler in dem therapeutischen Bemühen, Kinder mit Schwierigkeiten im Rechnen und der damit verbundenen Leistungsängstlichkeit zu unterstützen, ist eine Veränderung der Grundhaltung und -überzeugung der Eltern. Nehmen die Eltern in diesem Bereich ihren Kindern gegenüber angemessene Zielsetzungen vor, verbunden mit einer Grundhaltung der Wertschätzung und Ermutigung, schaffen sie eine wichtige emotionale Grundvoraussetzung. Über das Lernen im Voraus können sie so zur Sicherung des Fundaments im rechnerischen Denken beitragen und später mit der richtigen Vorbereitung auf Schulaufgaben die tatsächliche Leistungsfähigkeit ihrer Kinder fördern und ihnen helfen, Erfolge zu erleben. Dies wird sich auf die Gedanken und damit das Selbstkonzept der Kinder angstreduzierend auswirken. Langfristig können sie dann erleben: »Ich kann besser werden!« – damit erhöht sich ihre subjektive Kompetenzeinschätzung und Erfolgserwartung.

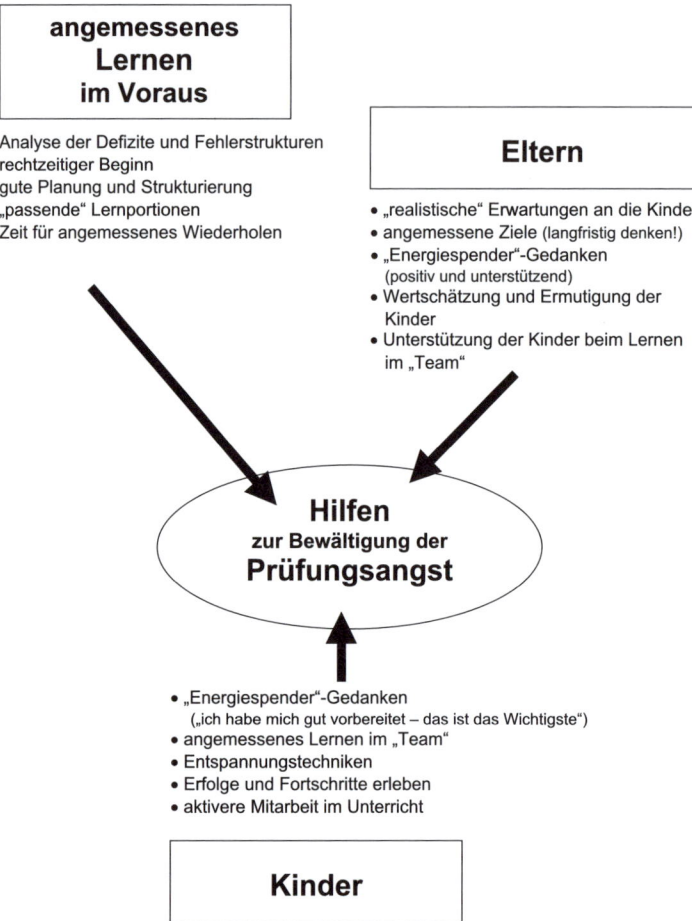

Abb. 17.4: Bewältigungsansätze bei Prüfungsangst

Lässt man angemessene Lernstrategien außer Acht, so können auch andere Bausteine, die zur Reduktion der Prüfungsangst beitragen, wie z. B. Entspannungstechniken (günstig: die Progressive Muskelentspannung nach Jacobson) oder hilfreiche Gedanken, **nicht wirken**.

## a) Elterliche Gedanken und Erwartungen verändern

Um die Ängste Ihres Kindes im Hinblick auf die Mathematik zu reduzieren, sind Sie als Bezugspersonen sehr wichtig. Ihre Gedanken und Ihre Grundhaltung haben erheblichen Einfluss auf Ihr Kind – im positiven wie im negativen Sinne. Ihre Erwartungen und Zielsetzungen sind hier bedeutsam. Diese sollten realistisch sein und den Möglichkeiten Ihres Kindes zum gegenwärtigen Zeitpunkt entsprechen. Vielleicht können Sie es schaffen, ein neues Ziel hinsichtlich der Erwartungen an

Ihr Kind zu formulieren. Dies setzt jedoch voraus, dass Sie durchaus zeitweise den Mut aufbringen müssen, aus den aktuellen schulischen Anforderungen »auszusteigen«. Zeigen sich bei Ihrem Kind in der 1., 2., 3. oder 4. Klasse erhebliche Lücken in der Automatisierung, so gilt es, im Lernbereich das Fundament wieder zu sichern. Dies bedeutet, dass sich Ihre Zeitperspektive verändert und Sie auf der niedrigsten Stufe beginnen, Rechenoperationen zu automatisieren, auch wenn der Schulstoff schon vorangeschritten ist.

Folgende Gedanken sind hilfreich, wenn Sie damit beginnen, Ihr Kind im Lernbereich zu unterstützen:

»Das Kind soll nicht in der nächsten Schulaufgabe von einer Fünf auf eine Drei kommen. Ich fange an, es zu unterstützen, sein Fundament solide aufzubauen, und das braucht Zeit. Wenn ich meinem Kind helfe, die Grundrechenarten zu automatisieren, kann ich auf jeder Ebene im Rechenlernprozess die arithmetischen Prozeduren, z. B. das Bruchrechnen, und Lösungsmuster, z. B. die Umsetzung von Prozentrechnungen, einschleifen. Ich konzentriere mich von nun an auf das Wesentliche und lasse mich durch den schnellen Themenwechsel, die vielen ›Schnörkel‹, in der Schule nicht irritieren und aus der Ruhe bringen. Mein Ziel ist ein langfristiges. Nicht die schnelle Leistungssteigerung ist realistisch, sondern das schrittweise Sichern des Fundaments in den Grundrechenfertigkeiten bis zum Ende der Grundschulzeit.«

Weitere hilfreiche Gedanken, die Sie Ihren Kindern im Vorfeld von Leistungen über Prüfungen vermitteln können, sind:

- »Ich bin stolz auf dich, weil du so gut gelernt hast«.
- »Du kannst jetzt in der Schulaufgabe schreiben, was du willst. Die Hauptsache ist, dass wir beide wissen, dass du dich gut vorbereitet hast!«

> **Würdigen Sie das Bemühen Ihres Kindes – nicht das Ergebnis! Bauen Sie sich eine langfristige Zeitperspektive auf.**

Mit diesen hilfreichen Gedanken und einer realistischen Erwartungshaltung sowie der Umsetzung des angemessenen Lernens im Voraus kann Ihr Kind dann zu der Überzeugung kommen: »*Ich kann das schaffen – ich kann besser werden!*«

## b) Im Voraus angemessen lernen

Sie haben in diesem Buch bereits viel über angemessene Lernstrategien im Bereich der Mathematik erfahren. Liegen Leistungsdefizite bei Ihrem Kind vor, so ist das »Aussteigen« wichtig, d. h. sie müssen langfristig denken und damit beginnen, auf der niedrigsten notwendigen Stufe das Fundament im Bereich der Grundrechenarten zu sichern.

*Was kann hier, zusätzlich zu den bereits ausführlich dargestellten Lerntechniken, hilfreich sein?*

In Absprache mit der Lehrkraft könnte sich diese für eine gewisse Zeit bereit erklären, die Mathematiknote Ihres Kindes auszusetzen, und Sie verpflichten sich, die entsprechenden Lernstrategien mit dem Ziel der Automatisierung der Grundrechenarten zu Hause regelmäßig in kleinen Portionen durchzuführen. Dies könnte eine erhebliche Entlastung auch für Ihr Kind bedeuten.

Um herauszufinden, wo denn die Defizite Ihres Kindes liegen, ist es notwendig, diese zu diagnostizieren. Ihr Therapeut kann Ihnen dabei helfen. Sie selber können die Fehlerstruktur in den Schulaufgaben oder bei den Hausaufgaben entdecken. Sie können Ihr Kind immer wieder nach seinen Lösungswegen fragen. Versuchen Sie z. B. herauszufinden, wie Ihr Kind den Zehnerübergang rechnet. Zählt es einfach weiter oder ist es in der Lage, die zu addierende Zahl bis zum 10er zu zerlegen, um dann den Rest hinzuzuzählen? Sie können feststellen, wie lange Ihr Kind benötigt, um bei der »Einmaleins«-Aufgabe das Ergebnis zu benennen. Braucht ihr Kind länger als eine Sekunde, ist das »Einmaleins« nicht automatisiert und bedarf der dringenden Wiederholung. Wissen Sie also, wo das Fundament wackelig ist, setzen Sie mit den Lernstrategien auf der niedrigsten Ebene an.

Des Weiteren lohnt es sich, Tests bzw. Schulaufgaben zu kopieren, um auch hier die Fehler zu analysieren und die Fallen mit Ihrem Kind zu besprechen. Diese können sich zum Beispiel in schriftlichen Fragestellungen verbergen, die es dann ganz konkret einzuüben gilt. Nur die langfristige Sicherung des Fundaments lässt Ihr Kind Erfolge erleben und somit Ängste in diesem Bereich abbauen.

Alle in diesem Buch bisher dargestellten Lernmethoden, auch hinsichtlich ihrer zeitlichen Organisation, gilt es anzuwenden:

- Sie lernen vorausschauend mit Ihrem Kind, d. h. rechtzeitig und regelmäßig.
- Sie denken an die notwendigen Wiederholungen und achten auch auf optimale Lernzeiten.
- Sie beachten die Notwendigkeit der kleinen Portionen mit entsprechenden Lernpausen und treffen mit Ihrem Kind – rechtzeitig im Voraus – Vereinbarungen über Uhrzeiten, Stoffmenge und Lerntermine am Tag und in der Woche.
- Sie bedenken die Notwendigkeit eines festen Arbeitsplatzes, der möglichst ablenkungsfrei ist.
- Zur Vorbereitung von Schulaufgaben gilt es, sich zunächst einen Überblick über die Stoffmenge zu verschaffen. Dies kann Ihr Kind in der Grundschule noch nicht alleine und ist hier auf Ihre Hilfe angewiesen. Strukturierung und Portionierung des Lernstoffs sollten Sie vornehmen. Gemeinsam mit Ihrem Kind könnten Sie dann die Reihenfolge festlegen.
- Um Ihre Zeitplanung koordinieren zu können, lohnt es sich, einen Kalender zu führen, in den Sie die verschiedenen Schulaufgaben Ihres Kindes eintragen.

Denken Sie daran: Lernen Sie *nichts »Neues«*, kurz bevor Ihr Kind zu Bett geht! Es kann sonst nicht abschalten. Allerdings – was wir kurz vor dem Schlafen üben, behalten wir am besten, da das Gehirn in der Nacht den Stoff fest abspeichert (konsolidiert). Wenn Sie diesen Effekt nutzen wollen, wiederholen Sie z. B. einfach noch einmal die »Einmaleins«-Kärtchen, die bereits den Tag über gelernt wurden. Mit neuem Stoff sollte man abends jedoch nicht mehr beginnen.

## c) Hilfreich für das Kind: Gedanken – Gefühle – Verhalten

Wenn Sie Ihre Gedanken und Erwartungen im zuvor erläuterten Sinne verändert haben, können Sie viel gelassener mit Ihrem Kind umgehen – das wirkt sich auch auf dessen Gedanken positiv aus. Beachten Sie die Überlegungen vom angemessenen Lernen im Voraus, wird Ihr Kind über diesen Weg Erfolgszuversicht erfahren. Durch die Verbindung Ihrer Gedanken, Ihrer Grundhaltung und der richtigen Lernmethoden können sich bei Ihrem Kind somit im Laufe der Zeit auch *Energiespender*, d. h. hilfreichere Gedanken zur Reduktion seiner Ängste einstellen.

Sie werden es erleben: Durch die Veränderung Ihrer Grundhaltung und Ihrer Gedanken sowie den Einsatz angemessener Lernstrategien können Sie auch die Gedanken Ihres Kindes hilfreich verändern. Denken Sie daran, wie wichtig es ist, Ihre hilfreichen Gedanken oft auszusprechen, damit Ihr Kind diese auch übernehmen kann. Erst wenn Ihr Kind diese Gedanken auch für sich als neue Gedanken übernehmen kann und diese oft genug »denkt«, können sich Veränderungen im Sinne der Herausbildung neuer Gedächtnisspuren ergeben. Aus Energiekillern gedanklicher Art können so bei Ihrem Kind die Energiespender von Abbildung 17.5 werden (▶ Abb. 17.5). Diese reduzieren die Prüfungsangst erheblich. Über die Lernstrategien erlebt Ihr Kind ja tatsächlich täglich Erfolge. Und Sie wissen, nichts macht erfolgreicher als der Erfolg. Der Erfolg ist der wesentliche Motor für Motivation und Durchhaltevermögen.

Schrittweise wird sich nun das Fundament Ihres Kindes im Bereich Mathematik verbessern und immer mehr Automatisierungen stellen sich ein. Dies wird tagtäglich von Ihrem Kind erlebt und färbt Schritt für Schritt auch die Mathematik gefühlsmäßig ein. Aus dem vielleicht einst völlig mit Angst besetzten und verhassten Rechnen wird ein Fach, mit dem Ihr Kind umzugehen lernt, in dem es langsam besser wird und seine Ängste davor schrittweise abbauen kann.

Und vielleicht kann Mathe am Ende ja sogar etwas Spaß machen.

# Mathematikangst und Prüfungsängstlichkeit: Ursachen und Hilfen

Abb. 17.5: »Energiespender«-Gedanken in Bezug auf die Mathematik

# Kapitel 18   Abschließende Gedanken

Wenn bei Ihrem Kind eine Rechenschwäche besteht, sollten sie aufmerksam auf noch nicht automatisierte Grundrechenfertigkeiten achten und versuchen, Lerndefiziten vorzubeugen. Länger als im Schulunterricht sollten Sie zu Hause ein Thema (in kleinen Portionen!) wiederholen und dabei die Rechenarten nicht zu schnell wechseln.

Haben sich bei Ihrem Kind bereits Leistungslücken eingestellt, machen Sie sich von dem aktuellen Lernstoff unabhängig. Setzen Sie »niedrig genug an«, um Fundamente dauerhaft zu festigen und Fehlstrategien effektiv abzubauen. Die Zielsetzung Ihrer Hilfestellungen müssen Sie dafür möglicherweise verändern: Nicht die Note 3 oder 4 in der nächsten Mathematikarbeit ist wichtig, sondern das längerfristige Ziel – Ihr Kind auf eine Weise zu unterstützen, die es ihm ermöglicht, die Grundrechenarten in der Grundschulzeit sicher beherrschen zu lernen.

Als Eltern sind Sie hier in hohem Maße für Ihr Kind verantwortlich. Sie müssen hartnäckig bleiben und den Lernstoff regelmäßig in kleinen Portionen und angemessenen Zeiteinheiten gemeinsam mit Ihrem Kind wiederholen.

Günstig wirkt sich eine unterstützende Begleitung der Lernübungen durch die Lehrer Ihres Kindes aus. Kinder mit Rechenschwäche sind eher bereit, zusätzlich zu lernen, wenn die Autorität des Lehrers hinter einer Aufgabe steht und diese kontrolliert. Gleiches gilt auch – sofern vorhanden – für den Therapeuten, der hier unterstützend einwirken kann.

> **Nicht »mehr desselben«!**
>
> Gelingt Ihrem Kind die notwendige Automatisierung bestimmter Rechenschritte nicht, sollten Sie nicht nach dem Motto »mehr desselben« reagieren. Es macht keinen Sinn, das, was vorher nicht funktioniert hat, noch weiter als Methode auszubauen.
>
> Ein Beispiel: Ein Kind der 3. Klasse, welches die Montessori-Schule besucht, hat gravierende Probleme im Bereich des Zehnerübergangs. Die Lehrerin beharrt darauf, dass das Kind noch länger mit Anschauungsmaterial arbeitet.
>
> Besser ist es stattdessen, die vorhandene Schwachstelle genau zu analysieren – so z. B. die benutzten Strategien beim Zehnerübergang – und sodann an dieser Stelle den richtigen Rechenschritt möglichst direkt mit einer angemessenen Lernstrategie (z. B. mittels der Lernkärtchen) regelmäßig und lange genug zu üben und zu wiederholen.

## Abschließende Gedanken

Zum Abschluss sollen noch einmal die wichtigsten Komponenten der Förderung von Kindern mit einer Rechenschwäche plakativ zusammengefasst werden:

> **Hauptkomponenten gehirngerechter und effektiver Lernmethoden im Förderbereich zum Erlernen der Grundrechenfertigkeiten und Grundmuster:**
>
> Erfolgserlebnisse
> Mathe ist ja einfach!
> Erklären: Wie funktioniert das Gehirn
> »Automatisieren« + Verankern in Anwendungen
> Regelmäßiges Wiederholen in kleinen Portionen und Zeiteinheiten
> Komprimieren auf leicht lernbare Grundmuster
> Zeigen wie es geht – nicht »erklären«!

Rechenschwache Kinder erleben sich in einem sich immer schneller drehenden Teufelskreis: Fehlstrategien, anstrengendes Abmühen, viele Misserfolgserlebnisse und viel Leid durch negative Gedanken und Gefühle. Versuchen Sie deswegen gegenzusteuern und stattdessen einen »Engelskreis« zu etablieren, indem Sie

a) die Vorgaben des Gehirns berücksichtigen (begrenzte Kapazität des Arbeitsgedächtnisses, ausreichende Dauer des Präsenthaltens, um erste dünne »Verdrahtungen« zu bewirken, die überragende Bedeutung des Wiederholens auch von Gekonntem und der Vorteil von Automatisierungen),
b) passende Lernmethoden verwenden (interaktiv im Team, möglichst wenig anstrengend, klarer Aufbau und Struktur des zu Lernenden),
c) das Erleben des Kindes im Fach Mathematik verändern (seine bisherigen negativen Erfahrungen und emotionale Bewertungen umpolen und ein positiveres Selbstbild entwickeln) und
d) über den immer wieder erlebten Fortschritt und Erfolg Ihrem Kind die neue Grundeinstellung vermitteln: »Ich kann das schaffen!«

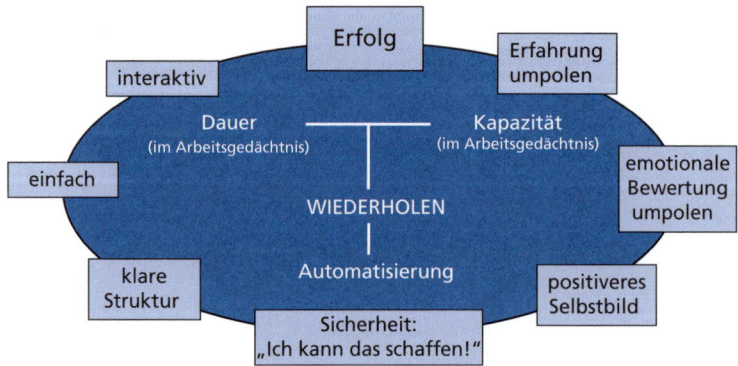

**Abb. 18.1:** Der Engelskreis

Wie kann dies erreicht werden? Wir sollten uns auf den Weg machen, für jedes Kind individuell passende Lernmethoden zu finden. Deswegen sollten wir aufhören, unseren Kindern Strategien anzubieten, die schon in der Vergangenheit nicht erfolgreich waren und in der Zukunft ebenso nicht erfolgreich sein können. Lernförderung sollte zudem nicht über die Schwächen, sondern über die Stärken des Kindes laufen. Vor allem gilt es, im schulischen Bereich die Unterscheidung zwischen der Automatisierung der Grundfertigkeiten und deren Anwendung zu treffen.

Durchgängig ist festzustellen, dass bei der notwendigen Automatisierung im Schulunterricht zu viele »kreative«, vielgestaltige Lernwege angeboten werden. Besser geeignet, um diese Automatisierung zu erreichen, sind im Vergleich zur herkömmlichen Praxis der Einsatz weniger und möglichst einfacher Lernmethoden. Das vorliegende Buch stellt den Versuch dar, solche einfachen und effektiven Lernmethoden, wie wir sie in unserer täglichen Praxis benutzen, zu vermitteln.

Unsere Lernmethoden haben sich als erfolgreich erwiesen, da sie zum einen das Arbeitsgedächtnis in möglichst geringem Ausmaß belasten. Und zum anderen erleben Kinder Lernen als »nicht anstrengend« und erfahren dennoch schnell erste Erfolge. Da Kinder mit Rechenschwäche in der Regel von sich aus nicht die einfachsten Wege beim Einprägen des arithmetischen Faktenwissens und der arithmetischen Prozeduren finden und auch nicht freiwillig und systematisch üben und wiederholen, sollte in dieser Phase die pädagogische Begleitung durch Lehrer und Eltern möglichst direktiv und kontrollierend sein.

Die Anwendung dieser automatisierten Grundfertigkeiten darf und sollte dann jedoch kreativ und abwechslungsreich gestaltet werden. Zu bedenken ist aber stets, dass sich für die Schüler erst dann, wenn sie das »Handwerkszeug« der Grundfertigkeiten gut beherrschen, Möglichkeiten für Eigeninitiativen eröffnen. Kreativität ist genauso wie »Kompetenz« kein inhaltsneutraler Prozess, sondern setzt als Fundament das sichere Beherrschen von Fertigkeiten und Grundwissen voraus, das sich in der jeweiligen Anwendung und Umsetzung neu gruppieren kann. Deswegen hat erst in dieser Phase z. B. eine gut strukturierte Freiarbeit oder Projektarbeit ihre Berechtigung.

Unsere tägliche Praxis zeigt uns immer wieder: Es gibt keine Lernrezepte, die für jedes Kind passen. Häufig sind immer wieder Feinabstimmungen erfolgreicher Lernmethoden notwendig, um Kinder auf den richtigen Weg zu bringen. Deswegen ist immer wieder zu überprüfen, wie die konkreten Denkprozesse des einzelnen Kindes im jeweiligen Lernvorgang aussehen. Denn das, was wiederholt gedacht wird, wird auch in neuronalen Netzwerken »verdrahtet« und abgespeichert.

In diesem Sinne wünschen wir uns für die Kinder, dass sie ihr Handwerkszeug solide automatisieren und über Erfolgserlebnisse die für sie »schwierigen« Lernfelder positiv emotional bewerten können.

> **»Das habe ich einfach im Kopf gehabt!«**
> Dano (3. Klasse, attestierte Rechenstörung) strahlend nach dem richtigen Lösen einer Sachaufgabe, nachdem er das Einmaleins automatisiert und Aufgabenmuster geübt hatte.
>
> **»Rechnen macht mir mehr Spaß, weil ich es besser kann!«**
> Corinna (3. Klasse, Rechenschwäche)
>
> **»Mathe ist jetzt mein Lieblingsfach!«**
> flüsterte Sarah (Anfang 4. Klasse, Rechenschwäche) nach einem Jahr gemeinsamen Arbeitens dem Therapeuten ins Ohr.

Kinder sind nicht die besseren Erwachsenen! Kinder benötigen, um Erfolge erleben zu können, intensive und hartnäckige Begleitung und Führung durch Sie als Eltern und Lehrer.

> **Eine Rückmeldung von Hannahs Mutter nach sieben Monaten gemeinsamer Arbeit:**
>
> »… heute kam Hannah ganz aufgelöst nach Hause. O-Ton Hannah: ›Mama, Mama, ich habe eine zwei in der Mathearbeit. Ich konnte es fast nicht aushalten, bis ich zu Hause war – den ganzen Tag hätte ich nur hüpfen und springen können!!‹ Strahlend über alle Backen stand sie vor mir.
> Ein Erfolgserlebnis sonders Gleichen. Das Dranbleiben und Hartnäckig Sein hat sich wirklich gelohnt! Obwohl es mir an manchen Tagen, an denen ich selbst keine Lust hatte, nicht leichtfiel, das Üben einzufordern, habe ich es trotzdem gemacht, und an manchen Tagen war das Üben aber auch ganz einfach.«

Wir erfahren immer wieder, wie hilfreich und fruchtbar eine enge Zusammenarbeit zwischen Eltern und engagierten Lehrerinnen und Lehrern sein kann. Wie bei Hannah, Sarah, Corinna und Dano wünschen wir uns auch bei allen anderen Kindern eine solche Kooperation zwischen Ihnen, den Eltern, und den Lehrern. Kinder sollten auf dem einfachsten Weg zum Erfolg geführt werden. Lassen Sie uns gemeinsam diesen Weg beschreiten und passende, einfache und effektive Lernmethoden für unsere Kinder besonders auch in der Grundschule umsetzen.

> **Rechenschwäche ist kein Schicksal, dem man ausgeliefert sein muss.**
>
> **Wir wünschen Ihnen und Ihrem Kind stattdessen viel Erfolg beim Ausprobieren unserer Lernmethoden und ein gemeinsames Emporsteigen auf der Erfolgstreppe!**

# Kapitel 19   Literatur

Akademie für Lehrerfortbildung Dillingen (Hrsg.): Rechenstörungen – Diagnose – Förderung – Materialien. 4. Auflage Donauwörth 2001
Akademie für Lehrerfortbildung und Personalführung (Hrsg.): Rechenstörungen – Unterrichtspraktische Förderung. 3. Auflage. Donauwörth 2006
Ashcraft M. H., Kirk E. P.: The relationship among working memory, mathematic anxiety and performance. Journal of Experimental Psychology 2001, S. 224–237
Aster M. von: Die Störungen des Rechnens und der Zahlenverarbeitung in der kindlichen Entwicklung. Unveröffentlichte Habilitationsschrift, Med. Fakultät der Universität Zürich 1996a
Aster M. von: Psychopathologische Risiken bei Kindern mit umschriebenen schulischen Teilleistungsstörungen. Kindheit und Entwicklung V, 1996b, S. 53–59
Aster M. von: Neurowissenschaftliche Ergebnisse und Erklärungsansätze zu Rechenstörungen. In: Fritz A., Ricken G., Schmitt S.: Rechenschwäche. Lernwege, Schwierigkeiten und Hilfen bei Dyskalkulie. Ein Handbuch. Weinheim 2003, S. 163–178
Aster M. von: Wie kommen Zahlen in den Kopf? Ein Modell der normalen und abweichenden Entwicklung zahlenverarbeitender Hirnfunktionen. In: Aster M. von, Lorenz J. (Hrsg.): Rechenstörungen bei Kindern. Göttingen 2005, S. 13–33
Aster M. von, Bzufka W., Horn R.: ZAREKI-K. Neuropsychologische Testbatterie zur Erfassung der Zahlenverarbeitung und Rechnen bei Kindergarten- und Vorschulkindern im Altersbereich von 5 bis 7 Jahren. Göttingen 2009
Aster M. von, Lorenz J. (Hrsg.): Rechenstörungen bei Kindern. Göttingen 2005
Aster M. von, Weinhold M.: ZAREKI-R. Testverfahren zur Dyskalkulie. Frankfurt 2006
AWMF (Arbeitsgemeinschaft der Wissenschaftlichen Medizinischen Fachgesellschaften): S3-Leitlinie: Diagnostik und Behandlung der Rechenstörung. *Langfassung.* 2/2018. Zugang am 15.11.2019 unter www.awmf.org/uploads/tx_szleitlinien/028-046l_S3_Rechenst%C3%B6rung-2018-03_1.pdf
Ayres J.: Bausteine der kindlichen Entwicklung. Berlin 1984
Baddeley A. D.: Human memory: Theory and practice (rev. ed.). Hove 1997
Badian N.A.: Dyscalculia and nonverbal disorders of learning disabilities. New York 1983
Baier T.: Schreiben und Rechnen – mangelhaft. In: Süddeutsche Zeitung vom 6. Dezember 2012, S. 49
Barth K., Michaelis R.: Früherkennung schulischer Lernstörungen in der kinderärztlichen Praxis. Kinder- und Jugendarzt 35 (6), 2004, S. 396–401
Barthel W.: Prüfungen – kein Problem. Weinheim, Basel 2001
Bayerisches Staatsministerium für Bildung und Kultus, Wissenschaft und Kunst: LehrplanPLUS Grundschule- Lehrplan für die bayerische Grundschule. München 2014
BDA: Wir brauchen einen fast schon revolutionären Neuanfang in unserem Bildungswesen. 5.12.2023. https://arbeitgeber.de/wir-brauchen-einen-fast-schon-revolutionaeren-neuanfang-in-unserem-bildungswesen/
Beck J., Clarke S.: Zum Zählen geboren, in Gehirn & Geist 9/2023, S. 28 - 35
Beidel D., Turner, M.: Comorbidity of test anxiety and other anxiety disorders in children. Journal of Abnormal Child Psychology 16, 1988, S. 275–287
Blakemore S.-J., Frith U.: Wie wir lernen. Was die Hirnforschung darüber weiß. München 2006
Born A.: Lernen mit ADHS-Kindern. In Kraft U., Stauffer C., Indlekofer B. (Hrsg.): Lerntherapie. Geschichte, Theorie und Praxis. Ein Lesebuch. Bern 2022, S.249–268.
Born A., Freudiger A.: Matti und Mia lernen anders. Köln 2025

Born A., Oehler C.: Lernen mit ADHS-Kindern – Ein Praxishandbuch für Eltern, Lehrer und Therapeuten. 12. Auflage. Stuttgart 2023

Born A., Oehler C.: Lernen mit Grundschulkindern. Praktische Hilfen und erfolgreiche Fördermethoden für Eltern und Lehrer. 3. Auflage. Stuttgart 2025

Born A., Oehler C.: »Gemeinsam wachsen« – der Elternratgeber ADHS. Verhaltensprobleme in Familie und Schule erfolgreich meistern. 2. Auflage. Stuttgart 2021

Brunsting M.: Exekutive Funktionen und Lernschwierigkeiten oder: Wo ist denn hier der Regisseur? In: Kubesch S. (Hrsg.): Exekutive Funktionen und Selbstregulation. Neurowissenschaftliche Grundlagen und Transfer in die pädagogische Praxis. Bern 2014, S. 269–288

Bundesinstitut für Bildungsforschung, Innovation & Entwicklung des österreichischen Schulwesens (Hrsg.): Kompetenzorientierter Unterricht in Theorie und Praxis. Graz 2011

Bynner J., Parsons S.: Does Numeracy Matter? London 1997

Clements D.: Training effects on the developement and generalizatian of Piagetian logical operations and knowledge of number. Journal of Educational Psychology. 1984, S. 766 – 776

Cinotti F.: Doppelt genäht. In: Gedächtnis: Spektrum der Wissenschaft 2002, S. 26–27

Cummins R.A.: Sensory integration and learning disabilities: Ayres' factor analysis reappraised. Journal of Learning Disabilities 24, 1991, S.160–168

Das Manifest. Elf führende Neurowissenschaftler über Gegenwart und Zukunft der Hirnforschung. In: Gehirn und Geist 6, 2004, S. 30–37

Dehaene S., Cohen L.: Two mental calculation systems: A case study of severe alcalculia with preserved approximation. Neuropsychologia 29, 1995, S. 1045–1074

Dehaene S., Spekle E., Pinel P., Stanescu R., Tsivkin S.: Sources of Mathematical Thinking: Behavioural and Brain – Imaging Evidence. Science 284, 1999, S. 970–973

Dehaene S.: Varieties of numerical abilities. Cognition 44, 1992, S. 1–42

Dehaene S.: Der Zahlensinn – Oder warum wir rechnen können. Basel 1999

Deutsches PISA-Konsortium (Hrsg.): PISA 2000 – Basiskompetenzen von Schülerinnen und Schülern im Vergleich. Opladen 2001

DIHK: Fachkräfte von morgen bereits heute in der Schule sichern www.dihk.de/de/aktuelles- und-presse/aktuelle-informationen/fachkraefte-von-morgen-bereits-heute-in-der-schule- sichern-108478

DIHK: DIHK-POSITIONSPAPIER 2023: Schulische Bildung verbessern – Fachkräfte für die Wirtschaft sichern 2023b. www.dihk.de/resource/blob/108474/c943a7efd503d933a6a5b2eb f74d58f8/dihk-positionspapier-schulpolitik-2023-data.pdf

Dittrich J.: PISA: Ausbildungserfolg durch Lerndefizite in Gefahr 2023. www.zdh.de/presse/ veroeffentlichungen/pressemitteilungen/pisa-ausbildungserfolg-durch-lerndefizite-in- gefahr/internationalen

Dilling H., Mombour W., Schmidt M.H. (Hrsg.): Internationale Klassifikation psychischer Störungen: ICD – 10 Kapitel V (F). 3. Auflage Bern 1999

Döpfner M., Plück J., Berner, W., Fegert J., Huss M., Lenz K., Schmeck K., Lehmkuhl U., Poustka F., Lehmkuhl G.: Psychische Auffälligkeiten von Kindern und Jugendlichen in Deutschland – Ergebnisse einer repräsentativen Studie: Methodik, Alters-, Geschlechts- und Beurteilereffekte. Zeitschrift für Kinder- und Jugendpsychiatrie und Psychotherapie 25, 1997, S. 218–233

Döpfner M., Schnabel M., Ollendick T.: Phobiefragebogen für Kinder und Jugendliche (PHO-KI). Göttingen 2000

Dornheim D.: Prädiktion von Rechenleistung und Rechenschwäche: Der Beitrag von Zahlen-Vorwissen und allgemein-kognitiver Fähigkeiten. Frankfurt 2008

Ebhardt A.: Fröhliche Wege aus der Dyskalkulie. Kindern mit Rechenschwäche erfolgreich helfen. Dortmund 2002

Endlich, D.; Berger, N.; Küspert, P.; Lenhard, W.; Marx, P.; Weber, J.; Schneider, W.: WVT – Würzburger Vorschultest. Erfassung schriftsprachlicher und mathematischer (Vorläufer-) Fertigkeiten und sprachlicher Kompetenzen im letzten Kindergartenjahr 2017

Ennemoser M., Krajewski K., Sinner D.: MBK 1+ Test mathematischer Basiskompetenzen ab Schuleintritt 2017

Erdmann E.: Wie unser Gehirn Zahlen verarbeitet. Die Zeit, 24. Oktober 2024. Zugriff am 25.11.2025 unter: https://www.zeit.de/wissen/2024-10/hirnforschung-zahlen-neurowissenschaft-gehirn-mathematik
Fayol M.: Jetzt schlägt's zehn-drei! Sprache und Mathematik. In: Gehirn und Geist 11/2006, S. 64–68
Fauser P.: Der Lehrer ist Trainer, nicht Verkünder. Warum es einen Paradigmenwechsel vom Lehren zum Lernen braucht. Bayerische Schule 9/2007, S. 20–21
Finke A., Höfling C., Hufschmidt U., Kolbe M., Postupa J., Walter S.: Das Mathebuch 3. Offenburg 2023
Fritz A., Ricken G., Schmitt S. (Hrsg.): Rechenschwäche – Lernwege, Schwierigkeiten und Hilfen bei Dyskalkulie. Ein Handbuch. Weinheim 2003
Fritz A., Ricken G., Schmitt S.: Über die Schwierigkeiten mit der Rechenschwäche – Eine Zwischenbilanz zum Thema. In: Fritz A., Ricken G., Schmitt S.: Rechenschwäche. Lernwege, Schwierigkeiten und Hilfen bei Dyskalkulie. Ein Handbuch. Weinheim 2003, S. 452–468
Fuster J.: Im Netzwerk der Erinnerungen. In Gedächtnis: Spektrum der Wissenschaft 2002, S. 10–15
Gaidoschik M.: LeMa D. Lernstandserhebung Mathematik D. Deutsche Bildungsdirektion Südtirol 2023
Gathercole S., Alloway T.: Arbeitsgedächtnis verstehen. Ein Leitfaden fürs Klassenzimmer. In: Kubesch S. (Hrsg.): Exekutive Funktionen und Selbstregulation. Neurowissenschaftliche Grundlagen und Transfer in die pädagogische Praxis. Bern 2014, S. 255–268
Gaupp, N.: Dyskalkulie – Arbeitsgedächtnisdefizite und Defizite numerischer Basiskompetenzen rechenschwacher Kinder. Berlin 2003
Geary D.C.: Mathematical disabilities: Cognitive, neuropsychological and genetic components. Psychological Bulletin 114 (2), 1993, S. 345–362
Geary D.C.: Children's mathematical developement: Research and partical applications. Washington D.C. 1996
Gerster H.-D.: Anschaulich rechnen – im Kopf, halbschriftlich, schriftlich. In: Aster M. von, Lorenz J. (Hrsg.): Rechenstörungen bei Kindern. Göttingen 2005, S. 202–236
Ginsburg H.R., Klein A., Starkey P.: The development of children's mathematical thinking: Connecting research with practice. In: Damon W., Siegel I. E., Renninger K. A. (Hrsg.): Handbook of child psychology. Vol. 4: Child psychology in practice. New York 1998, S. 401–476
Göbel S. u.a.: Children's arithmetic development: it is number knowledge, not the approximate number sense, that counts. In: Psychological Science, January 2014, S. 789–798
Gölitz D., Roick T., Hasselhorn M.: DEMAT 4. Deutscher Mathematiktest für vierte Klassen. Göttingen 2006
Götz L., Lingel K., Schneider W.: DEMAT 5+. Deutscher Mathematiktest für fünfte Klassen. Göttingen 2013a
Götz L., Lingel K., Schneider W.: DEMAT 6+. Deutscher Mathematiktest für sechste Klassen. Göttingen 2013b
Gold A.: Lernschwierigkeiten. Ursachen, Diagnostik, Intervention. Stuttgart 2011
Grawe K.: Neuropsychotherapie. Göttingen, Bern, Toronto, Seattle, Oxford, Prag 2004
Grissemann H., Weber A.: Grundlagen und Praxis der Dyskalkulietherapie – Diagnostik und Intervention bei speziellen Rechenstörungen als Modell sonderpädagogisch-kinderpsychiatrischer Kooperation. 4. Auflage. Bern 2000
Grolimund F.: Mit Kindern lernen. Konkrete Strategien für Eltern. Bern 2012
Grolimund F.: Vom Aufschieber zum Lernprofi: Bessere Noten, weniger Stress, mehr Freizeit. Freiburg 2018
Grube, D. Entwicklung des Rechnens im Grundschulalter. In Hasselhorn M., Marx H., Schneider W. (Hrsg.): Diagnostik von Mathematikleistungen. Göttingen 2005, S.105–124
Grünke M.: Zur Effektivität von Fördermethoden bei Kindern und Jugendlichen mit Lernstörungen. Eine Synopse vorliegender Metaanalysen. Kindheit und Entwicklung 15/2006, Heft 4, S. 239–254
Haffner J., Baro K., Parzer P., Resch F.: HRT 1–4. Heidelberger Rechentest. Göttingen 2005

Harth C., Schüller S.: Förderung im basalen Bereich. In: Akademie für Lehrerfortbildung und Personalführung: Rechenstörungen – Unterrichtspraktische Förderung. Donauwörth 2002, S. 60–65

Hasselhorn M., Gold A.: Pädagogische Psychologie. Erfolgreiches Lernen und Lehren. 1.Auflage. Stuttgart 2006.

Hasselhorn M., Gold A.: Pädagogische Psychologie. Erfolgreiches Lernen und Lehren. Stuttgart 5. Auflage 2022

Hattie J.: Visible learning. London, New York 2009

Hembree R.: The nature, effects and relief of mathematics anxiety. Journal of Research in Mathematics Education 21/1990, S. 33–46

Hennevin-Dubois E.: Lernen im Schlaf. In Gedächtnis: Spektrum der Wissenschaft 2002, S. 64–69

Herzog W.: Kompetenzorientierung – eine Kritik am Lehrplan 21 Kurzreferat am Ausbildungsplenum der PH Luzern vom 7. Januar 2014. www.lehrplanforschung.ch/wp-content/uploads/2013/07/HERZOG-Kritik-Lehrplan-21-korr1.pdf

Hoehn T.P., Baumeister A. A.: A critique of the application of sensory integration therapy to children with learning disabilities. Journal of Learning Disabilities 27, 1994, S. 338–350

Holzer N., Schaupp H., Lenart F.: ERT 3+. Eggenberger Rechentest 3+. Diagnostikum für Dyskalkulie für das Ende der 3. Schulstufe bis Mitte der 4. Schulstufe. Göttingen 2010

Holzer N., Lenart F., Schaupp H.: ERT JE. Eggenberger Rechentest für Jugendliche und Erwachsene. Diagnostikum für Dyskalkulie für Beginn der 7. Schulstufe bis Ende der 8. Schulstufe und nach Schulabschluss. Göttingen 2017

Houdé, O., Rossi, S., Lubin, A., & Joliot, M. (2010). Mapping numerical processing, reading, and executive functions in the developing brain: an fMRI meta-analysis of 52 studies including 842 children. Developmental Science, 2010, S. 876-885.

Hübner K., Wunder S.: Zahlen und Operationen 1 / 2.kompetenzorientiert! Praxismaterial Grundschule. München 2014

Ischebeck A., Zamarian L., Schocke M., Delazer M.: Flexible transfer of knowledge in mental arithmetic – An fMRI study. In: NeuroImage 2009, S. 1103–1112

Jacobs C., Petermann F.: Rechenstörungen. Göttingen, Bern, Toronto, Seattle, Oxford, Prag 2007

Jacobs C., Petermann F.: Dyskalkulie – Forschungsgegenstand und Perspektiven. Kindheit und Entwicklung 2003, S. 197–211

Jahnke, T., Klein, H.: Die Folgen der Kompetenzorientierung im Fach Mathematik, Journal für Didaktik der Biowissenschaften (F) 2, 2012, S. 1–9

Jacobs C., Petermann F.: RZD 2–6. Rechenfertigkeiten- und Zahlenverarbeitungs-Diagnostikum für die 2. bis 6. Klasse. Göttingen 2005

Junglehrer Praxis. Beilage Bayerische Schule. Verbandszeitschrift des BLLV. Heft V/2006

Karpicke J.D., Blunt J.: Retrieval Practice Produces More Learning than Elaborative Studying with Concept Mapping. In: Science 11, February 2011, S. 772–775

Kaufmann L., Handl P., Delazer M.: Wie Kinder rechnen lernen und was ihnen dabei hilft. Eine kognitiv-neuropsychologische Perspektive. In: Aster M. von, Lorenz J. (Hrsg.): Rechenstörungen bei Kindern. Göttingen 2005, S. 178–201

Kaufmann L., Aster von M.: Diagnostik und Intervention bei Rechenstörung. In Deutsches Ärzteblatt 2012 109(45), S. 767–777

Kaufmann, L., Wood, G., Rubinsten, O., Henik, A. (2011). Meta-Analyses of Developmental fMRI Studies Investigating Typical and Atypical Trajectories of Number Processing and Calculation. Developmental Neuropsychology, 2011, S. 763-787.

Kaufmann L. u. a.: TEDI-MATH. Test zur Erfassung numerischrechnerischer Fertigkeiten vom Kindergarten bis zur 3. Klasse. Göttingen 2009

Klein E., Jung S., Kaufmann L.: A neuropsychological perspective onthe development of and the interrelation between numerical and language processing. In Fritz, A., Gürsoy, E., Herzog, M., (Hrsg.): Diversity Dimensions in Mathematics and Language Learning Perspectives on Culture, Education and Multilingualism Berlin 2021, S. 40–64

Klein R.: Anxiety disorders in childhood. London 1989

Klieme u. a.: PISA 2009. Bilanz nach einem Jahrzehnt. Münster, New York, München, Berlin 2010

Kolleck N.: Das große Desinteresse, in Die Zeit 27. September 2018, S. 67-68

Krajewski K.: Vorhersage von Rechenschwäche in der Grundschule. Hamburg 2003

Krajewski K.: Vorläuferfertigkeiten mathematischen Verständnisses und ihre Bedeutung für die Früherkennung von Risikofaktoren und den Umgang damit. In: Guldimann T., Hauser B.: Bildung 4–8-jähriger Kinder. Münster 2005a, S. 89–102

Krajewski K., Schneider W.: Früherkennung von Rechenstörungen. In: Suchodoletz W. von (Hrsg.): Früherkennung von Entwicklungsstörungen. Göttingen 2005b, S. 224–244

Krajewski K., Schneider W.: Prävention von Rechenstörungen. In: Suchodoletz W. von (Hrsg.): Prävention von Entwicklungsstörungen. Göttingen 2007, S. 97–114

Krajewski K.: MBK 0 Test mathematischer Basiskompetenzen im Kindergartenalter Göttingen 2018

Krajewski K., Küspert P., Schneider W.: DEMAT 1+ Deutscher Mathematiktest für erste Klassen. Göttingen 2002

Krajewski, Liehm S., Schneider W.: DEMAT 2+ Deutscher Mathematiktest für zweite Klassen. Göttingen 2004

Krüll K.E.: Rechenschwäche was tun? 3. Auflage München, Basel 2000

Kucian K., Aster M. von: Dem Gehirn beim Rechnen zuschauen. Ergebnisse der funktionellen Bildgebung. In: Aster M. von, Lorenz J. (Hrsg.): Rechenstörungen bei Kindern. Göttingen 2005, S. 54–72

Kucian, K., Loenneker, T., Dietrich, T., Dosch, M., Martin, E., von Aster, M.: Impaired neural networks for approximate calculation in dyscalculic children: a functional MRI study. Behavioral and Brain Functions, 2006, 1–17.

Kucian, K., Grond, U., Rotzer, S., Henzi, B., Schonmann, C., Plangger, F., von Aster, M.: Mental number line training in children with developmental dyscalculia. Neuroimage 2011, S. 782–795.

Kuhn J., Schwenk Ch., Raddatz J., Dobel Ch., Holling H.: CODY-M 2-4 CODY-Mathetest für die 2.-4. Klasse. 2017

Kutter E., Bostroem J., Elger Chr., Mormann F., Nieder A.: Single Neurons in the Human Brain Encode Numbers in: Neuron 2018, S. 753–761

Kutter E., Bostro J., Elger Ch., Nieder A., Mormann F.: Neuronal codes for arithmetic rule processing in the human brain in: Current Biology 2022, S. 1275–1284. https://doi.org/10.1016/j.cub.2022.01.054 ll

Kutter E., Dehnen G., Borger V., Surges R., Mormann F., Nieder A.: Distinct neuronal representation of small and large numbers in the human medial temporal lobe in: Nature Human Behaviour volume 7/2023, S. 1998–2007

Landerl K., Butterworth B.: Spezifische Rechenschwierigkeiten/Dyskalkulie: Viele Fragen, erste Antworten. In: Schulte-Körne G.: Legasthenie: Zum aktuellen Stand der Ursachenforschung, der diagnostischen Methoden und der Förderkonzepte. Bochum 2002, S. 387–394

Landerl K., Vogel S., Kaufmann L.: Dyskalkulie. Modelle, Diagnostik, Intervention. 4. Auflage. München Basel 2022

Laroche S.: Vom flüchtigen Signal zur stabilen Erinnerung. In: Gedächtnis. Spektrum der Wissenschaft Spezial 2002, S. 16–25

Lehmkuhl G., Döpfner M., Plück J., Berner W., Fegert J., Huss M., Lenz K., Schmeck K., Lehmkuhl U., Poustka F.: Häufigkeit psychischer Auffälligkeiten und somatischer Beschwerden bei vier- bis zehnjährigen Kindern in Deutschland im Urteil der Eltern – ein Vergleich normorientierter und kriterienorientierter Modelle. Zeitschrift für Kinder- und Jugendpsychiatrie und Psychotherapie 26, 1998, S. 83–96

Leitner S.: So lernt man lernen. 4. Auflage. Freiburg 1996

Lenart F., Schaupp H., Holzer N.: ERT 0+. Diagnostikum für Dyskalkulie-Disposition für das Ende des Kindergartenalters bis Mitte der 1. Schulstufe. Göttingen 2014

Lenart F., Holzer N., Schaupp H.: ERT 2+. Eggenberger Rechentest 3+. Diagnostikum für Dyskalkulie für das Ende der 2. Schulstufe bis Mitte der 3. Schulstufe. Göttingen 2008

Lepach A.C., Heubrock D., Muth D., Petermann F.: Training für Kinder mit Gedächtnisstörungen. Göttingen, Bern, Toronto, Seattle 2003

Lewalter D., Diedrich J., Goldhammer F., Köller O., Reiss K. (Hrsg.): PISA 2022 Analyse der Bildungsergebnisse in Deutschland. Zusammenfassung. Münster 2023

Lexikon der Neurowissenschaft: Großhirnrinde. www.spektrum.de/lexikon/neurowissenschaft/grosshirnrinde/5010

Lorenz J.H., Radatz H.: Handbuch des Förderns im Mathematikunterricht. Hannover 1993

Lorenz J.H.: Lernschwache Rechner fördern. Berlin 2003a

Lorenz J.H.: Überblick über Theorien zur Entstehung und Entwicklung von Rechenschwächen. In: Fritz A., Ricken G., Schmitt S.: Rechenschwäche. Lernwege, Schwierigkeiten und Hilfen bei Dyskalkulie. Ein Handbuch. Weinheim 2003b, S. 144–162

Lorenz J.: Grundlagen der Förderung und Therapie. Wege und Irrwege. In: Aster M. von, Lorenz J. (Hrsg.): Rechenstörungen bei Kindern. Göttingen 2005, S. 163–177

Lorenz: Kinder begreifen Mathematik. Frühe mathematische Bildung und Förderung. Stuttgart 2012

Lyons I., Ansari D.: Foundations of children's numerical and mathematical skills: the roles of symbolic and nonsymbolic representations of numerical magnitude in: Advances in Child Development and Behavior 2015a, S. 93–116

Lyons I., Ansari D.: Abstract. Foundations of children's numerical and mathematical skills: the roles of symbolic and nonsymbolic representations of numerical magnitude 2015b. https://pubmed.ncbi.nlm.nih.gov/25735942/

Mayer R. E.: Should There Be a Three-Strikes Rule Against Pure Discovery Learning? The Case for Guided Methods of Instruction. American Psychologist (1) 59/2004, S. 14–19

Melby-Lervåg M., Hulme C.: Is working memory training effective? A metaanalytic review. Developmental Psychology 2013, 49(2), S. 270–291

Merdian, G.; Merdian, F.; Schardt, K.: BADYS 5-8+ – Bamberger Dyskalkuliediagnostik 2012

Metzler B.: Hilfe bei Dyskalkulie – Lernen durch Handeln bei Rechenschwäche. Dortmund 2001

Milz I.: Rechenschwächen erkennen und behandeln. 5. Auflage. Dortmund 1999

Moser Opitz E.: Zählen, Zahlbegriff, Rechnen: Theoretische Grundlagen und eine empirische Untersuchung zum mathematischen Erstunterricht in Sonderklassen Bern; Stuttgart Wien 2008

Moser Opitz E. u. a.: BASIS MATH 4–8. Basisdiagnostik Mathematik für die Klassen 4–8. Göttingen 2010

Moser Opitz E., Freesemann O., Grob U, Prediger S.: BASIS-MATH-G 4+5. Gruppentest zur Basisdiagnostik Mathematik für das vierte Quartal der 4. Klasse und für die 5. Klasse. Göttingen 2016

Mürwald-Scheifinger E., Weber W.: Kompetenzorientierter Unterricht – Sekundarstufe I – Mathematik in Bundesinstitut für Bildungsforschung, Innovation & Entwicklung des österreichischen Schulwesens (Hrsg.): Kompetenzorientierter Unterricht in Theorie und Praxis. Graz 2011, S. 109–137

Neumärker K., Bzufka M.: Diagnostik und Klinik der Rechenstörungen. In: Aster M. von, Lorenz J. (Hrsg.): Rechenstörungen bei Kindern. Göttingen 2005, S. 73–92

OECD (Hrsg.): Wie funktioniert das Gehirn? – Auf dem Weg zu einer neuen Lernwissenschaft. Stuttgart 2005

OECD (Hrsg.): PISA 2012 Ergebnisse (Band 1) Was Schülerinnen und Schüler wissen und können: Schülerleistungen in Mathematik, Lesekompetenz und Naturwissenschaften. W. Bertelsmann Verlag. 2013a

OECD (Hrsg.): Programme for International Student Assessment (PISA) 2012 Ergebnisse Deutschland 2013b. www.oecd.org/berlin/themen/PISA-2012-Deutschland.pdf

OECD: PISA 2022 Country Notes: Deutschland 2023a. www.oecd.org/media/oecdorg/satellitesites/berlincentre/pressethemen/GERMANY_Country-Note-PISA-2022_DEU.pdf vom 05.12.2023

OECD: PISA 2022 Country Notes: Switzerland 2023b. https://www.oecd.org/media/oecdorg/satellitesites/berlincentre/pressethemen/SWITZERLAND_Country-Note_PISA-2022.pdf vom 05.12.2023.

Oehler C., Born A.: Lernen mit ADHS-Kindern. In: Schulte-Körne G. (Hrsg.): Legasthenie und Dyskalulie: Aktuelle Entwicklungen in Wissenschaft, Schule und Gesellschaft. Bochum 2007, S. 205–216

Otto J.: Mathematik in der Schule: »Am Ende können sie halt nichts« Die Zeit, 23. Oktober 2025. Zugriff am 25.11.2025 unter: https://www.zeit.de/2025/45/mathematik-schule-didaktik-susanne-prediger-gxe

Otto J., Spiewak M.: Schulsystem: »Einmal Wahnsinn und zurück« Interview. Die Zeit, 16. Oktober 2025. Zugriff am 25.11.2025 unter: https://www.zeit.de/2025/39/pisa-schock-schule-bildungsforschung-olaf-koeller-psychologie

Paas G.W.C., van Merrienboer J. J. G.: Variability of worked examples and Transfer of Geometrical Problem Solving Skills. In: Journal of Educational Psychology 1994, Vol. 86/1, S. 122–133

Peichl L.: Wie viele Nervenzellen hat das Gehirn? 2015. www.helmholtz.de/newsroom/artikel/wie-viele-nervenzellen-hat-das-gehirn/

Pesenti M., Seron X., Samson D., Duroux B.: Basic and exceptional calculation abilities in a calculating prodigy: A case study. Mathematical Cognition 1999, S. 97–148

Petermann F.: Legasthenie und Rechenstörung – Einführung in den Themenschwerpunkt. Kindheit und Entwicklung 2003, S. 193–196

Petit L., Zago L.: Der Sitz des Arbeitsgedächtnisses. In Gedächtnis: Spektrum der Wissenschaft 2002, S. 30–33

PISA-Konsortium Deutschland (Hrsg.): PISA 2003: Der Bildungsstand der Jugendlichen in Deutschland. Ergebnisse des zweiten internationalen Vergleichs. Münster 2004

PISA-Konsortium Deutschland (Hrsg.): PISA 2006: Die Ergebnisse der dritten internationalen Vergleichsstudie. Zusammenfassung. http://pisa.ipn.uni-kiel.de

Podbregar N.: Gehirn hat eigene Areale fürs Addieren und Subtrahieren, In: scinexx.de. Das Wissensmagazin. 15. Februar 2022. www.scinexx.de/news/biowissen/gehirn-hat-eigene-areale-fuers-addieren-und-subtrahieren/

Prenzel M., Artelt C., Baumert J., Blum W., Hammann M., Klieme E., Pekrun R. (Hrsg.) PISA-Konsortium Deutschland. PISA 2006 in Deutschland. Die Kompetenzen der Jugendlichen im dritten Ländervergleich. Münster/New York/München/Berlin 2008

Prenzel M., Sälzer Ch., Klieme E., Köller O. (Hrsg.): PISA 2012. Fortschritte und Herausforderungen in Deutschland. Münster, New York, München, Berlin 2013

Rasch B., Born J.: About Sleep's Role in Memory. In Physiological Reviews 2013 Apr; 93(2), S. 681–766.

Ratey J.: Das menschliche Gehirn. Eine Gebrauchsanweisung. Düsseldorf, Zürich 2001

Reiss K., Sälzer Ch., Schiepe-Tiska A., Klieme E., Köller O. (Hrsg.): Pisa 2015. Eine Studie zwischen Kontinuität und Innovation. Münster, New York 2016

Reiss K.; Weis M., Klieme E., Köller O., (Hrsg.): PISA 2018. Grundbildung im internationalen Vergleich. Münster; New York 2019

Ricken G., Annemarie Fritz-Stratmann A, Lars Balzer L.: MARKO-D. Mathematik- und Rechenkonzepte im Vorschulalter – Diagnose. Göttingen 2013

Roesch S., Klein E., Kaufmann L., Moeller K.: Zahlen, Rechnen und das Gehirn: Können neurokognitive Befunde zu einem besseren Verständnis des Rechnens und der Rechenstörung beitragen? https://ldl-nrw.de/attachments/article/151/Roesch%20et%20al.%20(2016)_Zahlen,%20Rechnen%20und%20das%20Gehirn.pdf

Rösler F.: Es gibt Grenzen der Erkenntnis – auch für die Hirnforschung. In: Gehirn und Geist 6, 2004, S. 32

Roth G.: Ratio in Maßen. Interview. Gehirn und Geist 11/2007, S.31–33

Roick T., Gölitz D., Hasselhorn M.: DEMAT 3+ Deutscher Mathematiktest für dritte Klassen. Göttingen 2004

Rottmann T, Träger G. (Hrsg.): Welt der Zahl 1. Braunschweig 2020

Schardt, K.; Merdian, G.: BADYS 1-4+ – Bamberger Dyskalkuliediagnostik 2006

Schaupp H., Holzer N., Lenart F.: ERT 1+. Eggenberger Rechentest 1+. Diagnostikum für Dyskalkulie für das Ende der 1. Schulstufe bis Mitte der 2. Schulstufe. Göttingen 2007

Schaupp H., Holzer N., Lenart F.: ERT 4+. Eggenberger Rechentest 4+. Diagnostikum für Dyskalkulie für das Ende der 4. Schulstufe bis Mitte der 5. Schulstufe. Göttingen 2010

Schipper W.: Lernschwierigkeiten erkennen – verständnisvolles Lernen fördern. SINUS-Transfer Grundschule Mathematik Modul G4. Kiel 2005a

Schipper W.: Sinus-Grundschule.Bildung Hessen. Baustein-Foerdern. 2005b. *(sinus-grundschule.bildung.hessen.de/baustein_02/Baustein-Foerdern.pdf)*

Schmassmann M.: Mathematikunterricht für alle; Mathematik – ganz einfach! In: Akademie für Lehrerfortbildung Dillingen: Rechenstörungen – Diagnose – Förderung – Materialien. Donauwörth 2001, S. 146–172

Schmidt S., Ennemoser M., Krajewski K.: DEMAT 9. Deutscher Mathematiktest für neunte Klassen. Göttingen 2012

Schneider W., Küspert P., Krajewski K.: Die Entwicklung mathematischer Kompetenzen. Paderborn 2013

Schuchardt K., Maehler C., Hasselhorn M.: Working Memory Deficits in Children With Specific Learning Disorders. In: Journal of Learning Disabilities 2008, S. 514–521

Schulte-Körne G. (Hrsg.): Legasthenie und Dyskalulie: Aktuelle Entwicklungen in Wissenschaft, Schule und Gesellschaft. Bochum 2007

Schulte-Körne G.: Verpasste Chancen: Die neuen diagnostischen Leitlinien zur Lese-, Rechtschreib- und Rechenstörung der ICD-11 Zeitschrift für Kinder- und Jugendpsychiatrie und Psychotherapie (2021), S.463–467

Schwarz M.: Rechenschwäche – Wie Eltern helfen können. 2. Auflage Berlin 2002

Schweiter M., Aster M. von: Neuropsychologie kognitiver Zahlenrepräsentationen. In: Aster M. von, Lorenz J. (Hrsg.): Rechenstörungen bei Kindern. Göttingen 2005, S. 34–53

Schwenk-Schellschmidt A.: Mathematische Fähigkeiten zu Studienbeginn 2013. www.et.tudresden.de/etit/fileadmin/user_upload/studienkommissionen/Seiten_aus_DNH_2013-1_01.pdf

Shazer de S.: Der Dreh – Überraschende Wendungen und Lösungen in der Kurzzeittherapie. 2. Auflage Heidelberg 1992

Simon H., Grünke M.: Förderung bei Rechenschwäche. Stuttgart 2010

Sonar, T. Mathematische Semesterberichte (2017) 64: 113. https://doi.org/10.1007/s00591-017-0190-7

Spektrum der Wissenschaft Spezial. Gedächtnis. 2002

Spitzer M.: Lernen. Gehirnforschung und die Schule des Lebens. Heidelberg, Berlin 2002

Spitzer M.: Einführung. In OECD (Hrsg.): Wie funktioniert das Gehirn? – Auf dem Weg zu einer neuen Lernwissenschaft. Stuttgart 2005, S.1–20

Spitzer M.: Vorsicht Bildschirm: Elektronische Medien, Gehirnentwicklung, Gesundheit und Gesellschaft. Stuttgart 2006

Spitzer M.: Digitale Demenz: Wie wir uns und unsere Kinder um den Verstand bringen. München 2014

Spitzer M.: Die Smartphone-Epidemie: Gefahren für Gesundheit, Bildung und Gesellschaft Stuttgart 2019tzer M.: Bildung ohne System. In Nervenheilkunde 3/2012, S. 107–113

Spiewak M.: Gesamtnote mangelhaft: Neuntklässler so schlecht wie nie. IQB-Bildungstrend. Interview. Die Zeit, 16. Oktober 2025. Zugriff am 25.11.2025 unter: https://www.zeit.de/familie/2025-10/iqb-bildungstrend-2025-mathe-schule

Staatsinstitut für Schulqualität München: Kompetenzorientierung und LehrplanPLUS. www.isb.bayern.de/schulartuebergreifendes/paedagogik-didaktik-methodik/kompetenzorientierung/

Stanat P., Schipolowski St., Rjosk C., Weirich S., Haag N. (Hrsg.): IQB-Bildungstrend 2016 Kompetenzen in den Fächern Deutsch und Mathematik am Ende der 4.Jahrgangsstufe im zweiten Ländervergleich Münster New York 2017

Stanat P., Schipolowski S., Schneider R., Sachse K., Weirich S., Henschel S. (Hrsg.): IQB-Bildungstrend 2021 Kompetenzen in den Fächern Deutsch und Mathematik am Ende der 4.Jahrgangsstufe im dritten Ländervergleich. Münster, New York 2022a

Stanat P., Schipolowski S., Schneider R., Sachse K., Weirich S., Henschel S. (Hrsg.): IQB-Bildungstrend 2021 Kompetenzen in den Fächern Deutsch und Mathematik am Ende der 4.Jahrgangsstufe: Erste Ergebnisse nach über einem Jahr Schulbetrieb unter Pandemiebedingungen. Berlin 2022b

Steinhausen H.-Ch. (Hrsg.): Schule und psychische Störungen. Stuttgart 2006

Staszewski J.: Skilled memory and expert mental calculation. In: Chi M., Glaser R., Fart M. J. (Eds.): The nature of expertise. Hillsdale/NJ 1988, S. 71–128

Stautner M.: Arbeit am basalen und pränumerischen Bereich. In: Akademie für Lehrerfortbildung Dillingen: Rechenstörungen – Diagnose – Förderung – Materialien. Donauwörth 2001, S. 105–113

Stern E.: Wissen ist der Schlüssel zum Können. In: Psychologie heute 30 (7), 2003, S. 30–35

Suchodoletz W.v. (Hrsg.): Therapie der Lese-Rechtschreibstörung (LRS). Traditionelle und alternative Behandlungsmethoden im Überblick. Stuttgart 2003

Suchodoletz W. von (Hrsg.): Früherkennung von Entwicklungsstörungen. Göttingen, Bern, Toronto, Seattle, Oxford, Prag 2005

Suchodoletz W. von (Hrsg.): Prävention von Entwicklungsstörungen. Göttingen, Bern, Toronto, Seattle, Oxford, Prag 2007

Suhr L., Döpfner M.: Leistungs- und Prüfungsängste bei Kindern und Jugendlichen – Ein multimodales Therapiekonzept. In: Kindheit und Entwicklung IX (3), 2000, S. 171–186

Swanson H. L., Sachse-Lee G.: Mathematical problem solving and working memory in children witil learning disabilities: Both executive and phonological processes are important. Journal of Experimental Child Psychology 79/2001, S. 299–321

Tryon G. S.: The measurement and treatment of test anxiety. Review of Educational Research 50, 1980, S. 343–344

Van Luit J., Naglieri, J.: Effectiveness of the MASTER program for teaching special children multiplication and division. In: Journal of Learning Disabilities 1999, S. 98–107

Vargas S., Camilli G.: A meta-analysis of research on sensory integration treatment. The American Journal of Occupational Therapy 53, 1991, S. 89–198

Vries de C.: DIFMAB. Diagnostisches Inventar zur Förderung Mathematischer Basiskompetenzen. Göttingen 2008

Walter L.: Lernstörungen im Mathematikunterricht – aus der Sicht der Eltern. In: Akademie für Lehrerfortbildung Dillingen: Rechenstörungen. Diagnose – Förderung – Materialien. Donauwörth 2001, S. 136–140

Watzlawick P., Weakland J.H., Fisch R.: Lösungen. Bern 1974

Weigand H.: Kompetenzorientierung oder die Verteidigung eines Begriffs, der so nicht verteidigt werden kann. 2016. www.ma-weigand.didaktik.mathematik.uni-wuerzburg.de/weigand/Artikel/Weigand%20-%202016%20-%20Kompetenzorientierug.pdf

Weinert, F. E.: Für und Wider die »neuen Lerntheorien« als Grundlagen pädagogisch-psychologischer Forschung. Zeitschrift für Pädagogische Psychologie, (1) 10/1996, S. 1–12

Weinert, F. E. Psychologische Theorienbildung auf den pädagogischen Prüfstand. Zeitschrift für Pädagogische Psychologie (4) 12/1998, S. 205–209

Weinert, F. E.: Leistungsmessungen in Schulen. 3. Auflage. Weinheim 2013

Wellenreuther M.: Forschungsbasierte Schulpädagogik. Anleitungen zur Nutzung empirischer Forschung für die Schulpraxis. Baltmannsweiler 2009a

Wellenreuther M.: Individualisieren – aber wie? In: SchulVerwaltung NRW 3/2009b, S. 71–74

Wellenreuther M.: Lehren und Lernen – aber wie? Empirisch-experimentelle Forschungen zum Lehren und Lernen im Unterricht. Baltmannsweiler 2010a

Wellenreuther M.: Schulbücher – eine Lernhilfe für Schüler und Lehrer. In: Schulverwaltung NRW, 21. Jahrg., 5/2010b, S. 144–146.

Wellenreuther M.: Fördern im Mathematikunterricht –aber wie? Lehren & Lernen 2010, S. 20–24

Wellenreuther M.: Bildungstheater. Mit Bildungsstandards, Schulinspektionen, Vergleichsarbeiten und zentralen Prüfungen zum Erfolg? Baltmannsweiler 2011

Werner B.: Dyskalkulie – Rechenschwierigkeiten. Diagnose und Förderung rechenschwacher Kinder an Grund- und Sonderschulen. Stuttgart 2009

WHO: ICD-11 for Mortality and Morbidity Statistics (Version: 02/2022); 6A03.2 Developmental learning disorder with impairment in mathematics Zugriff am 9.4.2022 unter https://icd.who.int/browse11/l-m/en#/http%3a%2f%2fid.who.int%2ficd%2fentity%2f771231188

Wieczerkowski W., Nickel H., Janowski A., Fittkau B., Rauer W.: Angstfragebogen für Schüler. Göttingen 1981

Zamarian L, Ischebeck A, Delazer M.: Neuroscience of learning arithmetic – Evidence from brain imaging studies. Neuroscience & Biobehavioral Reviews 2009, S. 909–925

3., erw. und überarb. Auflage 2025
XIV, 278 Seiten mit 103 Abb. Kart.
€ 29,–
ISBN 978-3-17-045013-4

In der Grundschule erfolgen die entscheidenden Weichenstellungen für die weitere Schullaufbahn unserer Kinder. Studien belegen, dass ein Viertel der Viertklässler in Deutschland die Mindeststandards in Mathematik und im Lesen nicht erfüllt und bescheinigen dem deutschen Bildungssystem große Schwächen bei der Vermittlung der Basisfertigkeiten. Zeigen Kinder Leistungsprobleme, so passen gängige Fördermethoden oft nicht. Vielmehr führen sie häufig dazu, dass sich diese Kinder noch weitere Fehlstrategien aneignen.

Dieses Buch zeigt für Eltern, Lehrer und Therapeuten Lösungswege auf.

Unter dem Motto „Lernen muss erfolgreich sein!" werden für den Erwerb der Grundfertigkeiten Rechnen, Lesen und Rechtschreibung auf der Basis lernpsychologischer und neurowissenschaftlicher Forschungserkenntnisse einfache und effektive Strategien und Methoden für den täglichen Gebrauch vorgestellt.

Helfen wir den Kindern gemeinsam, ihren Weg Stufe für Stufe auf der Erfolgstreppe nach oben zu gehen!

Auch als E-Book erhältlich.
Leseproben und weitere Informationen: shop.kohlhammer.de

*12., erw. und überarb. Auflage 2023*
*XXIV, 259 Seiten mit 89 Abb.*
*und 4 Tab. Kart.*
*€ 26,–*
*ISBN 978-3-17-042753-2*

ADHS-Kinder leiden sehr häufig unter Lern- und Leistungsschwierigkeiten, die ihren Lebensweg stark beeinträchtigen. Schlechte Noten, Klassenwiederholungen, Schulwechsel und -abbrüche führen zu zusätzlichen psychischen Problemen. Da die gängigen schulischen Lernverfahren für ADHS-Kinder oft nicht passen, teilweise Lernprobleme sogar mit verursachen, gilt es, effektive Lernmethoden speziell für diese Kinder zu entwickeln.
Ziel dieses Buch ist es, ADHS-Kindern und ihren Eltern einen wirksamen Weg aufzuzeigen, wie der Teufelskreis Lernstörungen erfolgreich verlassen werden kann. Nach dem Motto „weniger ist mehr" werden konkrete und leicht umsetzbare Lernstrategien für die Grundfertigkeiten Rechnen, Lesen und Rechtschreiben, für die Lernfächer sowie für das Fach Englisch dargestellt.
In der 12. Auflage wurden im praktischen Teil erneut die Methoden besonders in den Bereichen Rechnen, Rechtschreibung und dem Üben von Aufsätzen erweitert und insgesamt wiederum der aktuelle Stand der Forschung eingearbeitet.

Auch als E-Book erhältlich.
Leseproben und weitere Informationen: **shop.kohlhammer.de**